Hartmut Görgens

Sind die Löhne in Deutschland zu hoch ?

Zum Autor

Hartmut Görgens, geb. 1939 in Düsseldorf und seitdem dort lebend, studierte von 1959 bis 1963 Volkswirtschaftslehre an der Universität Köln. Danach wissenschaftlicher Referent für öffentliche Finanzwirtschaft im Rheinisch-Westfälischen Institut für Wirtschaftsforschung, Essen; Promotion an der Universität Köln. 1968 sprang er als Fachassistent der SPD-Bundestagsfraktion für die damalige Finanzreform ein. Seit Ende der Legislaturperiode 1969 bis 1998 Leiter des Sachgebiets Konjunktur-, Wachstums- und Beschäftigungspolitik beim DGB-Bundesvorstand.

Hartmut Görgens

Sind die Löhne in Deutschland zu hoch?

Zahlen, Fakten, Argumente

Metropolis-Verlag
Marburg 2007

Dieses Buch wurde mit finanzieller Unterstützung der Hans Böckler Stiftung gedruckt.

Bibliografische Information der Deutschen Nationalbibliothek

Die Deutsche Nationalbibliothek verzeichnet diese Publikation in der Deutschen Nationalbibliografie; detaillierte bibliografische Daten sind im Internet über http://dnb.ddb.de abrufbar.

Metropolis-Verlag für Ökonomie, Gesellschaft und Politik GmbH
Bahnhofstraße 16a, 35037 Marburg, Deutschland
http://www.metropolis-verlag.de

Druck: Hubert & Co., Göttingen
ISBN 978-3-89518-636-3

Inhaltsübersicht

Teil A – Hauptteil

Teil B - Methodenteil

Anhang

Inhaltsverzeichnis

Teil A - Hauptteil

Teil B – Modellrechnungen zur produktivitätsorientierten Lohnpolitik und andere methodische Erläuterungen

Anhang

Einleitung

Die lohn- und wirtschaftspolitische Debatte und die tarifpolitische Auseinandersetzung stehen oft im Blickpunkt der Öffentlichkeit. Seit Jahrzehnten dominiert in Öffentlichkeit und Politik die Auffassung, in Deutschland seien die Löhne, die Lohnnebenkosten und die Gewinnsteuer zu hoch und die Rentabilität zu niedrig. Dies seien die Hauptursachen der Arbeitslosigkeit in Deutschland.

Diese Meinung ist die Mutter aller jüngeren Reformen der Sozialversicherungszweige, deren erklärtes Ziel es ist, die Arbeitgeberbeiträge zur Renten-, Kranken-, Pflege- und Arbeitslosenversicherung zu senken oder zu begrenzen. Sie ist auch die Mutter aller Deregulierungen im Arbeitsrecht und in der Arbeitsmarktpolitik sowie aller bisherigen Gewinnsteuersenkungen.

Sie ist fest im öffentlichen Bewusstsein verwurzelt. Darüber sollten sich die Kritiker der Regierungspolitik nicht hinwegtäuschen. Ihre Forderungen und alternativen Vorschläge zur Abkehr vom bisherigen Kurs der Wirtschafts-, Sozial- und Finanzpolitik haben in der Öffentlichkeit und in der Politik keine überzeugende Durchschlagskraft erzielt. Sie waren vergebliche Liebesmühe. Denn die Kritiker haben z.B. die teilweise irreführenden Zahlen und Begründungen der Arbeitgeberverbände und ihres Institutes der deutschen Wirtschaft (IW) zu den angeblich zu hohen Löhnen und zu niedrigen Gewinnen nicht genau genug ins Visier genommen und mit Fakten entzaubert. Auch namhafte Wirtschaftswissenschaftler, die ökonomisch richtige und sozial gerechtere Gegenvorschläge zur amtlichen Politik unterbreitet haben, machten es sich damit zu leicht. Sie richteten sich nicht frontal gegen die Darstellungen des IW. Sie haben den Kern der Arbeitgeberargumentation nicht geknackt. Bestenfalls stellten sie dar, dass in Deutschland in den letzten Jahren die Lohnstückkosten im Vergleich zu fast allen Industrieländern am geringsten zugenommen haben. Diese Gegenwehr ist methodisch angreifbar und es mangelt ihr an durchschlagender Überzeugungskraft. Eine löbliche Ausnahme bildete in jüngster Zeit ein Aufsatz des Institutes für Makroökonomie und Konjunkturforschung in der Hans-Böckler-Stiftung, der das vom Arbeitgeberinstitut der Öffentlichkeit vermittelte Bild von der Höhe der Arbeitskosten je Stunde zurechtrückte.

Auch auf die mit Zahlen der methodisch problematischen Bilanzstatistik der Bundesbank unterfütterte, weit verbreitete Behauptung der Arbeitgeberverbände, die Gewinne seien für eine rege Investitionstätigkeit und zur Schaffung neuer Arbeitsplätze nicht hoch genug, gehen die bisherigen Kritiker nicht genügend ein.

Das vorliegende Buch will dazu beitragen, diese entscheidenden Lücken ein wenig zu schließen und sich mancher Arbeitgeberargumentation frontal zu stellen. Das Buch will die Kritik an der übermächtigen Arbeitgeberpropaganda stark machen. Die Leserinnen und Leser sollen mit Daten, Fakten und Argumenten gegen die Arbeitgeberargumentation gewappnet werden. Es ist dennoch keineswegs eine Kampfschrift, sondern weitgehend ein mit Tabellen, Schaubildern und Modellrechnungen gespicktes Informations- und Lehrbuch zur wirtschaftlichen Entwicklung und zum ökonomisch richtigen Umgang mit Lohn- und Gewinndaten und zu deren Aussagewert. So können z.B. einfach anmutende Darstellungen der Entwicklung der Erwerbstätigen oder des Durchschnittslohns je Arbeitnehmer zu Missverständnissen und Fehlinterpretationen verleiten. Auch auf viele andere Fallstricke und Stolpersteine für das Verständnis verbreiteter Begriffe, wie Produktivität oder Lohnstückkosten, wird aufmerksam gemacht. Einige Zusammenhänge von Löhnen und Preisen werden aufgezeigt und häufige Missverständnisse ausgeräumt. Im Gegensatz zu den bisherigen Kritikern wird die Tabuzone der gesamtwirtschaftlichen Unternehmensgewinne betreten und ein verbesserter Weg zu ihrer Ermittlung geebnet. Selbst die in der Öffentlichkeit verwendeten Tariflohnindizes haben methodische Schwächen oder Reichweitenmängel. Ein Vergleich der Effektivlohn- mit der Tariflohnentwicklung lässt den Einfluss der Tarifpolitik der Gewerkschaften auf die tatsächliche Lohn- und Arbeitszeitentwicklung sichtbar werden.

Bei der Darstellung der wirtschaftlichen Entwicklung wird der weite und ungewisse Weg vom Wirtschaftswachstum über drei Brücken zur

Veränderung der Arbeitslosigkeit aufgezeigt.

So weit das statistische Material es zuließ, wird Ostdeutschland stets gesondert aufgeführt. Denn Ostdeutschland ist ein wirtschaftshistorischer Einmalfall und verdient – nicht zuletzt wegen seiner nach wie vor dramatischen Arbeitsmarktlage – besondere Beachtung. Dabei hat der Verfasser entdeckt, dass Ostdeutschlands stets als zu hoch monierten Lohnstückkosten, wenn sie statistisch-methodisch bereinigt und mit Westdeutschland vergleichbar gemacht werden, niedriger sind als die westdeutschen Lohnstückkosten. Damit bricht eine landläufige Legende über die Ursache der katastrophalen Arbeitsmarktlage in Ostdeutschland in sich zusammen. Manche ostdeutsche Arbeitnehmer, denen man eine lohnpolitische Mitschuld einzureden versucht hat und die manchmal daran insgeheim geglaubt haben, können es jetzt besser wissen.

Verhältnismäßig breiter Raum wird den Auswirkungen der zunehmenden Außenwirtschaftsverflechtung Deutschlands gewidmet. Denn oft wird in der öffentlichen Diskussion, nicht zuletzt von Arbeitgeberseite gesteuert, die fortschreitende Globalisierung fälschlicherweise als einer der Gründe für die Arbeitsplatzverluste genannt und das für sehr groß gehaltene Volumen deutscher Investitionen im Ausland als Standortschwäche Deutschlands gedeutet.

Widerlegt wird auch das Argument, Bruttolohnerhöhungen hätten wegen der hohen Abzüge von Sozialversicherungsbeiträgen und Lohnsteuer, der Sparquote und der Käufe von Importwaren nur eine mäßige Auswirkung auf die binnenländische Nachfrage. Ins Visier genommen wird auch die Behauptung, die zu geringe Lohndifferenzierung sei eine Mitursache der hohen Arbeitslosigkeit.

Zum Abschluss von Hauptteil A wird ein Ausblick auf einige wirtschaftspolitische Fragen gegeben. Auf einige Lücken zur Begründung der meist guten Vorschläge zu einer alternativen Wirtschaftspolitik wird aufmerksam gemacht. Denn man muss sich ernsthaft und besorgt Gedanken darüber machen, warum diese Vorschläge nicht genügend Resonanz in der Öffentlichkeit und in der Politik finden. Das liegt sicherlich nicht nur an der ablehnenden Haltung der Arbeitgeberseite, sondern auch am mangelnden Wissen oder an den Bedenken und Zweifeln bei der Mehrheit der wirtschaftlich Interessierten. Deshalb wurde die Suche nach den Gründen der Arbeitslosigkeit aufgenommen. Auch wird auf die Notwendigkeit einer ergänzenden Begründung für den Dauerbrenner der alternativen Wirtschaftspolitik, nämlich die Auflegung umfangreicher öffentlicher Investitionsprogramme, aufgezeigt. Damit soll den Gegnern solcher Programme Paroli geboten und die Mehrheit der noch nicht Überzeugten dazu gebracht werden, diesen Vorschlag zur Bekämpfung der Arbeitslosigkeit nicht bestenfalls als gut gemeint, sondern als gut zu beurteilen.

Um Hauptteil A nicht mit Zahlen, Modellrechnungen und methodischen Fragen zu überfrachten, wird eine Menge davon in einen Teil B übernommen. Dort befinden sich Modellrechnungen zur produktivitätsorientierten Lohnpolitik und zusätzliche Erläuterungen zu wichtigen rechnerisch zusammengesetzten Größen, deren Kenntnis zur Beurteilung der Wirtschafts- und Lohnpolitik notwendig ist.

Im Anhang wurde eine kleine Rechenlehre verfasst. Vielen an wirtschaftlichen Zahlen Interessierten – darunter selbst Studenten der Wirtschaftswissenschaft – ist mitunter die rechnerische Handhabung von ökonomischen Daten nicht ausreichend oder nicht für alle Zwecke geläufig. In dieser kleinen Rechenlehre werden z.B. die Preisbereinigung, die Berechnung von durchschnittlichen jährlichen Wachstumsraten über einen langen Zeitraum, das Bilden und Umbasieren von Indexreihen oder die Umformulierungen von einfachen Gleichungen dargestellt und mathematisch begründet. Auch wird gezeigt, wie durch Erstellung von short cuts mit dem Computer diese Berechnungen rasend schnell durchgeführt werden können. Es empfiehlt sich deshalb, diese Rechenlehre vor Beginn der Lektüre des Textes zu studieren, weil man sich sonst z.B. manche Ergebnisse von Preisbereinigung bei größeren Wachstumsraten oder die durchschnittlich jährliche Veränderungsrate bei längeren Zeiträumen nicht erklären kann.

Mit dem rechnerisch sicheren und statistisch-methodisch richtigen Umgang mit Wirtschaftszahlen wird die Verwendung von ökonomischen Daten, die aus zahlreichen Quellen aus dem Internet heruntergeladen werden können, erleichtert und manche Hemmschwelle überwunden. Denn Zahlen zählen und Fakten sprechen.

Vorangestellt seien einige technische und begriffliche Hinweise:

1. Zu den Quellenangaben der Tabellen und Schaubilder:

- „Quelle“ bedeutet: Zahlen ohne jede Veränderung aus der angegebenen Quelle übernommen.
- „Nach Angaben“ heißt: Zahlen wurden durch einfache mathematische Grundrechnungen, z.B. Wachstumsraten, Indexierung, Quotenbildung, ergänzt.
- „Eigene Berechnungen nach Angaben“ heißt: Eigene rechnerische und statistisch-methodische Bearbeitung und Ergänzungen der amtlichen Zahlen, um zu neuen Daten zu gelangen, z.B. Preisbereinigungen, Durchschnittsbildung, Bildung von wichtigen zusammengesetzten ökonomischen Größen, wie Produktivität, Lohnstückkosten oder Arbeitslosenquote.
- Als Datenquellen wurden weit überwiegend die amtlichen Zahlen des Statistischen Bundesamtes, des Arbeitskreises „Volkswirtschaftliche Gesamtrechnungen“ der Statistischen Landesämter, der Bundesagentur für Arbeit und ihres Institutes für Arbeitsmarkt- und Berufsforschung (IAB), der Bundesbank und der Datenbank (ameco) der Kommission der Europäische Union herangezogen. Alle Zahlenangaben ab 1991 für West- und Ostdeutschland sind jeweils ohne Berlin und wurden vom Arbeitskreis der Statistischen Landesämter aus den Gesamtzahlen für Deutschland des Statistischen Bundesamtes abgeleitet. Um möglichen rechnerischen Irritationen vorzubeugen, sei darauf aufmerksam gemacht, dass für alle Tabellen mit nicht gerundeten Zahlen weitergerechnet wurde. Daher können beim Nachrechnen der in den Tabellen angegebenen gerundeten Zahlen geringfügige Abweichungen, z.B. bei den Veränderungsraten eine Stelle nach dem Komma, auftreten.

2. Definition oft gebrauchter Begriffe

- Mit „Lohn“ sind wegen verkürzter Schreibweise stets auch die Gehälter der Angestellten und Beamten gemeint. Als Stundenlohn ist auch das Monatsgehalt je Stunde zu verstehen.
- Das „Arbeitnehmerentgelt“ (früher: Bruttoeinkommen aus unselbständiger Arbeit) sind die gesamten Arbeitskosten. Es enthält neben den Bruttolöhnen und -gehältern alle Lohnnebenkosten der Arbeit-

geber, wie die Arbeitgeberbeiträge zur Sozialversicherung, die freiwilligen und die tariflich oder in Betriebsvereinbarungen festgeschriebenen Sozialleistungen (z.B. Betriebsrenten).

- Als „reale“ Größen sind preisbereinigte (deflationierte) Daten zu verstehen, z.B. die Entwicklung des realen Bruttoinlandsprodukts oder der Reallöhne. Damit wird der mengenmäßige Verlauf (Volumen) angegeben. Zur Preisbereinigung wird je nach Sachlage der Preisindex des Bruttoinlandsprodukts (z.B. bei den Lohnstückkosten und den Gewinnen) oder der Preisindex für die privaten Lebenshaltungskosten (heute: Verbraucherpreisindex) verwendet.
- Das „Arbeitsvolumen“ sind die geleisteten Jahresarbeitsstunden aller Erwerbstätigen bzw. aller Arbeitnehmer.
- Mit „Erwerbstätige“ ist die Summe von beschäftigten Arbeitnehmern (Beschäftigte) und Selbständigen gemeint.

3. Der laufende Text ist mit zahlreichen Tabellen und einfachen Schaubildern garniert. Ein solches „Bilderbuch“ hat Vorteile: In unmittelbarer Nähe zum Text erleichtern Tabellen und insbesondere Schaubilder das Verständnis der Aussagen. Deshalb wurden sie trotz ihrer Vielzahl nicht in den Anhang verbannt. Viele Sachverhalte bleiben nachweislich besser im Gedächtnis haften, wenn sie mit Bildern verbunden werden. Bei der beabsichtigten jährlichen Fortschreibung der Daten wird man sofort erkennen können, ob sich die im Text gezogenen Schlussfolgerungen bestätigen oder ob sie modifiziert oder gar einschneidend geändert werden müssen. Die ganzseitigen Tabellen und Schaubilder eignen sich gut für Schulungen und für Abzüge auf Folien. Das ausführliche Inhaltsverzeichnis soll dem Leser einen umfassenden Überblick verschaffen und ihn sicher und schnell zur gewünschten Textstelle leiten.

Alle Tabellen und Schaubilder werden jährlich im Mai fortgeschrieben und können gegen geringes Entgelt von der Internetseite des Verlags herunter geladen werden.

Die volkswirtschaftlichen Daten, soweit sie nach West- und Ostdeutschland aufgegliedert sind, liegen bisher (Mai 2007) nur bis zum Jahr 2005 vor; die Zahlen für 2006 werden erst im Februar 2008 veröffentlicht.

I. Zur wirtschaftlichen Entwicklung in West- und Ostdeutschland

Die wirtschaftliche Entwicklung ist eine zentrale Rahmenbedingung für die Löhne und die Lohnpolitik.

Im Wesentlichen werden zunächst die Veränderungen von Bruttoinlandsprodukt, Zahl der Erwerbstätigen und der Arbeitslosen, Arbeitsvolumen (Erwerbstätigenstunden) sowie der Preissteigerungen im Blickpunkt stehen.

In Tabelle 1 und dem Schaubild dazu sind für die letzten fünf Jahrzehnte die jahresdurchschnittlichen Veränderungsraten aufgeführt, für die Arbeitslosenquote der Durchschnitt im jeweiligen Jahrzehnt.

Die Einteilung in Jahrzehnte entspricht nicht den einzelnen Konjunkturzyklen, deren Schwankungshöhe und -länge differierten. Außerdem gab es viele Jahre mit verhältnismäßig gleichmäßigem, aber auch Jahre mit unstetem Wachstum, die mitunter keinem typischen Konjunkturmuster zuzuordnen waren. Zur notwendigen Einteilung in vergleichbare Zeiträume bieten sich deshalb die einzelnen Jahrzehnte an, zumal in ihnen jeweils eine Phase ausgeprägter Konjunkturschwäche oder gar eine Rezession und jeweils ein Zeitabschnitt kräftigen Aufschwungs oder Hochkonjunktur vorkamen. Statt des Jahrzehnts 1990 bis 2000 wurden, damit alle Informationen enthalten sind, die Jahre bis 2005 bzw. – falls Daten schon vorlagen – bis 2006 einbezogen.

1. Der tendenzielle Fall der Wachstumsrate des Bruttoinlandsprodukts

1.1 Westdeutschland

In Tabelle 1 und den beiden Schaubildern dazu fallen sofort die sinkenden Wachstumsraten des Bruttoinlandsprodukts ins Auge.

Tabelle 1
Jahresdurchschnittliche Veränderungen wichtiger ökonomischer Größen in den letzten 5 Jahrzehnten Westdeutschland[1)]

Zeitraum	Bruttoinlands-produkt	Erwerbs-tätige	Erwerbstätigen-stunden (Arbeitsvolumen)	Arbeitslosen-quote in v.H.[2)]	Lebenshaltungs-kosten[3)]
2005/50	3,7	0,9	-0,2	4,6	2,9
1960/50	8,2	2,3	0,9	4,6	1,9
1970/60	4,4	0,2	-0,8	0,8	2,6
1980/70	2,8	0,3	-0,9	2,6	5,1
1990/80	2,3	1,0	0,0	7,1	2,6
2005/90	1,4	0,5	-0,1	8,3	2,0

1) Ab 1991 ohne West-Berlin
2) Durchschnittliche Arbeitslosenquote im jeweiligen Zeitraum
3) Preisindex der Lebenshaltungskosten aller privaten Haushalte
Eigene Berechnungen nach Angaben des Stat. Bundesamtes

Schaubild 1 zu Tabelle 1
Jahresdurchschnittliche Veränderung von Bruttoinlandsprodukt, Erwerbstätigen und Arbeitsvolumen[1)] in den letzten 5 Jahrzehnten Westdeutschland

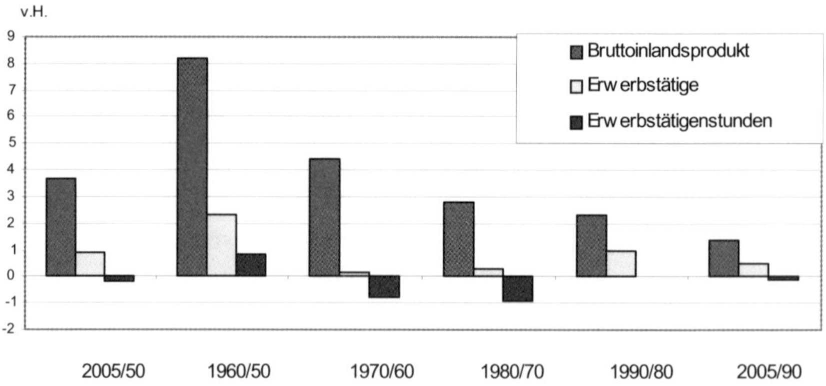

1) Geleistete Erwerbstätigenstunden 2) Ab 1991 ohne West-Berlin
Eigene Berechnungen nach Angaben des Statistischen Bundesamtes

Schaubild 2 zu Tabelle 1
Veränderungsraten des realen Bruttoinlandsprodukts
Westdeutschland [1)]

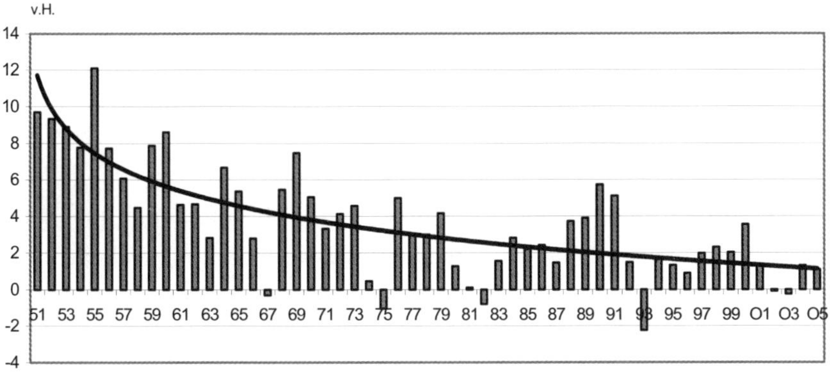

1) Ab 1992 ohne West-Berlin
Nach Angaben des Statistisches Bundesamtes und der Statistischen Landesämter

In der Wiederaufbauphase der 50er Jahre war das Wirtschaftswachstum mit jahresdurchschnittlich 8,2 % stürmisch. Es halbierte sich jedoch bereits in den 60er Jahren. In den 70er und 80er Jahren flachte es weiter ab. In den 90er Jahren bis 2006 war es mit 1,4 % sehr bescheiden.

Allerdings verlief die Entwicklung auch innerhalb der Dekaden nicht gleichmäßig (Schaubild 2 zu Tabelle 1). Sie schwankte von Hochkonjunktur- zu Rezessionsphasen. So waren die Jahre 1966/67, 1974/75, 1981/82 und 1992/93 von Konjunkturschwächen oder kurzen Rezessionsphasen geprägt, während bis Mitte der 60er Jahre, 1968 bis 1970, 1976 bis 1979, 1988/89 und 1990/91 (Wiedervereinigungsboom) eine sehr gute Konjunktur oder gar Hochkonjunktur herrschten.

Über alle Jahrzehnte hinweg erwies sich der Export als starker Wachstumsmotor. Von 1975 bis 2006 nahmen die Exporte im Durchschnitt der Jahre preisbereinigt um 6,1 % zu und bildeten in den meisten Jahren eine zuverlässige Stütze des Wirtschaftswachstums. Nachdem der Wachstumsmotor Export in der Ölpreiskrise 1975 rückwärts gelaufen war (– 5,8 %), kam er bereits 1976 wieder voll in Gang

(10,0 %). In der weltwirtschaftlichen Rezession 1992/93 ging ihm der Sprit aus (– 0,8 % in 1992 und – 4,9 % in 1993), aber schon 1994 zog er wieder stark an (8,0 %) und kam im Durchschnitt der Jahre 1994 bis 2006 auf eine Drehzahl von 7,8 %. Ohne den starken Exportmotor wäre die wirtschaftliche Entwicklung im wiedervereinigten Deutschland noch schlechter verlaufen. In dieser Zeit hat sich Deutschland zum Exportweltmeister hochgearbeitet. Aus dieser überragenden internationalen Wettbewerbsfähigkeit der deutschen Wirtschaft lassen sich bereits hier zwei Schlüsse ziehen:

- Der Wirtschaftsstandort Deutschland, d.h. die ökonomischen Rahmenbedingungen und die wirtschaftliche Konstitution, sind gut.
- Deutschlands Löhne sind international wettbewerbsfähig.

Beide Feststellungen gefallen den Arbeitgeberverbänden nicht. Um die Bedeutung des rasanten Höhenflugs der Exporte abzuschwächen, kam ihnen ein Sachverhalt gerade recht, den sie aufgriffen und mediengerecht aufbereiteten: Der Anteil der importierten Vorlieferungen am deutschen Export hat zugenommen. Die Arbeitgeberverbände versuchen den Eindruck zu erwecken, als ob die deutsche Exportwirtschaft fast nur noch Güter aus Billiglohnländern zusammenkaufe und die deutsche Wertschöpfung auf das Zusammenbauen zu Endprodukten schrumpfe. In Kapitel V.1 wird diese Argumentation anhand von Zahlen des Statistischen Bundesamtes über den gestiegenen Wertschöpfungsanteil der Exporte widerlegt.

An dieser Stelle soll nicht der Frage nachgegangen werden, ob hoch entwickelte, „reife" Volkswirtschaften einem Sättigungseffekt unterliegen und im Trend ein immer geringeres Wirtschaftswachstum generieren. Obwohl einzelne Jahre der vergangenen Jahrzehnte und internationale Ländervergleiche ein zu buntes und oft diffuses Bild bieten, werden wir in Kapitel VI. 2.2.1 und 2.2.5 auf diese Frage kurz eingehen.

1.2 Ostdeutschland

In den Jahren 1990 und 1991 brach die Wirtschaft zusammen. Von 1989 bis 1991 schrumpfte die Wirtschaft dramatisch um 43 %[1]. Auch wenn man berücksichtigt, dass sich im Bruttoinlandsprodukt der Rückgang des überdimensionierten Staatsapparates niederschlug, war der Niedergang der ostdeutschen Produktion schockierend.

Die Zahl der Erwerbstätigen sank im Zeitraum von 1989 bis 1992 von 9,8 Mio. auf 6,7 Mio. um ein Drittel, wobei unter den Erwerbstätigen von 6,7 Mio. sogar noch 0,4 Mio. Personen in Arbeitsbeschaffungsmaßnahmen waren. 0,7 Mio. Erwerbspersonen waren in der Zwischenzeit nach Westdeutschland übergesiedelt und 0,3 Mio. mehr Erwerbstätige pendelten nach Westdeutschland als in umgekehrte Richtung. Auch ist zu bedenken, dass die sozialistische Wirtschaft nach anderen Kriterien als die Marktwirtschaft produzierte – so ließ sie z.B. keine Arbeitslosigkeit zu und alle Arbeitssuchenden bekamen Arbeitsplätze, wenn auch mitunter wenig produktive oder ökonomisch nicht sinnvolle. So bestand – nach westlichen Kriterien und Sprachgebrauch – durchaus eine allerdings kaum zu beziffernde verdeckte Arbeitslosigkeit, die die Gesamtproduktivität der Erwerbstätigen drückte.

In der Zeit von 1989 bis 1992 entstand eine Arbeitslosigkeit von 1,2 Mio. (Arbeitslosenquote 16 %), obwohl 0,8 Mio. Personen in Frührente gegangen und 0,4 Mio. in Vollzeit-Weiterbildung waren. Andere, insbesondere Frauen, zogen sich vom Arbeitsmarkt zurück.

Die ostdeutsche Wirtschaft wurde ab 1990 handelspolitisch schutzlos der Konkurrenz Westdeutschlands, dem industriell wohl international wettbewerbsfähigsten Land, sowie aller westlichen Industriestaaten ausgeliefert. Ohne Beschränkungen der Einfuhren und der Konvertibilität (Umtauschbarkeit der Währungen), ohne Zollschranken und Wechselkursschutz gegenüber Westdeutschland und den Staaten der Europäischen Union (EU) und schlagartig mit demselben Ausmaß an Liberalisierung, die die EU den Ländern innerhalb und außerhalb der EU

[1] Arbeitsgemeinschaft deutscher wirtschaftswissenschaftlicher Forschungsinstitute: Die Lage der Weltwirtschaft und der deutschen Wirtschaft im Frühjahr 1992, in: DIW-Wochenbericht 16-17/92, S.229

erst im Laufe vieler Jahrzehnte schrittweise gewährt hatte, wurde der ostdeutsche Markt bedingungslos geöffnet. Eine derartig plötzliche und totale handelsmäßige Öffnung eines Staates hatte es in der Wirtschaftsgeschichte zuvor noch nie gegeben.

Diese vollständige Öffnung und insbesondere die Schaffung einer Währungsunion (Wegfall des Wechselkurses Deutsche Mark zu Mark) rief sogar den neoliberalen Sachverständigenrat zur Begutachtung der gesamtwirtschaftlichen Entwicklung, der sich sonst bei allen anderen Anlässen stets für Handelsliberalisierungen ausgesprochen hatte, auf den Plan. Im Januar 1990 erstellte er in Eigeninitiative ein Sondergutachten „Zur Unterstützung der Wirtschaftsreform in der DDR“ und am 9. Februar 1990 appellierte er mit einem Brief an den damaligen Bundeskanzler Helmut Kohl. In beiden riet er zu einer einstweiligen Aufrechterhaltung eines Wechselkurses und zu einer Beschränkung der Konvertibilität: „Wir halten die rasche Verwirklichung der Währungsunion für das falsche Mittel ... Wir haben uns in unserem Sondergutachten dafür ausgesprochen, die volle Konvertibilität in weiten Bereichen möglichst bald zu verwirklichen und die volle Konvertibilität in nicht allzu weite Ferne zu rücken.“[1] „Wir halten es daher für zweckmäßig, von einem festen Wechselkurs auszugehen ...“[2]

Am 1. Juli 1990 wurde die Währungs-, Wirtschafts- und Sozialunion mit der noch bestehenden DDR besiegelt. Ausschlaggebend waren letztlich drei Gründe.

1. Mit diesem Staatsvertrag sollte ein weiteres Faktum zur Anbahnung der Vereinigung beider deutscher Staaten geschaffen werden. Hinter diese einmalige historische Chance traten ökonomische Überlegungen zurück.

2. Auch aus rein wirtschaftlichen Motiven wollte die Bevölkerung in West und Ost den sofortigen Wegfall des Wechselkurses und die volle Konvertibilität.

[1] Brief des Sachverständigenrat vom 9.Februar an den Bundeskanzler, abgedruckt in Jahresgutachten 1990/91, Bundestagsdrucksache 11/8472, S.306/7.

[2] Sondergutachten des Sachverständigenrats vom 20.1.1990, a.a.O., S.289, Tz 39

a) Im Westen befürchteten die Unternehmen und ihre Belegschaften bei Aufrechterhaltung des Wechselkurses – in der Diskussion war unter anderem ein Umtauschverhältnis von 1 Deutsche Mark zu 2 Mark (Ost) – eine unliebsame Konkurrenz aus Ostdeutschland und verminderte Chancen, den ostdeutschen Markt zu erobern.
b) In Ostdeutschland drängte die Bevölkerung auf die Gleichsetzung von Mark und DM, um möglichst billig Waren und Dienstleistungen aus dem Westen kaufen zu können.

So kam es, wie es kommen musste. Die kaufbegierige ostdeutsche Bevölkerung wurde geradezu mit Waren überschwemmt. Umgekehrt wurden insbesondere ostdeutsche Immobilien und im Niedergang befindliche Unternehmen von westdeutschen Privatleuten und Unternehmen billig gekauft und teilweise darüber hinaus als Investitionen hoch subventioniert.

Insbesondere dank der sogenannten Transferleistungen Westdeutschlands (1992 130 Mrd. DM), wegen der weitgehenden Auflösung von angesammelten Ersparnissen der ostdeutschen Bevölkerung und wegen des Verkaufs manchen reprivatisierten Vermögens explodierte der Importüberschuss Ostdeutschlands von 20 Mrd. DM in 1989 auf 154 Mrd. DM in 1991. Darunter hatten die Lieferungen aus Westdeutschland das größte Gewicht. Damit übertraf die ostdeutsche Binnennachfrage (360 Mrd. DM) die heimische Produktion (Bruttoinlandsprodukt 206 Mrd. DM) um 75%!

Tendenziell verlief ab dann die Entwicklung des Bruttoinlandsprodukts in Ostdeutschland in gerafftem Tempo wie in Westdeutschland seit der Währungsreform 1948. Ab 1992 schritt zunächst der wirtschaftliche Umbau voran (Tabelle 2). Bereits nach fünf Jahren erlahmte die Umstrukturierungsdynamik. Der viel beschworene Aufholprozess war bereits 1996 beendet.

Seitdem ist die ostdeutsche Wirtschaft von sehr schwachem Wachstum bis hin zur Stagnation geprägt. Bisher gibt es keine Anzeichen, dass in absehbarer Zukunft das Wirtschaftswachstum in Ostdeutschland deutlich stärker sein wird als das ohnehin schon schwache in Westdeutschland. Ein Vollbeschäftigung schaffendes, über Jahre anhaltendes kräftiges Wirtschaftswachstum ist nach den bisherigen Erfahrungen

Tabelle 2

Veränderung wichtiger wirtschaftlicher Größen in v.H. – Ostdeutschland [1)]

Jahr	Bruttoinlands-produkt	Erwerbstätige	Erwerbstätigen-stunden	Stunden-produktivität	Preisindex der Lebenshaltung	Arbeitslosen-quote 1[3)] in v.H.	Arbeitslosen-quote 2[4)] in v.H.
1991						11,0	14,7
1992	11,1	-12,5	-5,4	17,4	13,5	15,0	22,2
1993	12,6	-2,6	-2,1	15,0	10,5	15,3	20,8
1994	12,2	2,6	1,5	10,5	3,7	15,1	20,0
1995	6,3	2,1	0,4	5,9	1,9	14,1	19,3
1996	2,8	-0,8	-2,0	5,0	1,9	15,6	20,3
1997	1,9	-1,3	-2,0	4,0	2,3	17,7	21,3
1998	0,8	0,2	-0,6	1,4	1,1	18,3	22,8
1999	2,8	0,2	-0,7	3,6	0,4	17,9	22,8
2000	1,5	-0,9	-2,4	4,0	1,7	18,2	22,0
2001	0,9	-1,6	-3,0	4,1	2,9	18,7	21,9
2002	1,2	-1,6	-3,1	4,4	1,1	19,3	22,1
2003	0,9	-1,1	-1,7	2,6	1,1	20,1	22,2
2004	1,7	0,2	0,1	1,6	1,6	19,9	22,0
2005	-0,2	-1,1	-1,3	1,1	2,0	20,4	22,7

1) Ohne Berlin, Arbeitslosenquote mit Berlin
2) Preisindex der Lebenshaltungskosten aller privaten Haushalte
3) Registrierte Arbeitslose
4) Wie 3) plus Teilnehmer in Arbeitsbeschaffungs- und Strukturanpassungsmaßnahmen sowie in beruflicher Weiterbildung (Vollzeit)
Eigene Berechnungen nach Angaben der Statistischen Landesämter und des IAB

nicht in Sicht. Auch sei darauf aufmerksam gemacht, dass z.B. die Bundesländer Niedersachsen und Saarland trotz aller Förderpolitik in 40 Jahren nie das wirtschaftliche Durchschnittsniveau der damaligen Bundesrepublik Deutschland erreicht hatten.

1.3 Fazit: Vorsicht vor politisch schöngefärbten mittelfristigen Wachstumsprognosen

Die wirtschaftliche Entwicklung war durch konjunkturelles Auf und Ab sowie durch ungleichgewichtiges Wachstum geprägt. Auffallend ist die im Trend fallende Wachstumsrate.

Die deutsche Wirtschaft ist wegen ihrer hohen und weiter zunehmenden Exportlastigkeit eng verbunden mit guten und schlechten Zeiten der Weltwirtschaft.

Von 1991 bis 2006 dehnte sich das Bruttoinlandsprodukt im Durchschnitt jährlich nur um 1,4 % aus, obwohl es dabei sogar in besonderem Maße von dem seit 1994 prächtig blühenden Welthandel profitierte. Die Exporte weiteten sich in diesem Zeitraum um jahresdurchschnittlich 6,3 % aus; ihre Zunahme war somit viermal größer als die des Bruttoinlandsprodukts. Auch in den 80er Jahren wuchs die Wirtschaft in Westdeutschland im Durchschnitt nur um 2,3 %, obwohl sich auch damals das Exportvolumen um jahresdurchschnittlich 5,4 % ausdehnte.

Trotz des Wiedervereinigungsbooms in den Jahren 1990 und 1991 und des in den Anfangsphasen bis 1995 rapiden Umstrukturierungsprozesses in Ostdeutschland war das Wirtschaftswachstum in den letzten 25 Jahren mit 1,9 % schwach. Ohne die beiden Jahre des Wiedervereinigungsbooms hätte das Wirtschaftswachstum seit 1980 im Durchschnitt der Jahre 1,6 % betragen. Aufgrund dieser Erfahrung könnte man mittelfristig ein durchschnittliches Wirtschaftswachstum von deutlich unter 2 % zu erwarten. Die Prognos AG sagt von 2005 bis 2015 ein jahresdurchschnittliches Wachstum von 1,6 % voraus, das vor allem exportgestützt sein werde.[1] Die Beschäftigung werde um 1 Mio. zunehmen, was die Arbeitsmarktlage nicht wesentlich verbessern werde.

[1] Prognos World Reports 2006, industrial countries 2004-2015, Basel 2006, S.150

Prognosen für die mittel- und langfristige wirtschaftliche Entwicklung können nicht zuverlässig sein. Selbst die von den Wirtschaftsforschungsinstituten vorgelegten Prognosen für das unmittelbar folgende Jahr wichen oft erheblich von der tatsächlichen Entwicklung ab und wurden meistens bereits einige Monate nach ihrer Veröffentlichung revidiert. Das Institut für Arbeitsmarkt- und Berufsforschung (IAB) der Bundesagentur für Arbeit arbeitet deshalb mit Projektionen. In Projektionen werden bestimmte Annahmen gesetzt, die dann Konsequenzen für andere wirtschaftliche Größen haben. Diese Annahmen erheben nicht den Anspruch, eine Prognose zu sein. Projektionen funktionieren nach dem Schema „wenn – dann", während eine Prognose Auskunft über die wahrscheinlichste Entwicklung geben will.

Das IAB setzt in seiner Projektion der Arbeitsmarktentwicklung bis 2020 ein durchschnittliches jährliches Wirtschaftswachstum von 1,3 % an.[1] Dann würde sich nach seiner mittelfristigen Vorausschätzung des Arbeitskräfteangebotes und des Arbeitskräftebedarfs bis zum Jahre 2015 die derzeitige hohe Arbeitslosigkeit kaum verändern, sowohl in Westdeutschland als auch in Ostdeutschland nicht. „Ohne zusätzliche beschäftigungspolitische Impulse ist aber auf mittlere Sicht kein spürbarer Rückgang der Unterbeschäftigung zu erwarten."[2]

Bis zum Jahre 2020 würde dann allerdings eine Besserung eintreten, vor allem wegen des nach 2015 deutlich abknickenden inländischen Arbeitskräfteangebots (Alterspyramide). Die Annahme eines Wirtschaftswachstums im Durchschnitt der Jahre von 1,3 % ist keine Prognose, also nicht das wahrscheinlichste Abbild der mittleren Zukunft, sondern eine Annahme, von der aus die Konsequenzen für den Arbeitsmarkt abgeleitet werden. Sie ist allerdings nicht weit hergeholt, sondern sie hat aus der Erfahrung nahegelegen. Denn die Wirtschaft wuchs von 1991 bis 2006 um jahresdurchschnittlich 1,4 %.

Dennoch enthalten einzelne Bausteine der Projektion des IAB auch Prognose-Elemente. Denn das zugrunde gelegte ökonometrische Modell für die Auswirkung des Wirtschaftswachstums auf den Arbeitskräftebedarf basiert auf der Wahrscheinlichkeitstheorie und hat Pro-

[1] Arbeitsmarktbilanz bis 2020, Kurzbericht Nr.24 vom 8.12.2005

[2] Arbeitsmarktbilanz, a.a.O., S.1

gnosecharakter. Dasselbe gilt für einzelne Komponenten des Erwerbspersonen-Potenzials, z.B. für den zeitlichen Verlauf der Erwerbsneigung.

Aufgrund solch düsterer Perspektiven, jedoch vor allem wegen ihrer bisherigen Erfahrung mit einer bereits ein Vierteljahrhundert anhaltenden Massenarbeitslosigkeit, sollten die Arbeitnehmer und ihre Gewerkschaften sehr skeptisch sein, wenn sie mit mittel- und langfristigen Wachstumsprognosen von über 1,6 % konfrontiert werden, die ihnen von Arbeitgeberverbänden, Regierungen und Wirtschaftsinstituten vorgelegt werden könnten, mit schönen Perspektiven, z.B. des Abbaus der Arbeitslosigkeit, der Lösung der Rentenprobleme oder der Sanierung öffentlicher Haushalte.

Derartige zu optimistische oder gar schöngefärbte Prognosen wären erst recht nicht mit dem Hinweis zu rechtfertigen, dass sie sich vor allem durch weiter anhaltende Lohnzurückhaltung, noch mehr Flexibilisierung und noch mehr Deregulierung auf dem Arbeitsmarkt realisieren würden. Wie noch nachgewiesen wird, war auch in den letzten beiden Jahrzehnten die Lohnpolitik zurückhaltend und der Arbeitsmarkt flexibel, er ist sogar noch flexibler geworden und eine ganze Reihe von Reglements wurde abgeschafft. Trotzdem stellte sich nur ein sehr mäßiges Wirtschaftswachstum ein.

Selbstverständlich kann niemand ausschließen, dass bei optimaler Wirtschaftspolitik und sehr guten Rahmenbedingungen auch mittelfristig ein höheres Wachstum erreicht werden kann. Dazu bedarf es jedoch entschiedenerer und breit gefächerterer Maßnahmen, als sie in der Vergangenheit ergriffen worden sind. Mit den bisherigen, zum überwiegenden Teil neoklassischen Instrumenten ist dauerhaft kein zufrieden stellendes Wirtschaftswachstum zu erzielen.

2. Das tendenzielle Schrumpfen des Arbeitsvolumens

2.1 Der Zusammenhang von Wirtschaftswachstum und Arbeitsvolumen: die Stundenproduktivität

Unmittelbares Ergebnis der Wirtschaftstätigkeit und der Wirtschaftspolitik ist die gesamtwirtschaftliche Produktion, das Bruttoinlandsprodukt.

Das Bruttoinlandsprodukt wird erstellt durch Arbeits- und Kapitaleinsatz. Dabei bilden die von allen Erwerbstätigen geleisteten Jahresarbeitsstunden – und nicht die Zahl der Erwerbstätigen – den unmittelbaren, originären Arbeitseinsatz. Dazu ein Beispiel: Zum Ent- und Beladen eines Schiffes werden 8 Kranstunden benötigt. Dabei ist es egal, ob dieser Kran in 8 Stunden von 1 Kranführer als Vollzeitkraft oder von 2 Kranführern als Teilzeitkräfte mit jeweils 4 Arbeitsstunden bedient wird.

Die geleisteten Jahresarbeitsstunden werden als Arbeitsvolumen bezeichnet. Die Bedeutung des Arbeitsvolumens wird in der wirtschaftspolitischen Diskussion weitgehend unterschätzt. Die Öffentlichkeit ist meistens auf die Zahl der Erwerbstätigen fixiert. Zentrale wirtschaftspolitische und finanzpolitische Größen, wie z.B. Sozialversicherungseinnahmen und Lohnsteueraufkommen hängen jedoch von den Arbeitsstunden (Arbeitsvolumen) ab. Um ein Beispiel zu nennen: Wird eine Vollzeitstelle in zwei Teilzeitstellen umgewandelt, ändert sich an der Lohnsumme und damit an den Sozialversicherungseinnahmen und dem Lohnsteueraufkommen nichts, obwohl die Zahl der Beschäftigten zugenommen hat.[1]

Arbeitsvolumen und Kapitaleinsatz erzeugen gemeinsam die Produktion. Setzt man das Produktionsergebnis (Bruttoinlandsprodukt) ins Verhältnis zum Arbeitsvolumen, dann erhält man die Produktion je geleisteter Arbeitsstunde, die Stundenproduktivität (Arbeitsproduktivität). Je höher die Arbeitsproduktivität ist, umso geringer ist bei gegebe-

[1] Dabei ist vernachlässigt, dass wegen der Steuerprogression die halbierten Lohnsummen zusammen weniger an Lohnsteuer erbringen und die Teilzeitkräftige, soweit es sich um 400 EUR-Jobs handelt, sozialversicherungs- und steuerbegünstigt sind.

ner Produktion die Zahl der benötigten Jahresarbeitsstunden. Die Arbeitsproduktivität hängt neben dem Arbeitseinsatz auch ab vom Kapitaleinsatz, vom technischen Fortschritt, vom immer stärker werdenden Arbeitsdruck, von der betrieblichen Organisation und der Rationalisierung des Produktions- und Arbeitsablaufes, von der Qualität der staatlichen Infrastruktur und nicht zuletzt vom Fleiß, von den Fertigkeiten und von der beruflichen Qualifikation der Erwerbstätigen.

Die neoklassische Wirtschaftstheorie nennt als weiteren Bestimmungsgrund für die bei gegebenem Bruttoinlandsprodukt geleisteten Arbeitsstunden die Lohnhöhe. Bei Erhöhung des Verhältnisses von Lohn- zu Kapitalkosten werde Arbeit durch Kapital ersetzt (substituiert). Auszuschließen ist in extremen Einzelfällen diese Substitution nicht. Ihre Bedeutung in der Praxis ist jedoch im Vergleich zur technologischen Entwicklung gering. Jeder Arbeitnehmer hat durch eigene Anschauung und eigene Erfahrung erlebt, wie durch immer leistungsstärkere Maschinen, durch Automatisierung, Computerisierung und durch Rationalisierung des Produktions- und Arbeitsablaufs immer mehr Güter und Dienstleistungen bei gleichem oder geringerem Arbeitseinsatz erstellt werden können. Diese technologischen Prozesse entfesseln solch gewaltige Produktivitätskräfte, dass sie auch bei niedrigeren Löhnen eingeführt worden wären. Wären etwa, um einige Beispiele zu nennen, die Computerisierung bei den Banken, die weitgehende Vollautomatisierung vieler Fertigungsverfahren in der Industrie und im Bergbau, die Anschaffung immer leistungsstärkerer maschineller Anlagen in der Bauwirtschaft unterblieben, wenn die Arbeitnehmer weniger Lohn und Gehalt erhalten hätten? Nein, aus Konkurrenzgründen kann kein Unternehmen auf die Einführung des technischen Fortschritts verzichten, selbst wenn pro Arbeitsplatz immer mehr Kapital aufzuwenden ist. Die technologische Entwicklung treibt ständig die Stundenproduktivität nach oben und macht den Prozess der zunehmenden Kapitalintensivierung unaufhaltsam, und zwar unabhängig von der Lohnhöhe.

2.1.1 Westdeutschland: Trotz Wachstum ging Arbeitsvolumen zurück

Diesen durch Technologie und betriebsorganisatorische Rationalisierungsmaßnahmen hervorgerufenen ständigen Vormarsch der Kapitalintensität bestätigen auch die beiden letzten Jahrzehnte in Westdeutschland. Trotz zurückhaltender Lohnpolitik[1] war jahresdurchschnittlich die Zahl der geleisteten Jahresarbeitsstunden um 0,2 % rückläufig, obwohl sich das Bruttoinlandsprodukt um 1,8 % ausweitete.

Wie Tabelle 1 gezeigt hat, reichte sogar in den 60er bzw. in den 70er Jahren ein durchschnittliches Wirtschaftswachstum von 4,4 % bzw. 2,8 % nicht aus, um den Rückgang des Arbeitsvolumens um – 0,8 % bzw. – 0,9 % zu verhindern. Nur in Jahren besonders kräftigen Wachstums dehnte sich das Arbeitsvolumen aus.

Die Wachstumsrate des Bruttoinlandsprodukts, ab der sich das Arbeitsvolumen ausweitet, könnte man als Arbeitsvolumen-Schwelle bezeichnen. Sie ist in den letzten Jahrzehnten niedriger geworden. Seit den 80er Jahren reichte in Westdeutschland ein Wirtschaftswachstum von 1,8 % aus, um den Rückgang des Arbeitsvolumens mit jahresdurchschnittlich – 0,1 % gering zu halten. Nach Einschätzung des Verfassers liegt die Arbeitsvolumen-Schwelle bei gut 2 %. Selbstverständlich gilt sie nicht für jedes einzelne Jahr, denn erfahrungsgemäß führen höhere Wachstumsraten durch bessere Kapital- und Arbeitsauslastung zu größerer Stundenproduktivität, d.h. die Arbeitsvolumen-Schwelle wird höher. Umgekehrt werden bei schwachem Wirtschaftswachstum nicht so viele Arbeitnehmer entlassen und somit die geleisteten Arbeitsstunden nicht in dem Umfang – mit Ausnahme des Zurückfahrens von Überstunden – reduziert, wie dies rein produktionstechnisch möglich wäre. Tabelle 3 und das Schaubild dazu zeigen den jährlichen Verlauf von Bruttoinlandsprodukt, Stundenproduktivität und Arbeitsvolumen in den letzten 25 Jahren in Westdeutschland.

[1] Siehe A III. 5.2.3

2.1.2 Ostdeutschland: Dramatisches Schrumpfen des Arbeitsvolumens

Äußerst beunruhigend ist das kontinuierliche Schrumpfen des Arbeitsvolumens in Ostdeutschland (Tabelle 4 und das Schaubild dazu). Mit Ausnahme der Jahre 1993 und 1994 verkleinerte sich das Arbeitsvolumen Jahr für Jahr. Das Fundament für mehr Beschäftigung und Abbau der bedrückend hohen Arbeitslosigkeit bröckelte zusehends. Die Stundenproduktivität übertraf ständig das Wirtschaftswachstum und schmälerte im bedrohlichen Maße das Arbeitsvolumen. Eine zurückhaltende Lohnpolitik[1] hat diesen Trend nicht stoppen können.

2.2 Fazit: Dauerhafte Ausdehnung des Arbeitsvolumens unwahrscheinlich

Seit den 60er Jahren sind die geleisteten Jahresarbeitsstunden tendenziell gefallen. Auch in absehbarer Zeit ist keine dauerhafte Ausdehnung des Arbeitsvolumens in Sicht, zumal keine durchgreifende Wende in der Wirtschaftspolitik zu erwarten ist. Immer mehr Güter und Dienstleistungen werden in immer weniger Arbeitsstunden produziert. Die Produktivität frisst ihre Erzeuger.

Die Arbeitnehmer und ihre Gewerkschaften sowie die Wirtschaftspolitik müssen ihr Handeln eher auf ein weiteres Schrumpfen des Arbeitsvolumens einstellen. Sie dürfen sich nicht von schönfärberischen Prognosen von Arbeitgeberseite, manchen Wirtschaftstheoretikern und -politikern beschwichtigen und sich weismachen lassen, mit weiterhin zurückhaltender Lohnpolitik würde der Trend gebrochen und eine entscheidende Wende eingeleitet.

So bedrückend diese Perspektive auch ist, es verbleibt ein Hoffnungsschimmer: Ein Schrumpfen des Arbeitsvolumens mündet nicht zwangsläufig in einen Rückgang der Zahl der Erwerbstätigen.

[1] Siehe dazu A III. 5.2.4

Tabelle 3
Bruttoinlandsprodukt, Stundenproduktivität und Arbeitsvolumen
Westdeutschland [1)]

	reales Bruttoinlandsprodukt		Stundenproduktivität der Erwerbstätigen		Arbeitsvolumen der Erwerbstätigen	
	Veränd. in %	1980 = 100	Veränd. in %	1980 = 100	Veränd. in %	1980 = 100
1980		100		100		100
1981	0,5	100,5	1,7	101,7	-1,1	98,9
1982	-0,4	100,1	1,0	102,7	-1,4	97,5
1983	1,6	101,7	3,3	106,1	-1,7	95,9
1984	2,8	104,6	2,6	108,9	0,2	96,0
1985	2,3	107,0	2,3	111,4	0,0	96,1
1986	2,3	109,5	1,5	113,1	0,8	96,8
1987	1,4	111,0	1,4	114,6	0,0	96,8
1988	3,7	115,1	2,6	117,6	1,1	97,9
1989	3,9	119,6	3,5	121,7	0,4	98,3
1990	5,3	125,9	3,5	126,0	1,7	99,9
1991	5,1	132,3	3,5	130,4	1,6	101,5
1992	1,5	134,3	1,0	131,7	0,4	101,9
1993	-2,2	131,3	0,3	132,1	-2,5	99,4
1994	1,7	133,4	2,2	135,0	-0,6	98,8
1995	1,3	135,2	2,2	137,9	-0,8	98,0
1996	0,9	136,4	2,0	140,7	-1,1	97,0
1997	2,0	139,1	2,3	143,8	-0,3	96,7
1998	2,3	142,3	1,0	145,3	1,3	97,9
1999	2,0	145,2	1,1	146,9	0,9	98,8
2000	3,5	150,3	2,3	150,3	1,2	100,0
2001	1,4	152,4	1,4	152,3	0,0	100,0
2002	-0,1	152,3	1,0	153,9	-1,1	98,9
2003	-0,3	151,9	1,1	155,6	-1,3	97,6
2004	1,3	153,8	0,6	156,4	0,7	98,3
2005	1,1	155,5	1,3	158,5	-0,3	98,1

1) Ab 1991 ohne West-Berlin
Nach Angaben des Statistischen Bundesamtes und der Statistischen Landesämter

Schaubild zu Tabelle 3: Bruttoinlandsprodukt, Arbeitsvolumen und Stundenproduktivität – Westdeutschland[1)]

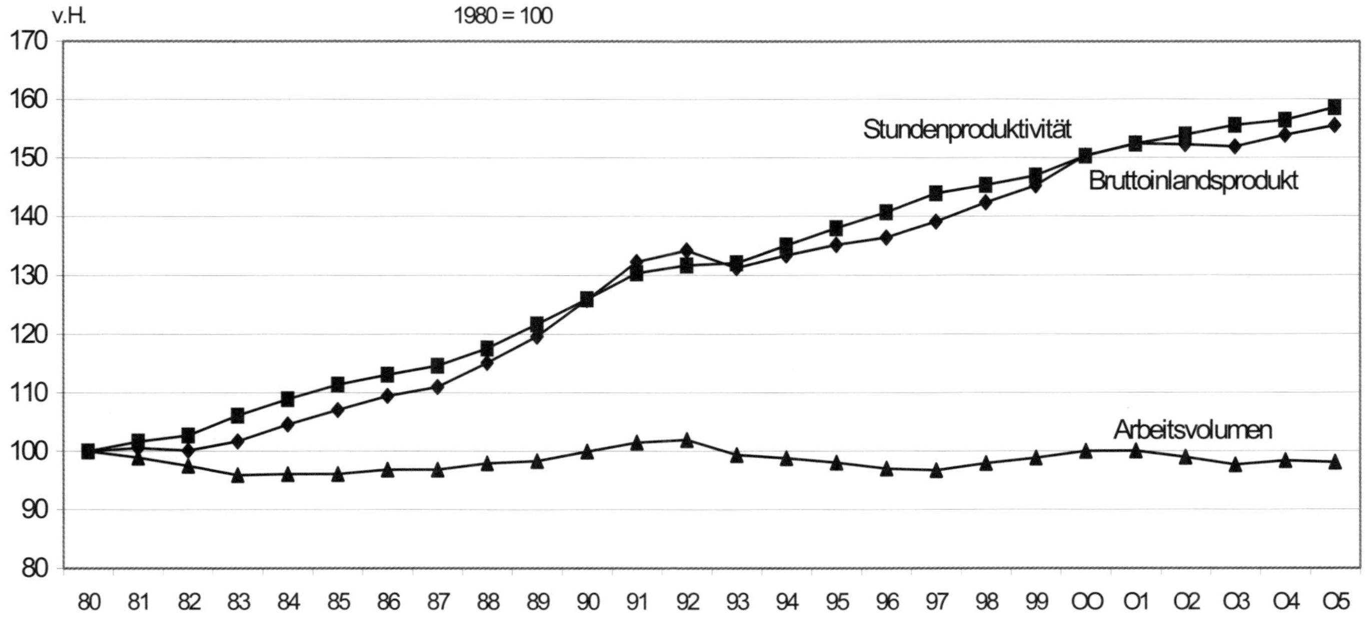

1) Ab 1991 ohne Westberlin
Eigene Berechnungen nach Angaben der Statistischen Ämter von Bund und Ländern

Tabelle 4
Bruttoinlandsprodukt, Stundenproduktivität und Arbeitsvolumen Ostdeutschland [1)]

	reales Bruttoinlandsprodukt		Stundenproduktivität		Arbeitsvolumen	
	Veränd. in %	1991 = 100	Veränd. in %	1991 = 100	Veränd. in %	1991 = 100
1991		100		100		100
1992	11,1	111,1	17,4	117,4	-5,4	94,6
1993	12,6	125,1	15,0	135,0	-2,1	92,6
1994	12,2	140,3	10,5	149,3	1,5	94,0
1995	6,3	149,2	5,9	158,1	0,4	94,4
1996	2,8	153,5	5,0	165,9	-2,0	92,5
1997	1,9	156,4	4,0	172,5	-2,0	90,6
1998	0,8	157,5	1,4	174,9	-0,6	90,1
1999	2,8	162,0	3,6	181,1	-0,7	89,5
2000	1,5	164,4	4,0	188,4	-2,4	87,3
2001	0,9	166,0	4,1	196,1	-3,0	84,6
2002	1,2	167,9	4,4	204,7	-3,1	82,0
2003	0,9	169,4	2,6	210,0	-1,7	80,7
2004	1,7	172,2	1,6	213,4	0,1	80,7
2005	-0,2	171,9	1,1	215,9	-1,3	79,7

1) Ohne Berlin
Eigene Berechnungen nach Angaben der Statistischen Landesämter

Schaubild zu Tabelle 4: Bruttoinlandsprodukt, Stundenproduktivität und Arbeitsvolumen Ostdeutschland

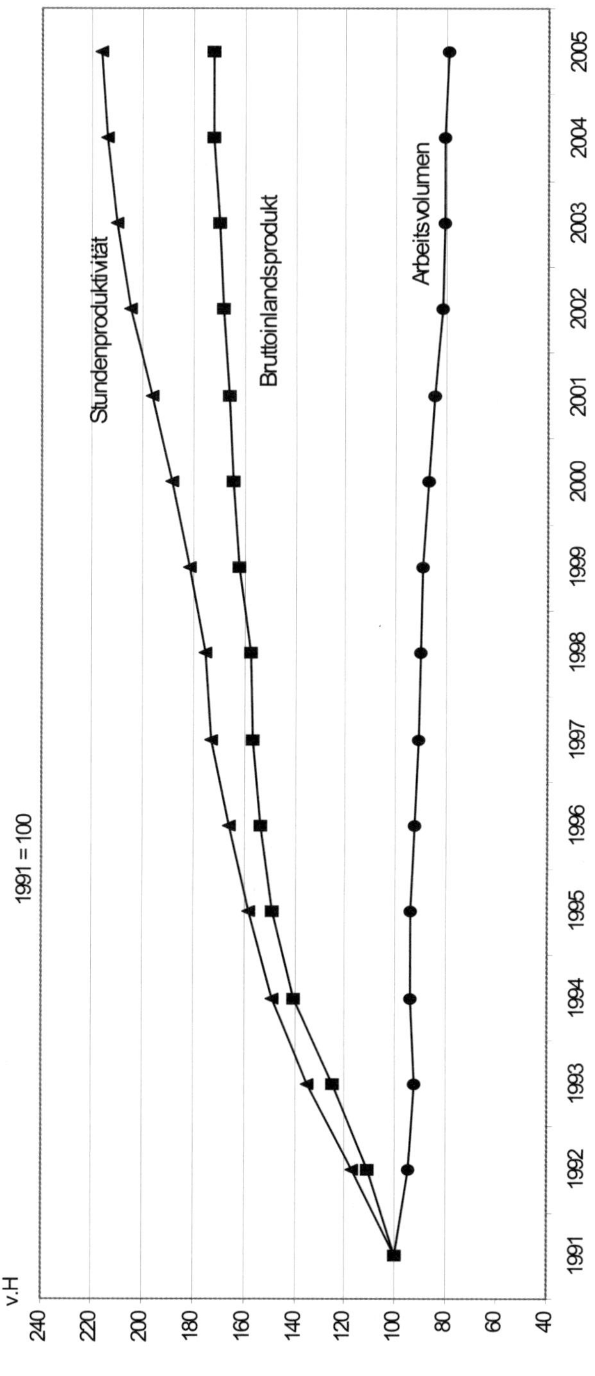

Nach Angaben der Statistischen Landesämter

3. Zunehmende Zahl von Erwerbstätigen trotz sinkendem Arbeitsvolumen

3.1 Der Zusammenhang von Arbeitsvolumen und Erwerbstätigen: die Arbeitszeit

Das zur Erstellung des Bruttoinlandsprodukts erforderliche Arbeitsvolumen kann sich auf unterschiedlich viele Erwerbstätige aufteilen, je nachdem wie lang die je Erwerbstätigen geleistete allgemeine Arbeitszeit und/oder wie hoch der Anteil der Arbeitnehmer mit Teilzeit und geringfügiger Arbeitszeit an der Gesamtzahl aller Arbeitnehmer ist. Denn das Arbeitsvolumen (Erwerbstätigenstunden) setzt sich zusammen aus der Multiplikation der Zahl der Erwerbstätigen mit der Zahl der durchschnittlichen Jahresarbeitszeit (Jahresarbeitsstunden) je Erwerbstätigen.

So nahm im Durchschnitt aller Jahrzehnte in Westdeutschland die Zahl der Erwerbstätigen zu, obwohl das Arbeitsvolumen seit den 60er Jahren schrumpfte (siehe Tabelle 1 und das Schaubild dazu). Dieser Beschäftigungszuwachs ist auf eine Verkürzung der Arbeitszeit je Beschäftigten, sei es durch tarifliche Arbeitszeitverkürzung oder durch einen zunehmenden Anteil der Teilzeitbeschäftigten, zurückzuführen.

3.1.1 Westdeutschland: Trotz sinkendem Arbeitsvolumen erhebliche Zunahme der Erwerbstätigenzahlen

Tabelle 5 und das Schaubild dazu veranschaulichen das Zusammenspiel von Arbeitsvolumen, Arbeitszeit und Zahl der Erwerbstätigen. In den letzten 25 Jahren reduzierte sich in Westdeutschland das Arbeitsvolumen um insgesamt 1,9 %. Dennoch wurden in diesem Zeitraum 19,8 % mehr Erwerbstätige gezählt. Diese beachtliche Zunahme der Zahl der Erwerbstätigen ist auf einen bemerkenswert deutlichen Rückgang der durchschnittlich geleisteten Jahresarbeitszeit um 18,1% zurückzuführen. Die Verringerung der Arbeitszeit kam vor allem[1] auf zwei Wegen zustande:

[1] Das Überstundenvolumen verminderte sich nur geringfügig und fiel rechnerisch kaum ins Gewicht.

- Die tarifliche Jahresarbeitszeit (Wochenarbeitszeit und Urlaub) wurde um 8,2 % verkürzt (siehe A II. 5.2, Tabelle 15).
- Die Teilzeitarbeit dehnte sich erheblich aus und drückte den Durchschnitt der Arbeitszeit aller Erwerbstätigen um 10 %. Der Anteil der Teilzeitbeschäftigten betrug 1980 11,8 % (2,8 Mio.) und steigerte sich bis zum Jahr 2005 auf 33,3 % (9,4 Mio.). Unter den Teilzeitbeschäftigten weitete sich in den letzten Jahren die Zahl der Beschäftigten mit geringfügiger Arbeitszeit stark aus, von 0,6 Mio. in 1991 auf 1,6 Mio. in 2005.

Insofern lässt sich die heutige Zahl der Erwerbstätigen mit ihrem hohen Anteil von Teilzeitbeschäftigten nur bedingt mit früheren Erwerbstätigenzahlen vergleichen. Aus diesem Grunde sollte man den Erfolgsbilanzen der Regierungen in der Beschäftigungspolitik stets kritisch gegenüber stehen, wenn nur die Zahl der Erwerbstätigen und nicht die Entwicklung des Arbeitsvolumens genannt wird.

Viele Arbeitnehmer, z.B. manche Hausfrau und mancher Frührentner, werden zufrieden sein, wenn sie eine Teilzeitstelle oder geringfügige Arbeit finden. Wie im nächsten Abschnitt dargestellt wird, haben in der Tat viele Arbeitnehmer aus der sogenannten stillen Arbeitsmarktreserve eine derartige Arbeit aufgenommen. Der überwiegenden Mehrheit der Arbeitslosen ist mit Teilzeitarbeit allerdings nicht gedient.

3.1.2 Ostdeutschland: Verringerte Arbeitszeit konnte Rückgang der Erwerbstätigkeit nicht stoppen

In Ostdeutschland führte der Rückgang der Arbeitszeit nicht zu einer höheren Zahl der Erwerbstätigen, sondern er bremste nur die Talfahrt der Erwerbstätigkeit. Das sich bis heute Jahr für Jahr – mit Ausnahme der Jahre 1993 und 1994 – kontinuierlich reduzierende Arbeitsvolumen führte deswegen nicht zu einer entsprechenden Abnahme der Zahl der Erwerbstätigen, weil sich die durchschnittliche, tatsächlich geleistete

Tabelle 5
Arbeitsvolumen, Arbeitszeit[1] und Erwerbstätige Westdeutschland

	Arbeitsvolumen		Arbeitszeit		Erwerbstätige	
	Veränd. in %	1980 = 100	Veränd. in %	1980 = 100	Veränd. in %	1980 = 100
1980		100		100		100
1981	-1,1	98,9	-1,2	98,8	0,1	100,1
1982	-1,4	97,5	-0,6	98,1	-0,8	99,3
1983	-1,7	95,9	-0,8	97,4	-0,9	98,4
1984	0,2	96,0	-0,7	96,7	0,9	99,3
1985	0,0	96,1	-1,4	95,4	1,4	100,7
1986	0,8	96,8	-1,1	94,3	1,9	102,6
1987	0,0	96,8	-1,3	93,1	1,4	104,1
1988	1,1	97,9	-0,3	92,8	1,4	105,5
1989	0,4	98,3	-1,4	91,4	1,9	107,5
1990	1,7	99,9	-1,4	90,1	3,2	110,9
1991	1,6	101,5	-1,2	89,0	2,8	114,0
1992	0,4	101,9	-0,6	88,5	1,0	115,2
1993	-2,5	99,4	-1,4	87,2	-1,1	113,9
1994	-0,6	98,8	0,0	87,2	-0,6	113,3
1995	-0,8	98,0	-0,7	86,6	-0,1	113,1
1996	-1,1	97,0	-1,0	85,8	-0,1	113,0
1997	-0,3	96,7	-0,5	85,3	0,2	113,3
1998	1,3	97,9	-0,2	85,2	1,5	115,0
1999	0,9	98,8	-0,7	84,6	1,6	116,9
2000	1,2	100,0	-1,2	83,5	2,4	119,7
2001	*0,0*	100,0	-0,8	82,9	0,9	120,7
2002	-1,1	98,9	-0,8	82,2	-0,3	120,4
2003	-1,3	97,6	-0,4	81,9	-0,9	119,3
2004	0,7	98,3	0,3	82,1	0,4	119,8
2005	-0,3	98,1	-0,3	81,9	0,0	119,8

1) Tatsächlich geleistete Jahresarbeitsstunden im Durchschnitt aller Erwerbstätigen
2) Ab 1991 ohne Westberlin
Nach Angaben der Ämter von Bund und Ländern

Schaubild zu Tabelle 5: Arbeitsvolumen, Arbeitszeit und Erwerbstätige Westdeutschland [1)]

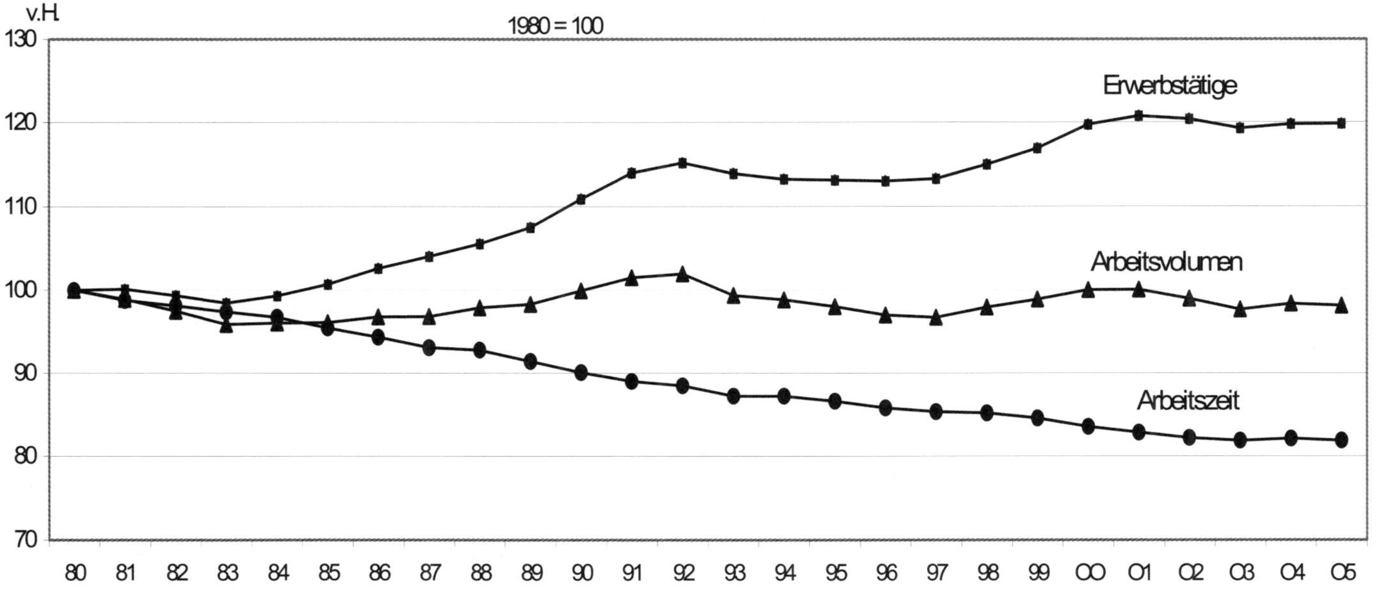

1) Ab 1992 ohne West-Berlin
Nach Angaben der Statistischen Ämter von Bund und Ländern

Tabelle 6
Arbeitsvolumen, Arbeitszeit[1] und Erwerbstätige
Ostdeutschland[2]

	Arbeitsvolumen		Arbeitszeit		Erwerbstätige	
	Veränd. in %	1991 = 100	Veränd. in %	1991 = 100	Veränd. in %	1991 = 100
1991		100		100		100
1992	-5,4	94,6	8,2	108,2	-12,5	87,5
1993	-2,1	92,6	0,5	108,8	-2,6	85,2
1994	1,5	94,0	-1,1	107,6	2,6	87,4
1995	0,4	94,4	-1,6	105,9	2,1	89,2
1996	-2,0	92,5	-1,2	104,6	-0,8	88,4
1997	-2,0	90,6	-0,8	103,8	-1,3	87,3
1998	-0,6	90,1	-0,8	103,0	0,2	87,5
1999	-0,7	89,5	-0,9	102,0	0,2	87,7
2000	-2,4	87,3	-1,6	100,4	-0,9	86,9
2001	-3,0	84,6	-1,4	99,0	-1,6	85,5
2002	-3,1	82,0	-1,5	97,5	-1,6	84,2
2003	-1,7	80,7	-0,5	96,9	-1,1	83,2
2004	0,1	80,7	-0,1	96,8	0,2	83,3
2005	-1,3	79,7	-0,2	96,7	-1,1	82,4

1) Tatsächlich geleistete Jahresarbeitsstunden im Durchschnitt aller Erwerbstätigen
2) Ohne Berlin
Nach Angaben der Statistischen Landesämter

Schaubild zu Tabelle 6: Arbeitsvolumen, Arbeitszeit und Erwerbstätige – Ostdeutschland [1]

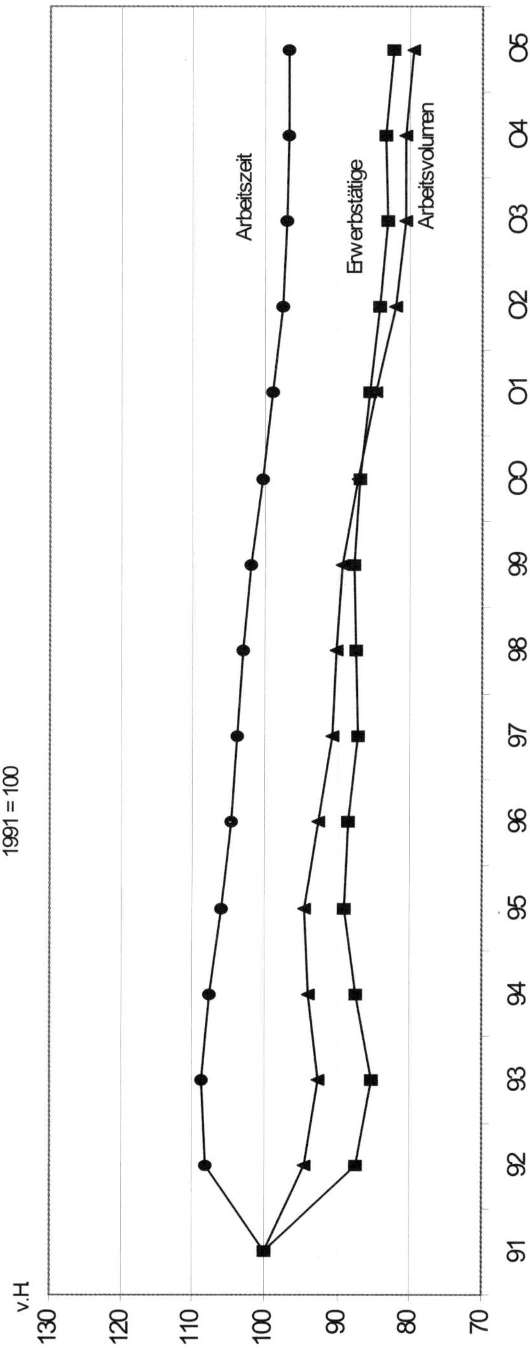

1) Ohne Berlin
Nach Angaben der Statistischen Landesämter

Jahresarbeitszeit je Erwerbstätigen von 1992[1] bis 2005 um 10,6 % (– 11,5 v.H-Punkte) verringerte (Tabelle 6 und das Schaubild dazu), und zwar hauptsächlich durch das Vordringen der Teilzeitarbeit. Die Zahl der Teilzeitbeschäftigten kletterte von 0,55 Mio. (7 %) in 1992 auf 1,86 Mio. (29 %) in 2005.

Die tarifliche Arbeitszeit wurde in den 90er Jahren um 5,4 % verkürzt. Tabelle 6 zeigt die bremsende Wirkung der Arbeitszeitverkürzung auf den Rückgang der Zahl der Erwerbstätigen. Von 1992 bis 2005 fielen die Erwerbstätigenstunden um 15,8 % (– 14,9 v.H.-Punkte). Da sich gleichzeitig die im Durchschnitt aller Erwerbstätigen geleistete Arbeitszeit um 10,6 % (– 11,5 %-Punkte) verminderte, sank die Zahl der Erwerbstätigen nur um 5,8 % (5,1 v.H.-Punkte).

Einer Erklärung bedarf der Sonderfall des einmaligen Emporschnellens der Arbeitszeit in 1992. In 1991 wurden 1,546 Mio. Kurzarbeiter mit einem Arbeitsausfall von 56 % gezählt (ohne Ostberlin). In 1992 sank ihre Zahl auf 0,356 Mio. Das führte in 1992 rein rechnerisch zu einem Anstieg der durchschnittlichen geleisteten Jahresarbeitszeit von 9,4 % pro Kopf der verbleibenden Beschäftigten, weil es eben in 1992 erheblich weniger Kurzarbeiter gab. Aber keineswegs wurde in 1992 die Kurzarbeit in Vollzeitarbeit umgewandelt. Vielmehr wurden allein in 1992 842.000 Arbeitsplätze abgebaut (–12,4 %), und zwar überwiegend diejenigen, auf denen 1991 Kurzarbeiter gearbeitet hatten.

3.2 Fazit: Rückgang der geleisteten Arbeitszeit polierte Zahl der Erwerbstätigen auf

In West- und Ostdeutschland schrumpfte das Arbeitsvolumen tendenziell. Dennoch hat die rückläufige Arbeitszeit in Westdeutschland die

[1] Das Jahr 1991 wurde deswegen nicht als Basisjahr gewählt, weil es durch einen einmaligen Sonderfall geprägt war. In 1991 befanden sich 24% aller Beschäftigten (1,546 Mio. ohne Ostberlin) auf sogenannter „Kurzarbeit" mit einem Arbeitsausfall von durchschnittlich 56%. Dies drückte die durchschnittlich geleistete Arbeitszeit aller Arbeitnehmer erheblich nach unten. Im Jahre 1992 waren diese Stellen weitgehend bis auf 0,368 Mio. abgebaut.

Zahl der Erwerbstätigen nach oben gezogen und in Ostdeutschland den Rückgang verlangsamt. Insbesondere das Vordringen der Teilzeitarbeit, darunter die Arbeitsstellen mit geringfügiger Arbeitszeit, hat die Zahl der Erwerbstätigen aufpoliert.

Eine Wirtschaftspolitik sollte allerdings erst dann als erfolgreich bezeichnet werden, wenn sie zur Ausdehnung des Arbeitsvolumens beigetragen hat. Den Arbeitslosen, die weit überwiegend Vollzeitarbeit suchen, nützt die vehemente Ausweitung der Teilzeitarbeit und insbesondere der Arbeitsstellen mit geringfügiger Beschäftigung nicht viel.

Eine Veränderung der Zahl der Erwerbstätigen mündet nun allerdings nicht in einer genau entsprechenden Veränderung der Zahl der Arbeitslosen. Damit kommen wir zur letzten Etappe auf dem Weg vom Zuwachs des Bruttoinlandsprodukts zur Veränderung der Arbeitslosigkeit.

4. Stille Arbeitsmarktreserve mindert Rückgang der registrierten Arbeitslosigkeit

4.1 Der Zusammenhang von Erwerbstätigkeit, Erwerbspersonen-Potenzial, stiller Arbeitsmarktreserve und Arbeitslosen

Ob und in welchem Ausmaß eine zunehmende (abnehmende) Zahl von Erwerbstätigen eine Verminderung (Erhöhung) der Zahl der Arbeitslosen zur Folge hat, hängt von der Entwicklung des Erwerbspersonen-Potenzials und von der sogenannten stillen Arbeitsmarktreserve ab.

Zum besseren Verständnis sei darauf aufmerksam gemacht, dass es sich bei den Veränderungen der nachfolgenden Zahlen (Tabelle 7 und Schaubild dazu) um Salden von Zu- und Abgängen handelt. Wenn z.B. in einem Zeitraum die Zahlen der Erwerbstätigen mit 38 Mio. und der Arbeitslosen mit 4 Mio. unverändert geblieben sind, dann heißt das nicht, dass keine neuen Arbeitsplätze geschaffen worden und die gleichen Personen arbeitslos geblieben sind. Vielmehr können z.B. 6 Mio. Arbeitsplätze abgebaut und gleichzeitig 6 Mio. neue Arbeitsplätze entstanden sein. In diesem ständigen Wandel könnte es auch sein, dass alle 4 Mio. ursprünglich Arbeitslosen einen neuen Arbeitsplatz gefunden haben und 4 Mio. andere Personen arbeitslos geworden sind.

Tabelle 7
Erwerbstätige, Erwerbspersonen-Potenzial, stille Reserve und Arbeitslose

1998-2005

	Deutschland			Westdeutschland[1]			Ostdeutschland[2]		
	1998	2005	2005/98	1998	2005	2005/98	1998	2005	2005/98
Erwerbstätige[3]	37.911	38.783	872	30.413	31.661	1.248	7.498	7.122	-376
Erwerbsperso-nen-Potenzial	43.801	44.542	741	34.185	35.560	1.375	9.616	8.982	-634
davon:									
demo-graphische Komponente			-1.384			-1.088			-296
steigende Er-werbsneigung			1.586			1.672			-86
Wanderung- u. Pendlersaldo			539			790			-251
Erwerbsperso-nen-Potenzial minus Erwerbstätige	5.890	5.759	-131	3.772	3.899	127	2.118	1.860	-258
reg. Arbeitslose	4.281	4.861	580	2.752	3.247	495	1.529	1.614	85
stille Arbeits-marktreserve	1.971	1.468	-503	1.244	982	-262	727	486	-241
reg. Arbeitslose plus stille Reserve	6.252	6.329	77	3.996	4.229	233	2.256	2.100	-156

1) Westdeutschland ohne Berlin
2) Ostdeutschland einschließlich Berlin
3) Inländer
Nach Angaben des IAB

Schaubild zu Tabelle 7: Erwerbspersonen-Potenzial, Erwerbstätige, Arbeitslose und stille Reserven Deutschland 2005

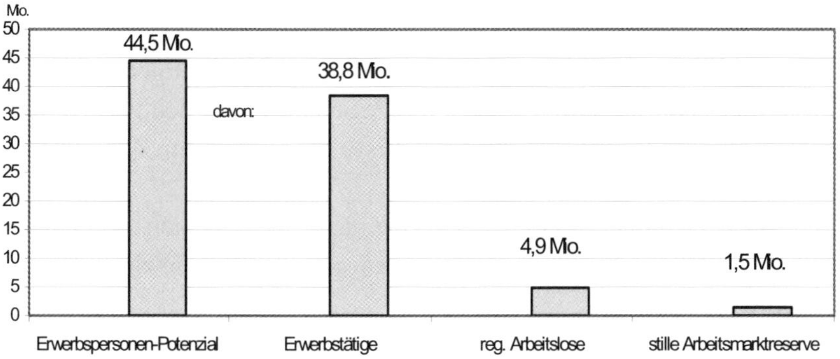

Nach Angaben des IAB

Veranschaulicht werden diese Zusammenhänge an den Zahlen für West- und Ostdeutschland in den Jahren von 1998 bis 2005, also in den Jahren der Regierung Schröder (Tabelle 7).

4.2 Westdeutschland[1]: Zunehmende Erwerbstätigkeit führte nicht zu entsprechendem Rückgang der Arbeitslosigkeit

Die Zahl der Erwerbstätigen nahm im Zeitraum 1998-2005 um 1.248.000 zu. Darin enthalten sind 106.000 geringfügig Beschäftigte, die sowohl in der amtlichen Erwerbstätigenstatistik als Beschäftigte und auch gleichzeitig in der Statistik der Bundesagentur für Arbeit als Arbeitslose registriert sind, weil sie weniger als 15 Stunden in der Woche beschäftigt sind. Diese störende Doppelzählung in Tabelle 7, die weiter unten einen formalen Ausgleich (Null-Saldo) der Arbeitsmarktbilanz verhindert, kommt nur deshalb zustande, weil man nicht abrücken wollte einerseits von den offiziellen Erwerbstätigenzahlen des Statistischen Bundesamtes, in der selbst die kleinsten Minijobber – zur Freude der Regierung – als Beschäftigte mitgezählt werden, und ande-

[1] Früheres Bundesgebiet ohne Westberlin. Es gilt das Wohnsitzkonzept.

rerseits nicht von den amtlichen Zahlen der registrierten Arbeitslosen, in denen auch Beschäftigte mit bis zu 15 Wochenstunden als arbeitsuchend enthalten sind, wenn sie Arbeitsstellen mit längerer Arbeitszeit suchen.

Man hätte nun aufgrund der Zunahme der Erwerbstätigenzahlen um 1.248.000 erwarten können, dass die Arbeitslosigkeit deutlich zurückgegangen wäre. In Wirklichkeit nahm sie sogar noch um 495.000 Arbeitslose zu. Wie konnte das sein?

Zunächst einmal wuchs das sogenannte Erwerbspersonen-Potenzial um 1.375.000. Es setzt sich zusammen aus den Salden dreier Komponenten:

- Aus der zurzeit und auch in Zukunft aus demographischen Gründen rückläufigen ansässigen Bevölkerung im erwerbsfähigen Alter (15-65 Jahre). Im Zeitraum 1998-2005 nahm sie um 1.088.000 ab.
- Aus der steigenden Erwerbsneigung der Bevölkerung. So hat z.B. die Erwerbsquote der Frauen vor allem wegen ihrer immer qualifizierteren Ausbildung einen ständig nach oben gerichteten Trend. Die Frauen bleiben immer öfter auch nach der Eheschließung im Berufsleben und/oder kehren häufiger als früher nach einigen Jahren der Kindererziehung wieder ins Erwerbsleben zurück.

  Die zunehmende Erwerbsneigung der Bevölkerung wird als Verhaltenskomponente aus der bisherigen Entwicklung der altersgruppen- und geschlechtsspezifischen Erwerbsquoten geschätzt. Für den Zeitraum 1998 bis 2005 resultierte allein daraus ein Erwerbspersonen-Potenzialzuwachs von insgesamt 1.672.000.
- Aus dem Wanderungs- und dem Pendlersaldo von und nach Westdeutschland (790.000). Der Wanderungssaldo (671.000) setzt sich hauptsächlich zusammen aus der Differenz der Veränderung von Zu- und Fortzügen von und ins Ausland, von und nach Ostdeutschland und von Zuzügen von Spätaussiedlern (268.000). Westdeutschland (ohne Berlin) verzeichnete einen Saldo von 221.000 gegenüber Ostdeutschland. Von 1998 bis 2005 zogen 725.000 Personen im erwerbsfähigen Alter aus Ostdeutschland nach Westdeutschland und 504.000 in die umgekehrte Richtung.

Der Pendlersaldo (119.000) wurde hauptsächlich bestimmt von der Zunahme der Einpendler aus Ostdeutschland von 298.000 in 1998 um 91.000 auf 389.000 in 2005, während die Zahl der Auspendler nach Ostdeutschland von 1998 (89.000) bis 2005 (85.000) fast unverändert blieb.

Bei Rückschlüssen von der vermehrten Zahl der Erwerbstätigen (1.248.000) auf den Anstieg der Arbeitslosigkeit ist also das erheblich gewachsene Erwerbspersonen-Potenzial (1.375.000) zu beachten, dessen Zuwachs die Zunahme der Arbeitsplätze um 127.000 überstieg. Das bedeutet allerdings nicht, dass die neuen Erwerbspersonen die neuen Arbeitsplätze einnahmen. Vielmehr könnten die neuen Arbeitsplätze allein von bisher Arbeitslosen besetzt worden sein. Aus welcher Kategorie der Personenkreis jeweils stammt, der die zusätzlichen Arbeitsplätze einnimmt, wird statistisch nicht ermittelt.

Eine Zunahme der Arbeitslosigkeit um 127.000 – also in Höhe des Überschusses des Zuwachses des Erwerbspersonen-Potenzials über die Zunahme der Arbeitsplätze – wäre plausibel gewesen. In Wirklichkeit betrug sie jedoch 495.000. Wie kam es zu dieser gewaltigen Differenz von 368.000?

Die Erklärung ist, dass per saldo 262.000 Personen aus der stillen Arbeitsmarktreserve auf dem Arbeitsmarkt aufgetaucht sind, die zuvor nicht als arbeitslos registriert waren.

Die stille Arbeitsmarktreserve wird von den Arbeitsmarktforschern des Institutes für Arbeitsmarkt- und Berufsforschung der Bundesagentur für Arbeit geschätzt und veröffentlicht. Sie ist der Teil der Bevölkerung, der nicht als arbeitslos registriert ist, von dem man jedoch aufgrund der Erfahrungen aus früheren Zeiten einer guten Beschäftigungslage und hoher Arbeitsnachfrage der Unternehmen weiß, dass er Arbeit aufnehmen wird, wenn er eine passende Arbeitsstelle findet. Das trifft insbesondere auf Hausfrauen und Rentner zu, die sich z.B. wegen des verstärkten Angebots von Arbeitsstellen mit geringfügiger Arbeitszeit zur Arbeitsaufnahme entschließen. Zur stillen Arbeitsmarktreserve zählen auch die Teilnehmer an beruflicher Vollzeit-Weiterbildung, Deutschsprachkursen und Rehabilitationsmaßnahmen und Arbeitslose, die die 58er-Regelung (§428 SGB III) in Anspruch nehmen.

Dem Zuwachs von 1.248.000 Arbeitsplätzen standen somit eine Zunahme des Erwerbspersonen-Potenzials von 1.375.000 und ein Auftauchen von 262.00 (per saldo) Personen aus der stillen Arbeitsmarktreserve gegenüber. Als Folge nahm die Arbeitslosigkeit um 495.000 zu. Der erwartete Null-Saldo der Arbeitsmarktbilanz, d.h. die Gleichheit der Differenz von Erwerbspotenzial minus Erwerbstätigen mit der Summe aus Arbeitslosen und stiller Reserve, ergibt sich nur, wenn man die oben erwähnte Doppelzählung unterlässt, also wenn man die 106.000 als arbeitsuchend gemeldeten Personen mit einer Beschäftigung unter 15 Wochenstunden entweder bei den Erwerbstätigenzahlen oder bei den Arbeitslosenzahlen abzieht.

4.3 Ostdeutschland[1]: Abwanderung verhinderte eine noch schlechtere Arbeitsmarktlage

Die Arbeitsmarktlage in Ostdeutschland ist nach wie vor katastrophal. Allein im Zeitraum 1998 bis 2005 fielen dort per saldo weitere 376.000 Arbeitsplätze weg. Dieser Abbau wäre noch krasser gewesen, wenn man nicht die 102.000 Stellen mit geringfügiger Arbeitszeit der offiziell als arbeitslos Registrierten (weniger als 15 Wochenstunden) als Erwerbstätige mitgezählt hätte. Diese geringfügig beschäftigten Arbeitslosen suchen jedoch bei den Arbeitsagenturen nach wünschenswerteren Stellen mit längerer Arbeitszeit und stehen zur Vermittlung jederzeit zur Verfügung.

Gleichzeitig reduzierte sich das Erwerbspersonen-Potenzial um erstaunliche 634.000. Der Rückgang des Erwerbspersonen-Potenzials hat drei Wurzeln:

1. Erwartungsgemäß gilt auch für Ostdeutschland der negative demographische Faktor (Abnahme der ansässigen erwerbsfähigen Bevölkerung um –296.000).

2. Hinzu tritt eine leicht abnehmende Erwerbsneigung (Verhaltenskomponente 86.000), weil in Ostdeutschland die Erwerbsquote der

[1] Einschließlich Gesamtberlin

Frauen vor der Wiedervereinigung merklich höher war als in Westdeutschland und sie sich der westdeutschen langsam anpasst.

3. Besonders kräftig wurde der Arbeitsmarkt entlastet durch den negativen Saldo von Wanderungs- und Pendlerbilanz (– 251.000). So zogen im Zeitraum 1998 bis 2005 221.000 Personen im erwerbsfähigen Alter mehr aus Ostdeutschland nach Westdeutschland (ohne Berlin) als umgekehrt.
   Auch vergrößerte sich der negative Pendlersaldo mit Westdeutschland um 87.000 auf 304.000. Im Jahre 2005 pendelten 389.000 Erwerbstätige von Ostdeutschland nach Westdeutschland (ohne Berlin). In die andere Richtung waren es nur 85.000.

Selbst die berufliche Abwanderung von 1998 bis 2005 (Veränderung der Salden der Wanderungs- und Pendlerbilanz mit – 251.000) aus Ostdeutschland konnte die weitere Ausbreitung (+ 85.000) der katastrophal hohen Arbeitslosigkeit von 1998 bis 2005 nicht verhindern.

Die Abwanderungen sind bedrückend und ein Zeichen der beschäftigungspolitischen Erfolglosigkeit der Bundesregierung und der Landesregierungen in Ostdeutschland. Zumal bei Fortdauer der beruflichen Abwanderung der meist qualifizierten und jüngeren Arbeitnehmer auf längere Sicht immer mehr Nachwuchs- und Fachkräfte fehlen werden für ein angemessen hohes Wirtschaftswachstum, eine der zentralen Voraussetzungen für die Verbesserung der Arbeitsmarktlage.

Da der Rückgang des Erwerbspersonen-Potenzials mit – 634.000 um 258.000 größer war als der Abbau der Arbeitsplätze (– 376.000), hätte man auch für Ostdeutschland eine Verminderung der Arbeitslosigkeit um diese Differenz (– 258.000) erwarten können. Stattdessen weitete sie sich sogar noch um 85.000 aus. Die Ursache war, dass (per saldo) 241.000 Personen aus der stillen Arbeitsmarktreserve zusätzlich auf den Arbeitsmarkt traten. Diese Personen, die zuvor nicht als Arbeitslose registriert waren, fanden geeignete Arbeitsplätze. Sie kamen oft aus Qualifizierungsmaßnahmen, wie berufliche Umschulung und Weiterbildung, oder waren Hausfrauen und Frührentner, die z.B. das vergrößerte Angebot an geringfügiger Arbeit annahmen. Allerdings lässt die Saldenbetrachtung keine genaue Identifizierung zu, wer von wo und wohin wanderte. So kann es z.B. durchaus sein, dass Personen nach

Beendigung der Qualifizierungsmaßnahme keine Arbeit fanden und sich als arbeitslos registrieren ließen, während Arbeitslose Arbeitsstellen antraten.

Die Arbeitsmarkt-Bilanz gleicht sich nur aus, wenn man die oben erwähnten doppelt gezählten 102.000 Personen entweder nur bei den Arbeitsplätzen oder nur bei den Arbeitslosen mitzählt.

Entscheidet man sich dafür, sie nur bei den registrierten Arbeitslosen aufzuführen, dann wurden 478.000 Arbeitsplätze abgebaut. Da sich gleichzeitig das Erwerbstätigen-Potenzial um 634.000 verminderte, hätte man erwarten können, dass die Zahl der Arbeitslosen um 156.000 gesunken wäre. Dies geschah nicht, weil gleichzeitig 241.000 Personen aus der stillen Reserve Arbeitsplätze besetzten. Deshalb nahm die Zahl der Arbeitslosen, wie in Tabelle 7 ausgewiesen, um 85.000 zu.

Diese Zuordnung zu den Arbeitslosen ist ökonomisch richtig, weil diese Arbeitslosen trotz ihrer geringfügigen Tätigkeit nach wie vor bei den Arbeitsagenturen Arbeit nachsuchen und jederzeit der Vermittlung zur Verfügung stehen.

4.4 Perspektiven: Der Weg selbst nur zur Halbierung der Arbeitslosigkeit ist lang und unsicher

Erst aus dem Zusammenspiel von Veränderungen der Erwerbstätigkeit, des Erwerbspersonen-Potenzials und der stillen Arbeitsmarktreserve ergibt sich die Veränderung der registrierten Arbeitslosigkeit.

Darunter ist das Erwerbspersonen-Potenzial insofern von besonderem Interesse, da es sich im Vergleich zur Entwicklung der Zahl der zukünftigen Arbeitsplätze einigermaßen zuverlässig vorhersagen lässt.

Für die Vorausschätzung des Erwerbspersonen-Potenzials in den nächsten Jahre werden Annahmen über die demographische Entwicklung, über den weiteren Trend der Erwerbsneigung und über den Zuwanderungssaldo getroffen. Die Vorhersage ist nicht einfach. Die Experten des Instituts für Arbeitsmarkt- und Berufsforschung rechnen deshalb mit mehreren Varianten.

Eine Komponente des Erwerbspersonen-Potenzials, nämlich die demographische Entwicklung der ansässigen erwerbsfähigen Bevölkerung, ist für die nächsten Jahre bevölkerungsstatistisch ziemlich genau vorherzusagen. Denn diese Personen, die in den nächsten Jahren in das erwerbsfähige Alter hineinwachsen, sind schon alle geboren, und anhand der bevölkerungsstatistisch ermittelten Sterbeziffern ist die Entwicklung der Zahl und Altersstruktur der Erwerbsfähigen verhältnismäßig zuverlässig zu prognostizieren. Danach wird die Zahl der Erwerbsfähigen (15-65 Jahre) in Zukunft jedes Jahr sinken.

Diesem demographischen Entlastungseffekt für die Arbeitslosigkeit stehen allerdings eine zunehmende Erwerbsneigung und positive Zuwanderungssalden gegenüber. Nach Vorausschätzungen des Instituts für Arbeitsmarkt- und Berufsforschung (IAB) der Bundesagentur für Arbeit wird das Erwerbspersonenpotenzial in Deutschland von 2006 bis 2013 konstant bleiben (44,7 Mio.). In Westdeutschland (35,7 Mio. in 2006) wird es sogar bis 2013 noch um 0,5 Mio. zunehmen und in Ostdeutschland (9,0 Mio. in 2006) um 0,6 Mio. abnehmen.[1] Erst danach wird es in Deutschland kontinuierlich, aber langsam auf 43,2 Mio. in 2020 sinken. Vom Arbeitskräfteangebot wird also bis 2013 keine Entlastung für den Arbeitsmarkt zu erwarten sein, auf dem sich in 2005 die Summe aus registrierter Arbeitslosigkeit und stiller Arbeitsmarktreserve auf 6,3 Mio. belief, davon 4,2 Mio. in Westdeutschland und 2,1 Mio. in Ostdeutschland.

Entlastung kann deshalb nur von einer steigenden Arbeitskräftenachfrage von Seiten der Unternehmen und der öffentlichen Hand kommen. Es ist nach den bisherigen Erfahrungen aber wenig wahrscheinlich, dass die Wirtschaft mittelfristig ein so kräftiges Wachstum schafft, das ausreicht, um das Arbeitsvolumen auszudehnen. Dazu müsste mittelfristig im Durchschnitt die Schwelle von rd. 2,3 % überschritten werden.

Allerdings könnte selbst ein Schrumpfen des Arbeitsvolumens in eine vermehrte Erwerbstätigkeit münden, falls es durch eine Verringerung der Arbeitszeit überkompensiert wird. Somit bleiben tarifliche Verkürzungen der Jahresarbeitszeit (Wochenarbeitszeit und Verlängerung des Urlaubs) beschäftigungspolitisch notwendig.

[1] Institut für Arbeitsmarkt- und Berufsforschung, Kurzbericht Nr. 24/2005 und schriftliche Auskunft auf Anfrage des Verfassers.

Aber auch tariflich abgesicherte Teilzeitarbeit und Arbeitsstellen mit geringfügiger Arbeitszeit können zur Entlastung des Arbeitsmarktes beitragen. Beide Formen entsprechen den Wünschen vieler Erwerbspersonen, insbesondere aus der stillen Arbeitsmarktreserve.
Die meisten Arbeitslosen suchen hingegen Vollzeit-Arbeitsplätze, und viele Beschäftigte wollen ihre Vollzeitarbeitsplätze erhalten. Und hier liegt ein gefährlicher Sprengsatz. Die Erfahrungen insbesondere der letzten Jahre belegen, dass Vollzeitarbeitsplätze in Teilzeitarbeitstellen und Arbeitsplätze mit geringfügiger Arbeitszeit (Minijobs) umgewandelt wurden zum Nachteil für viele Arbeitnehmer sowie für die Staats- und Sozialversicherungseinnahmen:

- Vollzeitarbeitsplätze wurden abgeschafft.
- Der Arbeitsdruck auf Teilzeitbeschäftigte und Beschäftigte mit geringfügiger Arbeitszeit wurde erhöht. Denn oft entsprach die Summe der gesplitteten Stundenzahlen bei den Minijobs nicht der ehemaligen Summe der Stundenzahlen der Vollzeitarbeitsplätze.
- Staat und Sozialversicherung verloren Einnahmen durch Steuer- und Sozialabgabenbegünstigung der Minijobs.

Die Unternehmer profitieren von den niedrigeren Lohn- und Lohnnebenkosten, insbesondere von den 400 EUR-Jobs. Der verstärkte Arbeitsdruck erhöht die Stundenproduktivität und verringert damit gesamtwirtschaftlich per saldo die Zahl der geleisteten Jahresarbeitszeit (Arbeitsvolumen). Es ist jedoch zweifelhaft, ob die Zunahme der Erwerbstätigkeit so kräftig sein wird, dass sie sich in eine deutliche Verminderung der Arbeitslosigkeit umsetzen kann. Bisher jedenfalls bremsten ein wachsendes Erwerbspersonen-Potenzial und die Arbeitsaufnahme von Personen aus der stillen Arbeitsmarktreserve den Abbau der Arbeitslosigkeit.

Zu einem Befreiungsschlag gegen die anhaltend hohe Arbeitslosigkeit ist es bisher nicht gekommen. Wenn nichts Entscheidendes geschieht und beschäftigungspolitisch keine Wende vollzogen wird, wird auch in absehbarer Zukunft in Deutschland die bedrückend hohe Arbeitslosigkeit andauern. Solange also noch Massenarbeitslosigkeit herrscht, ist neben weiteren tariflichen Arbeitszeitverkürzungen ein öffentlich geförderter und gestalteter Beschäftigungssektor sinnvoll, der jene sozialen, kulturellen und ökologischen Bedürfnisse befriedigt, die weder der Markt noch der öffentliche Dienst abdecken.

Auf lange Sicht mag es wegen des nach dem Jahr 2013 abknickenden Erwerbspersonen-Potenzials anders aussehen. Aber dann werden andere Probleme auftauchen, mit denen wir uns hier nicht befassen wollen. Nur ein Schwerpunkt sei kurz betont: Wegen der demnächst abnehmenden ansässigen Bevölkerung im erwerbsfähigen Alter müssen schon heute gewaltige Anstrengungen für eine durchgreifende Verbesserung der schulischen und beruflichen Ausbildung sowie für eine radikale Ausweitung einer qualifizierteren Weiterbildung innerhalb und außerhalb der Betriebe unternommen werden, damit genügend qualifizierte und leistungsfähige Fachkräfte zur Verfügung stehen.

II. Zur Lohnentwicklung in West- und Ostdeutschland

1. Der tendenzielle Fall der Wachstumsrate des Lohnes

Die Fakten sprechen für sich: Die Lohnzuwächse sind im Laufe der Jahrzehnte immer geringer geworden. Unerbittlich schritt der Trend der fallenden Lohnsteigerungsrate voran (Tabelle 8 und das Schaubild dazu).

Er gilt für Brutto- und Nettolöhne, je Arbeitnehmer und je Arbeitnehmerstunde. Während die jährlichen realen, d.h. preisbereinigten, Lohnzuwächse in den 50er und 60er Jahren im Durchschnitt bei knapp 6 % je Arbeitnehmer und rd. 7 % je geleisteter Arbeitsstunde lagen, fielen sie in den nachfolgenden Jahrzehnten kontinuierlich und rapide.

Sie passten sich damit dem Sinkflug der Wachstumsraten des Bruttoinlandsprodukts an und landeten in den letzten Jahren nahe Null. Die Gewerkschaften und die Arbeitnehmer mussten sich die immer schwächer werdenden Wachstumsraten des Bruttoinlandsprodukts entgegenhalten lassen und sie lohnpolitisch zähneknirschend akzeptieren, obwohl das erlahmende Wirtschaftswachstum zum großen Teil das Ergebnis der wachstumspolitischen Tatenlosigkeit und Fehler der Regierungen war.

2. Die Schere zwischen Brutto- und Nettolohnentwicklung

2.1 Seit langem nehmen Nettolöhne langsamer zu als Bruttolöhne

In den Jahren 1950-1990 nahmen die Nettolöhne in Westdeutschland im Durchschnitt jährlich um 0,6 v.H.-Punkte langsamer zu als die Bruttolöhne.

Tabelle 8: Jahresdurchschnittliche[1] Veränderung der Reallöhne[2] je Arbeitnehmer und je Stunde in den letzten fünf Jahrzehnten Westdeutschland[3]

	Brutto-Reallohn		Netto-Reallohn	
	je Arbeitnehmer	je Arbeitnehmer-stunde	je Arbeitnehmer	je Arbeitnehmer-stunde
2005/50	3,0	4,1	2,4	3,5
1960/50	5,8	7,9	5,3	7,4
1970/60	5,7	6,8	4,8	5,9
1980/70	2,6	3,8	1,9	3,1
1990/80	0,6	1,7	0,4	1,5
2005/90	-0,1	0,6	.	.

1) Durchschnittliche jährliche Wachstumsrate im jeweiligen Zeitraum
2) Bereinigt mit dem Preisindex der Lebenshaltungskosten
3) Ab 1991 ohne West-Berlin
Eigene Berechnungen nach Angaben des Statistisches Bundesamtes

Schaubild zu Tabelle 8: Jahresdurchschnittliche Veränderung der Löhne je Arbeitnehmer und je Arbeitsstunde Westdeutschland

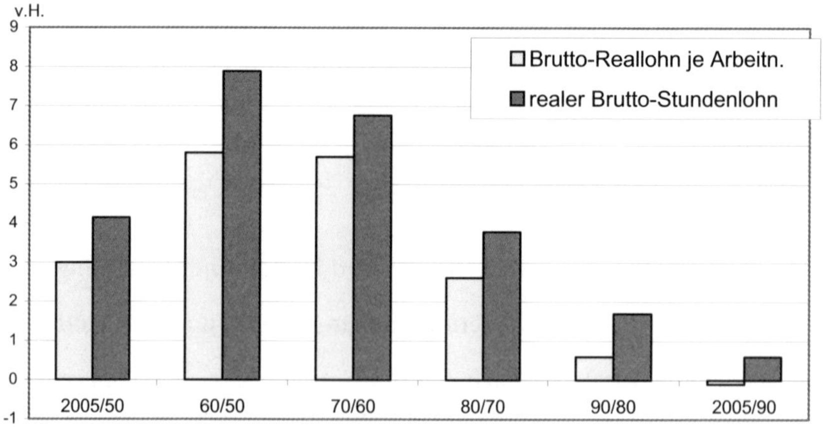

Eigene Berechnungen nach Angaben des Statistischen Bundesamtes

Die Diskrepanz belief sich in Deutschland auch in den 90er Jahren bis 2006 trotz der Steuerreformen auf im Durchschnitt jährlich 0,4 v.H.-Punkte (Tabelle 9). Die Spannweite schwankte in den einzelnen Jahrzehnten. Fast in jedem Jahr griff die zusätzliche Belastung durch Lohnsteuer und Sozialversicherungsbeiträge zu.

Allerdings ist die zunehmende Belastung kein verlorenes Geld für die Arbeitnehmer. Denn im entsprechenden Maße wurden damit die wachsenden Staats- und Sozialversicherungsleistungen finanziert. Trotz berechtigter Kritik an vielfacher Staatsverschwendung sind auch die Arbeitnehmer Nutznießer der Staatsausgaben. Die Leistungen der Renten-, Kranken- und Arbeitslosenversicherung kommen den Arbeitnehmern sogar unmittelbar zugute. Dabei treten jedoch auch hier Missstände auf. So scheinen von den Ausgaben der Krankenkassen einige Gruppen in besonderem Maße zu profitieren, z.B. viele Ärzte und Apotheker und insbesondere die Pharma-Industrie. Seit langem steht auch die Monopolstellung der kassenärztlichen Vereinigungen, deren Justitiare oft ein höheres Salär als die Bundeskanzlerin beziehen, in völlig berechtigter Kritik.

Grundsätzlich muss für alle staatlichen Sozialausgaben und Sozial versicherungsleistungen gelten: Wer den Erhalt und die Verbesserung des Sozialstaates will, muss glaubhaft und vehement für eine konsequente und wirkungsvolle Bekämpfung von Missständen und Missbräuchen eintreten. Denn Missbräuche stellen den Sozialstaat in Frage, lenken Wasser auf die Mühlen seiner Gegner und demontieren letztlich ungerechtfertigt das Sozialsystems. Zu befürworten ist deshalb eine effiziente Kostenkontrolle und Ausmerzung unnötiger Ausgaben, ohne Leistungsabbau. Dazu gehören verschärfte Straf- und Sanktionsmaßnahmen, nicht zuletzt im Steuerstrafrecht.

Soziale Gerechtigkeit und eine zumutbare Belastung der Arbeitnehmer durch Steuern und Sozialversicherungsleistungen sind nur dann zu gewährleisten, wenn Missbräuche verhindert und bekämpft werden und die Belastung gleichmäßig und nach der persönlichen Leistungsfähigkeit gestaffelt wird.

Tabelle 9: Entwicklung von Brutto- und Nettolohn je geleisteter Stunde – Deutschland –

	Bruttolöhne und -gehälter je Arbeitnehmerstunde[1)]					Nettolöhne und -gehälter je Arbeitnehmerstunde[1)]			
		preisbereinigte		Anteil am Bruttolohn in %				preisbereinigte	
	nominal in EUR	Veränderung in %	1991=100	Sozial-versicherung	Lohnsteuer	nominal in EUR	in % des Bruttolohns	Veränderung	1991=100
1991	13,35		100	14,3	16,3	9,27	69,4		100
1992	14,53	3,5	103,5	14,5	17,2	9,93	68,3	1,9	101,9
1993	15,34	1,2	104,7	14,7	16,8	10,51	68,5	1,4	103,4
1994	15,67	-0,5	104,2	15,5	17,3	10,54	67,3	-2,3	101,0
1995	16,33	2,5	106,7	15,6	18,7	10,73	65,7	0,1	101,0
1996	16,79	1,3	108,2	16,0	19,3	10,86	64,7	-0,3	100,8
1997	16,96	-0,8	107,2	16,8	19,5	10,81	63,7	-2,3	98,4
1998	17,18	0,3	107,6	16,6	19,5	10,97	63,9	0,5	99,0
1999	17,58	1,7	109,4	16,4	19,6	11,26	64,1	2,0	101,0
2000	18,08	0,9	110,4	16,1	19,4	11,66	64,5	1,6	102,6
2001	18,56	0,2	110,6	16,0	18,6	12,14	65,4	1,6	104,2
2002	18,95	0,8	111,5	16,1	18,7	12,35	65,2	0,4	104,7
2003	19,27	0,6	112,1	16,5	18,7	12,49	64,8	0,0	104,7
2004	19,35	-1,2	110,8	16,5	17,6	12,76	66,0	0,6	105,3
2005	19,49	-1,3	109,4	16,7	17,3	12,86	66,0	-1,2	104,0
2006	19,68	-0,7	108,7	17,2	17,6	12,84	65,2	-1,8	102,2

1) Inländer

Eigene Berechnungen nach Angaben des Statistischen Bundesamtes

Schaubild zu Tabelle 9: Entwicklung der realen Brutto- und Nettostundenlöhne – Deutschland – [1)]

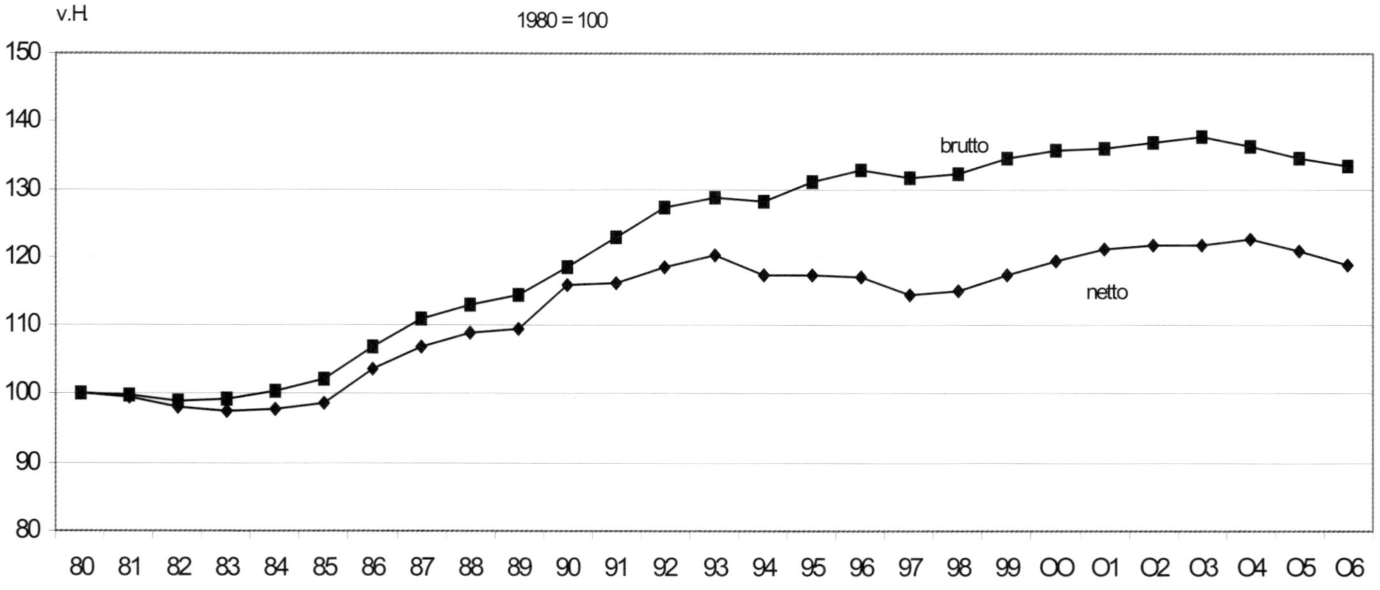

1) Bis 1991 Westdeutschland
Eigene Berechnungen nach Angaben des Statistischen Bundesamtes

2.2 Kosten der Wiedervereinigung öffneten die Schere noch weiter

Für die steigende Belastung durch Sozialabgaben ist die ungerechte Finanzierung der Kosten der Wiedervereinigung verantwortlich:

- Wegen der im Zuge der Wiedervereinigung gerechtfertigten Erhöhung des ostdeutschen Rentenniveaus wird die Rentenkasse belastet.
- Wegen der durch die Umwandlung des ostdeutschen Wirtschaftssystems verursachten Massenarbeitslosigkeit wurde die Arbeitslosenversicherung finanziell schwer in Mitleidenschaft gezogen.
- Wegen der mit den niedrigeren Löhnen in Ostdeutschland verbundenen niedrigeren Beitragseinnahmen der Krankenkassen entstanden Löcher in den Kassen der Krankenversicherung. Denn die Ausgabenhöhe der ostdeutschen Krankenkassen wird weitgehend vom selben Preis- und Kostenniveau bestimmt, das auch für westdeutsche Kassen gilt.

Diese durch die Transformation des ostdeutschen Wirtschaftssystems hervorgerufenen Kosten hätten als staatspolitische Aufgabe von allen Bürgern getragen werden müssen und nicht nur von den sozialversicherten Arbeitnehmern.

In Wirklichkeit wurden sie allein den Kassen der Sozialversicherung aufgebürdet. Beitragserhöhungen, höhere Eigenbeteiligungen und zunehmende staatliche Zuschüsse waren die unmittelbare Folge. Das brachte das gesamte System der Sozialversicherung ins Gerede, und sogenannte Reformen wurden fabriziert, die allein zu Lasten der Versicherten und Arbeitslosen gingen.

Demgegenüber wäre es ökonomisch richtig und sozial gerecht gewesen, wenn alle Erwerbstätigen zur Finanzierung dieser staatspolitisch bedingten und versicherungsfremden Kosten in Form von allgemeiner Besteuerung herangezogen worden wären. Dann wären die Lasten verteilt worden auch auf die Schultern der Selbständigen, der Beamten und der keine oder nur teilweise Beiträge zur Sozialversicherung zahlenden Arbeitnehmer (z.B. Minijobber) oder der Arbeitnehmer mit Einkommen oberhalb der Versicherungsgrenze, deren Einkommen durch Beitragserhöhungen prozentual weniger belastet werden. Damit hätte sich der Kreis der Lastenträger um 40 % erweitert.

Dann hätten die Beitragssätze nicht angehoben werden müssen. Die Eigenbeteiligungen, die wie eine Kopfprämie wirken, weil sie unabhängig von der Einkommenshöhe sind, hätten nicht ein so großes Ausmaß angenommen und der Bund hätte nicht soviel an die Sozialversicherung zuschießen müssen.

Eine Finanzierung der Kosten der Wiedervereinigung über die Einkommen(Lohn)steuer (z.B. Erhöhung des Solidaritätszuschlags) wäre zweifellos ökonomisch richtig und sozial gerechter gewesen.

Auch eine Finanzierung über eine Mehrwertsteuererhöhung wäre sozial gerechter gewesen. Sie hätte alle Bürger, allerdings je nach Sparquote unterschiedlich betroffen. Besserverdienende mit höherer Sparquote würden prozentual zu ihrem Einkommen von der Mehrwertsteuererhöhung unterdurchschnittlich belastet (Regressionseffekt). Andererseits hätten ihr viele Selbständige, z.B. viele Landwirte, die wegen nach wie vor dubioser Gewinnermittlungsrichtlinien kaum Einkommensteuer zahlen, nicht ausweichen können. Der Regressionseffekt, der allgemein überschätzt wird, wird gemildert, wenn nur der volle Steuersatz erhöht wird und der ermäßigte Satz (7%), der u.a. auf landwirtschaftliche Güter und Sozialdienstleistungen liegt, unverändert bleibt. Denn der Anteil der Güter und Dienstleistungen mit niedrigem Mehrwertsteuersatz ist bei den unteren Einkommen größer.

Es ist bezüglich der Verteilung der Steuerbelastung zwischen Arbeitnehmern und Selbständigen (sog. Steuerinzidenz) nicht eindeutig geklärt, ob es nicht sinnvoll sein kann, eine Anhebung des Solidaritätszuschlages mit einer derartigen Mehrwertsteuererhöhung zu kombinieren.

2.3 Hohe Arbeitslosigkeit ist wesentliche Ursache für die Schere

Der wichtige Aspekt der einseitigen Finanzierung der Kosten der Wiedervereinigung überdeckt jedoch den eigentlichen Kern des angeblichen Problems unseres Sozialversicherungssystems und der Staatsfinanzen. Denn letztlich sind es die riesigen Kosten der Arbeitslosigkeit, die die Kassen der Sozialversicherung und des Staates ins Defizit treiben. Die Kosten der Wiedervereinigung sind nämlich überwiegend eine Folge der Massenarbeitslosigkeit in Ostdeutschland. Aber auch die hohe Zahl von Arbeitslosen in Westdeutschland hat die Finanznot mit heraufbeschworen.

Da insgesamt in Deutschland die Arbeits- und Produktionskraft von 4,1 Mio. Arbeitslosen im Jahre 2002[1] brach lagen, fielen einerseits 14 Mrd. EUR an Steuern (Umsatz-, Verbrauch- und Einkommensteuern) und 19 Mrd. EUR an Sozialversicherungseinnahmen aus, anderseits entstanden der öffentlichen Hand und der Sozialversicherung zusätzliche Kosten durch Arbeitslosengeld (14 Mrd. EUR) und -hilfe (9 Mrd. EUR), Renten- und Krankenkassen- und Pflegekassenbeiträge für die Arbeitslosen (14 Mrd. EUR), Sozialhilfe und Wohngeld (4 Mrd. EUR). Insgesamt wurden diese fiskalischen Kosten der Arbeitslosigkeit für das Jahr 2002 auf 75 Mrd. EUR beziffert.

Hinzu gerechnet müssen noch die Ausgaben für die zahlreichen arbeitsmarktpolitischen Maßnahmen, wie Arbeitsbeschaffungsmaßnahmen (ABM), Umschulung und Weiterbildung, Lohnkostenzuschüsse sowie die Verwaltungskosten bei den Arbeitsagenturen, den Gebietskörperschaften und den Sozialversicherungsträgern, die durch die Berechnung und Transferierung der Gelder, die Beratung und die Vermittlung der Arbeitslosen entstehen.

2.4 Lohnpolitik zu Recht auf Bruttolöhne fixiert

Streng genommen spielt die Schere zwischen Brutto- und Nettolohnentwicklung für die Lohnpolitik keine Rolle. Denn die Lohnpolitik der Gewerkschaften ist erklärtermaßen auf die Bruttolöhne fixiert.

Mit den Bruttolöhnen wollen die Arbeitnehmer und ihre Gewerkschaften eine gerechte Teilhabe am Wirtschaftswachstum und an den wachsenden Produktionsergebnissen der Unternehmen ihrer Branche

[1] Vgl. H.-U. Bach, E. Spitznagel: Was kostet uns die Arbeitslosigkeit?, IAB Kurzbericht Nr.10 v. 21.7.2003, S.9

erzielen, teilweise auf bundesweiter Ebene oder in Bezirken und Regionen, teilweise auch unmittelbar bei den Großunternehmen (Firmentarifverträge). Wirtschaftswachstum und steigende Produktionskraft erfordern eine Bruttolohnbetrachtung. In jeder Tarifrunde wird in harten Verhandlungen und mitunter in Streiks um eine Beteiligung der Arbeitnehmer am Produktionsergebnis gerungen. Jedes Mal kommt es zu Auseinandersetzungen, welche Bruttolohnerhöhung von den Unternehmen kostenmäßig getragen werden kann. Was dann vom Bruttolohn netto übrig bleibt, liegt nicht im Ermessen und der Macht der Unternehmen, sondern in der Entscheidung der Politiker.

Auch die Lohnforderungen der Arbeitnehmer des öffentlichen Dienstes orientieren sich am wirtschaftlichen Wachstum, das sich via Steuereinnahmen ohne Steuerrechtsänderungen sogar überproportional in den Staatskassen niederschlagen würde. Denn das Steueraufkommen ist wegen der Einkommen- und Lohnsteuer leicht progressiv. Falls sich die Finanzkraft des Staates durch übermäßige Expansion der Ausgaben und/oder durch Steuersenkungen nicht proportional zum Wirtschaftswachstum ausdehnt, ist dies politisch zu verantworten und darf den Arbeitnehmern des öffentlichen Dienstes bei ihrem berechtigten Anspruch auf Teilhabe am wirtschaftlichen Wachstum nicht entgegengehalten werden.

Bei den Lohnverhandlungen spielen allerdings nicht nur rein ökonomische, sondern auch machtpolitische Gesichtspunkte eine Rolle. Alle Erfahrungen zeigen, dass die Unternehmer freiwillig den ökonomisch gerechtfertigten Anteil nicht hergeben. Ohne die Gegenmacht der Gewerkschaften wäre eine gerechte Teilhabe der Arbeitnehmer nicht zu erreichen.

In ihrem schweren Kampf um eine gerechte Teilhabe am wachsenden Ertrag verweisen die Gewerkschaften allerdings mitunter, insbesondere in Zeiten, in denen die Nettolöhne besonders stark hinter den Bruttolöhnen zurückbleiben, als Hilfsargument auf die sich weiter öffnende Lohnschere. Sie sind sich dabei aber mehr oder weniger stillschweigend im Klaren darüber, dass es nach Ausreizen der Tarifrunde eigentlich die originäre Aufgabe des Gesetzgebers und damit der Politik ist, wie sich die Abzüge an Steuern und Sozialversicherungsabgaben entwickeln. Da jedoch der Nettolohn die Kaufkraft der Arbeitnehmer bildet, haben die Arbeitnehmer kein Verständnis dafür, wenn sich etwa als Ergebnis der Tarifrunde ein Rückgang der Kaufkraft einstellen sollte.

Die Gewerkschaften wissen um die Zweischneidigkeit dieser Argumentation. Sie richten deshalb an die Politik zahlreiche steuer- und sozialversicherungspolitische Forderungen. Diese politische Stoßrichtung unterscheidet sich somit von der lohnpolitischen. Die Arbeitgeberverbände lassen keine Gelegenheit aus, um darauf hinzuweisen, dass sie nicht dafür verantwortlich seien, was nach der Tarifrunde Dritte (Staat und Sozialversicherung) vom Bruttolohn abverlangen. Dabei unterschlagen sie, dass es vor allem durch ihre massiven Propaganda-Feldzüge zu den enormen Gewinnsteuersenkungen (Körperschaftsteuer, Gewerbesteuer, Vermögenssteuer, Spitzensteuersatz der veranlagten Einkommensteuer) und gleichzeitig zu zunehmender Lohnsteuer- und Sozialabgabenquote und zusätzlichen Eigenbeteiligungen der Arbeitnehmer an der Renten-, Kranken- und Pflegeversicherung gekommen ist.

Die gedanklich saubere Trennung zwischen Brutto- und Nettobetrachtung wird dadurch in den letzten Jahren erschwert, und ihre Grenze verschwimmt oftmals in den Augen der Arbeitnehmer.

Man darf es deshalb den Gewerkschaften nicht ankreiden, wenn sie mitunter zur Begründung und zur Mobilisierung für ihre Lohnforderungen die Abgabenschraube als Schützenhilfe heranziehen, zumal die Arbeitgeberverbände in ihren Medienfeldzügen keine Behauptung (z.B. die Totschlag-Behauptung: höhere Löhne führen zum Abbau von Arbeitsplätzen) und kein Druckmittel (z.B. Androhung von Entlassungen und Produktionsverlagerungen ins Ausland) auslassen.

Insbesondere in Zeiten schwacher Binnennachfrage werden Nettolohnerhöhungen zur Stärkung der Kaufkraft ins Spiel gebracht. Die preisbereinigten Nettolöhne bilden in der Tat den wichtigsten Teil der Kaufkraft der Arbeitnehmer[1]. Die Arbeitgeberverbände und der Sachverständigenrat rechnen dann sofort vor, dass von einer Bruttolohn-

[1] Der andere Teil der Kaufkraft resultiert aus den von Arbeitnehmerhaushalten empfangenen Sozialleistungen und Vermögenseinkommen, wie Zinsen und Mieten. Siehe dazu auch A VI. 2.2.5.

erhöhung nur rd. 40 % als Konsumnachfrage den Binnenmarkt erreicht; die anderen 60 % verschwänden entweder als Steuern und Sozialversicherungsbeiträge, als Ersparnisse oder als Käufe von Importgütern.

Wie später noch näher dargestellt wird (A IV. 2), ist diese Argumentation schlichtweg falsch: Denn die Steuern und Sozialversicherungsbeiträge, die Ersparnisse und die Käufe von Importgütern verschwinden nicht in einem Bermuda-Dreieck des Wirtschaftskreislaufes. Die Steuern und Sozialversicherungsbeiträge finanzieren die Ausgaben des Staates und der Sozialversicherung, die Ersparnisse über den Zinsmechanismus die Investitionen und die Importausgaben kehren zum Teil im Zusammenspiel des Welthandels als Exportnachfrage zurück, ohne dass ihr Rückweg genau lokalisiert und ihre Höhe exakt beziffert werden kann.

Deshalb bedarf es zur Kaufkraftstärkung gar nicht des Bezuges auf die Nettolöhne. Vielmehr führt jede Bruttolohnsteigerung zu einer Erhöhung der nominalen Gesamtnachfrage. Ob sie allerdings eine mengenmäßige Ausweitung der Nachfrage nach sich zieht, hängt von der Preisentwicklung ab. Wie in B I. 1.2 nachgewiesen, hat z.B. eine produktivitätsorientierte Lohnpolitik keine Zunahme der Lohnstückkosten zur Folge und gibt somit keinen Anlass zu Preissteigerungen. Die Lohnzuwächse weiten dann das Volumen der Gesamtnachfrage aus.

Im wirtschaftlichen Normalfall sind zunehmende Reallöhne eine notwendige Bedingung für ein gleichgewichtiges Wirtschaftswachstum. Wachsender privater Verbrauch und die Ausdehnung sinnvoller Staats- und Sozialversicherungsausgaben sind zuverlässige Bestimmungsgründe für die Ausweitung der Investitionen. Denn nur wenn sich die Gesamtnachfrage ausweitet, müssen zusätzliche Produktionskapazitäten durch Erweiterungsinvestitionen geschaffen werden.

3. Brutto- und Nettolöhne je Arbeitnehmer in Deutschland

3.1 Aussagen über Lohn je Arbeitnehmer können zu Fehldeutungen führen

In Veröffentlichungen wird überwiegend der Lohn je Arbeitnehmer wiedergegeben. Der Nachweis der Stundenlöhne wird seltener geführt. Bei internationalen Vergleichen ist er auch oft nicht möglich, weil für viele Länder keine statistischen Daten über die geleisteten oder bezahlten Arbeitsstunden vorliegen.

Oft kennen die Autoren und noch häufiger die Leser den beschränkten Aussagewert der Höhe und Entwicklung der Löhne je Arbeitnehmer nicht. Der Lohn je Arbeitnehmer ist nämlich eine typische Durchschnittsgröße der Gesamtwirtschaft oder der Branche. Die Spannweite zwischen der absoluten Höhe der Verdienste der einzelnen Arbeitnehmer ist riesig. Sie reicht von den Millionen-Gehältern der Vorstandsmitglieder von Aktiengesellschaften und Geschäftsführern von GmbHs bis zum Lohn für kurzzeitige Schülerjobs, der – aufs Jahr bezogen – minimal ist.

Vor allem schlagen sich im Durchschnittslohn je Arbeitnehmer auch die Veränderung der Beschäftigungs- und Arbeitszeitstruktur sowie die tarifliche Arbeitszeitverkürzung nieder. Der Trend zu niedrig bezahlten Dienstleistungen und zu einem zunehmenden Anteil von Teilzeitarbeit sowie die tariflichen Arbeitszeitverkürzungen (Wochenarbeitszeit und Urlaub) drücken den Durchschnittslohn für die Gesamtheit aller Arbeitnehmer und schmälern seinen Zuwachs pro Kopf im Zeitablauf.

Das alles kann Fehldeutungen heraufbeschwören. Um hier bereits ein Ergebnis vorwegzunehmen: In Westdeutschland ist der reale Bruttolohn je Arbeitnehmer im Zeitraum von 1980 bis 2005 nur um 4,0 % angestiegen. Von 1991 bis 2005 ist er sogar um 3,7 % gesunken. Das kann den Eindruck erwecken, als ob sich der Reallohn für den einzelnen Arbeitnehmer nur um 4,0 % verbessert bzw. gegenüber 1991 um 3,7 % verschlechtert hat. Die Ergebnisse werden jedoch durch die oben genannten Faktoren verzerrt. Wenn sich das Verhältnis von Teilzeitbeschäftigten zu Vollzeitbeschäftigten vergrößert, sinkt – bei unterstelltem konstantem Stundenlohn für jeden einzelnen Arbeitnehmer – der Durchschnittslohn für die Gesamtheit aller Beschäftigten. Das gleiche gilt für allgemeine Arbeitszeitverkürzungen, die meistens zu Lasten von sonst möglichen höheren Lohnsteigerungen gingen. Diese Verwerfungen des Durchschnittslohnes je Arbeitnehmer lassen sich eliminieren, wenn zu Löhnen je geleisteter Arbeitsstunde übergegangen wird (siehe A II. 4. und B II. 5.). Dann zeigt sich für den Zeitraum 1980 bis 2005 ein deutlich verbesserter Zuwachs von preisbereinigt 29,5 % (Tabelle 12) und ab 1991 eine Zunahme von 5,4 %.

Ein weiteres Beispiel: Wenn sich z.B. – wiederum bei unterstelltem konstantem Lohn für jeden einzelnen Arbeitnehmer – der Anteil der Arbeitnehmer in schlechter zahlenden Wirtschaftszweigen oder Tätigkeiten an der Gesamtzahl aller Arbeitnehmer ausdehnt, sinkt der Durchschnittslohn. Dieser Verzerrungseffekt nach unten ist wegen unzureichenden statistischen Datenmaterials für die Gesamtwirtschaft bisher nicht genau zu beziffern. Er hat jedoch sicherlich in den letzten Jahren an Bedeutung gewonnen (Minijobs, Arbeit mit geringfügiger Arbeitszeit).

Ökonomischen Sinn macht eigentlich die Auflistung der Entwicklung der realen Nettolöhne je Arbeitnehmer nur, wenn man der Veränderung der Kaufkraft der Arbeitnehmer nahe kommen will. Allerdings gelangt man zum genauen Verlauf der Arbeitnehmerkaufkraft nur, wenn man noch die Veränderung der Zahl der Arbeitnehmer einbezieht (siehe A II. 3.2).

Trotz der naheliegenden Gefahr einer Missdeutung schließt sich der Verfasser zur Gewährleistung einer vollständigen Datenübersicht zunächst einmal der üblichen Darstellung des Lohnes je Arbeitnehmer an.

3.2 Westdeutschland: Seit 1992 sinkender Bruttoreallohn je Arbeitnehmer

Tabelle 10 zeigt die Entwicklung des realen Brutto- und Nettolohns je Arbeitnehmer in Westdeutschland. Der reale Bruttolohn ist von 1980 bis 1991 um 8,0 % angestiegen. Im Durchschnitt der Jahre waren es 0,7 % jährlich. Seit 1992 zeigt er eine leicht fallende Tendenz und er war im Jahre 2005 3,7 % (4,0 %-Punkte) niedriger als in 1991.

Tabelle 10: Brutto-, Netto- und Realverdienste je beschäftigten Arbeitnehmer

	Nominale Bruttolöhne je Arbeitn. monatlich		Nominale Nettolöhne je Arbeitn. monatlich		Preis-anstieg [1)]	Reale Bruttolöhne je Arbeitnehmer		Reale Nettolöhne je Arbeitnehmer	
	EUR	Veränderung in v. H.	EUR	Veränderung in v.H.		1980 = 100	Veränderung in vH	1980 = 100	Veränderung in v.H.
alte Bundesländer einschl. Westberlin									
1960/50		7,7		7,3	1,9		5,8		5,3
1970/60		8,5		7,6	2,6		5,7		4,8
1980/70		7,8		7,0	5,1		2,6		1,9
1990/80		2,9		3,0	2,6		0,6		0,4
2000/90		2,4		1,6	2,2		0,2		-0,6
2000/50		6,0		5,3	2,9		3,0		2,4
1980	1.254	6,6	899	5,2	5,4	100	1,1	100	-0,2
1981	1.312	4,6	940	4,5	6,3	98,4	-1,6	98,3	-1,7
1982	1.359	3,6	966	2,8	5,3	96,8	-1,6	95,9	-2,4
1983	1.396	2,7	985	2,0	3,4	96,2	-0,6	94,6	-1,4
1984	1.432	2,6	1.000	1,5	2,3	96,4	0,3	93,9	-0,7
1985	1.466	2,4	1.014	1,3	2,2	96,6	0,2	93,1	-0,8
1986	1.513	3,2	1.050	3,6	-0,2	99,9	3,4	96,7	3,8
1987	1.556	2,8	1.071	2,1	0,3	102,4	2,5	98,4	1,8

1988	1.596	2,6	1.104	3,0	1,2	103,8	1,4	100,1	1,8
1989	1.640	2,7	1.124	1,9	2,8	103,7	-0,1	99,2	-0,9
1990	1.715	4,6	1.207	7,3	2,7	105,7	1,9	103,7	4,5
1991	1.816	5,9	1.247	3,4	3,6	108,0	2,2	103,4	-0,2
alte Bundesländer ohne Westberlin									
1991	1814		.	.		108,0		.	.
1992	1936	6,7	.	.	4,0	110,9	2,6	.	.
1993	1989	2,7	.	.	3,6	110,0	-0,8	.	.
1994	2017	1,4	.	.	2,7	108,6	-1,2	.	.
1995	2074	2,8	.	.	1,7	109,8	1,1	.	.
1996	2100	1,3	.	.	1,3	109,7	0,0	.	.
1997	2101	0,1	.	.	1,9	107,8	-1,8	.	.
1998	2117	0,8	.	.	0,9	107,6	-0,1	.	.
1999	2143	1,2	.	.	0,7	108,2	0,5	.	.
2000	2170	1,3	.	.	2,0	107,4	-0,7	.	.
2001	2208	1,7	.	.	2,3	106,8	-0,5	.	.
2002	2236	1,3	.	.	1,4	106,7	-0,1	.	.
2003	2264	1,2	.	.	1,1	106,8	0,1	.	.
2004	2278	0,6	.	.	1,6	105,8	-1,0	.	.
2005	2284	0,3			2,0	104,0	-1,7		

1) Anstieg des Preisindex für die Lebenshaltung aller privaten Haushalte
Eigene Berechnungen nach Angaben des Statistischen Bundesamtes

Allerdings muss hier nochmals darauf aufmerksam gemacht werden, dass die Zuwachsrate des Durchschnittslohns je Arbeitnehmer durch die Verringerung der Arbeitszeit (tarifliche Arbeitszeitverkürzung, zunehmende Teilzeitarbeit) geschmälert wird. Hierzu ein einfaches Rechenbeispiel: Der Lohn je Arbeitnehmer halbiert sich, wenn eine Vollzeitstelle in zwei Teilzeitarbeitsplätze umgewandelt wird.

Der reale Nettolohn je Arbeitnehmer lag im Jahre 1991 nur 3,4 % über dem Niveau des Jahres 1980; er verlor also allein in diesem Zeitraum 4,6 % gegenüber dem Bruttolohn. Ab 1991 wird der Nettolohn nicht nach West- und Ostdeutschland getrennt ausgewiesen.

Die Scherenbildung zwischen Brutto- und Nettolohnentwicklung kann deshalb ab 1991 nur für Gesamtdeutschland sichtbar gemacht werden (Tabelle 9 und das Schaubild dazu). Von 1991 bis 2006 war in Gesamtdeutschland der Bruttoreallohn je geleisteter Stunde um 8,7 % geklettert. Demgegenüber nahm der Nettoreallohn je geleisteter Stunde nur um 2,2 % zu. Während der Nettolohn im Jahre 1991 noch 69,4 % des Bruttolohns ausmachte, waren es 2006 nur noch 65,2 %.

Bei der Darstellung der Entwicklung der realen Nettolöhne je Arbeitnehmer kommt es oft zu Fehlinterpretationen. Der reale Nettolohn bildet die Kaufkraft des einzelnen Arbeitnehmers. Der Sachverhalt, dass im gesamtwirtschaftlichen Durchschnitt in Deutschland der reale Nettolohn je Arbeitnehmer im Jahre 2006 um 6,0 % niedriger war als in 1991, bedeutet nicht, dass sich die Kaufkraft der Gesamtheit aller Arbeitnehmer (gesamte preisbereinigte Nettolohnsumme) mit derselben Rate vermindert hat. Denn die Abnahme der Zahl der Beschäftigten (– 1,5 %) muss noch mit einbezogen werden. Somit schwand die Kaufkraft der Arbeitnehmer im gesamten Zeitraum 1991–2006 um 7,5 %. Demgegenüber expandierte das Bruttoinlandsprodukt um 24,0 % (jahresdurchschnittlich mäßige 1,4 %).

Die mangelnde Kaufkraft der Arbeitnehmer ist eine wesentliche Ursache für das insgesamt mäßige Wirtschaftswachstum und das Fortbestehen der dramatisch hohen Arbeitslosigkeit. Der volkswirtschaftliche Wachstumsspielraum wurde wegen der unzureichenden Zunahme der Konsumnachfrage der Arbeitnehmer nicht voll ausgeschöpft. In fast allen Jahren bildete die starke Ausdehnung der Exporte den eigentlichen Wachstumsmotor, der aber wegen der immer wieder auftretenden weltwirtschaftlichen Störungen anfällig ist und bleiben wird. In absehbarer Zukunft darf deshalb wirtschaftspolitisch nicht auf eine anhaltende weit überdurchschnittliche Ausweitung der Ausfuhren gesetzt werden.

3.3 In Ostdeutschland mäßiger Anstieg

In Ostdeutschland nahm der reale Bruttolohn je Arbeitnehmer von 1991 bis 2005 um 8,7 % zu (Tabelle 11). Die Aufwärtsentwicklung vollzog sich nur bis 1996, danach stagnierte der Bruttoreallohn je Arbeitnehmer.

Für das Jahr 1992 wurde die Zuwachsrate bereinigt. Nach den Zahlen des Statistischen Bundesamtes würde sich allein für 1992 eine Zunahme von 29,2 % nominal und 13,8 % real errechnen. Diese Wachstumsraten sind jedoch durch die extrem hohe Zahl von Kurzarbeitern in 1991 (1,546 Mio. ohne Ost-Berlin, das waren 24 % aller Beschäftigten) verzerrt. Die niedrige Lohnzahlung für die Kurzarbeit (Lohnausfall 56 %) drückte den Durchschnittslohn pro Kopf aller Arbeitnehmer nach unten und überhöhte die Zuwachsrate im Jahre 1992, in dem nur noch 0,358 Mio. Kurzarbeiter gemeldet waren. Deshalb wurden die Zahlen für 1991 von einem Großteil der extrem hohen Zahl an Kurzarbeitern bereinigt, indem für 1991 derselbe Anteil von Kurzarbeitern an den Gesamtbeschäftigten unterstellt wurde wie für 1992.

Die unverzerrten Zuwachsraten betragen dann 14,4 % nominal und 0,8 % real. Wie im nächsten Abschnitt zu sehen ist, kommen diese Ergebnisse den Zuwächsen der Stundenlöhne in 1992 nahe.

Tabelle 11
Lohn- und Gehaltssumme je beschäftigten Arbeitnehmer in Ostdeutschland[1)]

	nominaler Bruttolohn			Preis-steigerung[2)]	preisbereinigter Bruttolohn	
	EUR	Verände-rung in v.H.	in v.H. West-deutschlands	in v.H.	Verände-rung in vH	1991 = 100
1991[3)]	1044		57,6			100
1992	1194	14,4	61,7	13,5	0,8	100,8
1993	1372	14,8	69,0	10,5	3,9	104,8
1994	1455	6,1	72,1	3,7	2,3	107,1
1995	1544	6,1	74,4	1,9	4,1	111,6
1996	1574	2,0	75,0	1,9	0,1	111,7
1997	1582	0,5	75,3	2,3	-1,8	109,7
1998	1600	1,1	75,6	1,1	0,0	109,7
1999	1637	2,3	76,4	0,4	1,9	111,8
2000	1668	1,9	76,8	1,7	0,2	112,0
2001	1699	1,8	76,9	2,9	-1,0	110,9
2002	1722	1,4	77,0	1,1	0,3	111,2
2003	1747	1,4	77,1	1,1	0,3	111,5
2004	1762	0,9	77,3	1,6	-0,7	110,7
2005	1764	0,2	77,3	2,0	-1,8	108,7
Durch-schnitt 2005/91		3,8		3,2	0,6	0,6

1) Ohne Berlin
2) Anstieg des Peisindex der Lebenshaltung aller privaten Haushalte
3) Bereinigt um einen Großteil der extrem hohen Zahl von Kurzarbeitern von 1991 (1,62 Mio.). Siehe Erläuterungen im Text.
Eigene Berechnungen nach Angaben der Statistischen Landesämtern

Diese Bereinigung wird deshalb vorgenommen, weil sie zu erheblich veränderten Werten (nominal 14,4 % statt 29,2 % und real 0,8 % statt 13,8 %) führt und weil diese Verzerrung bisher von allen Autoren nicht beachtet worden ist. Vielmehr nahmen alle Autoren die unbereinigten 29,2 % aufs Korn und führten sie als wichtigen Grund für ihre Behauptung ins Feld, in Ostdeutschland seien die Löhne zu stark expandiert. Selbst das renommierte Institut für Wirtschaftsforschung (DIW) in Berlin war keine Ausnahme, schrieb es doch: „Im Jahre 1992 waren die Lebenshaltungskosten um knapp 14 % höher als im Jahr zuvor – die Bruttolohn- und -gehaltsumme lag indes um 30 % über dem Vorjahresniveau."[1] So darf man mit Lohnzahlen über die ostdeutschen Arbeitnehmer nicht umspringen, erst recht nicht als Berliner Institut. Unerwähnt blieb übrigens, dass das verteilungspolitische Gegenstück, nämlich die nominale Produktivität je Erwerbstätigen, wenn man die Erwerbstätigenzahlen ebenso wie die Arbeitnehmerzahlen unbereinigt lässt, in 1992 um 45 % hochschnellte.

Im Zeitraum 1991 bis 2005 ist der reale Bruttolohn je Arbeitnehmer nur um 8,7 % angestiegen. Auch für Ostdeutschland hat diese Zeitreihe wegen der Verringerung der Arbeitszeit (tarifliche Arbeitszeitverkürzung und zunehmende Teilzeitarbeit) einen begrenzten Aussagewert. Eine größere Aussagekraft zur Lohnentwicklung des einzelnen Arbeitnehmers und zur Kostenbelastung der Unternehmen haben die in den nächsten Abschnitten und Kapiteln dargestellten effektiven und tariflichen Stundenlöhne sowie die Lohnstückkosten.

In den bisher vorliegenden Veröffentlichungen werden die Bruttolöhne je Arbeitnehmer Ostdeutschlands oft ins Verhältnis zu denen Westdeutschlands gesetzt. In Tabelle 11 werden diese Werte ausgewiesen. Ostdeutschland erreichte im Jahr 2005 nur 77,3 % des westdeutschen Niveaus. Nur dieser Wert wird in der Öffentlichkeit genannt. Er ist jedoch irreführend und statistisch-methodisch problematisch, da in Ostdeutschland die durchschnittlich geleistete Jahresarbeitszeit wegen längerer tariflicher Arbeitszeit und geringeren Anteils an Teilzeitarbeit in 2005 mit 1420 Stunden um 6,4 % länger war als in Westdeutschland

[1] K. Brenke, Löhne in Ostdeutschland, Deutsches Institut für Wirtschaftsforschung, Berlin, Wochenbericht 24/2001, S.358.

mit 1334 Stunden. Je geleisteter Arbeitsstunde stellt sich in 2005 deshalb in Ostdeutschland der Bruttolohn nur auf 72,3 % des westdeutschen Niveaus (Tabelle 13). Diese 72,3 % beim Lohn je geleisteter Arbeitsstunde sind für die Beurteilung der Arbeitskosten eindeutig aussagefähiger als die 77,3 % beim Lohn je Arbeitnehmer.

4. Lohn je Stunde in Ost- und Westdeutschland

Die Entwicklung des Durchschnittslohns je Arbeitnehmer ist wegen der ständig rückläufigen durchschnittlichen Arbeitszeit geringer als der Lohn je geleisteter Stunde.

Wenn sich z.B. der tatsächlich gezahlte Stundenlohn um 3 % erhöht und sich gleichzeitig die geleistete Stundenzahl um 1% verringert, dann erhält der Arbeitnehmer nur 2 % mehr Lohn ausgezahlt. Der Zuwachs des Lohns je Arbeitnehmer um 2 % besagt also nur etwas über die einkommensmäßige Verbesserung des Arbeitnehmers und nichts über den Lohn je Stunde und schon gar nichts über eine möglicherweise eingetretene Tariflohnerhöhung, wie wir im nächsten Abschnitt noch sehen werden.

Die Modellrechnungen B II. 5.1.1 und 5.1.2 im Teil B zeigen, wie eine für alle Arbeitnehmer erfolgte Stundenlohnerhöhung wegen zunehmender Teilzeitarbeit und allgemeiner Arbeitszeitverkürzung in einem stagnierenden oder sinkenden Lohn je Arbeitnehmer rechnerisch enden kann.

Der Zusammenhang ist also sehr einfach. Dennoch wird er bei nationalen Darstellungen und internationalen Vergleichen fast immer übersehen. Seit 1980 waren in Westdeutschland und seit 1991 in Ostdeutschland die Abweichungen ganz erheblich, wie aus den Tabellen 12 und 14 hervorgeht. So nahm der Bruttoreallohn je Arbeitnehmer in Westdeutschland von 1980 bis 2005 nur um magere 4,0 % zu. Das kann den Eindruck erwecken, als ob für den einzelnen Arbeitnehmer die Lohnerfolge der Gewerkschaften in diesem langen Zeitraum sehr mäßig waren. Das täuscht. Wegen der deutlichen Verringerung der entlohnten geleisteten Arbeitszeit im Durchschnitt aller Arbeitnehmer aufgrund der allgemeinen Arbeitszeitverkürzung (Wochenarbeitszeit und Urlaubsverlängerung) sowie vor allem aufgrund des Vordringens der Teilzeitarbeit einschließlich der geringfügigen Beschäftigung wurde der Pro-Kopf-Lohn nach unten gedrückt.

4.1 In Westdeutschland expandierte der reale Stundenlohn

Der Reallohn je geleisteter Jahresarbeitsstunde expandierte von 1980 bis 2005 um immerhin 29,5 %. Das ist ein erheblicher Unterschied zum Zuwachs von 4,0 % beim Reallohn je Arbeitnehmer (Tabelle 12 und die beiden Schaubilder dazu). Die Ursache liegt im zwischenzeitlichen Rückgang der durchschnittlich geleisteten Jahresarbeitszeit um 19,7 % aufgrund allgemeiner Arbeitszeitverkürzung und des Vordringens der Teilzeitarbeit. Hinter dem schwachen Verlauf des Reallohnes je Arbeitnehmer steht also eine deutlich günstigere Entwicklung der Löhne je geleisteter Jahresarbeitsstunde.

Die Gewerkschaften sollten bei ihren Veröffentlichungen zur Lohnentwicklung in jedem Fall auch den Verlauf der Stundenlöhne mit anführen, da sie ansonsten ihr Licht unter den Scheffel stellen.

Um die in der Vergangenheit erfolgte Lohnzurückhaltung der Arbeitnehmer und ihrer Gewerkschaften zu belegen, bedarf es gar nicht des Verweises auf den schwachen Verlauf des Reallohnes je Arbeitnehmer. Dazu kann ebenso der Reallohn je geleisteter Arbeitsstunde herangezogen werden. Zur Beurteilung, ob eine Lohnzurückhaltung vorliegt, muss nämlich die jeweilige Reallohnentwicklung ins Verhältnis zur entsprechenden Produktivitätsentwicklung gesetzt werden (Entwicklung der realen Lohnstückkosten). D.h. der Reallohn je Arbeitnehmer muss auf die Produktivitätsentwicklung je Erwerbstätigen und der Reallohn je geleisteter Arbeitsstunde auf die Produktivitätsentwicklung je geleisteter Erwerbstätigenstunde bezogen werden. Dann entsteht nur ein sehr geringer Unterschied; beide Ergebnisse sind fast identisch (zum methodischen Nachweis siehe A III. 2 und B II. 4.2). Die sehr geringe Divergenz tritt nur auf, wenn sich die Arbeitszeit der Selbständigen anders entwickelt (in der Realität: langsamer zurückgeht) als die Arbeitszeit der Arbeitnehmer. Z.B. liegt für den gesamten Zeitraum von 1991 bis 2005 die Lohnstückkostenentwicklung je Arbeitnehmerstunde nur 1,2 % über der Lohnstückkostenentwicklung je Arbeitnehmer.

Tabelle 12: Preisbereinigte Bruttolöhne und -gehälter je Arbeitnehmer und je Stunde – Westdeutschland

	preisbereingte[1)] Bruttolöhne und -gehälter					
	je Arbeitnehmer		geleistete Jahresarbeitszeit je Arbeitnehmer		je geleisteter Jahresarbeitsstunde	
Jahr	Veränd. in %	1980=100	Veränd. in %	1980=100	Veränd. in %	1980=100
1980		100		100		100
1981	-1,6	98,4	-1,4	98,6	-0,2	99,8
1982	-1,6	96,8	-1,0	97,6	-0,7	99,2
1983	-0,6	96,2	-0,7	97,0	0,1	99,2
1984	0,2	96,4	-0,9	96,1	1,1	100,3
1985	0,2	96,7	-1,5	94,7	1,8	102,1
1986	3,4	100,0	-1,1	93,6	4,6	106,8
1987	2,5	102,5	-1,3	92,4	3,9	110,9
1988	1,4	103,9	-0,4	92,0	1,8	112,9
1989	-0,1	103,8	-1,5	90,6	1,4	114,5
1990	1,9	105,7	-1,5	89,3	3,4	118,4
1991	2,2	108,0	-1,5	87,9	3,7	122,9
1992	2,6	110,9	-0,6	87,4	3,2	126,9
1993	-0,8	110,0	-1,7	85,9	0,9	128,0
1994	-1,2	108,6	0,0	85,9	-1,2	126,4
1995	1,1	109,8	-0,9	85,1	2,0	129,0
1996	0,0	109,8	-1,3	84,0	1,3	130,7
1997	-1,8	107,8	-0,7	83,4	-1,1	129,3
1998	-0,1	107,6	-0,2	83,2	0,0	129,3
1999	0,5	108,2	-0,7	82,6	1,3	131,0
2000	-0,7	107,4	-1,3	81,5	0,6	131,7
2001	-0,5	106,8	-0,7	81,0	0,1	131,9
2002	-0,1	106,7	-0,5	80,6	0,4	132,4
2003	0,1	106,9	-0,3	80,3	0,5	133,1
2004	-1,0	105,8	0,5	80,7	-1,4	131,2
2005	-1,7	104,0	-0,5	80,3	-1,3	129,5

1) Bereinigt mit dem Preisindex für die Lebenshaltung aller privaten Haushalte
Eigene Berechnungen nach Angaben der Statistischen Landesämter und des IAB

Schaubild 1 zu Tabelle 12: Veränderung von Brutto-Reallohn je Arbeitnehmer und je Stunde – Westdeutschland [1)]

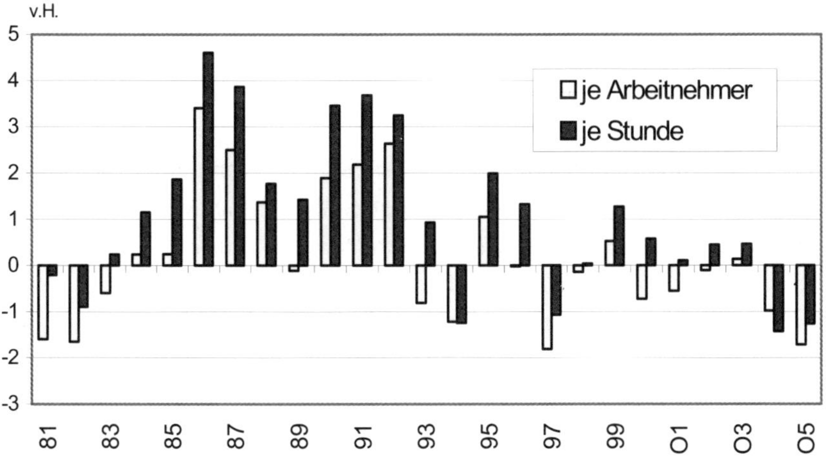

1) Ab 1992 ohne Westberlin
Eigene Berechnungen nach Angaben der Statistischen Ämter von Bund und Ländern

Schaubild 2 zu Tabelle 12: Veränderung des Brutto-Reallohns je Arbeitnehmer und je Stunde – Westdeutschland [1)]

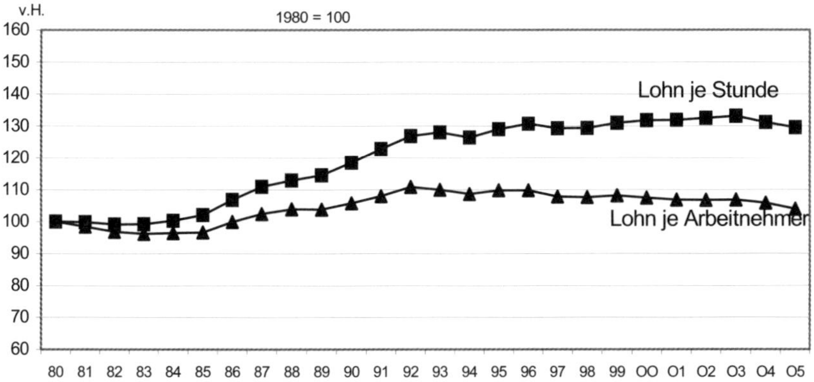

1) Ab 1992 ohne West-Berlin
Eigene Berechnungen nach Angaben der Statistischen Ämter von Bund und Ländern

Der Rückgriff auf den Reallohn je Arbeitnehmer bietet sich allerdings an, wenn man auf die Entwicklung der Kaufkraft abzielen will. Wie wir bereits oben (II. 3.2) dargestellt haben, ist dies jedoch nicht ganz korrekt. Denn die Entwicklung des Nettoreallohnes je Arbeitnehmer muss noch um die Veränderung der Zahl der Arbeitnehmer ergänzt werden, um zum exakten Verlauf der Nettoreallohnsumme, d.h. zur Kaufkraft, zu gelangen

Die bei internationalen Vergleichen übliche Darstellung der Höhe und der Entwicklung des Lohnes je Arbeitnehmer liefert somit kein genaues und aussagekräftiges Bild vom Niveau und vom Verlauf der Stundenlöhne und damit der Arbeitskosten, da die Arbeitszeit in Höhe und Entwicklung international unterschiedlich ist. Auf internationaler Ebene fehlen leider fast immer Angaben über die Arbeitszeiten und die Zahl der geleisteten Stunden, so dass ein internationaler Vergleich der Lohnhöhe je Arbeitnehmer nur einen sehr beschränkten Aussagewert hat.

Auch der interregionale Vergleich des Lohnes je Arbeitnehmer zwischen Ost- und Westdeutschland gibt keine genaue Auskunft über die Kostenunterschiede, da in Ostdeutschland im Jahre 2005 im gesamtwirtschaftlichen Durchschnitt mehr Jahresarbeitsstunden je Arbeitnehmer (1420) geleistet wurden als in Westdeutschland (1334), z.B. wegen der niedrigeren Teilzeitquote. So machte im Jahre 2005 der durchschnittliche Bruttomonatslohn bzw. -gehalt je Arbeitnehmer in Ostdeutschland mit 1764 EUR 77,3 % des westdeutschen aus (Tabelle 11), je geleisteter Arbeitsstunde mit 14,70 EUR waren es nur 72,3 % (Tabelle 13).

Insbesondere seit Anfang der 80er Jahre hat sich in Westdeutschland und in Ostdeutschland ab 1990 die im gesamtwirtschaftlichen Durchschnitt je Arbeitnehmer geleistete Arbeitszeit kontinuierlich und deutlich verringert und zwar aus zwei Gründen:

1. Die tarifliche Jahresarbeitszeit verminderte sich durch Verkürzung der Wochenarbeitszeit und Verlängerung des Urlaubs.
   In Westdeutschland wurde von 1984 bis 1995 die Wochenarbeitszeit von 40,0 Stunden auf 37,5 Stunden verkürzt. Danach veränderte sie sich bis 2005 (37,3 Stunden) kaum noch. Der Urlaub wurde von

1980 bis 2005 um 4 Tage auf 31 Arbeitstage ausgedehnt. Insgesamt reduzierte sich die tarifliche Jahresarbeitszeit um 8,2 % (Tabelle 15). In Ostdeutschland nahm die tarifliche Wochenarbeitszeit von 40,9 Stunden in 1991 auf 39,2 Stunden in 2005 ab. Der Urlaub wurde von 26,9 Tagen auf 29,5 Tage verlängert. Die tarifliche Jahresarbeitszeit verkürzte sich insgesamt um 5,2 %.

Tabelle 13

Bruttolöhne und -gehälter je geleisteter Arbeitsstunde

	Westdeutschland[1]		Ostdeutschland[1]		Ostdeutschland zu Westdeutschland
	in EUR	Veränd. in %	in EUR	Veränd in %	in %
1991	14,83		7,38[2]		49,6
1992	15,92	7,4	8,68	17,6	54,3
1993	16,64	4,5	9,93	14,4	59,5
1994	16,88	1,4	10,69	7,6	63,1
1995	17,51	3,7	11,56	8,2	65,8
1996	17,97	2,6	11,99	3,7	66,5
1997	18,12	0,8	12,18	1,6	67,0
1998	18,29	0,9	12,44	2,1	67,8
1999	18,65	2,0	12,87	3,5	68,8
2000	19,13	2,6	13,36	3,8	69,6
2001	19,59	2,4	13,79	3,2	70,2
2002	19,95	1,9	14,20	3,0	71,1
2003	20,27	1,6	14,48	2,0	71,5
2004	20,30	0,2	14,65	1,1	72,3
2005	20,44	0,7	14,74	0,6	72,3

1) Ohne Berlin

Nach Angaben der Statistischen Landesämter

2. Auch die zunehmende Teilzeitarbeit einschließlich der geringfügigen Beschäftigung[1] verminderten die im gesamtwirtschaftlichen Durchschnitt je Arbeitnehmer geleistete Arbeitszeit.[2]
   In Westdeutschland kletterte der Anteil der Teilzeitbeschäftigten an allen Beschäftigten von 11,8 % in 1980 auf 33,1 % in 2005. In Ostdeutschland schnellte die Quote von 6,9 % in 1991 auf 29,4 % in 2005 hoch.

Beide Faktoren zusammen hatten zur Folge:

In Westdeutschland fiel die durchschnittlich geleistete Jahresarbeitszeit je Arbeitnehmer im Zeitraum 1980-2005 um insgesamt 19,7 % (Tabelle 12). Da in diesem Zeitraum die realen Bruttolöhne je Arbeitnehmer um 4,0 % zugenommen hatten, errechnet sich daraus ein Zuwachs der realen Stundenlöhne von 29,5 %[3].

4.2 Ostdeutschland: Ansehnliche Steigerung des Stundenlohns trotz sinkender Lohnstückkosten

In Ostdeutschland verminderte sich die durchschnittlich geleistete Jahresarbeitszeit je Arbeitnehmer um insgesamt 15,4 %. Unter Berücksichtigung der Zunahme der realen Bruttolöhne je Arbeitnehmer um 8,7 % resultiert daraus ein Anstieg der realen Stundenlöhne um 28,5 % (Tabelle 14 und die beiden Schaubilder dazu).

Bei der Beurteilung der Ergebnisse der Lohnarbeit sollten deshalb auch für Ostdeutschland nicht nur die Löhne je Arbeitnehmer, sondern insbesondere auch die erzielten Löhne je geleisteter Arbeitsstunde herangezogen werden.

[1] Die geringfügige Beschäftigung wird zur Teilzeitarbeit gezählt.

[2] Methodische Erläuterungen siehe B II. 5.2

[3] Nach dem Divisionsverfahren ergibt sich 1,04: 0,803 = 1,295.

4.3 Was beim Vergleich mit dem eigenen Lohn zu beachten ist

Die in den Tabellen 11, 12 und 14 angegebene absolute Höhe der nominalen Durchschnittslöhne je Arbeitnehmer bzw. je geleisteter Arbeitsstunde hat einen Schönheitsfehler. Der einzelne Arbeitnehmer kann nämlich den dort angegebenen Durchschnittslohn nicht unmittelbar mit seinem Lohn vergleichen.

Dies gilt insbesondere für den Lohn je Arbeitnehmer, denn in ihm sind sowohl die Vollzeit- als auch die Teilzeitbeschäftigten, die den Durchschnittslohn je Arbeitnehmer nach unten ziehen, enthalten. An dieser Mischung aus unterschiedlichen Einkommenshöhen kann sich dann weder ein Vollzeitbeschäftigter noch ein Teilzeitbeschäftigter messen.

Dieser Mangel wird beim Lohn je geleisteter Stunde ausgebügelt. Denn meistens sind die Stundenlöhne unabhängig davon, ob man z.B. ganztags oder halbtags arbeitet.

Bei einem Vergleich mit den eigenen Lohndaten sei darauf aufmerksam gemacht, dass der in Tabelle 14 ausgewiesene Lohn je geleisteter Stunde (Jahreslohn- oder -gehaltsumme dividiert durch die tatsächlich geleisteten Jahresarbeitsstunden) höher ist als der vereinbarte Stundenlohn[1]. Denn z.B. wegen Urlaub, gesetzlicher Feiertage und Krankheitstagen sind in der Jahreslohnsumme mehr bezahlte Stunden als tatsächlich geleistete Stunden enthalten. Dividiert man also die Jahreslohnsumme durch die geringere Zahl von geleisteten Stunden, so ist der Lohn je geleisteter Stunde größer als der vereinbarte Stundenlohn.

Falls jemand seinen eigenen Lohn mit dem Durchschnittslohn vergleichen möchte, muss er zunächst seine eigenen tatsächlich geleisteten Jahresarbeitsstunden ermitteln. Dazu folgende Hilfestellung für das Jahr 2003 in Westdeutschland:

- Zunächst errechnet man die reguläre tägliche Arbeitszeit. Sie beträgt z.B. bei einer 38 Stunden-Woche 7,6 Stunden (38 geteilt durch 5 Wochentage).
- In 2003 gab es 104 Samstage und Sonntage.

[1] Als Stundenlohn wird in dieser Arbeit auch das Monatsgehalt je Stunde bezeichnet.

Tabelle 14
Preisbereinigte Bruttolöhne und -gehälter je Arbeitnehmer und je Stunde – Ostdeutschland

	preisbereingte[1] Bruttolöhne und -gehälter					
	je Arbeitnehmer		geleistete Jahresarbeitszeit je Arbeitnehmer		je geleisteter Jahresarbeitsstunde	
Jahr	Veränd. in %	1991=100	Veränd. in %	1991=100	Veränd. in %	1991=100
1991		100		100		100
1992[2]	0,8	100,8	-2,7	97,3	3,6	103,6
1993	3,9	104,8	0,3	97,6	3,6	107,3
1994	2,3	107,1	-1,4	96,2	3,8	111,3
1995	4,1	111,6	-2,0	94,4	6,2	118,2
1996	0,1	111,7	-1,6	92,8	1,7	120,3
1997	-1,8	109,7	-1,1	91,8	-0,7	119,4
1998	0,0	109,7	-1,0	90,9	1,0	120,7
1999	1,9	111,8	-1,1	89,9	3,0	124,3
2000	0,2	112,0	-1,9	88,3	2,1	126,9
2001	-1,0	110,9	-1,3	87,1	0,3	127,3
2002	0,3	111,2	-1,5	85,8	1,8	129,7
2003	0,3	111,5	-0,6	85,2	0,9	130,8
2004	-0,7	110,7	-0,3	85,0	-0,4	130,3
2005	-1,8	108,7	-0,5	84,6	-1,4	128,5

1) Preisbereinigt mit dem Preisindex für die Lebenshaltung aller privaten Haushalte
2) Bereinigt um die Auswirkung der extrem hohen Kurzarbeit in 1991
Eigene Berechnungen nach Angaben der Statistischen Landesämter und des IAB

Schaubild 1 zu Tabelle 14
Veränderung der Brutto-Reallöhne je Arbeitnehmer und je Stunde
Ostdeutschland [1)]

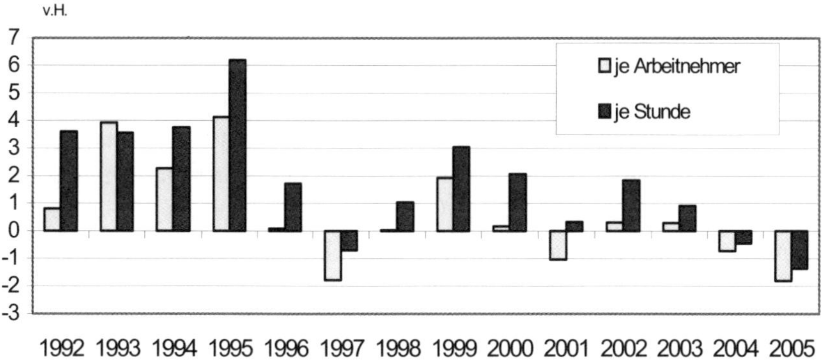

1) Ohne Berlin
Eigene Berechnungen nach Angaben der Statistischen Landesämtern und des IAB

Schaubild 2 zu Tabelle 14
Veränderung des Brutto-Reallohns je Arbeitnehmer und je Stunde
Ostdeutschland [1)]

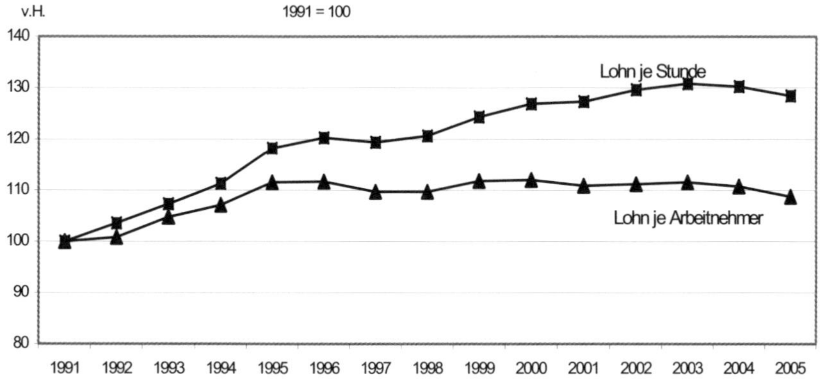

1) Ohne Berlin
Eigene Berechnungen nach Angaben der Statistischen Landesämtern und des IAB

Außerdem fielen 11 Feiertage auf einen Wochentag.

- Damit ergaben sich 250 potenzielle Arbeitstage (365 minus 104 minus 11).
- Zieht man davon noch z.B. 30 Urlaubstage ab, erhält man 220 Arbeitstage.
- An Krankheitstagen wird im Normalfall wegen der Lohnfortzahlung der Lohn weiter bezahlt; die Krankheitstage vermindern jedoch die geleisteten Jahresarbeitstage. Das IAB hat in seiner Berechnung des Durchschnittslohns 8 Krankheitstage ermittelt, die der einzelne Arbeitnehmer ebenfalls in seiner individuellen Berechnung abziehen muss, um seinen Lohn mit dem statistischen Durchschnittslohn vergleichen zu können – und zwar unabhängig davon, wie viele Krankheitstage bei ihm angefallen sind.
- Somit ergeben sich 212 Arbeitstage zu 7,6 Stunden = 1611 Jahresarbeitstunden.
- Dazu muss der einzelne Arbeitnehmer noch seine im Jahr 2003 bezahlten Überstunden addieren und er erhält seine eigenen geleisteten Jahresarbeitsstunden.[1]

Die eigene Jahreslohnsumme (einschließlich Urlaubs- und Weihnachtsgeld), die auf der Lohnsteuerkarte ausgewiesen ist, wird dann durch die Zahl dieser eigenen geleisteten Jahresarbeitsstunden dividiert und man erhält seinen Lohn je geleisteter Arbeitsstunde. Diesen kann dann unmittelbar mit dem Durchschnittslohn je geleisteter Stunde für Westdeutschland in 2005 in Höhe von 20,44 EUR oder Ostdeutschland in Höhe von 14,74 EUR verglichen werden (Tabelle 14).

Um eine ungefähre Größenordnung für diese Diskrepanz zwischen Lohn je geleisteter Stunde und bezahltem Stundenlohn zu greifen, sei eine Modellrechnung herangezogen:

[1] In der Berechnung des IAB sind auch noch andere kleine Arbeitszeiteffekte von z.B. Schlechtwettergeld, Kurzarbeit, Nebenerwerbstätigkeit enthalten, die insgesamt per saldo jedoch die durchschnittliche geleistete Jahresarbeitszeit nur um rd. 1 % beeinflussen.

Unterstellt sei ein Stundenlohn von 13 EUR bei einer 37,5-Stundenwoche (7,5 Stunden pro Tag). Der Wochenlohn (bzw. das Wochengehalt) stellt sich dann auf 487,50 EUR und die Jahreslohn- und -gehaltssumme auf 25.350 EUR bei 1.950 (52 mal 37,5) bezahlten Stunden. Des weiteren wird unterstellt: 30 Urlaubstage, 9 gesetzliche oder tarifliche Feiertage und 8 Krankheitstage, also insgesamt 352,5 Stunden (47 Tage mal 7,5 Stunden), die bezahlt werden, an denen aber nicht gearbeitet wird. Die tatsächlich geleistete Jahresarbeitszeit beläuft sich auf 1.597,5 (1.950 minus 352,5) Stunden. Bezogen auf die Jahreslohn- und -gehaltssumme von 25.350 EUR ergibt sich ein Lohn je geleisteter Stunde von 15,87 EUR, der den vereinbarten Stundenlohn von 13 EUR um 22 % übertrifft, bzw. der vereinbarte Lohn liegt 18 % unter dem Lohn je tatsächlich geleisteter Jahresarbeitssunde. Um also die Lohnzahlen in unseren Tabellen mit dem eigenen vereinbarten Stundenlohn vergleichen zu können, kann man sozusagen als Faustregel einen rd. 18 %-igen Abschlag machen. So entspräche der in Tabelle 13 für Westdeutschland in 2005 angegebene effektive Durchschnittslohn je tatsächlich geleisteter Jahresarbeitsstunde von 20,44 EUR einem vereinbarten Lohn von 16,76 EUR. Dabei können sich leichte Abweichungen z.B. dadurch ergeben, wie viele Weihnachts- und Neujahrstage auf normale Wochentage fallen und wie viele Überstunden bezahlt werden.

5. Die Entwicklung der Tariflöhne

5.1 Der Zusammenhang von tariflichen und tatsächlichen Löhnen und Arbeitszeiten

Ist der Zuwachs der preisbereinigten tatsächlichen (effektiven) Bruttolöhne je Jahresarbeitsstunde um 29,5 % von 1980-2005 in Westdeutschland und um 28,5 % von 1991-2005 in Ostdeutschland auf die Tarifpolitik zurückzuführen? Um diese Frage beantworten zu können, muss zunächst der Zusammenhang von Tariflohn und Effektivlohn dargelegt werden.

Eine Heraufsetzung des tariflichen Stundenlohnes führt nämlich keineswegs zwingend zu einer prozentual genau entsprechenden Erhöhung der tatsächlich gezahlten (effektiven) Lohnsumme je Stunde, und zwar aus folgenden Gründen:

1. In vielen Unternehmen liegen die tatsächlich gezahlten Stundenlöhne über den Tariflöhnen – was übrigens ein sicheres Zeichen dafür ist, dass die Löhne nicht zu hoch sind.

Hierzu eine Modellrechnung:

Die Tarifvertragsparteien einer Branche, d.h. die Arbeitgeberverbände (bzw. die Unternehmensleitung bei Firmentarifverträgen) und die Gewerkschaften einigen sich auf eine Erhöhung eines unterstellten tariflichen Stundenlohnes von 13 EUR um 3 % auf 13,39 EUR. Tatsächlich wird jedoch in vielen Unternehmen dieser Branche bereits ein übertariflicher, effektiver Stundenlohn von 14 EUR gezahlt. Wie reagiert nun der tatsächlich gezahlte Lohn von 14 EUR auf die Tariflohnerhöhung? In Verhandlungen auf der zweiten Stufe, der Unternehmensebene, legen Betriebsrat und Unternehmensleitung oft fest, ob und in welchem Ausmaß die Tariflohnerhöhung auf den Effektivlohn in ihrem Unternehmen übertragen werden soll (sog. duale Lohnfindung mittels Betriebsvereinbarungen).

Hierbei treten zahlreiche Varianten auf. Nicht selten wird die prozentuale tarifliche Steigerungsrate an den Effektivlohn angelegt (+ 42 Cent). Dieses Ergebnis ist jedoch keineswegs sicher. Oft wird auch der absolute Betrag der Tariferhöhung (39 Cent) auf den Effektivlohn aufgestockt.

Mitunter kommt es zu Teilanrechnungen bis hin zur Vollanrechnung, d.h. dann wird der Effektivlohn überhaupt nicht aufgestockt, solange er noch über dem Tariflohn liegt. Dies wird mitunter bei sehr schlechter Unternehmenslage praktiziert. In anderen Situationen, in besonders guter, über dem Branchendurchschnitt liegender Geschäfts- und Gewinnlage, kann es dem Betriebsrat sogar gelingen, eine Steigerung des Effektivlohnes zu erzielen, die größer ist als die des Tariflohnes.

Allein schon wegen dieser oft praktizierten dualen Lohnfindung kann im Voraus kein genauer zahlenmäßiger Schluss von der tariflichen auf die effektive Lohnentwicklung und umgekehrt gezogen werden.

Ein weiterer Grund für das zeitweilige Auseinanderdriften von tariflichen und effektiven Löhnen liegt in den konjunkturbedingten Schwankungen der Überstunden. In guten Konjunkturzeiten ist der Anteil der mit Zuschlägen bezahlten Überstunden an der gesamten Arbeitszeit höher als in schlechten Zeiten. Wegen dieser Überstundenzuschläge steigen dann in guten Zeiten die Effektivlöhne schneller als die Tariflöhne.

Ebenfalls gibt es keinen zahlenmäßig genau entsprechenden Zusammenhang zwischen tatsächlicher und tariflicher Arbeitszeit. In guter Konjunkturlage wird vielleicht bei verkürzter Wochenarbeitszeit die Zahl der Überstunden ausgeweitet. In schlechter Wirtschaftssituation wird möglicherweise die Zahl der Überstunden trotz verkürzter Arbeitszeit abgebaut, so dass die tatsächliche Arbeitszeit stärker zurückgenommen wird als die tarifliche.

Dieses im konjunkturellen Auf und Ab oft beobachtete Auseinanderdriften von effektiven und tariflichen Verdiensten und Arbeitszeiten wird positive bzw. negative Lohndrift genannt.

Über einen längeren Zeitraum gleichen sich positive und negative Lohndrift weitgehend aus, genauso wie sich meistens die Konjunkturschwankungen ausgleichen. In einzelnen Jahren kann allerdings die Lohndrift erheblich sein.

Außerdem schlagen sich in der Entwicklung der tatsächlich geleisteten Jahresarbeitsstunden die kalendermäßigen Unregelmäßigkeiten (z.B. fallen die gesetzlichen Feiertage von Jahr zu Jahr auf eine unterschiedliche Zahl von Arbeitstagen), die Veränderungen der Krankheitstage und der Schlechtwettertage im Baugewerbe u.a. nieder. Die tarifliche Arbeitszeit bleibt demgegenüber davon unberührt.

2. Tarifverträge sind nur bindend für Gewerkschaftsmitglieder in Unternehmen, die dem Arbeitgeberverband angehören.[1] Diese Unternehmen gewähren allerdings freiwillig auch den Arbeitnehmern, die keine Gewerkschaftsmitglieder sind, die Tariferhöhung, um sie vom Eintritt in die Gewerkschaft abzuhalten.

Die nicht tarifgebundenen Unternehmen, in denen in Westdeutschland 35 % und in Ostdeutschland 46 % aller Arbeitnehmer beschäftigt

[1] Nach der Presseinformation des Institutes für Arbeitsmarkt- und Berufsforschung vom 14.6.2007 galten in Westdeutschland für 57 % der Beschäftigten Flächentarifverträge und für 8 % Firmentarifverträge; in Ostdeutschland waren es 41 % und 13 %.

sind, können die Tarifvereinbarungen unterlaufen. Allerdings sind darüber hinaus nach einer Befragung von 16.000 Unternehmen durch das Institut für Arbeitsmarkt- und Berufsforschung (IAB) in Westdeutschland zusätzlich noch 18 % und in Ostdeutschland zusätzlich noch 22 % der Arbeitnehmer in Unternehmen beschäftigt, die zwar nicht dem Arbeitgeberverband angehören, die sich nach eigenen Aussagen jedoch an den Tarifverträgen der Branche orientieren.[1] Dennoch ist eine weitere Möglichkeit für ein Abweichen von tariflicher und tatsächlicher Lohnentwicklung gegeben. Wie die Unternehmen, die keinem Arbeitgeberverband angeschlossen sind und sich nach eigenen Aussagen nicht oder wenig an Tarifergebnissen orientieren (17 % in Westdeutschland und 24 % in Ostdeutschland), in Wirklichkeit auf Tariferhöhungen reagieren, ließe sich nur in Einzeluntersuchungen überprüfen.

Gesamtwirtschaftlich jedenfalls lässt sich aus den weiter unten im Unterabschnitt 5.2.2 vorgestellten Ergebnissen ablesen, dass – für den Zeitraum 1980 bis 2005 im Ganzen genommen – in Westdeutschland weitgehend ein Gleichschritt von tariflicher und effektiver Lohnentwicklung vorlag. Für einzelne Jahre ergaben sich hingegen oft Abweichungen.

3. Die Indizes des Statistischen Bundesamtes zu den Tarifverdiensten und tariflichen Arbeitszeiten erfassen nicht alle Branchen und nicht alle Entgeltbestandteile. Sie erstrecken sich auf die Arbeitnehmer der gewerblichen Wirtschaft (Bergbau und Energiewirtschaft, Verarbeitendes Gewerbe, Bauwirtschaft), auf Handel, Verkehr und Nachrichtenübermittlung und auf die öffentlichen Gebietskörperschaften (Bund, Länder und Gemeinden) und erfassen damit nur rd. drei Viertel aller Beschäftigten.

Der Verfasser hat die bisher nur getrennt vorliegenden Indizes für Wochenverdienste und für Monatsgehälter, deren Verlauf fast identisch war, nach Gewichtung mit den Anteilen von Arbeitern und Angestellten zu einem einheitlichen Index der Tarifverdienste für Arbeitnehmer zusammengefasst.

[1] Presseinformation des Institutes für Arbeitsmarkt- und Berufsforschung vom 14.6.2007

Außerdem sind im Index der Tarifverdienste nicht alle tariflich ausgehandelten Entgeltbestandteile, die in die tatsächlichen Löhne und Gehälter fließen, aufgenommen. Dabei handelt es sich um die Sonderzahlungen (z.B. Weihnachtsgeld, Urlaubsgeld) und die Zuschläge für Überstunden, Sonntags-, Feiertags- und Nachtarbeit sowie für erschwerte Arbeitsbedingungen (z.B. Lärm, Schmutz). Die vermögenswirksamen Leistungen werden allerdings im Index berücksichtigt.

4. Der Index der Tarifverdienste des Statistischen Bundesamts verwendet eine konstante Beschäftigungs- und Qualifikationsstruktur. Das ist wichtig und ökonomisch richtig.

Denn eine Veränderung der Beschäftigungs- und Qualifikationsstruktur hat auf die Höhe der tatsächlichen Lohn- und -gehaltssumme im Durchschnitt aller Arbeitnehmer Einfluss. Gewinnen z.B. Branchen mit unterdurchschnittlicher Bezahlung oder Bereiche des Niedriglohnsektors an Gewicht, dann wird die durchschnittliche effektive Lohnsumme je Arbeitnehmer – selbst wenn alle Arbeitnehmer dieselbe Tariferhöhung erhielten – weniger stark zunehmen als der Tarifverdienste-Index, der die Beschäftigungs- und Qualifikationsstruktur konstant hält. Erst anhand dieses Tarifindexes kann der einzelne Arbeitnehmer seine eigene Tariflohnerhöhung – unverzerrt von Strukturverschiebungen – mit der allgemeinen Tarifbewegung vergleichen

5.2 Der empirische Befund in Deutschland

5.2.1 Der Tariflohnanstieg in Westdeutschland

Tabelle 15 zeigt die Veränderungsraten der nominellen und preisbereinigten Tarifverdienste, der tariflichen Arbeitszeiten und der Tarifverdienste je tariflicher Jahresarbeitszeit der Arbeitnehmer in großen Teilen der Privatwirtschaft und bei den Gebietskörperschaften (Bund, Länder und Gemeinden).

Von 1980 bis 2006 sind die tariflichen Wochenlöhne und Monatsgehälter (Tarifverdienste) preisbereinigt um 20,9 % geklettert. Dann wurde die Entwicklung der tariflichen Jahresarbeitszeit ermittelt. Sie ist in dem Zeitraum aufgrund der Wochenarbeitszeitverkürzung und Urlaubsverlängerung um 8,2 % gesunken.

Tabelle 15: Tarifliche Verdienste [1], Jahresarbeitszeiten und Stundenverdienste – Westdeutschland

	Tarifverdienste [1]					Tarifliche Jahresarbeitszeit		Tarifliche Stundenverdienste			
	Veränd.in % nominal	1980 = 100	Lebenshaltungskosten	Veränd. in % real	1980 = 100	Veränd. in %	1980 = 100	Veränd.in % nominal	1980 = 100	Veränd.in % real	1980 = 100
1980		100			100		100		100		100
1981	5,3	105,3	6,3	-0,9	99,1	-0,4	99,6	5,7	105,7	-0,6	99,4
1982	4,3	109,8	5,3	-0,9	98,1	-0,6	99,0	4,9	110,9	-0,4	99,1
1983	3,5	113,7	3,4	0,1	98,3	-0,4	98,6	3,9	115,2	0,5	99,6
1984	2,5	116,5	2,3	0,2	98,4	-0,1	98,5	2,7	118,3	0,3	99,9
1985	3,0	120,0	2,2	0,8	99,3	-0,7	97,8	3,8	122,8	1,6	101,5
1986	3,2	123,8	-0,2	3,4	102,7	-0,6	97,2	3,8	127,4	4,0	105,6
1987	3,8	128,6	0,3	3,5	106,2	-0,3	96,9	4,1	132,7	3,8	109,6
1988	2,6	131,9	1,2	1,4	107,7	-0,5	96,4	3,1	136,8	1,9	111,6
1989	2,4	135,1	2,8	-0,4	107,2	-1,2	95,3	3,6	141,7	0,8	112,5
1990	3,7	140,1	2,7	1,0	108,3	-1,0	94,3	4,8	148,5	2,1	114,8
1991	6,1	148,6	3,6	2,4	110,9	-0,5	93,8	6,6	158,4	2,9	118,1
1992	5,4	156,6	4,0	1,3	112,4	-0,3	93,6	5,7	167,4	1,7	120,1

1993	4,2	163,2	3,6	0,6	113,0	-0,7	92,9	5,0	175,8	1,4	121,7
1994	1,6	165,8	2,7	-1,1	111,8	-0,3	92,5	1,9	179,2	-0,7	120,9
1995	4,2	172,8	1,7	2,5	114,6	-0,3	92,2	4,6	187,3	2,8	124,2
1996	3,2	178,3	1,3	1,9	116,7	-0,3	91,9	3,6	194,0	2,2	127,0
1997	1,3	180,6	1,9	-0,6	116,1	0,0	91,9	1,3	196,6	-0,6	126,3
1998	1,8	183,9	0,9	0,9	117,1	0,0	91,9	1,8	200,2	0,9	127,5
1999	2,5	188,5	0,7	1,8	119,2	-0,1	91,8	2,6	205,3	1,8	129,8
2000	2,3	192,8	2,0	0,3	119,5	0,0	91,8	2,3	209,9	0,3	130,2
2001	2,3	197,2	2,3	0,0	119,5	0,0	91,8	2,3	214,8	0,0	130,2
2002	2,1	201,4	1,4	0,7	120,4	0,0	91,8	2,1	219,3	0,7	131,1
2003	2,5	206,4	1,1	1,4	122,0	0,0	91,8	2,5	224,8	1,4	132,9
2004	2,0	210,6	1,6	0,4	122,5	0,0	91,8	2,0	229,3	0,4	133,4
2005	1,2	213,1	2,0	-0,8	121,5	0,0	91,8	1,2	232,0	-0,8	132,3
2006	1,2	215,6	1,7	-0,5	120,9	0,0	91,8	1,2	234,8	-0,5	131,7

1) Tarifliche Wochenlöhne und Monatsgehälter in großen Teilen der Privatwirtschaft und bei den Gebietskörperschaften
Eigene Berechnungen nach Angaben des Statistischen Bundesamtes

Schließlich wurden die Tarifverdienste durch die tariflichen Arbeitszeiten dividiert und es ergibt sich ein Index für die Tarifverdienste je tariflicher Jahresarbeitszeit, und zwar – wie dies für Indizes notwendig ist – mit konstanter Gewichtung (hier: mit konstanter Beschäftigungs- und Qualifikationsstruktur).

Die Tarifverdienste je tariflicher Jahresarbeitszeit verlaufen minimal besser als die tariflichen Stundenlöhne, da sich in ihnen auch die Arbeitszeitverkürzung durch Urlaubsverlängerung niederschlägt. Zur rechnerischen Erläuterung: Unterstellt sei eine Konstanz von tariflichem Verdienst und tariflicher Wochenarbeitszeit (Monatsarbeitszeit). Dann wird der tarifliche Stundenlohn ebenfalls unverändert sein. Wird nun der tarifliche Urlaub um einen Tag verlängert, verkürzt sich die tarifliche Jahresarbeitszeit um 0,4 %. Der konstante Tarifverdienst, dividiert durch die verminderte tarifliche Jahresarbeitszeit, erhöht dann den Tarifverdienst je tariflicher Jahresarbeitsstunde um 0,4 %.

Im Zeitraum 1980 bis 2006 sind die preisbereinigten Tarifverdienste je tariflicher Jahresarbeitszeit (in den Tabellen als tarifliche Stundenverdienste bezeichnet) um immerhin 31,7 % angestiegen.

Es erhebt sich nun die spannende Frage: Wie sind demgegenüber die tatsächlichen (effektiven) Stundenlöhne verlaufen?

5.2.2 Tarif- und Effektivlöhne Westdeutschlands langfristig im Gleichklang

Diese Frage ist leichter gestellt als beantwortet, denn die Tarifindizes erfassen nicht alle Arbeitnehmer und nicht alle Tarifbestandteile, während die Statistik der Effektivverdienste für alle Arbeitnehmer mit ihren gesamten Lohnbestandteilen gilt. Insofern hat ein Vergleich nur einen begrenzten Aussagewert. Hinzu kommt noch: So richtig ein Konstanthalten der Beschäftigungs- und Qualifikationsstruktur für einen Tarifindex ist, so wenig ist es für einen Vergleich mit der Effektivlohnentwicklung geeignet. Denn in dieser spiegeln sich die laufenden Veränderungen der Beschäftigungs- und Qualifikationsstruktur wider. Deshalb wurden die Angaben des Wirtschafts- und Sozialwissenschaftlichen Institutes (WSI) der Hans-Böckler-Stiftung über die jährlichen Tarifsteigerungen für den Vergleich herangezogen, da sich in ihnen ebenfalls wie im Effektivlohnverlauf die tatsächlichen Veränderungen der Beschäftigungs- und Qualifikationsstruktur niederschlagen.

In Tabelle 16 und im Schaubild dazu wird für Westdeutschland die längerfristige Entwicklung der Tarifverdienste je tariflicher Jahresarbeitsstunde dem Verlauf der Effektivverdienste je geleisteter Jahresarbeitsstunde gegenübergestellt. Das bisher für die Öffentlichkeit unbekannte Ergebnis ist sehr bemerkenswert:

Die preisbereinigten Effektivverdienste je geleisteter Jahresarbeitsstunde haben in Westdeutschland im Zeitraum 1980-2005 mit 29,5 % nur etwas schwächer zugenommen als die preisbereinigten Tarifverdienste je tariflicher Jahresarbeitsstunde mit 32,4 %.

Die Übereinstimmung trifft nicht für alle einzelnen Jahre zu, denn in vielen Jahren war die Lohndrift am Werke. So sanken die realen Effektivlöhne im Krisenjahr 1982 stärker als die Tariflöhne, während sie im Wiedervereinigungsboom 1990/91 merklich kräftiger anzogen.

Eine negative Lohndrift, d.h. ein Zurückbleiben der Effektivverdienste hinter den Tarifverdiensten, stellte sich insbesondere für die Jahre ab 1997 ein. Wie aus Tabelle 16 errechenbar, hatten sich die preisbereinigten Tarifverdienste je tariflicher Jahresarbeitsstunde in Westdeutschland von 1997 (Indexwert 126,3) auf 2005 (Indexwert 132,4) um 4,8 % erhöht, während die preisbereinigten Effektivverdienste je tatsächlich geleisteter Jahresarbeitsstunde in 2005 (129,5) nur minimal über dem Niveau von 1997 (129,3) lagen. In nominalen, also nicht preisbereinigten, Größen sieht das Bild nicht so krass aus. So nahmen die nominalen Effektivlöhne je tatsächlich geleisteter Jahresarbeitszeit um 13 % und die Tariflöhne je tariflicher Jahresarbeitszeit um 18 % zu. Die Gründe für das Auseinanderklaffen liegen in der rückläufigen Tarifbindung, in der zunehmenden Zahl der tariflichen Öffnungsklauseln, im weiteren Abbau von übertariflichen Leistungen und im wachsenden Lohndruck durch die sogenannten Arbeitmarkt„reformen". So haben z.B. die 400 EUR-Jobs in vielen Fällen den tatsächlichen Stundenlohn deutlich unter den sonst geltenden Tariflohn gedrückt, mit der Folge, dass die zeitliche Entwicklung der Effektivlöhne geringer wurde als die der Tariflöhne.

Tabelle 16: Entwicklung der preisbereinigten Bruttolöhne und -gehälter und Tarifverdienste sowie Arbeitszeiten Westdeutschland

		preisbereingte[1] Bruttolöhne und -gehälter						preisbereinigte[1] Tarifverdienste[2]					
		je Arbeitnehmer		geleistete Jahresarbeitszeit je Arbeitnehmer		je geleisteter Jahresarbeitsstunde		je Arbeitnehmer		tarifliche Jahresarbeitszeit		je tariflicher Jahresarbeitsstunde	
	Jahr	in %	1980=100	in %	1980=100	in %	1980=100	in %	1980=100	in %	1980=100	in %	1980=100
80	1980		100		100		100		100		100		100
81	1981	-1,6	98,4	-1,4	98,6	-0,2	99,8	-0,9	99,1	-0,4	99,6	-0,6	99,4
82	1982	-1,6	96,8	-0,8	97,9	-0,7	99,2	-0,9	98,1	-0,6	99,0	-0,4	99,1
83	1983	-0,6	96,2	-0,8	97,1	0,1	99,2	0,1	98,3	-0,4	98,6	0,5	99,6
84	1984	0,2	96,4	-0,9	96,2	1,1	100,3	0,2	98,4	-0,1	98,5	0,3	99,9
85	1985	0,2	96,7	-1,6	94,6	1,8	102,1	0,8	99,3	-0,7	97,8	1,6	101,5
86	1986	3,4	100,0	-1,1	93,6	4,6	106,8	3,4	102,7	-0,6	97,2	4,0	105,6
87	1987	2,5	102,5	-1,3	92,3	3,9	110,9	3,5	106,2	-0,3	96,9	3,8	109,6
88	1988	1,4	103,9	-0,4	92,0	1,8	112,9	1,4	107,7	-0,5	96,4	1,9	111,6
89	1989	-0,1	103,8	-1,5	90,6	1,4	114,5	-0,4	107,2	-1,2	95,3	0,8	112,5
90	1990	1,9	105,7	-1,5	89,2	3,4	118,4	1,0	108,3	-1,0	94,3	2,1	114,8
91	1991	2,2	108,0	-1,4	87,9	3,7	122,9	2,4	110,9	-0,5	93,8	2,9	118,1

92	1992	2,6	110,9	-0,6	87,4	3,2	126,9	1,3	112,4	-0,3	93,6	1,7	120,1
93	1993	-0,8	110,0	-1,7	85,9	0,9	128,0	0,6	113,0	-0,7	92,9	1,4	121,7
94	1994	-1,2	108,6	0,0	85,9	-1,2	126,4	-1,1	111,8	-0,3	92,5	-0,7	120,9
95	1995	1,1	109,8	-0,9	85,1	2,0	129,0	2,5	114,6	-0,3	92,2	2,8	124,2
96	1996	0,0	109,8	-1,3	84,0	1,3	130,7	1,9	116,7	-0,3	91,9	2,2	127,0
97	1997	-1,8	107,8	-0,7	83,4	-1,1	129,3	-0,6	116,1	0,0	91,9	-0,6	126,3
98	1998	-0,1	107,6	-0,2	83,2	0,0	129,3	0,9	117,1	0,0	91,9	0,9	127,5
99	1999	0,5	108,2	-0,7	82,6	1,3	131,0	1,8	119,2	-0,1	91,8	1,8	129,8
OO	2000	-0,7	107,4	-1,3	81,5	0,6	131,7	0,3	119,5	0,0	91,8	0,3	130,2
O1	2001	-0,5	106,8	-0,7	81,0	0,1	131,9	0,0	119,5	0,0	91,8	0,0	130,2
O2	2002	-0,1	106,7	-0,5	80,6	0,4	132,4	0,7	120,4	0,0	91,8	0,7	131,1
O3	2003	0,1	106,9	-0,3	80,3	0,5	133,1	1,4	122,0	0,0	91,8	1,4	132,9
O4	2004	-1,0	105,8	0,5	80,7	-1,4	131,2	0,4	122,5	0,0	91,8	0,4	133,4
O5	2005	-1,7	104,0	-0,5	80,3	-1,3	129,5	-0,8	121,5	0,0	91,8	-0,8	132,4

1) Preisbereinigt mit dem Preisindex für die Lebenshaltung aller privaten Haushalte
2) Gewerbliche Wirtschaft und öffentliche Gebietskörperschaften
Eigene Berechnungen nach Angaben der Statistischen Landesämter und des WSI

Schaubild zu Tabelle 16: Preisbereinigte effektive und tarifliche Stundenlöhne – Westdeutschland

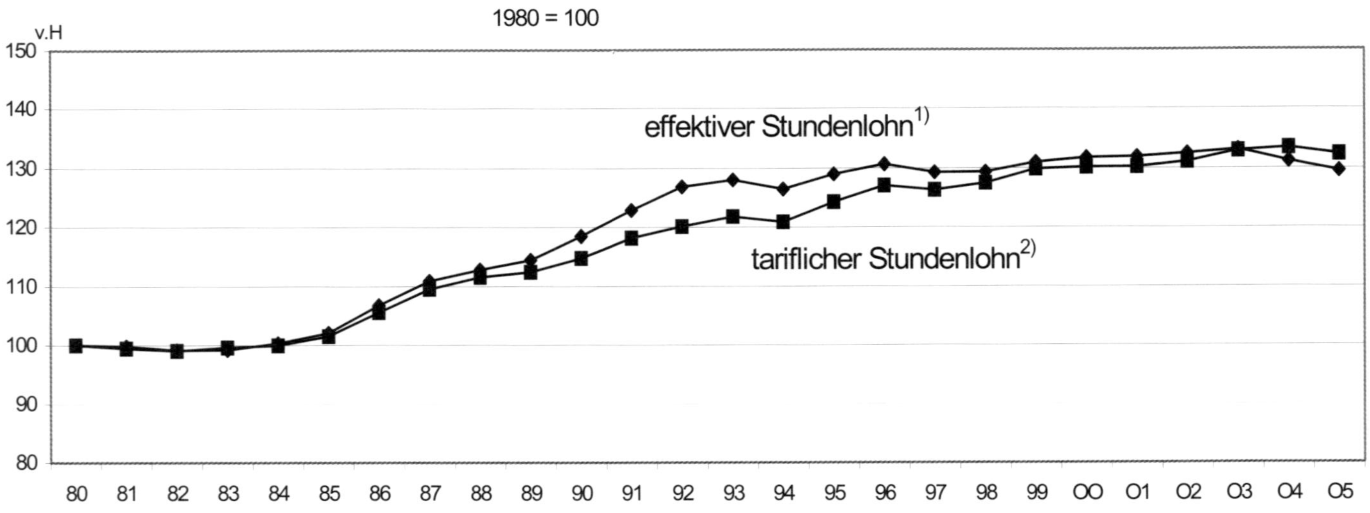

1) Tatsächlicher Jahresverdienst je geleisteter Jahresarbeitsstunde
2) Tarifverdienst je tariflicher Jahresarbeitsstunde
Eigene Berechnungen nach Angaben der Statistischen Landesämter und des WSI

Über den gesamten Zeitraum von 1980 bis 2005 gesehen, ergab sich jedoch ein weitgehender Gleichlauf. Er ist von eminenter Bedeutung, insbesondere für die Gewerkschaften. Denn er macht den dominierenden Einfluss der gewerkschaftlichen Tarifpolitik auf die Effektivverdienste aller Arbeitnehmer offenkundig.

Zu überprüfen war auch, ob nicht die weitgehende Übereinstimmung das Resultat eines gleichzeitigen Zusammenspiels bzw. eines gegenseitigen Ausgleichs mehrerer Faktoren ist. So könnten eine konjunkturell bedingte positive Lohndrift oder ein mögliches Vordringen überdurchschnittlich gut bezahlter Dienstleistungsbranchen, die nicht im Tariflohnindex enthalten sind, dazu beigetragen haben, dass die Effektivlöhne auf die Entwicklungslinie der Tariflöhne hoch getrieben wurden.

Diese Sachverhalte treffen für den Zeitraum 1980-2005 nicht zu.

1. Die konjunkturelle Lohndrift hat sich in dem langen Zeitraum von 1980-2005 weitgehend ausgeglichen, da sich die konjunkturell guten und schlechten Jahre die Waage hielten; es herrschten Hochkonjunkturjahre (1989-91) und Rezessionen (1981/82 und 1993). Auch war die wirtschaftliche Lage zum Ausgangszeitpunkt (1980) ähnlich und vergleichbar der Situation zum Ende des Vergleichszeitpunktes (2005).

2. Die Teile der Dienstleistungsbereiche, die nicht im Tarifindex erfasst sind und die sich anteilsmäßig ausweiteten, sind bunt zusammengesetzt und zeigen kein einheitliches Bild. Es sind einerseits Dienstleistungen mit überdurchschnittlichen Verdiensten (z.B. sog. Dienstleistungen für Unternehmen) und andererseits Dienstleistungen mit überwiegend unterdurchschnittlichen Einkommen, wie z.B. häusliche Dienste, Gesundheitsläden, Sportstudios, Sonnenbänke, Boutiquen. Überschlägige, zusammenfassende Berechnungen für diese Sparten lassen keine signifikanten Abweichungen vom Trend der allgemeinen Effektivlohnentwicklung erkennen.

Somit lässt der weitgehende Gleichlauf von Effektiv- und Tariflöhnen den ziemlich eindeutigen Schluss zu: Die gewerkschaftliche Tarifpolitik hatte in Westdeutschland einen dominierenden Einfluss auf die Effektivverdienste aller Arbeitnehmer der Gesamtwirtschaft, und zwar unabhängig davon, ob sie als Nicht-Gewerkschaftsmitglieder keinen Rechtsanspruch auf die Tarifvereinbarungen hatten oder als Beschäftigte in nicht-tarifgebundenen Unternehmen arbeiteten. Zwar ist es denkbar, dass in den nicht-tarifgebundenen Unternehmen die Effektivlöhne schwächer gestiegen sind als der Tariflohn. Dann aber müssten in den tarifgebundenen Unternehmen die Effektivlöhne stärker zugenommen haben als die Tariflöhne. Dies ist aber für die letzten 25 Jahre allein schon wegen der anhaltenden Arbeitslosigkeit unwahrscheinlich.

Es bleibt also dabei: Die Tarifpolitik der Gewerkschaften bestimmte die Entwicklung der tatsächlich gezahlten Löhne in der Gesamtwirtschaft Westdeutschlands.

Der lohnpolitische Einsatz der Gewerkschaften und ihrer Mitglieder brachte von 1980 bis 2005 eine reale Erhöhung der Tarifverdienste je tariflicher Jahresarbeitsstunde von 32,4 %, das sind jahresdurchschnittlich 1,2 %, die im Durchschnitt für alle Arbeitnehmer Westdeutschlands auch umgesetzt (effektiv) wurde.

Dieser Gesamterfolg setzt sich zusammen aus einer Zunahme der realen Verdienste von durchschnittlich 21,5 % je Arbeitnehmer bei einem gleichzeitigen Rückgang der tariflichen Arbeitszeit um 8,2 % (1,215/0,918 = 1,324).

Zu Tabelle 16 sei angemerkt, dass sich die Entwicklung des effektiven Bruttolohns je Arbeitnehmer (4,0 %) nicht mit dem tariflichen Verdienst je Arbeitnehmer (21,5 %) vergleichen lässt, da der Effektivlohn je Arbeitnehmer durch die ausgeweitete Teilzeitarbeit nach unten verzerrt wird. Bei den Tarifverdiensten spielt hingegen der wachsende Anteil von Teilzeitarbeit keine Rolle, da Tariferhöhungen normaler Weise auch für Teilzeitbeschäftigte gelten oder ein Teil dieser Bereiche (z.B. Minijobs, 400 EUR-Stellen) erst gar nicht erfasst ist.

Aus dem gleichen Grund weicht die Entwicklung von effektiver (–19,7 %) und tariflicher (-8,2 %) Arbeitszeit je Arbeitnehmer deutlich voneinander ab. Denn die effektive Arbeitszeit wurde ebenfalls durch die vermehrte Teilzeitarbeit nach unten gezogen. Demgegenüber bleibt bei der Berechnung der tariflichen Arbeitszeit dieser Teilzeiteffekt außen vor.

Erst bei der Berechnung des effektiven Lohns je Stunde – also bei der Division von Verdienst durch Arbeitszeit – fällt dieser Teilzeiteffekt heraus, da er sowohl im Zähler als auch im Nenner des Quotienten enthalten ist. Somit ist ein Vergleich von Tarif- und Effektivlohn je Jahresarbeitsstunde aussagekräftig.

5.2.2 In Ostdeutschland blieben die Effektivlöhne hinter den Tariflöhnen zurück

In Tabelle 17 ist zunächst der Tarifindex des Statistischen Bundesamtes wiedergegeben, der erst ab 1995 erstellt wird und dem eine konstante Beschäftigungs- und Qualifikationsstruktur unterlegt wurde. Danach sind die preisbereinigten Tariflöhne je tariflicher Jahresarbeitszeit von 1995 bis 2006 um 12,7 % angestiegen.

Für einen Vergleich mit der Effektivlohnentwicklung wurde allerdings auf den Tarifindex des WSI-Tarifarchivs zurückgegriffen, weil in ihm – ebenso wie in der Effektivlohnentwicklung – die jährlich sich verändernden Beschäftigungs- und Qualifikationsstrukturen zum Ausdruck kommen.

Diesen Tarifindex hat das WSI-Tarifarchiv erst ab 1996 berechnet. Ebenso wie für Westdeutschland wurde daraus unter Hinzuziehung der Verkürzung der wöchentlichen Arbeitszeit und der tariflichen Urlaubsverlängerung ein Index der Tarifverdienste je tariflicher Jahresarbeitsstunde berechnet. Danach sind die preisbereinigten Tarifverdienste je tariflicher Jahresarbeitsstunde von 1996 bis 2005 um 10,3 % angestiegen (Tabelle 18 und Schaubild).

Die preisbereinigten Effektivverdienste je geleisteter Jahresarbeitsstunde haben nur um 6,8 % zugenommen. Nicht preisbereinigt ist der Unterschied nicht so merklich. Denn dann steht der nominalen Erhöhung der Tarifverdienste je tariflicher Jahresarbeitsstunde von 27,0 % eine Zunahme der Effektivverdienste je tatsächlich geleisteter Jahresarbeitsstunde von 23,0 % gegenüber. Wegen des großen Anteils (24 %) der Arbeitnehmer, die weder in tarifgebundenen Unternehmen (54 %) noch in Unternehmen sind, die zwar nicht dem Arbeitgeberverband angehören, sich aber an den Tarifverträgen der Branche orientieren (22 %), und wegen des wachsenden Lohndrucks durch die Arbeitsmarkt„reformen“ (staatliche Bezuschussung und Begünstigung von

Tabelle 17: Veränderung der tariflichen Verdienste, Jahresarbeitszeiten und Stundenverdienste Ostdeutschland

	Tarifverdienste[1] je Arbeitnehmer				Tarifliche Jahresarbeitszeit		Tarifliche Stundenverdienste		
	nominal	Lebenshal-	preisbereinigt				nominal	preisbereinigt	
	Veränd in %.	tungskosten	Veränd. in %	1995 = 100	Veränd. in %	1995 = 100	Veränd. in %	Veränd. in %	1995 = 100
1995				100		100			100
1996	5,5	1,9	3,5	103,5	-0,4	99,6	6,0	4,0	104,0
1997	3,4	2,3	1,1	104,6	-0,1	99,4	3,6	1,2	105,2
1998	2,5	1,1	1,4	106,1	-0,1	99,3	2,6	1,5	106,8
1999	2,8	0,4	2,4	108,6	-0,2	99,1	3,0	2,5	109,6
2000	1,9	1,7	0,2	108,8	-0,1	99,1	2,0	0,2	109,8
2001	2,5	2,3	0,2	109,1	0,0	99,1	2,5	0,2	110,0
2002	2,5	1,1	1,4	110,6	-0,1	99,0	2,5	1,4	111,6
2003	2,6	1,1	1,5	112,2	0,0	99,0	2,6	1,5	113,2
2004	2,5	1,6	0,9	113,2	0,0	99,0	2,4	0,8	114,1
2005	1,2	2,0	-0,8	112,3	0,0	99,0	1,2	-0,8	113,2
2006	1,2	1,7	-0,5	111,8	0,0	99,0	1,2	-0,5	112,7

1) Tarifliche Wochenlöhne und Monatsgehälter in großen Teilen der Privatwirtschaft und bei den öffentlichen Gebietskörperschaften Bund, Länder und Gemeinden; bei konstanter Beschäftigungs- und Qualifikationsstruktur

Eigene Berechnungen nach Angaben des Statistischen Bundesamtes

Tabelle 18: Entwicklung der preisbereinigten Bruttolöhne und -gehälter und Tarifverdienste sowie Arbeitszeiten Ostdeutschland

	preisbereingte[1] Bruttolöhne und -gehälter						preisbereinigte[1] Tarifverdienste[2]					
	je Arbeitnehmer		geleistete Jahresarbeitszeit je Arbeitnehmer		je geleisteter Jahresarbeitsstunde		je Arbeitnehmer		tarifliche Jahresarbeitszeit		je tariflicher Jahresarbeitsstunde	
Jahr	in %	1995=100	in %	1995=100	in %	1995=100	in %	1995=100	in %	1995=100	in %	1995=100
1996		100,0		100,0		100,0		100,0		100,0		100,0
1997	-1,8	98,2	-1,1	98,9	-0,7	99,3	0,4	100,4	-0,4	99,6	0,8	100,8
1998	0,0	98,3	-1,0	97,9	1,0	100,3	1,4	101,8	-0,1	99,4	1,5	102,4
1999	1,9	100,1	-1,1	96,9	3,0	103,4	3,0	104,8	-0,1	99,3	3,1	105,6
2000	0,2	100,3	-1,9	95,1	2,1	105,5	0,6	105,4	-0,2	99,1	0,7	106,3
2001	-1,0	99,3	-1,3	93,8	0,3	105,9	-0,6	104,8	-0,1	99,1	-0,5	105,8
2002	0,3	99,6	-1,5	92,4	1,8	107,8	1,8	106,7	0,0	99,1	1,8	107,7
2003	0,3	99,9	-0,6	91,8	0,9	108,8	1,9	108,7	-0,1	99,0	1,9	109,7
2004	-0,7	99,2	-0,3	91,6	-0,4	108,3	0,9	109,7	0,0	99,0	0,9	110,7
2005	-1,8	97,4	-0,5	91,2	-1,4	106,8	-0,4	109,2	0,0	99,0	-0,4	110,3

1) Preisbereinigt mit dem Preisindex für die Lebenshaltung aller privaten Haushalte
2) Große Teile der Privatwirtschaft und öffentliche Gebietskörperschaften; ohne konstante Beschäftigungs- und Qualifikationsstruktur
Eigene Berechnungen nach Angaben des Statistischen Bundesamtes und des WSI

Schaubild zu Tabelle 18
Preisbereinigte effektive und tarifliche Stundenlöhne – Ostdeutschland

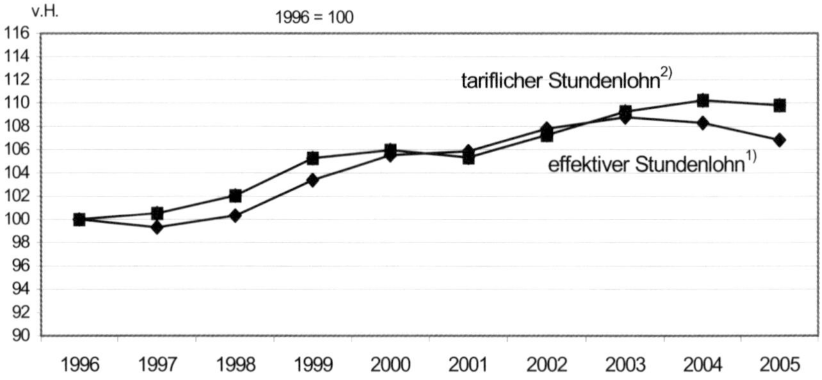

1) Tatsächlicher Jahresverdienst je geleisteter Jahresarbeitsstunde
2) Tarifverdienst je tariflicher Jahresarbeitsstunde
Eigene Berechnungen nach Angaben der Statistischen Landesämter und des WSI

Niedriglöhnen) sind die Effektivlöhne nicht im selben Maße an die Tariflohnerhöhung angepasst worden. Möglicherweise resultiert das Nachhinken der Effektivlöhne auch aus einer negativen Lohndrift aufgrund der schlechten Konjunkturlage und aus einem gerade in Ostdeutschland markant zunehmenden Anteil von Niedriglohnbereichen, die nicht im Tariflohnindex vertreten sind, – also aus Sondereinflüssen.

Letztlich orientieren sich auch die nicht tarifgebundenen Unternehmen weitgehend an der Tarifpolitik der Gewerkschaften, obwohl sie dazu nicht verpflichtet sind. Das ist sicherlich ein Zeichen für die wirtschaftliche Angemessenheit der Tariflohnsteigerungen, denn sonst wären sie nicht von vielen nicht tarifgebundenen Unternehmen freiwillig übernommen worden.

Es muss allerdings an dieser Stelle nochmals deutlich hervorgehoben werden, dass der Index der Tarifverdienste nur drei Viertel der Beschäftigten erfasst und nicht alle Tarifbestandteile enthält, während die alle Bestandteile erfassenden Effektivverdienste für alle Arbeitnehmer berechnet bzw. selbst für die in manchen Winkeln von Dienstleistungsbetrieben Arbeitenden geschätzt werden.

Dennoch erlaubt der Vergleich die Feststellung: Auch in Ostdeutschland verdanken die Arbeitnehmer, die keine Mitglieder einer Gewerkschaft sind, ihre materielle und arbeitszeitliche Verbesserung dem tarifpolitischen Einsatz der Gewerkschaften und deren Mitglieder, die aus Solidarität und zur Stärkung ihrer Interessenvertretung einen beachtlichen und fühlbaren Gewerkschaftsbeitrag zahlen.

5.3 Irreführung und Missverständnisse bei Arbeitszeitverkürzungen

5.3.1 Nicht die tatsächlich geleistete, sondern die tarifliche Arbeitszeit ist zur Beurteilung der Arbeitszeitverkürzung maßgebend

Bei der Beurteilung des Ausmaßes der in den letzten Jahrzehnten erfolgten Arbeitszeitverkürzung sollte nur die tarifliche, und nicht die von Seiten der Arbeitgeberverbände und ihrer Verbündeten zur Argumentation ins Feld geführte, im Durchschnitt aller Arbeitnehmer tatsächlich geleistete Arbeitszeit maßgebend sein. Beide heben sich in der Entwicklung deutlich von einander ab.

So reduzierte sich die tatsächlich geleistete (effektive) Jahresarbeitszeit im Durchschnitt aller Arbeitnehmer in Westdeutschland von 1970 bis 2005 um 28,1 %, während die tarifliche Jahresarbeitszeit (Wochenarbeitszeit und Jahresurlaub) nur um 13,5 % abnahm. Wie ist diese Diskrepanz zu erklären?

Die effektive Arbeitszeit wird nicht nur von der tariflichen Arbeitszeit bestimmt, sondern im Wesentlichen[1] auch von den vier Komponenten: Zahl der Überstunden, Krankenstand, Kurzarbeit und Teilzeitbeschäftigung. Bereinigt man die tatsächlich geleistete Arbeitszeit um die Effekte dieser vier Komponenten, dann tritt zu Tage, dass der Effekt der zeitlichen Veränderungen der ersten drei Faktoren, nämlich Überstunden, Krankenstand und Kurzarbeit kaum für die Erklärung der

[1] Andere Faktoren, wie unterschiedliche Anzahl von Arbeitstagen im Jahr, Schlechtwettereffekte, insbesondere im Bau- und Gaststättengewerbe, Erziehungsurlaub u.a. fallen kaum ins Gewicht.

Diskrepanz Gewicht haben. Bei ihrer Ausschaltung wäre die tatsächlich geleistete Arbeitszeit um 26,3 % zurückgegangen, und nicht wie unbereinigt um 28,1 %.

Der bei weitem wichtigste Grund liegt vielmehr in der rasant ausgeweiteten Teilzeitarbeit, deren Anteil an der Gesamtbeschäftigung von 8 % in 1970 auf 32,4 % in 2005 hochgeschnellt war. Rechnet man diesen Teilzeiteffekt heraus, dann hat die tatsächlich geleistete Arbeitszeit um 13,3 % abgenommen. Ihr Rückgang war fast haargenau wie die tarifliche Arbeitszeit (– 13,5 %) verlaufen! Auch dies wird für die Gewerkschaften eine positive Überraschung sein. Dieser Gleichlauf demonstriert den Einfluss der tariflichen Arbeitszeit auf die tatsächlich geleistete Arbeitszeit.

Die starke und stetige Expansion der Teilzeitarbeit hat also die Verkürzung der tatsächlich geleisteten Arbeitszeit im Durchschnitt aller Arbeitnehmer weit unter den abfallenden Pfad der tariflichen Arbeitszeitverkürzung gedrückt. Dies hat aber nichts zu tun mit der gewerkschaftlichen Arbeitszeitpolitik, die sich auf die Verkürzung der Wochenarbeitszeit, die Verlängerung des Jahresurlaubs und die Umwandlung von Überstunden in Freizeit richtet. Die Gewerkschaften setzen sich allerdings auch für die Möglichkeit der Arbeitnehmer zur freiwilligen Umwandlung von Vollzeitarbeitsplätzen in Teilzeitarbeit ein, falls diese arbeits- und sozialversicherungsrechtlich korrekt abgesichert ist.

Auf heftige Kritik der Gewerkschaften stößt jedoch die von vielen Arbeitgebern vorangetriebene Zersplitterung von Vollzeitarbeitsplätzen in 400 EUR-Arbeitsstellen oder sonstige geringzeitige Arbeit. Dadurch gehen immer mehr Vollzeitarbeitsplätze, insbesondere im Handel und in der Gastronomie, verloren, zu Lasten der Arbeitnehmer, die auf Vollzeitarbeitsplätze angewiesen sind, und zu Lasten der Steuer- und Sozialversicherungskassen, da diese Art der geringfügigen Arbeit steuer- und sozialversicherungsbegünstigt ist.

In der Diskussion um die Arbeitszeitverkürzung sollten die Arbeitnehmer deshalb genau darauf achten, ob nur – wie es richtig wäre – mit der tariflichen Arbeitszeit argumentiert wird. Die Arbeitgeber und ihre Interessenvertreter nutzen hingegen in ihrer Argumentation und mit ihren internationalen Vergleichen bewusst die Unkenntnis der Öffentlichkeit aus und versuchen, ihre Klagen über die verkürzte tarifliche

Arbeitszeit mit dem Rückgang der tatsächlich geleisteten Arbeitszeit zu untermauern.[1] Sie verschweigen den erheblichen Teilzeiteffekt und führen damit die Öffentlichkeit vorsätzlich in die Irre.

5.3.2 Missverständnis über Lohnausgleich bei Arbeitszeitverkürzung

In der Öffentlichkeit ist beim Begriff Lohnausgleich oft der naheliegende Irrtum aufgekommen, Lohnausgleich bei Arbeitszeitverkürzung bedeute, dass eine Lohnminderung wegen der weniger geleisteten Wochen- bzw. Monatsstunden durch eine zusätzliche Stundenlohnsteigerung – also zusätzlich zu einer Lohnerhöhung, wie sie ohne Arbeitszeitverkürzung ausgehandelt worden wäre – ausgeglichen wird. Dann würde es zu einer höheren Kostenbelastungen der Unternehmen kommen als ohne Arbeitszeitverkürzung. Dies ist jedoch eine falsche Interpretation von Lohnausgleich.

Zur Erläuterung sei ein Beispiel angeführt: Die Produktion steige um 3 %. Gleichzeitig werde die Wochenarbeitszeit um 2 % verkürzt und im selben Maße 2 % mehr Beschäftigte eingestellt, d.h. die Zahl der geleisteten Stunden bleibt unverändert (Die Auswirkungen dieses Beispiels gelten im Prinzip auch für die Fälle, in denen sich die Arbeitszeitverkürzung nur teilweise oder überhaupt nicht in Mehrbeschäftigung niederschlägt, siehe dazu B I. 2). Die Produktivität je Stunde nimmt dann um 3 % zu und die Stundenlöhne werden ebenfalls um 3 % angehoben. Für den einzelnen Arbeitnehmer ergibt sich allerdings nur eine Lohnsteigerung von 1 %, da der Erhöhung des Stundenlohnes um 3 % eine Verringerung der Arbeitszeit um 2 % entgegenwirkt. Die Arbeitnehmer lassen sich also die Arbeitszeitverkürzung von 2 % voll anrechnen, da eine Beschäftigungsausweitung von ebenfalls 2 % zugesagt wurde und auch eintritt. Dennoch handelt es sich hier im gewerkschaftlichen Sinne um Lohnausgleich, da das Einkommen trotz Arbeitszeitverkürzung nicht sinkt. (Siehe auch A III. 9.1 und B I. 2).

[1] Vgl. Der Tagesspiegel vom 30.3.2004, S.16, Forscher: Längere Arbeitszeit bringt mehr Jobs.

Im Gegensatz dazu herrscht in der Öffentlichkeit, durch Unkenntnis der tarifpolitischen Realität und nicht zuletzt durch Arbeitgeberseite gesteuert, oft die Meinung vor, Lohnausgleich würde in unserem Beispiel eine Stundenlohnerhöhung von 5 % bedeuten, die dann trotz der um 2 % verringerten Arbeitszeit für den einzelnen Arbeitnehmer einen Lohnzuwachs von 3 % und für das Unternehmen wegen der Beschäftigungsausweitung von 2 % einen Lohnkostenanstieg von 5 % – also einen zusätzlichen Lohnkostenzuwachs von 2 % – bringen würde.

Dies ist jedoch eine falsche Interpretation von Lohnausgleich. Vielmehr haben die Gewerkschaften als Lohnausgleich stets nur gefordert, dass der Wochenlohn bzw. der Monatsverdienst nach einer Arbeitszeitverkürzung mindestens erhalten bleibt. In unserem Beispiel ist diese Bedingung erfüllt, denn die Verdienste nehmen noch um 1 % zu. Auch hat die tarifpolitische Praxis stets gezeigt, dass Arbeitszeitverkürzungen selbstverständlich zu Lasten sonst möglicher Einkommenserhöhungen gehen.[1]

Dieser Zusammenhang gilt im Übrigen auch für andere kostenträchtige Tarifbestandteile. Die Gewerkschaften erheben oft in den Tarifrunden neben der Forderung nach Stundenlohnerhöhungen je nach Priorität ihrer Mitglieder auch noch andere kostenträchtige Einzelforderungen (z.B. Erhöhung von Weihnachts- oder Urlaubsgeld oder vermögenswirksame Leistungen). In den Tarifverhandlungen wird dann darum gerungen, welchen Gesamtbetrag an Kosten die Arbeitgeber bereit sind zu akzeptieren. Wie sich dann diese Gesamtsumme der Kosten auf die einzelnen Bestandteile des Pakets aufteilt, richtet sich nach den jeweils aktuellen Prioritäten der Einzelteile. Nach der Tarifrunde präsentieren die Gewerkschaften die einzelnen Ergebnisse oft in Bezug auf die Jahreslohnsumme. So könnte z.B. eine Erhöhung des Urlaubsgeldes von 40 % auf 50 % eines Monatsverdienstes den Wert von 0,8 % der Jahreslohnsumme haben und damit einer Barlohnerhöhung von 0,8 % entsprechen. Eines kann durch die tarifpolitische Praxis jedenfalls als sicher gelten: Tarifabschlüsse, in denen auch ande-

[1] In B I. 2 wird nachgewiesen, dass sich auch bei Arbeitszeitverkürzung die Stundenlöhne nach der Produktivität richten können. Die Arbeitszeitverkürzung vermindert dann allerdings den ausgezahlten Lohn (Stundenlohn mal geleistete Stunden).

re Forderungen als Stundenlohnerhöhungen vereinbart werden, gehen – kostenmäßig gerechtfertigt – selbstverständlich zu Lasten des sonst möglichen Ausmaßes von Stundenlohnsteigerung. Die Stundenlöhne werden bei gleichzeitigem Abschluss von z.B. Urlaubsgeld und/oder vermögenswirksamer Leistungen weniger heraufgesetzt, als dies ohne diese anderen Vereinbarungen der Fall gewesen wäre.

Die Öffentlichkeit meint oft, die Arbeitnehmer wollten und bekämen die Arbeitszeitverkürzung mit Lohnausgleich so zu sagen als Extra und die Barlohnrunde liefe unberührt davon, als sei nichts geschehen. Folglich würden durch Arbeitszeitverkürzung die Lohnkosten zusätzlich steigen. Diese Auffassung wurde insbesondere Anfang der 80er Jahre, als die Welle der Verkürzung der Wochenarbeitszeit anrollte, auch in der Wirtschaftswissenschaft vertreten. Ein wenig Kenntnis der Abläufe der Tarifpolitik und eine statistische Auswertung ihrer Ergebnisse in der Vergangenheit hätten bereits damals aufgezeigt, dass alle kostenträchtigen tariflichen Verbesserungen – und auch damals hatte es schon Arbeitszeitverkürzung, z.B. in Form von zusätzlichen Urlaubstagen, gegeben – dämpfende Rückwirkungen auf die sonst mögliche Steigerung der Einkommen hatten. Eigentlich müsste die Entwicklung seit Beginn der Phase der Verkürzung der Wochenarbeitszeit Mitte der 80er Jahre auch die heutigen Zweifler eines Besseren belehrt haben. In den Jahren 1985 bis 1996 wurde in Westdeutschland in der Gesamtwirtschaft die Wochenarbeitszeit von 40 auf 37,5 Stunden reduziert (– 6,2 %). Trotzdem sind die nominalen Lohnstückkosten weniger stark angestiegen als in den zehn Jahren zuvor. Die realen Lohnstückkosten sind sogar um 7 % gefallen, d.h. trotz der merklichen Herabsetzung der Wochenarbeitszeit war die Lohnzurückhaltung besonders ausgeprägt. Trotz Arbeitszeitverkürzung eilten die Gewinne den Löhnen davon.

Dieser bemerkenswerte Rückgang der Lohnstückkosten ist allerdings nicht nur auf die Rückkoppelung der Arbeitszeitverkürzung auf die Stundenlöhne zurückzuführen, sondern auch auf die Zusatzproduktivität, die oft durch Arbeitszeitverkürzung hervorgerufen wird. Wenn Arbeitnehmer trotz Arbeitszeitverkürzung denselben Umfang von Arbeiten erledigen oder das Arbeitssoll nicht im Ausmaß der Arbeitszeitverkürzung herabgesetzt wird, entsteht eine Zusatzproduktivität, die tendenziell die Lohnstückkosten senkt bzw. zusätzlichen Spielraum für

Lohnerhöhungen schafft. Auch wenn mitunter für einen Mehrjahreszeitraum en bloc Arbeitszeitverkürzungen in einem größeren Ausmaß vereinbart wurden, wie z.B. beim Übergang zur 35-Stunden-Woche, verlief der Weg dorthin in jährlich kleinen Stufen, so dass trotz verkürzter Arbeitszeit jährliche Einkommenszuwächse für die Arbeitnehmer möglich waren. Insofern stellte sich das Problem des Lohnausgleichs in der Vergangenheit de facto nur in ganz seltenen Ausnahmefällen, wie z.B. bei der 28-Stunden-Woche bzw. 4-Tage-Woche beim VW-Unternehmen. Wegen teilweiser Verrechnung mit den Sonderzahlungen (z.B. Weihnacht- und Urlaubsgeld) konnte dort zwar weitgehend die monatlichen Einkommen, nicht aber das Jahreseinkommen, gehalten werden. Der Lohnausgleich konnte also bei dieser großen Arbeitszeitverkürzung erwartungsgemäß nicht gewährleistet werden.

6. Tatsächliche und bereinigte Lohnquote sowie Arbeitseinkommensquote

6.1 Tatsächliche Lohnquote

Bei der Beurteilung der Lohnpolitik und der Einkommensverteilung werden vielfach zunächst die tatsächliche und die bereinigte Lohnquote sowie die Arbeitseinkommensquote betrachtet. (Tabellen 19 und 20 und die Schaubilder dazu).

Die tatsächliche (Brutto-)Lohnquote ist der Anteil des Arbeitnehmerentgelts (das sind die Bruttolöhne und -gehälter plus aller Lohnnebenkosten, wie Beiträge der Arbeitgeber zur gesetzlichen Sozialversicherung, vermögenswirksame Leistungen, freiwillige Sozialleistungen) am Volkseinkommen (Tabelle 19).

Den anderen Teil des Volkseinkommens bilden die Einkommen aus Unternehmertätigkeit und Vermögen.

$$\text{tatsächliche Lohnquote} = \frac{L_t}{VE_t} \cdot 100$$

wobei L das Arbeitnehmerentgelt, VE das Volkseinkommen und t = 1,2,3... das jeweilige Jahr bezeichnen.

6.1.1 Begrenzte Aussagekraft der tatsächlichen Lohnquote

Der Aussagewert der tatsächlichen Lohnquote ist begrenzt.

1. Oft wird das Arbeitnehmerentgelt für das alleinige Einkommen des Produktionsfaktors Arbeit gehalten. Das ist ökonomisch nicht korrekt, denn auch die Selbständigen (Unternehmer, Landwirte, Freiberufler) setzen neben Kapital ihre Arbeitskraft ein. Viele Freiberufler erzielen ihre Einkommen sogar allein durch ihren Arbeitseinsatz, z.B. manche freischaffenden Künstler und freiberuflichen Journalisten, die Gage bzw. Honorar erhalten. Gagen, soweit sie nicht aus einem sozialversicherungspflichtigen Arbeitsvertrag gezahlt werden, und Honorare werden statistisch als Einkommen aus Unternehmertätigkeit und Vermögen ausgewiesen. Umgekehrt zählen die Bezüge (Gehälter, Tantiemen und sogar Aktienoptionen) der Vorstandsmitglieder von Aktiengesellschaften zum Arbeitnehmerentgelt, obwohl diese Manager durch Verfügungsermächtigungen und Dispositionsfreiheit bezüglich Personalwesen (z.B. Einstellungen, Entlassungen) und Organisations- und Preisgestaltung unternehmerisch fungieren. Die Vorstände der Aktiengesellschaften sind letztlich durch Aufsichtsratbeschluss Angestellte der Aktionäre, der Eigentümer der Unternehmen, und arbeitsvertraglich gebunden. Im Gegensatz zu freien Unternehmern tragen sie jedoch kein Kapitalrisiko und keine Schuldnerhaftung. Im Grunde genommen sind selbst Vorstandsvorsitzende von Weltkonzernen leitende Angestellte, deren ureigenes Bestreben es ist, ihre befristeten Arbeitsverträge vom Aufsichtsrat, der von den Aktionären gewählt wird, verlängert zu bekommen. In der Öffentlichkeit gerieren sich diese angestellten Manager oft wie freie Unternehmer und beziehen für das staunende Publikum unbegreiflich hohe Gehälter.

Mit dem weiter unten (A II. 6.3.) dargestellten Konzept der Arbeitseinkommensquote wird durch Einbeziehung der geschätzten Arbeitseinkommen der Selbständigen versucht, diese Schwäche der Lohnquote auszumerzen.

2. Ein weiterer Stolperstein bei der Interpretation des Verlaufs der tatsächlichen Lohnquote ergibt sich aus den Veränderungen des Anteils der Arbeitnehmer an der Gesamtzahl der Erwerbstätigen.

Tabelle 19
Lohnquote in v.H. des Volkseinkommens
Westdeutschland und Deutschland

Jahr	Arbeitnehmerentgelt	Volkseinkommen	Bruttolohnquote [1)]		Arbeitnehmerquote [3)]
	Mrd. EUR	Mrd. EUR	tatsächlich	bereinigt [2)]	
1971	209,9	311,4	67,4	71,5	84,7
1972	232,6	339,6	68,5	72,2	85,3
1973	264,6	380,3	69,6	72,9	85,8
1974	292,7	411,4	71,1	74,2	86,2
1975	306,0	430,5	71,1	74,0	86,3
1976	330,7	467,7	70,7	73,1	86,9
1977	355,0	497,2	71,4	73,4	87,5
1978	379,0	531,6	71,3	73,0	87,8
1979	410,3	573,3	71,6	72,8	88,3
1980	445,9	609,3	73,2	74,3	88,5
1981	467,8	635,5	73,6	74,6	88,7
1982	482,8	659,6	73,2	74,1	88,7
1983	493,5	689,5	71,6	72,5	88,7
1984	512,8	726,5	70,6	71,4	88,8
1985	533,5	762,4	70,0	70,7	89,0
1986	561,7	805,7	69,7	70,3	89,1
1987	587,3	825,4	71,2	71,6	89,3
1988	611,8	878,2	69,7	70,0	89,5
1989	639,9	938,7	68,2	68,4	89,6
1990	690,0	1017,9	67,8	67,8	89,8
1991	747,4	1089,0	68,6	68,6	89,9
Deutschland					
1991	847,0	1192,6	71,0	71,0	90,9
1992	917,2	1269,8	72,2	72,5	90,6
1993	938,8	1287,7	72,9	73,4	90,3
1994	961,9	1341,0	71,7	72,4	90,1
1995	997,0	1397,2	71,4	72,1	90,0
1996	1006,6	1417,7	71,0	71,7	90,0
1997	1010,7	1438,6	70,3	71,1	89,8
1998	1032,3	1466,1	70,4	71,3	89,8
1999	1059,5	1487,3	71,2	72,0	89,9
2000	1100,1	1524,4	72,2	72,9	90,0
2001	1120,6	1560,9	71,8	72,6	89,8
2002	1128,3	1576,1	71,6	72,5	89,7
2003	1131,7	1597,0	70,9	72,0	89,5
2004	1136,8	1650,6	68,9	70,2	89,1
2005	1129,3	1675,1	67,4	69,0	88,8
2006	1144,1	1727,7	66,2	67,8	88,7

1) Anteil des Arbeitnehmerentgelts am Volkseinkommen

2) Bereinigt um den Einfluss, der sich aus der Veränderung der Arbeitnehmerquote ergibt. Die Arbeitnehmerquote des Jahres 1991 wurde über alle Jahre konstant gehalten. Siehe Erläuterung im Text.

3) Anteil der Arbeitnehmer an der Gesamtzahl der Erwerbstätigen

Eigene Berechnungen nach Angaben des Statistischen Bundesamtes

Schaubild zu Tabelle 19: Bereinigte Lohnquote in v.H. des Volkseinkommens

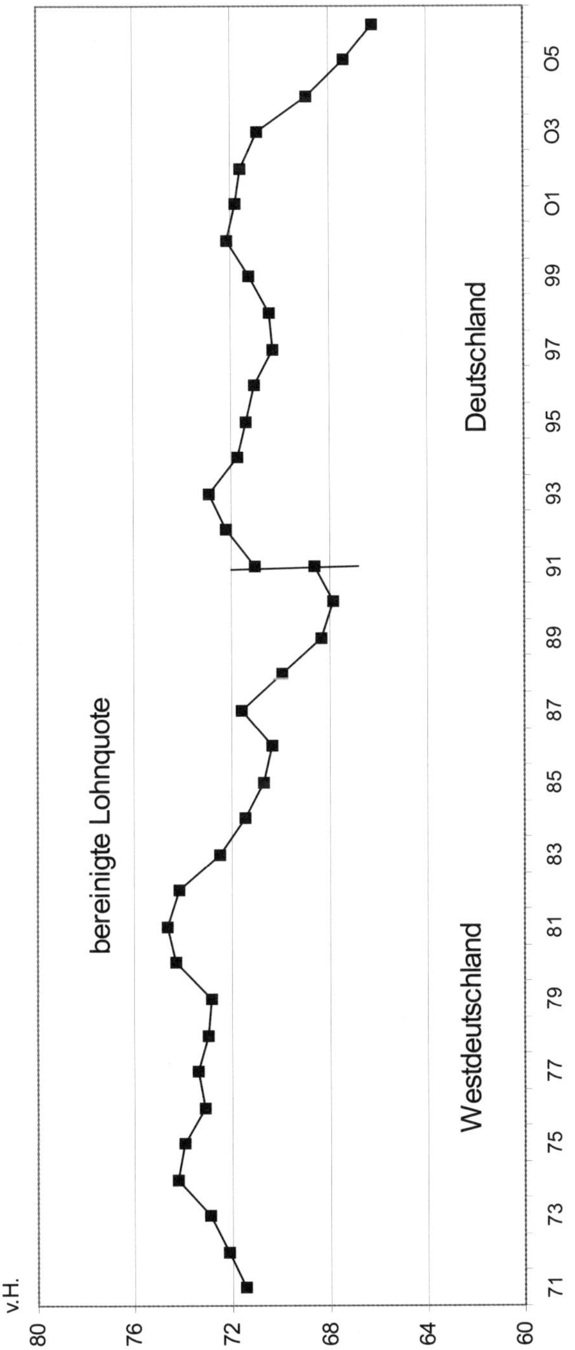

Eigene Berechnungen nach Angaben des Statistischen Bundesamtes

Wenn z.B. der Anteil der Arbeitnehmer an der Gesamtzahl aller Erwerbstätigen (Arbeitnehmerquote) zunimmt – wie in Westdeutschland in fast allen Jahren –, dann erhöht dies für sich genommen die Lohnquote, und zwar unabhängig davon, ob der Lohn je Arbeitnehmer gestiegen ist. Wenn z.B. ein selbständiger Einzelhändler sein Geschäft an eine Einzelhandelskette verkauft und Geschäftsführer seines früheren Ladens wird, dann sind seine Einkünfte statistisch nicht mehr Einkommen aus Unternehmertätigkeit, sondern Arbeitnehmerentgelt. Ökonomisch hat sich nicht viel geändert, aber statistisch hat sich die Lohnquote erhöht. Ein weiteres typisches Beispiel ist die ständige Verminderung der Zahl der selbständigen Landwirte, indem sie ihren Betrieb aufgeben, sich zur Ruhe setzen oder Arbeitnehmer werden. Auch dies führt für sich genommen zu einer zunehmenden Lohnquote. Im umgekehrten Fall ist die Verringerung der Arbeitnehmerquote in Deutschland seit 1991 ein bisher einmaliges und atypisches Beispiel. Sie ist die Folge des Rückgangs der Zahl der beschäftigten Arbeitnehmer in Ostdeutschland bei gleichzeitiger Zunahme der Zahl der Selbständigen.
Um den Einfluss der Veränderung der Arbeitnehmerquote auf die Lohnquote zu beseitigen, wird eine sogenannte bereinigte Lohnquote berechnet (siehe folgenden Abschnitt A II. 6.2.).

3. Die Lohnquote sagt nicht alles über die personelle Einkommensverteilung zwischen Arbeitnehmern und Unternehmern aus. Denn in den Einkommen aus Unternehmertätigkeit und Vermögen sind im beachtlichen Maße auch Einkommen enthalten, die Arbeitnehmern und Rentnern zufließen, insbesondere Mieten, Zinsen und Dividenden. Umgekehrt beziehen auch manche Selbständige, z.B. etliche Landwirte, im Nebenerwerb Lohneinkünfte, die in der Lohnquote enthalten sind.

Die Lohnquote und insbesondere die weiter unten geschilderte Arbeitseinkommensquote zielen somit nur auf die Entlohnung des Produktionsfaktors Arbeit. Insofern gibt sie nur Auskunft über die sogenannte funktionelle Einkommensverteilung zwischen den Produktionsfaktoren Arbeit und Kapital bzw. selbständiger Tätigkeit.

6.1.2 Tatsächliche Lohnquote in Westdeutschland im Rekordtief

Die tatsächliche Lohnquote war in Westdeutschland Anfang der 90er, in denen 1,8 Mio. Arbeitslose registriert waren, so hoch wie Anfang der 70er Jahre, in denen Vollbeschäftigung herrschte.

Für die Jahre nach 1991 ist es statistisch u.a. wegen der Pendlerströme zwischen West- und Ostdeutschland nicht möglich, die Lohnquote getrennt für West- und Ostdeutschland auszuweisen. Sie kann nur für Deutschland insgesamt (Tabelle 19) ermittelt werden. Im Jahre 2006 lag die tatsächliche Lohnquote für Deutschland (66,2 %) weit unter dem Wert von 1991 (71,0 %). Daraus ist mit großer Sicherheit zu schließen, dass auch die Lohnquote für Westdeutschland, auf die 88 % der gesamtdeutschen Lohnsumme entfällt, ihren Wert von 1991 in fast dem gleichen Ausmaß ganz erheblich unterschreitet.

Damit lässt sich festhalten: Heute ist in Westdeutschland die Lohnquote bei 2,8 Mio. Arbeitslosen erheblich niedriger als zu Vollbeschäftigungszeiten Anfang der 70er Jahre.

Von der Lohnquote lässt sich somit nicht auf die Arbeitsmarktlage schließen. Oder schärfer formuliert: Mit einer zu hohen Lohnquote kann die seit 30 Jahren anhaltende hohe Arbeitslosigkeit nicht begründet werden.

Am höchsten war die Lohnquote in den von unerwarteten Ölpreisexplosionen und plötzlichen Exporteinbrüchen verursachten Krisenjahren (1975 und 1981/82 wegen Ölpreisexplosionen und 1993 wegen Exporteinbruchs nach weltweiter Konjunkturschwäche). Die stark exportabhängige deutsche Wirtschaft wurde schnell mit ins Konjunkturtal gerissen. In diesen Jahren sank das Bruttoinlandsprodukt (1975: – 0,9 %; 1982: – 0,5 %; 1993: – 2,6 % in Westdeutschland) unerwartet. Auf diese nicht vorhergesehenen Krisenfälle kann die Lohnpolitik mit ihren oft mindestens einjährigen Tarifverträgen nicht schnell genug reagieren. Es ist deshalb eine immer wieder und überall festzustellende alte Erfahrung, dass in konjunkturellen Talfahrten zunächst die Gewinne einbrechen, d.h. die Lohnquote steigt, selbst wenn die Löhne nur mäßig zunehmen. Umgekehrt eilten die Gewinne in den Konjunkturaufschwüngen, die fast immer durch unerwartet schnelle Exporterholung gekennzeichnet waren, den Löhnen davon: Die Lohnquote sank.

6.2 Bereinigte Lohnquote

6.2.1 Bereinigung des Einflusses von Veränderungen der Arbeitnehmerquoten

Die bereinigte Lohnquote zeigt, wie die Lohnquote verlaufen wäre, wenn der Anteil der Arbeitnehmer an der Gesamtzahl der Erwerbstätigen (Arbeitnehmer plus Selbständige) konstant geblieben wäre.

Die bereinigte Lohnquote schaltet somit eine Schwäche der tatsächlichen Lohnquote aus, nämlich den Einfluss von Veränderungen der Arbeitnehmerquoten auf die Lohnquote.

$$LQ_t^{ber} = \frac{L_t}{VE_t} \cdot 100 \cdot \frac{\frac{AN_B}{E_B}}{\frac{AN_t}{E_t}}$$

B = Basisjahr, AN = Zahl der Arbeitnehmer, E = Zahl der Erwerbstätigen, L = Arbeitnehmerentgelt, VE = Volkseinkommen, t = 1,2,3 das jeweilige Jahr.

Die bereinigte Lohnquote ist nichts anderes als die tatsächliche Lohnquote multipliziert mit dem Verhältnis der Arbeitnehmerquoten $\left(\frac{AN}{E}\right)$ des Basisjahres zum jeweiligen Jahr.

In Tabelle 19 wird die bereinigte Lohnquote z.B. für das Jahr 2006 mit dem Basisjahr 1991 für die Arbeitnehmerquote wie folgt ermittelt:

$$67{,}8 = 66{,}2 \cdot 90{,}9/88{,}7$$

Hätte die Arbeitnehmerquote in 2006 nicht 88,7 %, sondern wie in 1991 90,9 % betragen, dann wäre die bereinigte Lohnquote des Jahres 2006 nicht 67,8 %, sondern so groß wie die tatsächliche Lohquote mit 66,2 % gewesen. Aus der Gleichung lässt sich ersehen, dass im Basisjahr tatsächliche und bereinigte Lohnquote gleich sind, denn dann ist t = B und der Bruch (3. Faktor auf der rechten Seite der Gleichung) wird zu 1.

Die bereinigte Lohnquote des Jahres 2006 (67,8 %) liegt deutlich unter dem Niveau zu Beginn der 90er Jahre, als die Wirtschaft noch kräftig wuchs. Die Arbeitnehmerentgelte je Arbeitnehmer haben sich somit weniger stark entwickelt als das Volkseinkommen je Erwerbstätigen[1]. Die tatsächliche Lohnquote des Jahres 2006 unterschritt mit 66,2 % das Niveau der 90er Jahre und auch des Boomjahrs 1991 ganz erheblich. Wegen der rückläufigen Arbeitnehmerquote ist die tatsächliche Lohnquote noch deutlicher gefallen als die bereinigte Lohnquote.

In B II. 1.1 wird begründet, warum die bereinigte Lohnquote nach der obigen Formel berechnet wird. Dabei wird auch nachgewiesen, dass die bereinigte Lohnquote keinen Rückschluss auf die Entwicklung der Löhne je Arbeitnehmer zulässt, sondern nur auf deren Relation zu den Einkommen je Erwerbstätigen. Außerdem hängt ihre absolute Höhe von der Wahl des Basisjahres ab. Bei einem internationalen Vergleich der Niveaus von bereinigten Lohnquoten ist also stets darauf zu achten, ob dasselbe Basisjahr ausgewählt wurde, ansonsten muss man auf ein gemeinsames Basisjahr umzubasieren.

Auch der Aussagewert der bereinigten Lohnquote darf nicht überschätzt werden. Der ergänzende Teil zum Volkseinkommen sind die Einkommen aus Unternehmertätigkeit und Vermögen. Sie sind jedoch nicht identisch mit den Unternehmergewinnen, denn sie enthalten auch die Vermögenseinkommen, z.B. die Zins- und Mieteinnahmen, Pachten, Dividenden aller privaten Haushalte, also auch der Arbeitnehmer und Rentner. Eine Veränderung der Lohnquote erlaubt somit keinen genauen Rückschluss auf die Entwicklung der reinen Unternehmergewinne, eher auf deren Entwicklungsrichtung. Erstaunlicher Weise beachten oft selbst die Wirtschaftsinstitute diesen Sachverhalt nicht und setzen den Verlauf von Einkommen aus Unternehmertätigkeit und Vermögen mit dem der Unternehmergewinnen gleich. Die Arbeitsgemeinschaft der Wirtschaftsforschungsinstitute hat es nämlich bisher nicht für notwendig gehalten und sich nicht der großen Mühe und den erheblichen methodischen Schwierigkeiten unterzogen, die reinen Unter-

[1] Mathematische Begründung siehe B II. 1.1

nehmergewinne zu ermitteln. Obwohl sie also weder die absolute Höhe noch den genauen Verlauf der Unternehmensgewinne kennt und sich auch gar nicht um Kenntnis bemüht hat, fordert sie fast ständig Lohnzurückhaltung, durch die vermeintlich eine Verbesserung der Unternehmensgewinne erzielt werde. Der Verfasser hält dies – gelinde gesagt – für kein Ruhmesblatt der Institute und es zeigt, wie leicht Ignoranz mit Arroganz verbunden sein kann. Er hat sich hingegen an anderer Stelle dieser Arbeit (A V.) bemüht, mit methodischen Verbesserungen und statistischen Bereinigungen näher an die reinen Unternehmensgewinne heranzukommen.

6.2.2 Auch bereinigte Lohnquote auf niedrigstem Stand

In Westdeutschland lag zu Zeiten der Vollbeschäftigung Anfang der 70er Jahre die bereinigte Lohnquote um 2,9 v.H.-Punkte erheblich höher als zu Beginn der 90er Jahre, als mit1,8 Mio. registrierten Arbeitslosen eine hohe Arbeitslosigkeit herrschte.

Für die Jahre nach 1991 wird das Volkseinkommen nicht mehr getrennt für West- und Ostdeutschland, sondern nur noch für Deutschland insgesamt ausgewiesen. Deshalb kann für West- und Ostdeutschland die Lohnquote nicht mehr berechnet werden, sondern nur noch für Deutschland.

Dennoch lässt sie sich gut für Westdeutschland im Jahr 2006 schätzen, und zwar aufgrund folgenden Verfahrens: Im Jahr 1991, für das die bereinigte Lohnquote als statistischer Übergang sowohl für Westdeutschland als auch für Deutschland ermittelt werden kann (Tabelle 19), lag sie in Westdeutschland um 2,4 Prozent-Punkte unter der Gesamtdeutschlands. Da sich die bereinigte Lohnquote für Deutschland bis zum Jahr 2006 noch weiter nach unten bewegt hat (– 3,2 %-Punkte), wird sie auch in Westdeutschland, auf das 88% der gesamtdeutschen Lohnsumme entfällt, im Jahr 2006 ganz erheblich niedriger gewesen sein als 1991. Von 1971 bis 2005 wird sich also ein Rückgang um rd. 5,5 %-Punkte vollzogen haben.

Zieht man als weiteres Indiz die Entwicklung der bereinigten Lohnquote am Bruttoinlandsprodukt – also nicht am Volkseinkommen –, deren Berechnung für Westdeutschland statistisch möglich ist, heran, so ergibt sich für den Zeitraum 1971 bis 2005 ein Rückgang um 5,8 %-Punkte.

Es kann also als gesichert gelten: In Westdeutschland lag die bereinigte Lohnquote im Jahr 2006 um rd. 5,5 %-Punkte unter dem Wert des Vollbeschäftigungsjahres 1971. Positive Rückwirkungen auf das Wirtschaftswachstum und die Arbeitsmarktlage sind allerdings nicht zu entdecken.

6.3 Arbeitseinkommensquote

6.3.1 Der enge Zusammenhang zwischen Arbeitseinkommensquote und bereinigter Lohnquote

Die sogenannte Arbeitseinkommensquote ist die elegantere und international gebräuchlichere Größe, um eine sich im Zeitablauf verändernde oder im internationalen Vergleich unterschiedliche Arbeitnehmerquote auszuschalten. Bei ihr wird der Lohnsumme (Arbeitnehmerentgelt) das Arbeitseinkommen der Selbständigen[1], ein sogenannter kalkulatorischer Unternehmerlohn, hinzugefügt. Dabei wird für jeden Selbständigen ein Arbeitseinkommen in Höhe der Lohnsumme je Arbeitnehmer unterstellt. Wegen dieser Annahme spielt es somit für die „Arbeitseinkommen“ keine Rolle mehr, ob z.B. die Arbeitnehmerquote 80 % oder 90 % ist, da alle Erwerbstätigen (also Arbeitnehmer und Selbständige) mit dem gleichen Pro-Kopf-Einkommen in das gesamte Arbeitseinkommen einbezogen werden. Die verbleibenden Einkommen aus Unternehmertätigkeit und Vermögen sind dann um den kalkulatorischen Unternehmerlohn der Selbständigen vermindert und ergänzen sich mit den Arbeitseinkommen aller Erwerbstätigen wieder zum Volkseinkommen.

Um international die Arbeitseinkommensquote vergleichen zu können, bedarf es nicht wie bei der Lohnquote desselben Basisjahres.

[1] Einschl. der mithelfenden Familienangehörigen, soweit sie nicht als Arbeitnehmer geführt werden.

Aus der Konstruktion der Arbeitseinkommensquote ergibt sich, dass sie denselben Verlauf (dieselben Veränderungsraten) wie die bereinigte Lohnquote aufweist. Die Arbeitseinkommensquote ist allerdings in ihrer absolute Höhe um den Quotienten aus der Zahl der Erwerbstätigen im Basisjahr zur Zahl der Arbeitnehmer im Basisjahr höher. (Die Konstruktion der Arbeitseinkommensquote und ihr Verhältnis zur bereinigten Lohnquote sind in B II. 1.2 ausführlich formelmäßig beschrieben und begründet.)

6.3.2 Arbeitseinkommensquote ist heute weit niedriger als zu Vollbeschäftigungszeiten

Wegen des ganz engen mathematischen Zusammenhangs von Arbeitseinkommensquote und bereinigter Lohnquote gilt alles, was oben zur bereinigten Lohnquote geschrieben wurde, auch für die Arbeitseinkommensquote.

In Westdeutschland war die Arbeitseinkommensquote in 1991 um 3,2 %-Punkte kleiner als Anfang der 70er Jahre (Tabelle 20 und Schaubild dazu). Da sie 2005 in Gesamtdeutschland um 3,5 %-Punkte unter dem Niveau von 1991 lag, kann man davon ausgehen, dass auch für Westdeutschland die Höhe des Jahres 1991 im ähnlichen Ausmaß unterschritten wurde. Für Westdeutschland lag also im Jahr 2006 die Arbeitseinkommensquote um rd. 7 %-Punkte unter dem Wert Anfang der 70er Jahre. Gesamtdeutschland unterbot 2006 den westdeutschen Wert von 1971 um 5,3 %-Punkte.

6.3.3 Aufspaltung der Arbeitseinkommensquote sagt wenig über Verteilungsspielraum

Der Sachverständigenrat[1] spaltet die Arbeitseinkommensquote ohne mathematische Erläuterung in sieben Faktoren auf.[2] Im Zähler eines

[1] Vgl. Sachverständigenrat: Jahresgutachten 2002/3, S.362

Quotienten steht das Produkt aus Bruttolohnsumme je Arbeitnehmer und dem Verhältnis von Arbeitgeberbeiträgen an die Sozialversicherung zur Bruttolohnsumme.

Im Nenner sind gar fünf Faktoren aufgeführt: die Produktivität, das Verhältnis von Export- zu Importpreisentwicklung (terms of trade), die Preissteigerung der inländischen Güterverwendung, sowie die Anteile der Abschreibungen bzw. der Produktionsabgaben minus Subventionen am Bruttonationaleinkommen.

Der Sachverständigenrat bezeichnet die sieben Faktoren als Effekte, die in einer abgelaufenen Periode die Veränderungsrate der Arbeitseinkommensquote ursächlich bewirkt haben.

Die faktorielle Aufspaltung einer Definitionsgleichung ist zwar interessant, um zu zeigen, ob und wie sich die Anteile der einzelnen Faktoren an der Arbeitseinkommensquote verschoben haben. Sie ist jedoch tautologisch. Das bedeutet: Diese Definitionsgleichung ist stets erfüllt und sagt nichts über ablaufende Wirkungsmechanismen zwischen den Faktoren aus. Der Sachverständigenrat begeht einen Fehler, wenn er meint, für eine kommende Periode aus Vorgaben für einzelne Faktoren auf die Entwicklung der Arbeitseinkommensquote schließen zu können.[1]

Es mag zwar verlockend sein, aus der rechnerischen Aufspaltung einer stets erfüllten Definitionsgleichung einen verteilungsneutralen Spielraum für eine zukünftige Lohnpolitik abzuleiten mit der Zielsetzung einer konstanten Arbeitseinkommensquote. So könnte dann die Maxime lauten: Der Verteilungsspielraum für die Lohnpolitik werde um so größer,

- je niedriger die Arbeitgeberbeiträge zur Sozialversicherung
- je höher die Produktivität
- je günstiger das Verhältnis von Export- zu Importpreisen

[2] Wegen der lohnpolitischen Bedeutung der Arbeitseinkommensquote ist in B II. 1.3 die Aufspaltung in Faktoren ausführlich dargestellt. Dort ist auch die Veränderungsrate der Faktoren von 2001 auf 2002 aufgezeigt.

[1] Vgl. Sachverständigenrat, a.a.O., S.364

Tabelle 20
Arbeitseinkommensquote

	Arbeitnehmer-entgelt Mrd EUR	kalkulatorischer Unternehmerlohn Mrd EUR	Arbeits-einkommen Mrd. EUR	Volks-einkommen Mrd EUR	Arbeits-einkommens-quote in %
1971	210	39	249	311	79,8
1972	233	41	274	340	80,6
1973	265	45	309	380	81,4
1974	293	48	341	411	82,8
1975	306	49	355	430	82,6
1976	331	51	381	468	81,6
1977	355	52	407	497	81,9
1978	379	54	433	532	81,4
1979	410	56	466	573	81,3
1980	446	59	505	609	82,9
1981	468	61	529	635	83,2
1982	483	63	546	660	82,7
1983	494	64	558	690	80,9
1984	513	66	579	727	79,7
1985	533	68	601	762	78,9
1986	562	70	632	806	78,5
1987	587	72	659	825	79,8
1988	612	74	685	878	78,0
1989	640	76	716	939	76,3
1990	690	80	770	1018	75,7
1991	747	86	834	1089	76,6
Deutschland					
1991	847	85	932	1193	78,1
1992	917	95	1012	1270	79,7
1993	939	100	1039	1288	80,7
1994	962	106	1068	1341	79,6
1995	997	111	1108	1397	79,3
1996	1007	112	1118	1418	78,9
1997	1011	115	1126	1439	78,2
1998	1032	117	1150	1466	78,4
1999	1060	119	1178	1487	79,2
2000	1100	123	1223	1524	80,2
2001	1121	127	1247	1561	79,9
2002	1128	129	1257	1576	79,8
2003	1132	133	1265	1597	79,2
2004	1137	139	1276	1651	77,3
2005	1129	143	1272	1675	76,0
2006	1144	145	1289	1728	74,6

Eigene Berechnungen nach Angaben des Statistische Bundesamtes

Schaubild zu Tabelle 20
Bereinigte Lohnquote und Arbeitseinkommensquote in v.H. des Volkseinkommens

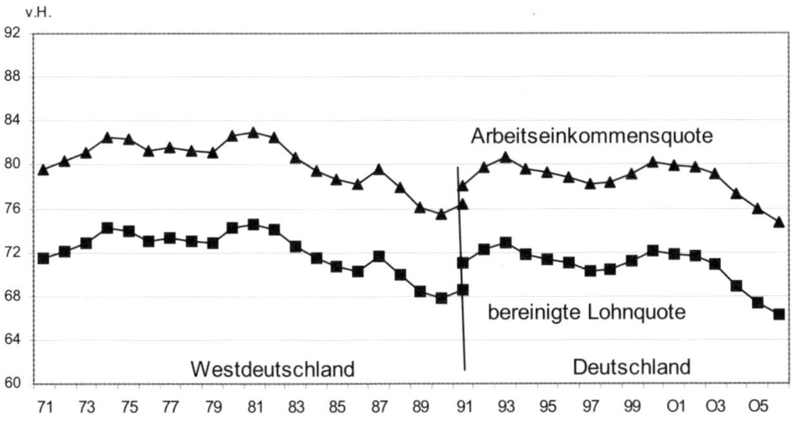

Eigene Berechnungen nach Angaben des Statistischen Bundesamtes

- je höher die Preissteigerung
- je niedriger der Anteil der Abschreibungen am Bruttonationaleinkommen
- je niedriger der Anteil der Produktionssteuern am Bruttonationaleinkommen werden.

In der Tat suggeriert der Sachverständigenrat solche Mechanismen. Aber so einfach ist das nicht. Sie sind erkenntnistheoretisch schlichtweg falsch, weil sich aus Definitionsgleichungen grundsätzlich keine Abläufe und Handlungsanweisungen diagnostizieren lassen.

Denn die einzelnen Faktoren sind im Wirkungsmechanismus nicht unabhängig von einander, sondern sie können sich im Wirtschaftsprozess gegenseitig beeinflussen. Für sich genommen – also isoliert betrachtet und unter der unrealistischen Annahme, dass die Veränderung eines Faktors keine Rückwirkungen auf andere Faktoren hat – kennt man von jedem Faktor die Wirkungsrichtung. Was man aber in der

Realität eben nicht kennt, ist das Zusammenspiel mit den anderen Faktoren. Hierzu drei Bespiele:

1. Eine Anhebung der Arbeitgeberbeiträge zur Sozialversicherung würde für sich genommen die Arbeitseinkommensquote erhöhen. Wenn sie jedoch z.B. zu einer Verbesserung in der medizinischen Versorgung der Bevölkerung (z.B. Bau von Pflegeheimen, Anschaffung modernster Medizintechnik in den Krankenhäusern) oder z.B. zur Finanzierung von Berufspraktika führt, kann sie sich positiv auf die Gesamtnachfrage und damit auf das Wirtschaftswachstum auswirken. Ein höheres Wirtschaftswachstum wird erfahrungsgemäß eine höhere Produktivität zur Folge haben. Dem negativen Effekt des Sozialbeitragsfaktors stände der positive Effekt des Produktivitätsfaktors gegenüber. Eine Anhebung der Arbeitgeberbeiträge zur Sozialversicherung braucht also nicht zwangsläufig in einem Anstieg der Arbeitseinkommensquote enden. Lohnpolitisch muss eine Erhöhung der Sozialversicherungsbeiträge nicht zwangsläufig zu Lasten von Bruttolohnzuwächsen gehen, falls eine unveränderte Arbeitseinkommensquote das wirtschaftspolitische Ziel sein sollte.

2. Eine stärkere Zunahme der Exportpreise als der Importpreise, d.h. eine Verbesserung der „terms of trade“ (im Nenner des Bruches), entlastet für sich genommen die Arbeitseinkommensquote und würde z.B. verteilungspolitischen Spielraum für die Lohnpolitik freimachen. Wenn jedoch durch die Verbesserung der terms of trade der Außenbeitrag (Export minus Import) beeinträchtigt wird (höhere Exportpreise schaden den Exportmengen, geringere Importpreise fördern das Importvolumen), wird das Wirtschaftswachstum (Produktivitätsfaktor) gedämpft. Eine günstige Entwicklung der terms of trade könnte also durch ein niedrigeres Wirtschaftswachstum zum Teil oder voll ausgeglichen oder sogar überkompensiert werden. Der Effekt auf die Arbeitseinkommensquote lässt sich im Voraus nicht eindeutig bestimmen.

3. Eine Lohnsenkung würde – isoliert betrachtet – formelmäßig zu einer Verkleinerung der Arbeitseinkommensquote führen. Sie kann jedoch im Wirtschaftskreislauf einen Rückgang der Binnennachfrage

nach sich ziehen mit der Konsequenz einer Verminderung des Wirtschaftswachstums und damit der Produktivität. Die Arbeitseinkommensquote wird also nicht zwangsläufig sinken. Sie kann trotz Lohnsenkung konstant bleiben oder gar größer werden.

Aus der tautologischen Aufspaltung der Definitionsgleichung und aus Annahmen über einzelne Faktoren lässt sich die Entwicklung der Arbeitseinkommensquote also nicht voraussagen. Die faktorielle Schreibweise ist somit kein geeignetes und zielgenaues Instrument für wirtschaftliche Vorhersagen zum Verteilungsspielraum oder gar für lohnpolitische Empfehlungen.

III. Deutsche Lohnkosten im internationalen Vergleich

1. Die zentrale Bedeutung der Lohnstückkosten für die sog. Reformpolitik

Neben der absoluten Höhe der Löhne im internationalen Vergleich spielen die Lohnstückkosten bei der Beurteilung der Lohnpolitik in der öffentlichen Diskussion die zentrale Rolle. Dabei wird versucht, ihren Einfluss auf Preise, Wirtschaftswachstum, Beschäftigung und die interregionale (z.B. Ost- zu Westdeutschland) und internationale Wettbewerbsfähigkeit auszuloten. Wie im Einzelnen aufgezeigt wird, ist der Aussagewert der Lohnstückkosten jedoch aus vielen Gründen begrenzt. Er wird überschätzt. Die Lohnstückkosten sind eine zweifelhafte Schlüsselgröße.

Trotzdem gilt sogar in Fachkreisen der internationale Vergleich der Lohnstückkosten als offizieller Schlüssel zur Beantwortung der Frage, ob in Deutschland die Lohnkosten zu hoch sind.

Die Arbeitgeberverbände mit ihrem eigenen Institut, dem Institut der deutschen Wirtschaft (IW), haben seit Jahrzehnten mit fragwürdigen Zahlen der Politik und den Medien suggeriert, Deutschland stehe im Vergleich zu anderen Industriestaaten lohnkostenmäßig schlecht da. Mit der einseitigen Fixierung der interessierten Öffentlichkeit auf ihre problematischen Zahlen zur absoluten Lohnhöhe und den deutschen Lohnstückkosten im internationalen Vergleich ist der Arbeitgeberseite zweifellos ein nachhaltiger Erfolg geglückt, zumal es immer wieder nur die Zahlen des Verarbeitenden Gewerbes waren.

Auch viele Wirtschaftswissenschaftler übernahmen oft unkritisch ihre Zahlen. Ja, selbst fast alle Kritiker der amtlichen Wirtschaftspolitik und der herrschenden neoliberalen Meinung konnten bisher nicht das statistisch-methodische Rüstzeug aufbieten oder haben die Mühe gescheut und den Nutzen verkannt, die Zahlen zu hinterfragen, die selektive Auswahl aufs Korn zu nehmen und vor allem die beschränkte Aussagekraft von Lohnstückkosten aufzuzeigen. Bestenfalls reagierten sie zeitweilig – wenn es gerade passte – mit dem Hinweis, die deutschen Lohnstückkosten seien langsamer gewachsen als in anderen Industrieländern. Dabei übersehen die Kritiker oder übergehen stillschweigend, dass selbst dann die deutschen Lohnstückkosten in der absoluten Höhe immer noch höher sein können als in den Vergleichsländern. Das wäre immer dann der Fall, wenn das deutsche Ausgangsniveau höher läge als in den anderen Ländern und dieser Niveauunterschied selbst durch den geringeren Lohnstückkostenanstieg in Deutschland nur zum Teil wettgemacht würde. Selbstverständlich kann er auch völlig ausgeglichen oder sogar überkompensiert worden sein, so dass dann in Deutschland die Lohnstückkosten auch im Niveau niedriger wären als in den Vergleichsländern. Aber zwingend ist das nicht.

Es sind eine bedauerliche Schwäche und ein fataler Fehler der bisherigen Kritiker, dass sie das durchschlagendste Argument und die Zahlen zum Lohnstückkostenniveau der Arbeitgeberseite nicht unmittelbar angreifen, also keine immanente Kritik üben. Immanente Kritik bedeutet hier, unmittelbar die statistische Fundiertheit, die selektive Auswahl und den methodischen Aussagewert der vorgewiesenen Zahlen zu überprüfen.

Stattdessen bringen die Kritiker nur eine sogenannte transzendente Kritik an, d.h. sie setzen andere Zahlen und Argumente dagegen. Eine löbliche Ausnahme bildete im vergangenen Jahr das Institut für Makroökonomie und Konjunkturforschung, das die immer wieder veröffentlichen Zahlen des Arbeitgeberinstitutes zur Höhe der Arbeitskosten entzauberte.[1]

Zur Verdeutlichung ein Beispiel: Wenn die Arbeitgeberverbände mit bestimmten Zahlen nachzuweisen versuchen, dass das Lohnstückkos-

[1] Anja Düthmann, Peter Hohlfeld, Gustav Horn, Camille Logeay, Katja Rietzler, Sabine Stephan, Rudolf Zwiener: Arbeitskosten in Deutschland bisher überschätzt, in: Institut für Makroökonomie und Konjunkturforschung, Report Nr. 11, Juni 2006

ten-Niveau in Deutschland am höchsten und somit die Ursache der Arbeitslosigkeit sei, dann versuchen die Kritiker nicht, diese Behauptung unmittelbar – sozusagen von innen – zu überprüfen (immanente Kritik). Vielmehr setzen sie andere oder darüber hinausgehende (transzendente) Argumente und Zahlen dagegen, z.B. sie verweisen auf andere Länder, in denen angeblich die Löhne niedriger sind und dennoch die Arbeitslosigkeit weit höher ist als in Deutschland.

Sowohl eine transzendente Kritik als auch eine immanente Kritik sind unerlässlich und im gleichen Maße wichtig. Dennoch ist eine immanente Kritik eleganter. Denn wenn man bereits das Argument als solches von innen aushöhlt, kann man zu seinem Sturz mehr beitragen, als wenn man es nur von außen attackiert.

Im Nachfolgenden wird eine umfassende immanente Kritik an der Lohnstückkosten-Argumentation der Arbeitgeber erarbeitet. Hier im Teil A sind die wichtigsten Ergebnisse aufgeführt. Zum besseren Verständnis empfiehlt sich allerdings die vorherige Lektüre der Abschnitte 2 und 4 im methodischen Teil B II. Das Bemühen um das Verständnis dieser immanenten Kritik ist unverzichtbar und lohnt sich.

Denn die Behauptung, die Löhne seien in Deutschland zu hoch, ist die Mutter aller sogenannten Reformen (z.B. Renten-, Kranken-, Pflege- und Arbeitslosenversicherung) und vieler anderer Gesetze der letzten Jahre (z.B. Kündigungsschutz, Ladenöffnungszeiten), die alle das Hauptziel haben, die angeblich zu hohen Arbeitskosten zu senken oder zu begrenzen.

2. Definition der Lohnstückkosten

2.1 Lohnstückkosten auf Erwerbstätigenbasis

Die Lohnstückkosten (Lstk) werden definiert als das Verhältnis von Arbeitnehmerentgelt (L) je Arbeitnehmer (AN) zur Produktion[1] (P) je

[1] Je nach Analysezweck werden das Arbeitnehmerentgelt und die Produktion nominal oder real bewertet, wie in nachfolgenden Abschnitten noch dargestellt wird. Als Produktion ist stets die Nettoproduktion gemeint. Siehe dazu B II. 2.1).

Erwerbstätigen (E):

$$\text{Lohnstückkosten} = \frac{\dfrac{\text{Summe der Arbeitnehmerentgelte}}{\text{Zahl der Arbeitnehmer}}}{\dfrac{\text{Produktion}}{\text{Zahl der Erwerbstätigen}}}$$

$$\text{Lstk} = \frac{\dfrac{L}{AN}}{\dfrac{P}{E}} \qquad (1)$$

Man beachte, dass das Arbeitnehmerentgelt durch die Zahl der Arbeitnehmer dividiert wird, die Produktion jedoch durch die Zahl der Erwerbstätigen (Erwerbstätigenproduktivität).

Warum wird die Produktion auf die Erwerbstätigen, und nicht ebenfalls auf die Arbeitnehmer bezogen?

Die Antwort: Indem man die Produktion auf alle Erwerbstätigen (Erwerbstätigenproduktivität) und nicht allein auf die Arbeitnehmer bezieht, wird der Einfluss unterschiedlicher Arbeitnehmerquoten auf die Lohnstückkosten ausgeschaltet. Das Produktionsergebnis ist nämlich eine Folge des Arbeitseinsatzes aller Erwerbstätigen, also der Arbeitnehmer und der Selbständigen.[1] Würde die Produktion aller Erwerbstätigen allein auf die Arbeitnehmer bezogen, dann würde unter sonst gleichen Bedingungen (z.B. bei gleicher Lohnhöhe je Arbeitnehmer) in Ländern, Branchen oder Regionen mit niedrigerer Arbeitnehmerquote die Produktivität der Arbeitnehmer zu hoch ausgewiesen, da dort relativ mehr Selbständige zum Produktionsergebnis beitragen. Diese zu hohe Produktivität (sie steht im Nenner des Quotienten) würde dann zu niedrige Lohnstückkosten ausweisen.

Allerdings werden unterschiedliche Arbeitnehmerquoten nicht völlig unverzerrt ausgeschaltet. Eine leichte Verzerrung tritt immer dann auf, wenn die eigentliche Produktivität der Arbeitnehmer von der Produkti-

[1] Daneben tragen auch der Kapitaleinsatz und der technische Fortschritt zur Produktion bei. Wie wir noch sehen werden (A III. 6.2.1), ist auch dadurch der Aussagewert der Lohnstückkosten verzerrt.

vität der Selbständigen abweicht. So kann es z.B. sein, dass in einigen Ländern mit einem relativ hohen Landwirtschafts- und Kleinhandwerkeranteil und einer entsprechend hohen Quote an Selbständigen, die möglicherweise eine geringere Produktivität als die Arbeitnehmer erzielen, die gesamtwirtschaftliche Produktivität nach unten gedrückt wird. Sie liegt dann unter dem Wert der eigentlichen Produktivität der Arbeitnehmer. Diesen niedrigeren Wert müssen dann die Arbeitnehmer gegen sich gelten lassen.

Das Dilemma ist eben, dass die Produktivität nicht getrennt für Arbeitnehmer und Selbständige ermittelt werden kann, da beide Gruppen meistens an ein und derselben Produktion beteiligt sind.

Die weitgehende Eliminierung unterschiedlicher Arbeitnehmerquoten ist besonders wichtig für sektorale, regionale und internationale Vergleiche des Niveaus der Lohnstückkosten. Sie ist auch bei Zeitreihen notwendig, weil sich die Arbeitnehmerquote im Zeitablauf ändert, wenn auch oft von Jahr zu Jahr nur minimal. In B II. 4.3 wird auch auf einem zweiten Weg nachgewiesen, dass die obige Definition der Lohnstückkosten unterschiedliche Arbeitnehmerquoten weitgehend ausschaltet.

2.2 Lohnstückkosten auf Stundenbasis

Die Lohnstückkosten werden auch definiert als das Verhältnis von Arbeitnehmerentgelt je Stunde zur Produktion je Erwerbstätigenstunde (Lohnstückkosten auf Stundenbasis):

$$\text{Lstk} = \frac{\dfrac{\text{Summe der Arbeitnehmerentgelte}}{\text{Zahl aller Arbeitnehmerstunden}}}{\dfrac{\text{Produktion}}{\text{Zahl aller Erwerbstätigenstunden}}} \qquad (2)$$

Die Lohnstückkosten auf Stundenbasis (2) sind fast identisch mit denen auf Erwerbstätigenbasis (1)[1]. Bei Überlegungen zur üblichen Erhöhung von Stundenlöhnen eignen sie sich besser, da bei ihnen das Verhältnis

[1] Zu den minimalen Unterschieden siehe B II. 4.2

von Stundenlohn und Stundenproduktivität unmittelbar zum Ausdruck kommt. Allerdings sind auf Unternehmensebene die gesamten Arbeitsstunden weit schwieriger zu ermitteln als die Zahl der Erwerbstätigen.

3. Was Lohnstückkosten aussagen

3.1 Lohnstückkosten sagen mehr aus als Lohnhöhe

Bei internationalen und interregionalen Vergleichen werden oft nur die Arbeitskosten je Arbeitnehmer oder je Arbeitnehmerstunde dargestellt. Wie nachgewiesen wird, reicht dies jedoch nicht aus. Denn die Lohnstückkosten liefern ein besseres Bild von der Kostenbelastung der Unternehmen, Branchen und Volkswirtschaften.

3.1.1 Internationaler Vergleich der Arbeitskosten je Arbeitnehmer ungeeignet

Das Arbeitnehmerentgelt je Beschäftigten in 2006 in der Gesamtwirtschaft (in EUR) betrug in

USA	43.595	Europa 15	36.389
Großbritannien	42.143	Deutschland	33.004
Frankreich	40.334	Italien	32.433
Japan	32.577	Portugal	19.061
Niederlande	36.043	Polen	9.003

Demnach sind die absoluten Arbeitskosten je Beschäftigten – in EUR-Wechselkursen des Jahres 2006 – in Deutschland deutlich niedriger als im Durchschnitt der Europäischen Union der 15 Staaten vor der Erweiterung und niedriger als in den USA.

Diese Aussage hat allerdings ihre Tücken und ist wenig geeignet für einen internationalen Vergleich. Sie berücksichtigt nicht den unterschiedlichen Anteil von Teilzeitbeschäftigten und Minijobs in den einzelnen Ländern, die die Durchschnittslohnsumme je Arbeitnehmer nach unten drücken. Denn der Durchschnittslohn aller Arbeitnehmer ergibt sich aus der Lohnsumme je Vollzeitbeschäftigten und der Lohnsumme je Teilzeitbeschäftigten, die pro Kopf geringer ist als bei den Vollzeitbeschäftigten und die somit den Durchschnittswert für alle Arbeitnehmer nach unten zieht. Je größer der Anteil der Teilzeitbeschäftigten an den gesamten Beschäftigten (Teilzeitquote) ist, desto kleiner wird der Durchschnittslohn für alle Beschäftigten. Da die einzelnen Länder unterschiedliche Teilzeitquoten aufweisen, ist ein internationaler Vergleich der Lohnhöhe je Beschäftigten allein schon aus diesem Grund in seiner Aussagekraft stark beeinträchtigt.

Für die tatsächlich geleistete durchschnittliche Arbeitszeit liegen jedoch bisher international, z.B. für die USA oder Japan, keine statistisch ausreichend gesicherten Daten vor. In jüngster Zeit hat allerdings das Statistische Amt der Europäischen Gemeinschaft (Eurostat) erste Teilergebnisse für einige EU-Länder veröffentlicht.

All diese Schwierigkeit mit unterschiedlichen Teilzeitquoten und Minijobs treten nicht auf, wenn der Lohn je Arbeitnehmer(stunde) auf die Produktion je Erwerbstätigen(stunde) bezogen wird, also die Lohnstückkosten ermittelt werden. Denn die unterschiedlichen Teilzeitquoten beeinflussen die Lohnsumme im selbem Maße wie die Produktion, d.h. sie sind sowohl im Zähler des Quotienten (Lohnstückkosten) wie im Nenner vorhanden und kürzen sich heraus. Auf die Lohnstückkosten wird nachfolgend noch ausführlich eingegangen.

Es tritt eine weitere Problematik hinzu, die für alle internationalen Vergleiche bei Umrechnung in eine einheitliche Währung gilt. Die Lohnkosten müssen für den internationalen Vergleich via Wechselkurs in eine einheitliche Währung umgerechnet werden. Sie hängen damit vom jeweils aktuellen jährlichen Wechselkurs ab. Seine Schwankungen zwischen den einzelnen Jahren können beträchtlich sein. So hat z.B. der US-Dollar (USD) von 2001 bis 2006 um 29 % gegenüber dem EUR abgewertet. Würde man also die amerikanischen Lohnkosten des Jahres 2006 in Höhe von 54.737 USD je Beschäftigten nicht zum Wechselkurs von 2006 (1 USD = 0,7964 EUR), sondern von 2001 (1USD =

1,1166 EUR) umrechnen, dann würden sich die amerikanischen Arbeitskosten nicht auf 43.595 EUR, sondern auf 61.119 EUR stellen.

Der internationale Vergleich der absoluten Höhe der Lohnkosten wird also erheblich von der Höhe und der Veränderung der Wechselkurse geprägt. Die Arbeitskosten von Ländern im Aufwertungstrend stehen dann in einem immer ungünstiger werdenden Licht. Umgekehrt erscheinen die Arbeitskosten von Ländern, deren Währung abwertet, immer günstiger. Wir kommen weiter unten auf diese Verzerrung ausführlich zurück.

3.1.2 Nicht haltbare Zahlen des Arbeitgeberinstituts zur Höhe der Arbeitskosten je Stunde

Die Bundesvereinigung der deutschen Arbeitgeberverbände und das Arbeitgeberinstitut (IW, Institut der deutschen Wirtschaft) berechnen und verbreiten im jährlichen Turnus die unterschiedlichen Lohnhöhen je Arbeiterstunde im Verarbeitenden Gewerbe von 20 Industrieländern sowie von Ost- und Westdeutschland, umgerechnet in EUR.[1] Dabei rangierte Westdeutschland im Jahre 2004 mit 27,60 EUR hinter Dänemark an der Spitze, Ostdeutschland demgegenüber mit 17,15 EUR an 17. Stelle der ausgewählten Industrieländer. Die Lohnhöhe der ostdeutschen Industriearbeiter ist also selbst nach den Zahlen der Arbeitgeberverbände international nicht sonderlich hoch. Sie macht nur 64 % eines westdeutschen Industriearbeiters aus. Dennoch wurde die ostdeutsche Industrie in den 90er Jahren von der westdeutschen überrannt.

Alljährlich werden diese Zahlen und das entsprechende Schaubild in den Medien, insbesondere in der Tagespresse, wiedergegeben. In der breiten Öffentlichkeit entsteht der von den Arbeitgeberverbänden beabsichtigte Eindruck, als ob Westdeutschland die höchste Lohnkostenbelastung aller Industrienationen habe.

Das von der Bundesvereinigung der deutschen Arbeitgeberverbände verbreitete Bild führt aus mehreren Gründen in die Irre:

[1] Schröder, Christoph, Industrielle Arbeitskosten im internationalen Vergleich, in: IW-Trends Heft3/2005

1. Die Zahlen gelten nur für Arbeiter(innen), und nicht, wie es richtig wäre, für alle Arbeitnehmer. Der Anteil der Angestellten variiert – auch definitionsbedingt – von Land zu Land und ebenso die Verdienstabstände zwischen Arbeitern und Angestellten. Dadurch wird der Vergleich beeinträchtigt.

2. Der Verfasser hat entdeckt, dass das Arbeitgeberinstitut mit zweifelhaften und widersprüchlichen Zahlen für die Arbeitskosten operiert. Dies sei an einem Beispiel nachgewiesen. Bei seinem Vergleich des internationalen Lohnstückkosten-Niveaus für das Verarbeitende Gewerbe gibt das IW z.B. für Frankreich eine Höhe von 88 % des deutschen an.[1] Gleichzeitig wird ein um 12 % höheres Produktivitätsniveau ausgewiesen. Dann muss im Vergleich zu Deutschland gemäß der Formel:

   Lohnstückkosten = Arbeitskosten/Produktivität

   $0{,}88 = x/1{,}12$

   $x = 0{,}99$

   mit einem französischem Arbeitskosten-Niveau von 99 % des deutschen gerechnet worden sein. Im Widerspruch dazu wurden im gleichen Heft vom gleichen Autor in einem anderen Aufsatz die französischen Arbeitskosten mit 79 % des deutschen Niveaus angegeben.[2] Es versteht sich, dass das IW bei Öffentlichkeit der Arbeitskosten nur die 79 % nennt.

Nun existieren allerdings einige kleinere Unterschiede zwischen den Arbeitskosten aus der Arbeitskostenerhebung und den Arbeitskosten der Volkswirtschaftliche Gesamtrechnung (Arbeitnehmerentgelt). So

[1] Schröder, Christoph, Produktivität und Lohnstückkosten im internationalen Vergleich, in: IW-Trends, Heft 3/2005

[2] Schröder, Christoph, Industrielle Arbeitskosten im internationalen Vergleich, in: IW-Trends, Heft 3/2005. Darin beziffert sind nur die Werte für Ost- und Westdeutschland. Erst bei Schröder, Christoph, Arbeitskosten im Verarbeitenden Gewerbe unter Berücksichtigung des Vorleistungsverbundes, in: IW-Trends 1/2006, S.12 wurde der entsprechende Wert für Deutschland mit 26,32 EUR angegeben.

erfasst z.B. die Arbeitskostenerhebung nur Unternehmen ab 10 Beschäftigte. Diese Unterschiede sind insgesamt in ihrem Volumen unerheblich und treffen – und dies ist besonders wichtig – mehr oder weniger auf alle Länder zu (sog. Basiseffekt). Dieser Basiseffekt ändert also kaum etwas an der relativen Position oder Rangfolge der Länder untereinander und zwar unabhängig davon, ob man die Arbeitskosten aus der Arbeitskostenerhebung oder aus der Volkswirtschaftlichen Gesamtrechnung nimmt.

Die erhebliche Divergenz zwischen 79 % und 99 % bringt die geringe Belastbarkeit der Zahlen des Instituts der deutschen Wirtschaft zu Tage. Dieser Widerspruch zwischen den Zahlen des IW besteht schon seit Jahren. Experten des Statistischen Bundesamtes und des Institutes für Arbeitsmarkt- und der Berufsforschung bei der Bundesagentur für Arbeit standen internationalen Zahlen je geleisteter Stunde, wie sie das IW verwendet, stets skeptisch gegenüber, weil bis in jüngste Zeit keine offiziellen oder keine methodisch vergleichbaren Zahlen über das Arbeitsvolumen erhoben wurden, erst recht nicht für einzelne Wirtschaftsbereiche.

Das Statistische Amt der Europäischen Gemeinschaft (Eurostat) hat erst im Sommer 2005 auf der Grundlage einer verbesserten Methodik und neuer Daten damit begonnen, für einzelne Länder Arbeitskosten je geleisteter Stunde herauszugeben (siehe weiter unten).

Außerdem hat das IW jahrzehntelang bei seiner Begrenzung auf das Verarbeitende Gewerbe nicht berücksichtigt, dass bei der Erstellung der Industriewaren auch andere Wirtschaftsbereiche durch vielfältige Lieferverflechtungen beteiligt sind, deren Bedeutung zunimmt. So bezieht das Verarbeitende Gewerbe Energie und Wasser, Bauleistungen, Verkehrsleistungen, Handelsdienste und vieles andere von anderen Branchen. Von Bedeutung sind also nicht nur die Lohnkosten des Verarbeitenden Gewerbes, das in Deutschland übrigens nur einen Anteil von 23 % an der gesamten Wirtschaftsleistung hat, sondern auch die Lohnkosten dieser Zulieferbereiche. Ja, es greift noch weiter, eigentlich müssen fast alle Lohnkosten der Volkswirtschaft einbezogen werden, seien es z.B. die der Informations- und Kommunikationswirtschaft und die Lohnkosten für die gesamte öffentliche Infrastruktur, die direkten oder indirekten Einfluss auf die Kosten der Industrieunternehmen hat, wie Ausbildung, Gesundheitswesen, Verkehrswesen und vieles andere.

Erst im Jahr 2006 hat das IW diesen Fehler korrigiert und auch Lohnkosten nicht näher bezeichneter Zulieferbranchen mit einbezogen.[1] Dadurch milderten sich die Abstände der Arbeitskosten anderer Länder zu Deutschland.

Erstaunlicherweise wurden die Zahlen des IW nie methodisch und quellenmäßig hinterfragt, auch nicht von den Kritikern der Arbeitgeberargumentation. Sie wurden von vielen Autoren offensichtlich unkritisch übernommen, auch von Prof. Hans-Werner Sinn, dem Lieblingsökonomen der Bildzeitung.[2]

3.1.3 Deutsche Arbeitskosten des privaten Sektors liegen im europäischen Mittelfeld

Seit Sommer 2005 hat das Statistische Amt der Europäischen Gemeinschaft (Eurostat) damit begonnen, neue, methodisch verbesserte und harmonisierte Daten für die Arbeitskosten und die geleisteten Stunden zu liefern. Eurostat hat bisher die Arbeitskosten je geleisteter Stunde für die Industrie im weitesten Sinne[3] und für die privaten marktbestimmten Dienstleistungen[4] erfasst. In Tabelle 21 sind sie in der Spalte „Private Sektoren“ zusammengefasst. Darin sind 70 % der Arbeitskosten der Gesamtwirtschaft enthalten. Es fehlen noch die nicht marktbestimmten Dienstleistungen, wie öffentliche Verwaltung und Gesundheits-, Sozial- und Bildungswesen.

Nur das Institut für Makroökonomie und Konjunkturforschung hat bisher anhand dieser Daten von Eurostat die immer wieder veröffentlichten Zahlen des Instituts der deutschen Wirtschaft (IW) aufs Korn

[1] Schröder, Christoph, Industrielle Arbeitskosten im Verarbeitenden Gewerbe unter Berücksichtigung des Vorleistungsverbundes, in: IW-Trends, Heft1/2006

[2] Z.B. Sinn. Hans-Werner, Ist Deutschland noch zu retten? Berlin 2005, S.103

[3] Bergbau, Energie- und Wassergewinnung ,Verarbeitendes Gewerbe, Baugewerbe

[4] Handel, Gastgewerbe, Verkehr und Nachrichtenübermittlung, Kredit- und Versicherungswirtschaft, Grundstücks- und Wohnungswesen

genommen und kommt zu wesentlich anderen Ergebnissen (Tabelle 21).[1]

Damit hat der faule Zahlenzauber des IW ein Ende genommen.

Der Block „private Sektoren“ sagt am ehesten etwas über die internationale Wettbewerbsfähigkeit aus. Danach rangiert Deutschland mit seinen Arbeitskosten je geleisteter Arbeitsstunde im europäischen Mittelfeld.

Tabelle 21
Arbeitskosten je geleisteter Stunde 2004
Deutschland = 100

	Private Sektoren[3]	Eurostat[1)] Verarbeitendes Gewerbe mit Verbund	Eurostat[1)] Verarbeitendes Gewerbe ohne Verbund	IW[2)] Verarbeitendes Gewerbe mit Verbund	IW[2)] Verarbeitendes Gewerbe ohne Verbund
Dänemark	117,1	105,9	99,8	113,4	106,9
Schweden	116,1	103,9	99,1	93,0	88,6
Belgien	114,3	114,2	110,7	98,0	95,0
Frankreich	107,6	96,3	92,2	82,2	78,8
Niederlande	104,7	99,7	96,2	93,0	90,2
Deutschland	**100**	**100**	**100**	**100**	**100**
Österreich	96,5	92,5	88,9	85,0	81,7
Großbritannien	89,9	86,6	82,6	79,3	75,6
Italien	81,8	72,4	69,0	68,8	65,5
Spanien	56,3	55,8	54,4	64,7	63,0
Portugal	36,5	30,5	27,6	30,3	27,4
Tsch. Republik	22,3	19,6	18,2	18,3	17,1
Ungarn	21,1	18,7	17,8	18,1	17,2

1) Arbeiter und Angestellte 2) Arbeiter 3) Ohne öffentliche Verwaltung, Bildungs-, Sozial- und Gesundheitswesen
Quelle: Institut für Makroökonomie und Konjunkturforschung (IMK)

[1] Anja Düthmann, Peter Hohlfeld, Guatav Horn, Camille Logeay, Katja Rietzler, Sabine Stephan Rudolf Zwiener: Arbeitskosten in Deutschland bisher überschätzt, in: Institut für Makroökonomie und Konjunkturforschung, Report Nr.11, Juni 2006

Gesondert wird noch aufgelistet das Verarbeitende Gewerbe mit und ohne den vom IW vorgegebenen Effekt der Vorleistungen aus anderen Branchen, dessen Einzelheiten nicht veröffentlicht wurden und damit unbekannt und ungeprüft sind. Seine Auswirkungen wurden vom Institut für Makroökonomie und Konjunkturforschung bisher schematisch und ungeprüft auf die Eurostat-Zahlen übertragen.

Aus Tabelle 21 lassen sich folgende wesentliche Ergebnisse herauslesen:

1. Bei den privaten Arbeitskosten nimmt Deutschland in Europa einen Mittelplatz ein.

2. In der zu engen Abgrenzung „Verarbeitendes Gewerbe einschließlich Verflechtungseffekt" liegt Deutschland hinter Belgien, Dänemark und Schweden an vierter Stelle, knapp gefolgt von den Niederlanden, Frankreich und Österreich. Jedoch sei hier bereits darauf aufmerksam gemacht, dass die Wirtschaftsstruktur und die Qualifikation der Beschäftigten und damit die Entlohnung im Verarbeitenden Gewerbe zwischen den einzelnen Staaten sehr unterschiedlich sind und dadurch der Durchschnittswert für den gesamten Wirtschaftsbereich verzerrt wird und der Vergleich an Aussagekraft einbüßt. So sind in der deutschen Exportpalette der Maschinenbau, der Anlagebau mit Sonderfertigungen und die Spezialchemie im Vergleich zu anderen Ländern besonders stark vertreten. Dies sind alles Branchen mit hohem Qualifikationsniveau der Arbeitnehmer und entsprechend hoher Bezahlung, die sich jedoch für die Exportgüter herstellenden Unternehmen lohnt. Insofern darf der internationale Vergleich der absoluten Höhe der Arbeitskosten nicht überbewertet werden.

   Auch kommt in Tabelle 21 bei den Ländern Großbritannien, Schweder, Dänemark, Tschechische Republik und Ungarn die oben geschilderte Problematik der Umrechung ihrer Währungen in EUR zum Tragen. Eine zu erwartende trendmäßige Aufwertung der Währungen der ost- und südosteuropäischen Länder wird den Abstand kontinuierlich dahinschwinden lassen. Außerdem verändert sich der Abstand, d.h. er mildert sich, hebt sich auf oder schlägt ins Gegenteil um, wenn nicht nur die Arbeitskosten, sondern auch das Produktionsergebnis je Arbeitnehmer(stunde) – dann ebenfalls in EUR gerechnet – herangezogen werden. Und das sind die aussagekräftigeren Lohnstückkosten.

3. Im Lichte der deutlich verbesserten Statistik verblasst die angebliche schlechte Lohnkostenlage in Deutschland, die bisher jahrzehntelang von den nun nicht mehr haltbaren Zahlen des IW ausging und Politik und Öffentlichkeit beeindruckte.

3.1.4 Lohnstückkosten sagen mehr über Arbeitskostenbelastung aus als Löhnhöhe

Die absolute Höhe der Arbeitskosten sagt für sich allein genommen wenig über die Lohnkostenbelastung der Unternehmen, ihre Gewinnsituation und die internationale Wettbewerbsfähigkeit aus.

Vielmehr muss den Arbeitskosten je Arbeitnehmer(stunde) das Produktionsergebnis je Erwerbstätigen(stunde) (Produktivität) gegenübergestellt werden. Und genau das sind die Lohnstückkosten. Wenn z.B. in zwei Ländern A und B die Lohnhöhe je Arbeitnehmer gleich ist, im Land A jedoch eine größere Produktion je Erwerbstätigen erstellt wird (eine höhere Produktivität vorliegt), dann ist die Lohnkostenbelastung bezogen auf die Produktion im Land A geringer, d.h. die Lohnstückkosten sind niedriger.

Soweit man die Löhne überhaupt zur Beurteilung der Wettbewerbsfähigkeit heranziehen kann, sind also nicht die absolute Lohnhöhe, sondern die Lohnstückkosten sinnvoll. Bei der regelmäßigen Berichterstattung der Medien über die hohen Arbeitskosten in Westdeutschland wird fast immer übergangen, dass Westdeutschland bei der Arbeitsproduktivität mit an der Weltspitze liegt. Somit hat Westdeutschland keineswegs die höchsten Lohnstückkosten, sondern von den großen Weltmarktkonkurrenten die niedrigsten (A III. 7.1).

Nehmen wir ein Beispiel: In Portugal war das Arbeitsentgelt je Arbeitnehmer im Jahre 2006 nur 57,8 % so hoch wie in Westdeutschland. Da allerdings gleichzeitig die portugiesische Produktivität je Erwerbstätigen nur 51,0 % der deutschen erreichte, sind portugiesischen Lohnstückkosten trotz der erheblich niedrigeren Löhne um 13 % (57,8/51,0) höher als in Deutschland.

Bei den Lohnstückkosten ist es – im Gegensatz zu absoluten Höhe der Arbeitskosten – kaum von Bedeutung, ob sie je Arbeitnehmer oder je Arbeitnehmerstunde berechnet werden. Dies ist besonders nützlich in den Fällen, in denen die geleistete Arbeitszeit statistisch nicht erhoben wird. Die Lohnstückkosten je Arbeitnehmer sind zwar um das Verhältnis von durchschnittlicher Arbeitszeit je Selbständigen zu durchschnittlicher Arbeitszeit je Arbeitnehmer kleiner als die Lohnstückkosten je Stunde.[1] Jedoch gilt dies für alle Länder (Basiseffekt), so dass sich an der Rangfolge bei den Lohnstückkosten der Länder nichts oder wenig ändert. Kleinere Verschiebungen können sich nur ergeben, wenn in einigen Ländern das Verhältnis eklatant abweichen sollte.

3.2 Die Ausrede mit der Entlassungsproduktivität

Der Sachverständigenrat[2], H.-W. Sinn[3] und andere, darunter selbstverständlich auch die Arbeitgeberverbände, behaupten, die Lohnstückkosten würden bei Beschäftigungsabbau statistisch zu niedrig ausgewiesen. Denn bei einem Beschäftigungsabbau würden diejenigen Arbeitnehmer entlassen oder diejenigen Abteilungen geschlossen oder Werke stillgelegt, die die geringste Produktivität aufwiesen. Als Folge nehme die verbleibende Produktivität zu und sei somit höher als ohne Entlassungen. Diese durch Entlassungen bedingte Erhöhung der Produktivität – die sogenannte Entlassungsproduktivität – komme dann rechnerisch – da im Nenner stehend – in niedrigeren Lohnstückkosten zum Ausdruck. Diese Entlassungsproduktivität, also die Differenz zwischen normaler Produktivität und der durch Entlassungen erhöhten Produktivität, dürfe nicht in den Verteilungsspielraum eingerechnet werden, weil sich dann jede noch so überzogene Lohnpolitik, die zu Entlassungen führe, quasi im Nachhinein rechtfertige.

[1] Siehe B II. 4.1.2

[2] Jahresgutachten 2005, Textziffer 295

[3] H-W. Sinn, Ist Deutschland noch zu retten?, S. 117

Der Sachverständigenrat vermeint, die Entlassungsproduktivität anhand einer einfachen, rein theoretischen und die Wirklichkeit nicht abbildenden Produktionsfunktion beziffern zu können. Je nach Jahr würde ein Abschlag in einer Schwankungsbreite von 1,5 % bis 0,2 % auf die statistisch gemessene Durchschnittsproduktivität notwendig sein.[1] In einem wissenschaftlichen Aufsatz hat der Verfasser nachgewiesen[2], dass der Sachverständigenrat in seiner Berechnung einer beschäftigungsbereinigten Grenzproduktivität der Arbeit eine völlig unrealistische und nicht haltbare Annahme trifft. Danach soll angeblich die Veränderungsrate der produktionstechnisch bedingten Produktionselastizität der Arbeit der Veränderungsrate der Lohnquote entsprechen, die jedoch – und das ist der Kernpunkt unserer Kritik – von vielfältigen Faktoren, und nicht vom Mechanismus einer simplen neoklassischen Produktionsfunktion, bestimmt wird. Dies würde auf ein absurdes Ergebnis hinauslaufen, das hier vereinfacht und ohne nähere Erläuterungen und bei gegebener Datenlage geschildert werden soll: Ein Rückgang der Lohnquote würde einen Abschlag von der produktivitätsorientierten Lohnformel erfordern. Damit wäre ein erneuter Rückgang der Lohnquote vorprogrammiert, der wiederum einen Abschlag bedingen würde. Es würde ein Teufelskreis einer sinkenden Lohnquote hervorgezaubert.

Fazit: Die Berechnung der beschäftigungsbereinigten Grenzproduktivität der Arbeit und damit auch die Entlassungsproduktivität sind falsch. In der Realität sind sie nicht beobachtbar und nicht messbar.

Von einem damaligen Mitglied des Sachverständigenrats hat der Verfasser erfahren, dass alle Ratsmitglieder und ihr gesamter Stab diesen Aufsatz gelesen haben. In den nachfolgenden Jahren unterließ der Rat seine Berechnungen, die Ratsmitglied Prof. Franz in den Rat geschleust hatte. Erst als die anderen Ratsmitglieder außer Prof. Franz, der auf Vorschlag der Arbeitgeberverbände in den Sachverständigenrat zurückgekommen war, ausgeschieden waren, tauchten die Berechnungen wieder auf. Und zwar waren sie mit einer vagen Formel zur unvoll-

[1] Vgl. Jahresgutachten 2005, Textziffer 295

[2] H. Görgens, Berechnet der Sachverständigenrat die Grenzproduktivität der Arbeit falsch?, in: Wirtschaftsdienst, Zeitschrift für Wirtschaftspolitik, 5/1999, S.321ff.

ständigen Konkurrenz ergänzt, um vermeintlich der Kritik Genüge zu tun. Dies ist jedoch nicht der Fall. Denn diese Ergänzungsformel ist ebenfalls nicht quantifizierbar. Wenn der Sachverständigenrat so tut, als könne er mit seinem theoretischen Konstrukt, das die vielfältige Realität nicht abzubilden vermag, die vermeintliche Entlassungsproduktivität sogar provozierend messerscharf bis auf eine Nachkommastelle beziffern, dann ist dies nicht nur unverantwortliche Scheinwissenschaftlichkeit, sondern schlichtweg Scharlatanerie.

Prof. H.-W. Sinn macht es sich hingegen besonders einfach. Mit seinem Hinweis auf die vermeintliche Entlassungsproduktivität, die wegen des Rückgangs des Arbeitsvolumens in den letzten Jahrzehnten angeblich die verbleibende Produktivität erhöht und die Lohnstückkosten gesenkt habe, disqualifiziert er jede Lohnstückkosten-Berechnung. Er negiert sie und klammert sich bei seiner Behauptung, in Deutschland seien die Löhne zu hoch, einzig und allein an einen internationalen Vergleich der Stundenlöhne des Verarbeitenden Gewerbes, der vom Arbeitgeberinstitut veröffentlicht wurde und der durch die jüngst wesentlich verbesserten und international harmonisierten Zahlen des Statistischen Amtes der Europäischen Gemeinschaft überholt ist und nunmehr günstiger für Deutschland ausfällt. Abgesehen davon bleibt der internationale Vergleich der Stundenlöhne stets durch die Wechselkurse verzerrt, was beim internationalen Vergleich des Lohnstückkosten-Niveaus nicht der Fall ist.

Es ist kaum zu glauben, das ganzes Credo dieses bekanntesten und umstrittensten Wirtschaftsprofessors, auf den sich die Arbeitgeberverbände mit Vorliebe beziehen, und seine ständig wiederholte Litanei von den zu hohen Löhnen in Deutschland, die sich durch sein Schrifttum und alle seine Äußerungen ziehen, stützen sich einzig und allein auf den zweifelhaften internationalen Vergleich der Stundenlöhne im Verarbeitenden Gewerbe. Offenbar hält er seinen Hinweis auf die Entlassungsproduktivität für so bombenstark, um damit jegliche Lohnstückkostenbetrachtung ablehnen zu können.

Neben den oben bereits geschilderten theoretischen Einwänden erhebt der Verfasser nachfolgend seine weiteren Einwände gegen die vorgeschobene Entlassungsproduktivität.

3.2.1 Keine Entlassungsproduktivität bei technologischem Wandel und breitem Beschäftigungsabbau

Zunächst ist einzuräumen, dass individuelle Entlassungen in Einzelfällen eine Erhöhung der verbleibenden Produktivität zur Folge haben können. So wird oft bei Rückgang der Produktion versucht, zunächst selektiv Arbeitnehmer mit geringerer Belastbarkeit und eingeschränkter Leistungsfähigkeit, z.B. bei wiederholten Fehlleistungen oder häufigen Krankheitszeiten, auszumustern, was allerdings arbeitsrechtlich mit Recht umstritten ist. Diese Fälle haben insgesamt gesehen kein großes Gewicht für die gesamtwirtschaftliche Produktivitätsentwicklung. Außerdem gibt es in den Unternehmen Arbeitsplätze mit geringerer Produktivität, auf die die Unternehmen jedoch selbst bei Rücknahme der Produktion nicht verzichten können. So weisen z.B. Reinigungs- und Bewachungskräfte formal-statistisch eine geringere Produktivität auf als unmittelbar in der Produktion Beschäftigte, weil ihre unverzichtbare „Produktion" fast ausschließlich aus Arbeitskosten besteht. Selbst wenn diese Arbeitskräfte „ausgesourct" und Fremdfirmen herangezogen würden, entsteht dadurch gesamtwirtschaftlich keine Entlassungsproduktivität, da die ausgesonderten Arbeitnehmer weitgehend ihre Tätigkeit bei den Fremdfirmen ausüben würden. Denn die Dienstleistungen für das Unternehmen bleiben notwendig.

Abgesehen davon läuft der Abbau von Arbeitsplätzen in der Praxis oft anders ab, nämlich durch Ausnutzen der natürlichen Fluktuation, durch Altersteilzeit und Frühverrentung oder durch freiwillige Abfindungsverträge. In all diesen Fällen spielt als Auswahlkriterium die individuelle Arbeitsproduktivität, die übrigens auch schwer oder nicht festzustellen ist, keine Rolle.

Auch werden die Arbeitnehmer mit der geringeren Produktivität oft auch geringer entlohnt, so dass bei ihrer Entlassung kein Rückgang der Lohnstückkosten zu erwarten ist (siehe Modellrechnung 1 zu B II. 2.4).

Der eigentliche Rückgang des gesamtwirtschaftlich bedeutsamen Beschäftigungsabbaus bzw. des Arbeitsvolumens vollzieht sich in ganz anderen Formen. Durch den technologischen und betriebsorganisatorischen Wandel werden selbst bei zunehmender Produktion immer weniger Arbeitskräfte oder Arbeitsstunden benötigt. Neue Maschinen ersetzen Arbeitskräfte. Die Arbeitsplätze werden abgebaut, ohne Rücksicht auf irgendwelche individuellen Produktivitäten. In Modellrechnung 2 zu B II. 2.4 wird gezeigt, wie in zwei Unternehmen nach Installierung neuer Maschinen die Produktivität in demselben Ausmaß steigt, und zwar unabhängig davon, ob in den Unternehmen die Beschäftigung zunimmt oder zurückgeht. Ein anderes Beispiel: Im Einzelhandel verdrängen die Discounter wegen ihrer anderen Betriebsorganisation (z.B. Wegfall von Leistungen für die Kunden, erhöhter Arbeitsdruck für die Beschäftigten, Sortimentsbeschränkung) mit Billigpreisen die Fachgeschäfte, und zwar unabhängig von deren vielleicht höheren Produktivität.[1] Wenn es dennoch im Einzelhandel wegen des Vordringens der Discounter zu Produktivitätssteigerungen kommt, z.B. durch bessere Auslastung und erhöhten Arbeitsdruck der Beschäftigten, so können die Arbeitnehmer gemäß einer produktivitätsorientierten Lohnpolitik daran beteiligt werden.

Ein weiterer typischer Fall eines Abbaus von Arbeitsplätzen vollzieht sich bei dauerhaftem Rückgang der Nachfrage durch Auftauchen neuer Güter und technischer Neuerungen (z.B. Digitalkameras, DVD mit Festplatte). Die Fertigung der veralteten Güter wird eingestellt und es kommt zu Entlassungen, selbst wenn die alte Fertigung formal-statistisch produktiver war als die der neuen Güter. In diesem Fall würde wegen der Entlassungen die Produktivität sogar vermindert. Noch ein Beispiel: Wenn sich in der Automobilindustrie Überkapazitäten auftürmen, werden ganze Arbeitsschichten mit allen Arbeitnehmern gestrichen und für manche Modelle zeitweise die Bandstraßen stillgelegt. Dabei kann nicht nach individueller Produktivität der betroffenen Arbeitnehmer ausgewählt werden. Vielmehr muss die gesamte betroffene Produktion gedrosselt werden, die eventuell produktiver war als die anderer Modelle. Der Rückgang des Arbeitsvolumens löst mithin keine zusätzliche Produktivität aus, es entsteht keine Entlassungsproduktivität.

Wie wenig stichhaltig das Argument mit der Entlassungsproduktivität in der Realität ist, offenbaren folgende Zahlen: Obwohl im Bau-

[1] Denn in die Produktivität geht auch der höhere Preis ein. Daran sieht man den Unterschied zwischen Produktivität und Rentabilität.

gewerbe die Zahl der geleisteten Erwerbstätigenstunden von 1991 bis 2004 um 22 % geschrumpft ist, war in 2004 keine höhere Produktivität je Stunde zu verzeichnen als 13 Jahre zuvor. Von Entlassungsproduktivität also keine Spur. Im Handel blieb in diesem langen Zeitraum das Arbeitsvolumen nahezu gleich (– 3,4 %), dennoch schnellte die Produktivität um 34 % nach oben. Ausschlaggebend für den Produktivitätsverlauf war also die technologische und organisatorische Entwicklung, die im Handel offensichtlich effizienter war als im Baugewerbe.

3.2.2 Nicht Produktivität, sondern Rentabilität ist mitentscheidend für Beschäftigungsabbau

Neben technologisch-organisatorischem Wandel ist mangelnde oder fehlende Rentabilität mitentscheidend für einen Rückgang des Arbeitsvolumens. Sie ist jedoch nicht gleichbedeutend mit mangelnder oder fehlender Produktivität. H.-W. Sinn und andere verwechseln beides offenbar. Hochproduktive Arbeitsplätze können durchaus unrentabel sein. So übertraf im Jahre 1991 in Westdeutschland die Produktivität je Beschäftigtenstunde des westdeutschen Bergbaus die des Maschinenbaus um 19,7 %.[1] Dennoch wurde die Produktion im westdeutschen Bergbau bis 2004 wegen mangelnder Rentabilität aufgrund internationaler Konkurrenz und wegen Subventionsabbaus um 32,4 % zurückgefahren und die Zahl der geleisteten Arbeitsstunden (Arbeitsvolumen) um 45,5 % reduziert. Demgegenüber wurde im – rein definitorisch – weniger produktiven Maschinenbau die Produktion nahezu gehalten (– 1,4 %), wegen des technologischen Fortschritts (z.B. vermehrter Einsatz von Robotern) wurden die geleisteten Arbeitsstunden um 26,5 % gekappt. Der rentable Maschinenbau ist in manchen Sparten Weltmarktführer und viele Sparten liegen in der Spitzengruppe. Für sich genommen hat der Niedergang und Beschäftigungsabbau des produktiven, aber nicht rentablen Bergbaus die Produktivität des Produzierenden Gewerbes und der Gesamtwirtschaft nach unten gezogen und nicht,

[1] Vergleichende Branchendaten für das Verarbeitende Gewerbe, DIW Berlin, 2001

wie es die These von der Entlassungsproduktivität hätte erwarten lassen, hochgeschraubt.

Wieso ist, wie dieses Beispiel zeigt, hohe Produktivität nicht gleichbedeutend mit hoher Rentabilität?

Die Produktivität misst das Verhältnis von Nettoproduktion zur Erwerbstätigen(stunde). Diese Nettoproduktion wird gesamtwirtschaftlich als Bruttoinlandsprodukt und auf Branchenebene als Bruttowertschöpfung bezeichnet. Sie ergibt sich aus der Bruttoproduktion abzüglich der Vorleistungen (z.B. Materialeinsatz, Energieverbrauch). Hier können bereits Rentabilitätsunterschiede zwischen nationalen und internationalen Unternehmen auftreten, z.B. durch billigere Bezugsquellen, rationelleren Materialeinsatz.

In die Berechnung von Produktivität und Lohnstückkosten geht allerdings nur – und das ist für das oben genannte Beispiel entscheidend – die Nettoproduktion ein. Sie enthält die Kapitalkosten (Abschreibungen und Zinsen), die Arbeitskosten und die Gewinne. Das Verhältnis dieser Nettoproduktion zur Erwerbstätigenstunde, also die Produktivität, ist im Bergbau höher als im Maschinenbau. Wenn der Bergbau dennoch weniger rentabel ist, so liegt dies daran, dass im Ausland billiger gefördert wird (z.B. wegen kostengünstigerer Lagerstätten der zudem mitunter qualitativ besseren Kohle). Jedenfalls lassen die in der Nettoproduktion enthaltenen Kapital- und Lohnkosten im Bergbau deutlich weniger Gewinn übrig als im Maschinenbau.

Ähnlich verhält es sich z.B. bei einem Vergleich von Raffinerien und Unternehmensberatungen. Nach Aussagen der Mineralölindustrie warfen die hochkapitalintensiven und damit hoch produktiven Raffinerien kaum Gewinne ab, während die arbeitsintensiven und damit weniger produktiven Unternehmensberatungen durchaus gut verdienten. Das alles rührt daher, wie bereits an anderer Stelle ausführlich geschildert, dass die verwendete sogenannte Arbeitsproduktivität keine Produktivität des Faktors Arbeit allein ist. Vielmehr wird rein rechnerisch die Nettoproduktion auf die Erwerbstätigen(stunden) bezogen werden, unabhängig davon, welchen Anteil der Produktionsfaktor Kapital einschließlich technischen Fortschritts bei der Erstellung der Produktion hat. So ist es durchaus möglich, dass hohe Kapitalkosten bei den Raffinerien den Gewinn aufzehren.

Was bedeutet dies nun für unsere Überlegungen zur Entlassungsproduktivität?

Der Abbau von Arbeitsplätzen richtet sich nach der Rentabilität und nicht nach der Produktivität. In den Unternehmen wird für Abteilungen, Produktionssparten oder Betriebsstätten die Rentabilität oft nach Kostenstellenrechnungen ermittelt, nach der statistischen Produktivität hingegen wird erst gar nicht gefahndet. Wenn z.B. ein Unternehmen eine innerhalb seiner Produktionspalette überdurchschnittlich produktive, kapitalintensive Fertigung aufgibt, weil sie unter zu starker Auslandskonkurrenz und zu geringem Gewinn leidet, dann ist trotz des Beschäftigungsabbaus die verbleibende Produktivität nicht durch eine vermeintliche Entlassungsproduktivität überhöht, sondern sie sinkt.

Es kann also festgestellt werden: Schrumpft wegen technologischer Entwicklung, betriebsorganisatorischen Wandels, strukturellen Nachfragerückgangs oder Abbaus von Überkapazitäten das Arbeitsvolumen, wird in den seltensten Fällen eine Entlassungsproduktivität erzeugt. Die verbleibende Produktivität kann ungeschmälert als Verteilungsspielraum für eine produktivitätsorientierte Lohnpolitik herangezogen werden, vorausgesetzt, dass andere Kostenfaktoren, wie z.B. die Kapitalkosten, nicht stärker zunehmen als die Produktivität.

3.2.3 Wenn Entlassungsproduktivität, dann auch Einstellungsproduktivität

Die Begründung für eine angebliche Entlassungsproduktivität muss spiegelbildlich für eine Einstellungsproduktivität gelten. Denn bei Neueinstellungen würde wegen angeblich sinkender Grenzerträge bei zunehmender Beschäftigung die dann anschließend gemessene Produktivität geringer ausfallen als vor den Neueinstellungen. Diese negative Differenz zwischen neuer und alter Produktivität könnte man als Einstellungsproduktivität bezeichnen. Diese durch Neueinstellungen bedingte Verminderung der Produktivität käme dann rechnerisch – da sie im Nenner steht – in höheren Lohnstückkosten zum Ausdruck. Die nach der Ausweitung der Beschäftigung gemessene gesunkene Produktivität müsste dann um diese Einstellungsproduktivität erhöht werden, um zu einer beschäftigungsbereinigten Produktivität zu gelangen, an der sich die Lohnpolitik orientieren kann.

Eine solche Einstellungsproduktivität ist genau so unrealistisch wie eine Entlassungsproduktivität. Warum sollte z.B. ein zur Produktionssteigerung gebautes neues Werk, eine neue Betriebsstätte oder Filiale weniger produktiv arbeiten als die bereits bestehenden? Das Gegenteil ist eher realistisch. Denn wegen des in der Zwischenzeit eingetretenen technischen Fortschritts und neuer betriebsorganisatorischen Optimierungen, die in die Neuplanung für die zusätzliche Produktion rechtzeitig einbezogen werden können, ist vielmehr eine Steigerung der Produktivität des Unternehmens bei Neueinstellungen zu erwarten.

Deshalb ist das Rechnen mit einer Einstellungsproduktivität und ebenso mit einer Entlassungsproduktivität ökonomisch nicht gerechtfertigt.

Zu guter Letzt: Man könnte wetten, dass z.B. H.-W. Sinn für Wirtschaftsphasen mit zunehmender Beschäftigung niemals eine Einstellungsproduktivität heranziehen würde zur Begründung für zu hoch ausgewiesene Lohnstückkosten. Er und die Arbeitgeberverbände benutzen die angebliche Entlassungsproduktivität als Begründung für angeblich zu niedrig ausgewiesene Lohnstückkosten. Denn sie wollen die Lohnzurückhaltung nicht wahrhaben, weil sie ihre Begründung für eine überhöhte Lohnentwicklung widerlegt.

3.3 Lohnstückkosten enthalten alle Lohnnebenkosten und Kosten der Arbeitszeitverkürzung

3.3.1 Lohnstückkosten fangen willkürliche Aufspaltung in Lohn- und Lohnnebenkosten wieder ein

Die Lohnstückkosten umfassen die gesamten Arbeitskosten, das ist das Arbeitnehmerentgelt. Es enthält die Stundenlöhne und Gehälter und alle anderen tariflichen Lohnbestandteile, wie Urlaubs- und Weihnachtsgeld, sowie alle gesetzlich auferlegten Lohnkosten, wie die Sozialversicherungsbeiträge der Arbeitgeber. Damit fangen die Lohnstückkosten jedwede künstliche oder willkürliche Aufspaltung der gesamten Arbeitskosten in Lohn- und Lohnnebenkosten wieder ein. Und zwar mit Recht, weil nur die Summe aller Lohnbestandteile ökonomisch ausschlaggebend ist. Wie noch nachgewiesen wird, sind die deutschen Arbeitskosten insgesamt im internationalen Vergleich und im nationalen Vergleich zu früheren Vollbeschäftigungszeiten und zur Gewinnentwicklung nicht zu hoch.

Von diesem zentralen Gesichtspunkt wird die Öffentlichkeit abgelenkt durch die vom Statistischen Bundesamt vorgenommene und von der Arbeitgeberseite gerne übernommene willkürliche Aufteilung der Arbeitskosten in normale Stundenlöhne und Gehälter („Entgelt für geleistete Arbeit") und in sogenannte Personalzusatzkosten. In ihrer rein formalen Unterteilung übersahen die Wiesbadener Statistiker – oder es interessierte sie nicht – die Wechselbeziehung zwischen den Stundenlöhnen und den anderen tariflich geregelten Kostenbestandteilen, die in den Personalzusatzkosten enthalten sind. Diese Personalzusatzkosten gliedern sich in:

1. Vergütung arbeitsfreier Tage
   - bezahlter Urlaub
   - Lohnfortzahlung im Krankheitsfall
   - gesetzliche Feiertage
   - sonstige betriebliche/tarifliche Tage
2. Sonderzahlungen
   - Urlaubsgeld
   - Weihnachtsgeld
   - vermögenswirksame Leistungen
3. Arbeitgeberbeiträge zur Sozialversicherung
   - Aufwendungen für die betriebliche Alterssicherung
   - gesetzlicher/tariflicher Bildungsurlaub
   - gesetzliche/betriebliche Entlassungsentschädigungen

Diese Aufteilung in Lohn und Personalzusatzkosten gibt Raum für zwei Stoßrichtungen, einmal gegen die Lohn fordernden Gewerkschaften und zum anderen gegen die Regierung. Bei der Zielscheibe Regierung fordern sie stets, dass durch Leistungsabbau und/oder Verlagerung der Kosten auf die Arbeitnehmer die Beitragssätze für alle Zweige der

Sozialversicherung gesenkt oder zumindest begrenzt und festgeschrieben werden.

Durch den oben angegebenen umfangreichen Katalog werden die derartig definierten Personalzusatzkosten aufgebauscht und betragen, wenn man sie, wie die Arbeitgeber es tun, ins Verhältnis zum Stundenlohn setzt, z.B. im Produzierenden Gewerbe in 2005 rd. 70,4 % für Gesamtdeutschland. Stellt man die sogenannten Personalzusatzkosten in Relation zu den gesamten Arbeitskosten, das ist die Summe aus Stundenlohn plus Personalzusatzkosten, dann machen sie einen Anteil von 41 % aus (70,4/(100 + 70,4) = 0,41). Es versteht sich, dass die Arbeitgeberseite die öffentlichkeitswirksamere Version von 70,4 % wählt.

Verbleiben wir also bei diesen angeblichen 70,4 % und nehmen sie aufs Korn.

In Westdeutschland belaufen sie sich auf 71,4 % und in Ostdeutschland auf 62,6 %. In Ostdeutschland konnte somit bisher bei den Vergütungen für arbeitsfreie Tage und den jährlichen Sonderzahlungen noch nicht soviel wie in Westdeutschland durchgesetzt werden. Auch schwankt der Prozentsatz von Branche zu Branche. Im Einzelhandel betrug er für Gesamtdeutschland z.B. in 2005 62 %, im Versicherungsgewerbe 92 %.[1]

Mit dieser zur Aufbauschung der Lohnnebenkosten führenden Aufspaltung wird in einem pausenlosen Trommelfeuer Druck auf die Regierung und die Öffentlichkeit ausgeübt mit dem Ziel, die Beitragssätze zu kappen oder festzuschreiben. Auch wird immer wieder der Eindruck erweckt, wegen der hohen Lohnnebenkosten wären zwangsläufig die gesamten Arbeitskosten zu hoch. Die Arbeitgeberverbände klopften mit ihrem ständigen Hinweis auf die Lohnnebenkosten die Politik und die Medien weich, die mangels ökonomischen Durchblicks dem Druck nicht standhielten. Allerdings bekamen Öffentlichkeit, Politik und Medien von der Wirtschaftswissenschaft, von wenigen, kaum in den Medien verbreiteten Ausnahmen abgesehen, keine dringend benötigte Rückendeckung und hilfreiche Aufklärung zur Gegenwehr. Fast der gesamte Sozialabbau der letzten Jahre in der Renten-, Kranken-, Pflege-

[1] Ch. Schröder: Personalzusatzkosten in der deutschen Wirtschaft, in: IW-Trends, Heft 2/2006

und Arbeitslosenversicherung ist das Resultat der Übermacht der Argumentation der Arbeitgeberverbände mit den angeblich viel zu hohen Lohnnebenkosten. Es wirft kein gutes Licht auf die Eliten in Politik und Medien, dass sie nicht dagegenhalten konnten oder zumindest die vorgewiesenen Zahlen und Begründungen nicht hinterfragt haben.

Was ist nun von einer solch dramatisierenden Darstellung der Lohnnebenkosten zu halten? Gravierend und die Öffentlichkeit irreführend ist die Definition, die alles, was über den normalen Stundenlohn bzw. das Gehalt hinausgeht, als Lohnnebenkosten klassifiziert. Und zwar unabhängig davon, ob es tariflich geregelt oder gesetzlich festgelegt ist. Die Deklarierung der Vergütung arbeitsfreier Tage und der Sonderzahlungen als Personalzusatzkosten kann bei Tariflaien zu den Fehlschlüssen verleiten, ohne derartige Lohnkosten wären die heutigen gesamten Arbeitskosten niedriger und in anderen Ländern mit weniger Personalzusatzkosten seien allein schon aus diesem Grunde die Arbeitskosten geringer.

Dabei wird übersehen, dass die Vergütung der arbeitsfreien Tage und die Sonderzahlungen (Gruppen 1 und 2) im beiderseitigen Einverständnis der Tarifvertragsparteien tariflich vereinbart wurden. Je nach Situation und den Wünschen der Mitglieder waren sie neben den traditionellen Barlohnforderungen Bestandteile des Forderungspaketes der Gewerkschaften. Die Kosten der Summe der Einzelbestandteile waren beiden Tarifvertragsparteien selbstverständlich bekannt. Mit diesem kostenmäßig auskalkulierten Gesamtpaket rangen die Gewerkschaften um Teilhabe am wirtschaftlichen Ertrag der Unternehmen. Bei den Tarifverhandlungen geht es also zu Recht stets um die Gesamtkosten des Forderungspaketes. Diese Gesamtkosten werden nach Ende der Tarifverhandlungen zur größeren Transparenz für die Mitglieder und die Öffentlichkeit in die Einzelteile aufgeschnürt und bekanntgegeben. Dabei werden nach aller bisherigen Praxis die Kosten der Einzelteile – meist auf die Lohnsumme des einzelnen Arbeitnehmers bezogen – angegeben und addiert. So rechnen die Tarifvertragsparteien vor, dass ein Tarifergebnis mit z.B. einer Erhöhung des Barlohnes um 2 % und einer gleichzeitigen Aufstockung des Urlaubsgeldes, die – auf die Jahreslohnsumme bezogen – eine Erhöhung um 0,8 % ausmacht, insgesamt das jährliche Einkommen der Arbeitnehmer um 2,8 % verbessert. Diese

Kostensteigerung von 2,8 % waren die Arbeitgeber bereit zu tragen, und die Gewerkschaften und ihre Mitglieder gaben sich mit dieser 2,8 %-igen Einkommensverbesserung zufrieden.

Es wäre naiv zu glauben oder irreführend so zu tun, als ob die Gewerkschaften, falls keine Verbesserung des Urlaubsgeldes abgeschlossen worden wäre oder zur Verhandlung angestanden hätte, eine Barlohnerhöhung von nur 2 % akzeptiert hätten. Höchstwahrscheinlich wäre dann eine Barlohnerhöhung von rd. 2,8 % vereinbart worden.

Außerdem befinden sich auch in der Gruppe 3 noch Lohnbestandteile, die tariflich abgeschlossen wurden, z.B. Regelungen, die über den gesetzlichen Bildungsurlaub oder die gesetzlichen Bestimmungen über Entlassungsentschädigungen hinausgehen. Auch die Aufwendungen für die betriebliche Altersvorsorge sind meistens betrieblich oder tariflich vereinbart.

Allgemein gefasst kann festgestellt werden: Ohne diese vielen kostenträchtigen, tariflich vereinbarten Lohnbestandteile wäre der Stundenlohn entsprechend höher als heute. An der Höhe der Gesamtkosten hätte sich nichts geändert.

Als eigentliche Lohnnebenkosten, die weitgehend keine Rückwirkungen auf die Struktur des tariflichen Forderungspakets haben, verbleiben die gesetzlich festgelegten Arbeitgeberbeiträge zur Sozialversicherung, die gesetzliche Lohnfortzahlung im Krankheitsfall mit einem Anteil von 2,5 % an den gesamten Arbeitskosten und die gesetzlichen Entlassungsentschädigungen, die für betroffene Unternehmen durchaus zu Buche schlagen können, gesamtwirtschaftlich gesehen aber verschwindend gering sind.

Die kostenmäßige Bedeutung der gesetzlichen[1] Arbeitgeberbeiträge zur Sozialversicherung wird in der Politik, in den Medien und bei der Bevölkerung oft überschätzt. Im Jahr 2005 war ihr Anteil an den gesamten Arbeitskosten (Arbeitnehmerentgelt ohne das der Beamten) 15,2 %. Bezogen nur auf die Bruttolohn- und -gehaltssumme waren es 18,7 %. Dieser Prozentsatz ist geringer als die Summe der einzelnen

[1] Daneben gibt es noch freiwillige oder durch Tarifverträge oder Betriebsvereinbarungen festgelegte Arbeitgeberbeiträge an private Sozialschutzsysteme, z.B. für Betriebsrenten.

Beitragssätze der Versicherungszweige, da nur bis zur Versicherungsgrenze Beiträge erhoben werden und nur 82 % aller Beschäftigten voll sozialversicherungspflichtig sind.

Bei der derzeitigen Beitragsbelastung muss bedacht werden, dass sie heute allein aus folgenden Gründen rd. 3 % höher ist als in früheren Jahrzehnten:

- Wegen der Massenarbeitslosigkeit gibt es zu wenige Beitragszahler mit vollen Beiträgen. Dieser Einnahmenausfall durch Massenarbeitslosigkeit, die alle Bürger angeht und viele betrifft und die gesamtstaatliche Aktivitäten erfordert, hätte deshalb nicht durch Beitragserhöhungen finanziert werden dürfen, sondern hätte von der gesamten Bevölkerung durch steuerfinanzierte Zuschüsse an die Sozialversicherungsträger ausgeglichen werden müssen.
- Die Kosten der Wiedervereinigung wurden schwerpunktmäßig den Sozialversicherungsträgern angelastet, etwa in Form der berechtigten Anhebung der Sozialversicherungsleistungen für die ostdeutsche Bevölkerung. Stattdessen hätten sie von der gesamten Bevölkerung durch Steuern finanziert werden müssen.
- Die Sozialversicherungen erleiden wegen der begünstigten Sozialversicherungsbeiträge für Minijobs Einnahmeeinbußen.

Die Beitragsbelastung der Arbeitgeber hat sich, gemessen an den gesamten Arbeitskosten, über die Jahrzehnte hinweg nicht wesentlich verändert. Selbst noch schärfer einschneidender Sozialabbau wird sich bestenfalls im Vergleich zur Entwicklung ohne Sozialabbau nur in sehr wenigen Prozent-Punkten auswirken, und das in einen längeren Zeitraum. Im Vergleich zu den jährlich vereinbarten Lohnerhöhungen ist dies verhältnismäßig wenig.

Wenn man also die volkswirtschaftliche Größenordnungen der Sozialversicherungsbelastung der Arbeitgeber kennt und richtig einordnet, kann man sich des Eindrucks nicht erwehren, dass die Arbeitnehmer durch das Geklapper der Arbeitgeberverbände mit den Lohnnebenkosten und das oft nachahmende Geplapper in den Medien eingeschüchtert oder gar verdummt werden sollen.

3.3.2 In den Lohnstückkosten schlagen sich die Kosten der Arbeitszeitverkürzung nieder

Arbeitszeitverkürzungen in Form von Verlängerung der Urlaubstage sind als Vergütung arbeitsfreier Tage unmittelbar in den sogenannten Personalnebenkosten enthalten.

Die Verkürzung der Wochenarbeitszeit bzw. Monatsarbeitszeit schlägt sich ebenfalls in den Lohnstückkosten nieder. Für sich genommen vermindert sie die Lohnsumme der Arbeitnehmer. Um jedoch die Produktion zu halten oder zu steigern muss es zu Neueinstellungen oder/und erhöhten Produktionsleistungen je Arbeitnehmer(stunde) kommen. Oft wird diese „Zusatzproduktivität“ durch verschärften Arbeitsdruck bewirkt. Kommt es im Maße der Arbeitszeitverkürzung zu Neueinstellungen, bleiben insgesamt die Lohnsumme und die Lohnstückkosten konstant. Kommt es zu einer Zusatzproduktivität, sinken die Lohnstückkosten.

Genauer sind die Fälle von Auswirkungen der Arbeitszeitverkürzungen auf die Lohnstückkosten bei steigender Produktivität in den Modellrechnungen in B I. 2 durchgespielt.

Es ist eine Irreführung, wenn der Bevölkerung der Eindruck vermittelt wird, in Deutschland müssten die Lohnkosten schon deswegen höher sein als in Ländern mit längerer Arbeitszeit. Ökonomisch allein von Bedeutung ist die Summe aller Bestandteile der Lohnkosten je geleisteter Stunde[1], die sich dann in den Lohnstückkosten niederschlägt. Und diese brauchen in Ländern mit längerer Arbeitszeit nicht niedriger zu sein als in Ländern mit kürzerer Arbeitszeit. Ein Beispiel: Wird ein Vollzeitarbeitsplatz mit einer Wochenarbeitszeit von 38 Stunden in zwei Teilzeitarbeitarbeitsplätze von 19 Stunden mit demselben Stundenlohn wie der Vollzeitplatz aufgeteilt, ändern sich die Lohnkosten nicht. Der einzige Unterschied besteht nur darin, dass zwei Arbeitsplätze mit halbierten Einkommen entstehen, das dann oft jedoch einzeln zum alleinigen Lebensunterhalt nicht ausreicht. Entsprechendes

[1] Wie in B II. 4.2 nachgewiesen, macht es kaum einen Unterschied, ob die Lohnstückkosten auf Erwerbstätigenbasis oder auf Stundenbasis berechnet werden. Ihre Höhe und ihr Verlauf divergieren nur im Verhältnis von Arbeitszeit aller Erwerbstätigen zur Arbeitszeit der Arbeitnehmer bzw. seiner Veränderung.

würde gelten für zwei Länder mit gleichem Stundenlohn, aber differierender Wochenarbeitszeit (z.B. 35-Stundenwoche in Land A und 40-Stundenwoche in Land B). Die Lohnkosten je Stunde sind dennoch gleich. Nur beschäftigungsmäßig besteht eine Divergenz: Im Land A mit der 35-Stundenwoche können, bezogen auf ein gegebenes Produktionsvolumen, mehr Arbeitnehmer Beschäftigung finden, die allerdings pro Kopf eine geringere Lohnsumme erhalten.

4. Die Ergänzung zu den Lohnstückkosten: die Stückgewinne

Im Rahmen der Diskussion über Lohnstückkosten wird fast immer das Gegenstück zu den Lohnstückkosten, nämlich die Stückgewinne, übergangen. Das Arbeitnehmerentgelt und die Einkommen aus Unternehmertätigkeit und Vermögen ergänzen sich zum Volkseinkommen. Genau so, wie das Arbeitnehmerentgelt auf die Produktion bezogen wird, können auch die Einkommen aus Unternehmertätigkeit und Vermögen ins Verhältnis zur Produktion gesetzt werden. Das Deutsche Institut für Wirtschaftsforschung (DIW, Berlin) verfährt so und nennt den Quotienten Stückgewinne.[1]

$$\text{Stückgewinne} = \frac{\text{Einkommen aus Unternehmertätigkeit und Vermögen}}{\text{Produktion}}$$

Die Stückgewinne entsprechen nicht haargenau der Konstruktion der Lohnstückkosten. Es macht nämlich keinen Sinn, die Einkommen aus Unternehmertätigkeit und Vermögen je Selbständigen zu rechnen und sie dann auf die Produktion je Erwerbstätigen zu beziehen. Denn sie bilden sich zu einem großen Teil in Kapitalgesellschaften (Aktiengesellschaften und GmbHs) und entfallen somit letztlich auf die Aktionäre und Anteilshalter, die ihrerseits wiederum Unternehmen, Selbständige, Arbeitnehmer oder Rentner sein können.

[1] DIW-Wochendienst 28/1999, Tendenzen der Wirtschaftsentwicklung 1999/2000, S.514

Die Einkommen aus Unternehmertätigkeit und Vermögen sind alle im Wirtschaftsprozess erwirtschaftet und bilden die Einkommen aus Sach- und Geldkapital – also aus dem Produktionsfaktor Kapital.[1]

Die Stückgewinne sind unmittelbar vergleichbar mit der nominalen Lohnquote an der Produktion, die sich, wie Gleichung (1a) in B II. 4.1 zeigt, bei unveränderter Arbeitnehmerquote wie die Lohnstückkosten entwickelt.

5. Zur zeitlichen Entwicklung der Lohnstückkosten

Am häufigsten werden die Lohnstückkosten als Zeitreihen verwendet. Auch hier muss auf ihre begrenzte Erklärungskraft hingewiesen werden. Allerdings können bei kurz- und mittelfristigen Zeitreihen alle Verzerrungsfaktoren, die noch weiter unten ausführlich bei der Darstellung der absoluten Höhe der Lohnstückkosten aufgedeckt werden, eher hingenommen werden, weil ihr Einfluss nur kontinuierlich in kleinen Schritten und nicht abrupt am Werke ist. Zudem entfällt für Zeitreihen das später dargelegte Messproblem für die Produktionsmenge weitgehend.

Neben den grundsätzlichen Einwänden lässt der zeitliche Verlauf keine zwingenden Rückschlüsse auf die absolute Höhe der Lohnstückkosten zu. Es kann sogar zu Fehlschlüssen kommen. So können z.B. in einem Land A in den letzten zehn Jahren die Lohnstückkosten günstiger verlaufen sein als im konkurrierenden Ausland. Dennoch kann die absolute Höhe der Lohnstückkosten im Land A immer noch über dem Niveau der Weltmarktkonkurrenz liegen. Das ist dann der Fall, wenn zu Beginn des Zeitraumes das Lohnstückkosten-Niveau im Land A so weit über dem des Auslandes lag, dass selbst der günstigere zeitliche Verlauf diesen Abstand nicht voll wettgemacht, sondern nur verringert hat. Umgekehrt kann ein Land mit der stärksten Zunahme der Lohnstückkosten immer noch die niedrigsten Lohnstückkosten haben.

[1] Z.B. bilden die darin enthaltenen Mieten nach Abzug aller Vorleistungen die Einkommen aus dem Wirtschaftssektor Wohnungsvermietung.

Nehmen wir das Dilemma vorweg: Die zeitliche Entwicklung der Lohnstückkosten in einem kürzeren Zeitraum ist zwar methodisch weniger angreifbar als das absolute Niveau. Aber nur die absolute Höhe der Lohnstückkosten – und daneben selbstverständlich auch der Wechselkurs – sagen etwas über die absolute Stellung eines Landes gegenüber der Weltmarktkonkurrenz aus. Der zeitliche Verlauf der Lohnstückkosten gibt demgegenüber nur Auskunft, ob sich die Lohnkostensituation des Landes gegenüber der Auslandskonkurrenz verbessert oder verschlechtert hat.

Um jedoch den mit den weit verbreiteten Zeitreihen der Lohnstückkosten verfolgten Analysezweck zu überprüfen, sehen wir zunächst von den später geschilderten methodischen Einwänden ab.

Üblich sind Zeitreihen von nominalen und realen Lohnstückkosten.

5.1 Die Entwicklung der nominalen Lohnstückkosten

5.1.1 Lohnstückkosten stiegen langsamer als Preise

Bei der Zeitreihe der nominalen Lohnstückkosten wird die Entwicklung des Arbeitnehmerentgelts je Arbeitnehmer(stunde) auf die Entwicklung der mengenmäßigen Produktion je Erwerbstätigen(stunde) (Mengenproduktivität) bezogen. Damit soll vor allem der Einfluss der Löhne auf die Produktpreise ergründet werden. Nehmen Lohnkosten je Arbeitnehmer(stunde) und mengenmäßige[1] Produktivität im selben Maße zu, bleiben die Lohnstückkosten unverändert. Sie sind dann kostenneutral und lösen – von sich aus – keine Preisveränderungen aus. Steigen sie stärker, können Preissteigerungen erwartet werden.

Tabelle 22 und das Schaubild zeigen den Verlauf der nominalen Lohnstückkosten. Sie sind von 1980 bis 2006 um 40,9 % angestiegen. Im selben Zeitraum kletterten die Verbraucherpreise jedoch um 81,9 %.

[1] Dabei sei davon abgesehen, wie exakt in einem Produktionsindex (siehe B II. 4.5) Qualitätsverbesserungen (z.B. geringerer Abrieb von Reifen, längere Brenndauer von Lampen), das Auftauchen neuer Güter (z.B. Unterhaltungselektronik mit DVD) oder die Mengenbewertung von Gütern mit abrupten und massiven Preissenkungen (z.B. bei Computern) mengenmäßig eingefangen werden können.

In der Tat gibt es einen Zusammenhang zwischen Lohnstückkosten und Preisentwicklung. Er ist jedoch, wie Tabelle 22 zeigt, komplexer und lockerer, als die Öffentlichkeit meint.

Eine Modellrechnung soll dies veranschaulichen:

Unterstellt sei ein Zuwachs des Arbeitnehmerentgelts je Arbeitnehmer um 3,5 %. Gleichzeitig weite sich die mengenmäßige Produktion (Bruttoinlandsprodukt) je Erwerbstätigen um 1,5 % aus. Die Lohnstückkosten erhöhen sich also um 2%.

Nun kann in der Öffentlichkeit der Eindruck aufkommen, dass der Lohnstückkostenzuwachs von 2 % zwangsläufig einen nachfolgenden Anstieg des Preisniveaus um ebenfalls 2 % bewirkt.

Diese Schlussfolgerung ist falsch.

1. In Deutschland machten im Jahr 2006 die gesamten Lohnkosten (Arbeitnehmerentgelt) nur 49,6 %[1] des Bruttoinlandsprodukts aus. Eine Erhöhung der Lohnkosten um 2 % und ihre volle Überwälzung hätte also eine Preissteigerung von nur 1% für die Güter und Dienstleistungen der heimischen Produktion zur Folge. Bezogen auf die privaten heimischen Endnachfrage ist der Preiseffekt sogar nur 0,7 %, da im Umsatz direkt oder indirekt auch noch importierte Güter und Dienstleistungen enthalten sind, die nicht von der deutschen Lohnerhöhung betroffen sind. Nach Tabelle 23 und dem Schaubild dazu betrugen im Jahre 2005 die deutschen Lohnkosten an der privaten[2] Endnachfrage 34 %. Eine volle Überwälzung einer Steigerung der deutschen Lohnkosten würde das Preisniveau des Endverbrauches also nur um 2 % mal 0,34 = 0,7 % erhöhen.

2. Preissteigerungen werden keineswegs immer nur von Kostensteigerungen ausgelöst. Sie werden auch von Nachfragesteigerungen hervorgerufen. Bei guter Konjunktur und anziehender Nachfrage setzen die Unternehmen nach allen bisherigen Erfahrungen oft die Preise herauf, und zwar unabhängig von der Kostenentwicklung.

[1] Hinzu treten allerdings mittelfristig noch rund 7 % aus dem Lohnanteil an den Abschreibungen.

[2] Ohne staatlichen Beitrag zum Bruttoinlandsprodukt und ohne Personalausgaben des Staates.

Tabelle 22
Nominale Stückgewinne und Lohnstückkosten

Jahr	Stückgewinne [1]		Lohnstückkosten [2]		Verbraucherpreise	
	Veränderung in vH	1980 = 100	Veränderung in vH	1980 = 100	Veränderung in vH	1980 = 100
1980		100,0		100,0		100,0
1981	0,4	100,4	4,2	104,2	6,3	106,3
1982	3,7	104,1	3,5	107,8	5,3	111,9
1983	13,2	117,9	0,6	108,5	3,4	115,7
1984	6,7	125,8	1,0	109,5	2,3	118,4
1985	4,4	131,4	1,5	111,1	2,2	120,9
1986	6,3	139,7	2,8	114,3	-0,2	120,6
1987	-2,0	136,9	2,8	117,5	0,3	121,0
1988	6,1	145,3	0,3	117,8	1,2	122,5
1989	6,3	154,4	0,6	118,5	2,8	126,0
1990	5,1	162,3	2,5	121,5	2,7	129,4
1991 [3]	2,0	165,5	3,6	125,8	3,6	134,0
1992	-0,2	165,2	6,4	133,9	5,1	140,9
1993	-0,3	164,8	3,5	138,6	4,4	147,1
1994	5,9	174,5	0,2	138,8	2,7	151,0
1995	3,6	180,7	1,9	141,4	1,7	153,6
1996	1,7	183,8	0,0	141,4	1,5	155,9
1997	2,2	188,0	-1,1	139,9	1,9	158,8
1998	-0,6	186,8	0,1	140,0	1,0	160,3
1999	-3,3	180,5	0,4	140,6	0,6	161,3
2000	-3,9	173,5	0,6	141,4	1,9	164,4
2001	2,5	177,8	0,8	142,5	2,5	168,5
2002	1,7	180,9	0,8	143,6	1,3	170,7
2003	4,1	188,3	0,8	144,7	1,1	172,5
2004	9,1	205,3	-0,4	144,1	1,6	175,3
2005	5,3	216,2	-1,1	142,5	2,0	178,8
2006	4,3	225,5	-1,1	140,9	1,7	181,9

1) Unternehmens- und Vermögenseinkommen je Einheit des realen Bruttoinlandsprodukts
2) Arbeitnehmerentgelt je Arbeitnehmer dividiert durch reales Bruttoinlandsprodukt je Erwerbstätigen
3) Ab 1991 Deutschland. Dadurch bei Stückgewinnen bzw. Lohnstückkosten eine Niveauveränderung von – 7,7 % bzw. + 2,5 %. Berücksichtigt man dies, stellen sich die Indizes in 2006 auf 209,3 bzw. 145,1,
Eigene Berechnungen nach Angaben des Statistischen Bundesamtes

Schaubild zu Tabelle 22

Nominale Stückgewinne und Lohnstückkosten – Deutschland [1)]

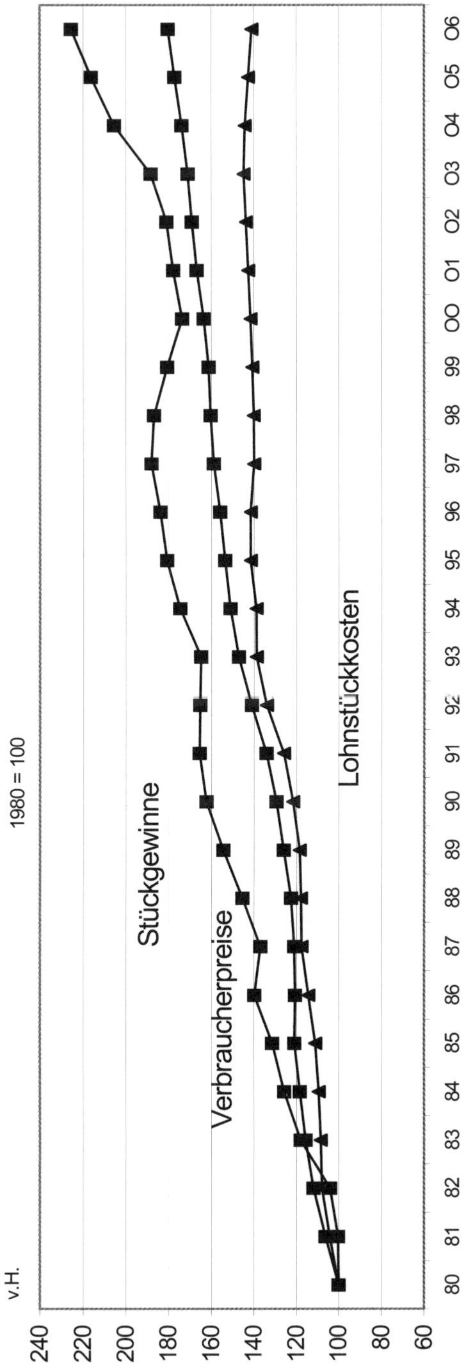

1) Bis 1991 Westdeutschland

Eigene Berechnungen nach Angaben des Statistischen Bundesamtes

Tabelle 23
Entwicklung der Lohnquote am Umsatz
Deutschland

	Umsatz [1)] in Mrd. EUR	Lohnkosten [2)] in Mrd. EUR	Lohnquote am Umsatz in v.H.
1991	1778	710	39,9
1992	1878	768	40,9
1993	1891	784	41,4
1994	2004	805	40,2
1995	2091	836	40,0
1996	2133	844	39,6
1997	2225	847	38,1
1998	2307	868	37,6
1999	2390	895	37,5
2000	2546	936	36,7
2001	2608	956	36,7
2002	2610	961	36,8
2003	2645	964	36,4
2004	2738	968	35,4
2005	2837	963	33,9

1) Bruttoinlandsprodukt (ohne Staat) zuzüglich Importe
2) Arbeitnehmerentgelt (ohne Staat)
Eigene Berechnungen nach Angaben des Statistischen Bundesamtes

Schaubild zu Tabelle 23
Lohnquote am Umsatz in v.H.
Deutschland

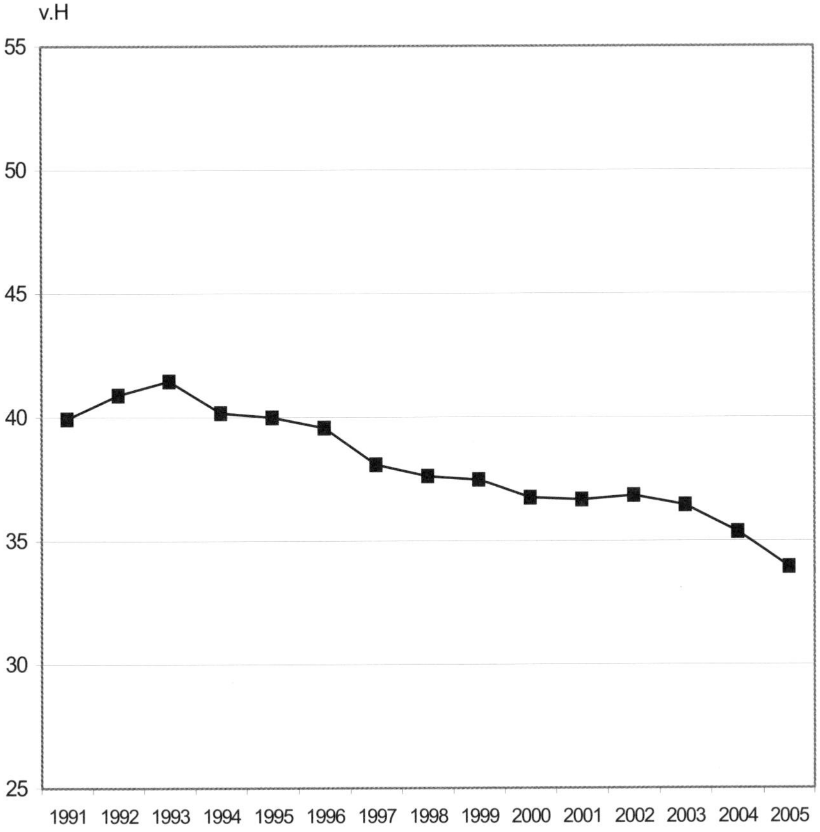

Eigene Berechnungen nach Angaben des Statistischen Bundesamts

So wurden im Jahre 2005 aufgrund der weltweit boomenden Stahlnachfrage, verursacht insbesondere durch den hohen Stahlbedarf Chinas, auch die deutschen Stahlpreise deutlich angehoben. Oft ist es sogar so, dass bei anziehender Konjunktur wegen der verbesserten Kapazitätsauslastung die Stückkosten sinken, trotzdem nutzen die Unternehmen die zunehmende Nachfrage zu Preisheraufsetzungen.

3. Kommen wir wieder zum Modellbeispiel zurück. Es ist nämlich nicht immer der bereits erfolgte Kostendruck, der die Preise als Auslöser nach oben treibt (Kostendruck-Wirkung). Vielmehr ziehen oft zuvor erfolgte oder als unvermeidlich vorausgesagte Preissteigerungen Lohnsteigerungen nach sich (Kostensog-Wirkung). Um eine gleichmäßige Teilhabe an der Einkommensverteilung zu erzielen, kalkulieren die Tarifkommissionen der Gewerkschaften in ihren Lohnforderungen den erwarteten Anstieg der Verbraucherpreise ein, der z.B. in den vom Sachverständigenrat, den Wirtschaftsforschungsinstituten und von der Bundesregierung vorgelegten Prognosen vorausgeschätzt ist. In der Praxis ist es jedenfalls schwierig herauszufinden, ob die Löhne, so weit sie über die Produktivität hinausgehen, die Preise hochgetrieben haben oder ob eine bereits vollzogene oder erwartete Preiserhöhung der Unternehmen diese Lohnsteigerungen provoziert hat. Es ist oft so wie mit der verzwickten Frage, wer zuerst da war, die Henne oder das Ei.

4. Ein Preiseffekt von 2 % käme nur dann zustande, wenn auch die Stückgewinne, das sind die Einkommen aus Unternehmertätigkeit und Vermögen je Produktionseinheit, um ebenfalls 2 % zunehmen würden. Dies wäre z.B. der Fall, wenn die Einkommen aus Unternehmertätigkeit und Vermögen mit 3,5 % ebenfalls um 2 % stärker zulegen als die mengenmäßige Produktion (1,5 %). Eine Steigerung der Stückgewinne ist also ebenfalls bei der Beurteilung der Preisentwicklung zu berücksichtigen. Dieser Zusammenhang von Stückgewinnen und Preisen wird von Arbeitgeberseite geflissentlich übergangen. Von den Wirtschaftsinstituten werden die Stückgewinne nur vom Deutschen Institut für Wirtschaftsforschung (DIW, Berlin) ausgewiesen[1].

5. Eine Überwälzung von Lohnstückkostenerhöhung auf die Preise ist ökonomisch nicht zwangsläufig. Denn die Preise werden von den Unternehmern gesetzt. Lohnstückkostenerhöhungen sind bei ausreichender Gewinnlage und bei wirksamem Wettbewerb auch bei Preisstabilität möglich und wirtschaftlich oft von den Unternehmen zu verkraften. Die zunehmende Konzentration in der Wirtschaft und die Fusionswellen haben allerdings die Markt- und Preissetzungsmacht der

[1] Vgl. DIW-Wochenbericht 28/1999: Tendenzen der Wirtschaftsentwicklung 1999/2000. S.514

Unternehmen in den letzten Jahrzehnten immer mehr gefestigt, so dass es immer schwieriger wird, via Lohnpolitik eine Eindämmung der Gewinnmargen und somit eine Einkommensverteilung zu Gunsten der Arbeitnehmer zu erreichen. Im Gegenteil: Die Preisbildungstheorie weist nach, dass bei oligopolistischen und monopolistischen Marktformen die Preise und damit auch die Stückgewinne erhöht werden können zu Lasten der Produktionsmengen und der Beschäftigung. Die bittere wirtschaftliche Erfahrung von Rekordgewinnen bei gleichzeitigem Produktions- und Beschäftigungsrückgang spiegelt diese zunehmende Vermachtung der Märkte in vielen Fällen wider.

5.1.2 Lohnstückkosten nahmen erheblich langsamer zu als Stückgewinne

Von der Öffentlichkeit wird der Zusammenhang zwischen Stückgewinnen und Preisen völlig übersehen. Die nominalen Stückgewinne entstammen der nominalen, d.h. der mit Preisen versehenen, Produktion. Die Stückgewinne sind immer dann aufwärts gerichtet, wenn die Einkommen aus Unternehmertätigkeit und Vermögen schneller expandieren als die mengenmäßige Produktion. Dann müssen die Preise angehoben worden sein, es sei denn, die nominalen Lohnstückkosten sind gesunken und es ist trotzdem nicht zu entsprechen Preissenkungen gekommen.

Nach Tabelle 22 waren die Stückgewinne im Zeitraum von 1980 bis 2006 mit 125,5 % deutlich stärker nach oben gerichtet als die Lohnstückkosten (40,9 %). Das ist in der Öffentlichkeit nicht bekannt. Die stärkere Expansion der Stückgewinne hat in der Vergangenheit also von der Wachstumsrate her mehr zu den Preissteigerungen beigetragen als die Lohnstückkosten, auch unter Berücksichtigung, dass ihr Gewicht am Endpreis unter sonst gleichen Bedingungen nur die Hälfte der Lohnstückkosten ausmacht.

5.2 Die Entwicklung der realen Lohnstückkosten

5.2.1 Konstante reale Lohnstückkosten sind verteilungsneutral

Die nominalen Lohnstückkosten besagen nichts über die Einkommensverteilung. Denn bei ihnen werden die nominalen Arbeitnehmerentgelte je Arbeitnehmer(stunde) nur auf die mengenmäßige Produktion je Erwerbstätigen(stunde) bezogen – und nicht auf den Produktionserlös (Menge mal Preis). Die Augen richten sich nur auf den Verlauf von Lohnkosten und Produktionsvolumen und versuchen, einen – wenn auch unzureichenden – Indikator für die lohnkostenmäßige Beeinflussung der Produktionspreise zu erhalten. Eine annähernde Auskunft über die Entwicklung von Löhnen und Gewinnen – also über die Einkommensverteilung – geben die nominalen Lohnstückkosten nicht.

Aussagen über die Einkommensverteilung werden erst dann möglich, wenn man das nominale Arbeitnehmerentgelt je Arbeitnehmer(stunde) nicht auf das reale (mengenmäßige) Bruttoinlandsprodukt (wie bei den nominalen Lohnstückkosten), sondern auf das nominale, also zu jeweiligen Preisen bewertete, Bruttoinlandsprodukt je Erwerbstätigen(stunde) bezieht. Dieses Verhältnis wird, für den Leser zunächst überraschend, reale Lohnstückkosten genannt. In diesen realen Lohnstückkosten sind dann die mit den Preisveränderungen verbundenen Umsatzveränderungen enthalten.

Wie kommt man dazu, diese Relation von nominalem Arbeitnehmerentgelt je Arbeitnehmer zur nominalen Produktion je Erwerbstätigen ausgerechnet reale Lohnstückkosten zu nennen? Die Lösung liegt darin, dass sie mathematisch exakt denselben Wert hat, wie wenn das reale Arbeitnehmerentgelt (= nominales Arbeitnehmerentgelt, deflationiert mit dem Preisindex für das Bruttoinlandsprodukt) je Arbeitnehmer zum realen Bruttoinlandsprodukt (= nominales Bruttoinlandsprodukt, deflationiert mit dem Preisindex für das Bruttoinlandsprodukt) je Erwerbstätigen ins Verhältnis gesetzt wird. In diesem zweiten Fall ist die

Bezeichnung des Verhältnisses von Reallohn[1] zur realen Produktivität als reale Lohnstückkosten unmittelbar einleuchtend. Dieser zweite Fall hat mathematisch genau denselben Wert wie das Verhältnis der nominalen Größen. Denn er entsteht aus den nominalen Größen, indem sowohl der Zähler als auch der Nenner mit demselben Faktor (hier: der Preisindex für das Bruttoinlandsprodukt), deflationiert wurde. Der Wert eines Bruches bleibt jedoch erhalten, wenn Zähler und Nenner mit demselben Faktor verändert werden.

Zur Unterscheidung von nominalen und realen Lohnstückkosten nehmen wir ein Beispiel: Lohnkosten und mengenmäßige Produktion nehmen um 3 % zu. Dann bleiben die nominalen Lohnstückkosten konstant. Von daher gibt es lohnkostenmäßig keinen Grund für Preissteigerungen. Wenn nun aber dennoch die Produktionspreise um z.B. 2 % ansteigen, dann weitet sich der Umsatz (Menge mal Preis) um 5 % aus. Die Gewinne nehmen dann stärker zu als die Löhne. Die realen Lohnstückkosten sinken um 2 %, denn der Zähler (nominales Arbeitnehmerentgelt je Arbeitnehmer) nimmt mit 3 % langsamer zu als der Nenner (nominale Produktion je Erwerbstätigen) mit 5 %. In diesem Fall liegt Lohnzurückhaltung in Höhe von 2 % vor.

Bleibt das Verhältnis von Arbeitnehmerentgelt je Arbeitnehmer(stunde) zum nominalen Bruttoinlandsprodukt je Erwerbstätigen(stunde) unverändert, d.h. bleiben die realen Lohnstückkosten konstant, dann laufen Arbeitseinkommen und Einkommen aus Unternehmertätigkeit und Vermögen im Gleichschritt, vorausgesetzt der Anteil der indirekten Steuern (abzüglich der Subventionen) und der Abschreibungen am nominalen Bruttoinlandsprodukt sowie die terms of trade (Verhältnis von Export- zu Importpreisen) bleiben unverändert.[2]

Die realen Lohnstückkosten lassen sich leicht aus den nominalen Lohnstückkosten ableiten. Man braucht dazu nur das nominale Arbeit-

[1] Der Reallohn ist bei den Lohnstückkosten mit dem Preisindex für das Bruttoinlandsprodukt deflationiert und nicht mit dem Preisindex für die privaten Lebenshaltungskosten, den man zur Ermittlung der Kaufkraft des Lohnes verwendet.

[2] Sind diese Voraussetzungen nicht erfüllt, ergibt sich eine geringfügige Abweichung von der parallelen Einkommensentwicklung. Zum mathematisch exakten Zusammenhang siehe B II. 1.3.

nehmerentgelt mit den Preisindex für das Bruttoinlandsprodukts zu deflationieren, der Nenner ist ja bereits als mengenmäßige Größe mit dem Preisindex für das Bruttoinlandsprodukt deflationiert. Wenn man aber nur den Zähler deflationieren muss, dann kann man, was mathematisch dasselbe ist, direkt den Quotienten, das sind hier die nominalen Lohnstückkosten, deflationieren, und man erhält die realen Lohnstückkosten. Ein Beispiel: Das Arbeitnehmerentgelt je Arbeitnehmer nahm um 2,5 % zu, das Bruttoinlandsprodukt je Erwerbstätigen wuchs real um 1,5 %. Dann stiegen die nominalen Lohnstückkosten um 1,025/1,015 = 1,01, d.h. um 1 %. Gleichzeitig stieg das Preisniveau des Bruttoinlandsprodukts um 2 %. Also ergibt sich: 1,01/1,02 = 0,99, d.h. die realen Lohnstückkosten sanken um 1%. Was besagt dieser Rückgang der realen Lohnstückkosten? Die Löhne nahmen mit 2,5 % um 1% weniger zu als die nominale Produktion je Erwerbstätigen mit 3,5 % (1,5 % real plus 2 % Preissteigerung). Der Lohn blieb also um 1% hinter den Umsätzen zurück. Die Gewinne weiteten sich somit stärker aus als die Löhne. Diesen Fall kann man als Lohnzurückhaltung bezeichnen.

Demgegenüber signalisieren steigende reale Lohnstückkosten eine stärkere Expansion der Löhne als der Umsätze. Die Gewinne werden also weniger zunehmen als die Löhne. Diesen Fall könnte man als Lohnaggression bezeichnen.

Fazit: Bleiben die realen Lohnstückkosten konstant, dann entwickeln sich Arbeitseinkommen und Einkommen aus Unternehmertätigkeit und Vermögen im Gleichklang. Es besteht dann Verteilungsneutralität.

Entwickeln sich die realen Lohnkosten je Arbeitnehmer(stunde) langsamer als die Produktivität, dann sinken die realen Lohnstückkosten. Diesen Fall kann man als Lohnzurückhaltung bezeichnen.

Überschießt die Lohnentwicklung die Produktivität, könnte man von Lohnaggression sprechen.

5.2.2 Reale Lohnstückkosten vergleichen Entwicklung von Reallohn und Produktivität

Bei den realen Lohnstückkosten spielt es, wie beschrieben, keine Rolle, ob man den Nominallohn ins Verhältnis zur nominalen Produktivität (Wertproduktivität) setzt oder den Reallohn zur mengenmäßigen (realen) Produktivität. Beide Wege führen zu mathematisch genau dem gleichen Ergebnis.

Die realen Lohnstückkosten geben unmittelbar Auskunft, wie sich der Lohn im Verhältnis zur vergleichbaren Produktivität entwickelt hat. Damit ist ablesbar, ob die in der Öffentlichkeit dominierende lohnpolitische Forderung eines Gleichschritts von Lohn und Produktivität erfüllt ist oder nicht.

Diese Forderung basiert – wenn auch ungenau[1] – auf der einzelwirtschaftlichen Lohntheorie. Sie besagt, dass wenn die Löhne stärker (schwächer) als die Produktivität zunehmen, die Beschäftigung sinkt (steigt). Beschäftigungsneutral sei ein Gleichklang von Lohn- und Produktivitätsentwicklung.

Diese einzelwirtschaftliche Theorie hat Schwächen. Sie kann nämlich nicht einfach auf die Gesamtwirtschaft übertragen werden, weil sie in unzulässiger Weise den volkswirtschaftlichen Kreislauf ausklammert. Sie unterstellt, dass Lohnveränderungen keinen Einfluss auf die Produktivität haben. Dies braucht bereits beim einzelnen Unternehmen nicht zu gelten, wenn z.B. eine bessere Bezahlung zu größerem Arbeitseifer anspornt und damit produktivitätssteigernd wirkt. Gesamtwirtschaftlich stimmt die neoklassische Unterstellung erst recht nicht. Sinkende Löhne können – selbst bei anfänglichen Neueinstellungen – wegen eines per saldo durchaus möglichen Lohnsummen- und damit Nachfragerückgangs zu sinkenden Preisen und/oder Produktionseinschränkungen führen. Der verminderte Produktionswert bedeutet dann

[1] Die Lohnveränderungen sollen sich in der Theorie nämlich nach der Grenzproduktivität der Arbeit, das ist die Produktivität des zuletzt eingestellten Arbeitnehmers, richten. Diese ist jedoch nicht messbar. Deshalb muss die Veränderung der Durchschnittsproduktivität herhalten, was nicht exakt ist. Außerdem handelt es sich bei der üblichen Produktivität nicht allein um das Ergebnis des Einsatzes von Arbeit, sondern gleichzeitig von Kapital.

zwangsläufig einen Rückgang der Produktivität. Gesunkene Löhne stehen dann einer gesunkenen Produktivität gegenüber: Der Beschäftigungseffekt bleibt aus; er kann in einer wirtschaftlich schlechten Lage aus einer Reihe von Gründen sogar negativ sein und die Situation auf dem Arbeitsmarkt verschärfen.

Wegen des vorherrschenden Einflusses der neoklassischen Lohnregel in der Öffentlichkeit werden hier jedoch die schwerwiegenden theoretischen Bedenken zurückgestellt. Zunächst wird aufgezeigt, wie die realen Lohnstückkosten in Deutschland verlaufen sind, und dann wird geprüft, ob die beschworene Lohnformel in der Realität ihre Bestätigung findet.

Bei den nachfolgenden Zeitreihen wurde für die realen Lohnstückkosten die üblichere Form (b) gewählt, die den Reallohn ins Verhältnis zu realen Produktivität setzt. Das Verhältnis von Reallohn- und Produktivitätsentwicklung ist unmittelbar an der Veränderungsrate der realen Lohnstückkosten abzulesen. So blieben z.B. in 2005 in Westdeutschland die realen Arbeitskosten je Arbeitnehmerstunde (– 0,3 %) um 1,6 % hinter der Produktivität (1,3 %) zurück. Die realen Lohnstückkosten sanken also um 1,6 %. Immer wenn die Wachstumsrate der realen Lohnstückkosten negativ ist, ist der Lohn hinter der Produktivität zurückgeblieben. Das kann man als Lohnzurückhaltung bezeichnen. Ist die Wachstumsrate positiv, dann ist der Lohn stärker gestiegen als die Produktivität.

5.2.3 Westdeutschland: Lohnzurückhaltung

Tabelle 24 und das Schaubild dazu zeigen den Verlauf der realen Lohnstückkosten in Westdeutschland. Von 1980 – also nach Ausbruch des damaligen ölpreisbedingten Wirtschaftseinbruchs – bis 2005 sind die realen Lohnkosten je Arbeitnehmerstunde um 9,5 % (15,1 v.H.-Punkte) hinter der Stundenproduktivität zurückgeblieben. Im Durchschnitt der Jahre ist also für diesen Zeitraum eine Lohnzurückhaltung von 9,5 % zu konstatieren.

Von 1950 bis heute spielte sich über die Jahrzehnte hinweg in Westdeutschland ein Gleichklang von Produktivität und Reallohn ein (Tabelle 25 und das Schaubild dazu). Zwar traten in einzelnen Jahren meist konjunkturbedingte Dissonanzen auf, die aber bereits im Zehnjahreszeitraum wieder weitgehend aufgelöst wurden. Geradezu verblüffend ist jedoch die Harmonie über den gesamten Zeitraum von 1950 bis 2005, in dem die Produktivität dem Reallohn jahresdurchschnittlich nur um 0,2 % vorauseilte. Kaum etwas anderes offenbart das tarifpolitische Augenmaß und das wirtschaftpolitische Verantwortungsbewusstsein der Gewerkschaften mehr als dieser Gleichklang von Produktivität und Reallohn über mehr als ein halbes Jahrhundert.

5.2.4 Ostdeutschland: Deutliches Zurückbleiben der Löhne hinter der Produktivität

In Ostdeutschland trat Anfang der 90er Jahre bis 1994 eine krasse Sonderentwicklung auf (Tabelle 26 und die beiden Schaubilder dazu). Die realen Lohnstückkosten verringerten sich in den drei Jahren bis 1994 um 20,6 %. Die Ursache lag nicht in sinkenden Löhnen, sondern in der Explosion der Stundenproduktivität von 1991 auf 1994 im Ausmaß von 42,9 %. Das war die Folge des radikalen Umbaus der ostdeutschen Wirtschaft nach ihrem Zusammenbruch in den Jahren ab 1990. Die Neustrukturierung vollzog sich schlagartig mit modernster westdeutscher Produktionstechnik, mit durchgreifender, harter Betriebs- und Verwaltungsrationalisierung und arbeitssparenden und den Arbeitsdruck steigernden westlichen Organisationsformen und -prinzipien (z.B. im Handel). Diese marktradikalen Neuerungen warfen den zuvor sozialistischen Wirtschaftsgrundsatz, allen Erwerbstätigen einen Arbeitsplatz zu garantieren, auch wenn er zu Lasten der Produktivität ging, aus Kostengründen über den Haufen. Über 3 Millionen Arbeitnehmer wurden nicht mehr für die Produktion benötigt.

Manche neoliberale Ökonomen schreiben die gewaltige Produktivitätsexplosion einer vermeintlichen Entlassungsproduktivität zu. Die Löhne seien zu hoch gewesen, deshalb sei es zu Entlassungen gekommen und der verbleibende Teil der Beschäftigten hätte den rasanten Produktivitätssprung geschafft.

Tabelle 24
Veränderung der Lohnzurückhaltung [1] in v.H.
Westdeutschland

	Stundenproduktivität[3]		reale Arbeitskosten[4] je Stunde		reale Lohnstückkosten[1] je Stunde	
	Veränd. in %	1980 = 100	Veränd. in %	1980 = 100	Veränd. in %	1980 = 100
1980		100		100		100
1981	1,6	101,6	1,8	101,8	0,2	100,2
1982	1,0	102,7	0,1	101,9	-0,9	99,2
1983	3,3	106,1	1,2	103,1	-2,1	97,2
1984	2,7	108,9	1,9	105,0	-0,8	96,4
1985	2,3	111,4	1,9	107,0	-0,4	96,0
1986	1,5	113,1	1,4	108,4	-0,2	95,9
1987	1,4	114,6	2,9	111,5	1,5	97,3
1988	2,6	117,6	1,2	112,9	-1,3	96,0
1989	3,5	121,7	1,2	114,3	-2,2	94,0
1990	3,5	126,0	2,7	117,4	-0,8	93,2
1991	3,5	130,3	4,2	122,4	0,7	93,9
1992	1,0	131,7	2,9	125,9	1,8	95,6
1993	0,3	132,1	1,1	127,2	0,7	96,3
1994	2,2	135,0	0,2	127,5	-2,0	94,4
1995	2,2	137,9	2,1	130,2	0,0	94,4
1996	2,0	140,6	2,1	132,9	0,1	94,5
1997	2,3	143,8	1,1	134,3	-1,1	93,4
1998	1,0	145,3	0,4	134,9	-0,6	92,8
1999	1,1	146,8	1,3	136,6	0,2	93,0
2000	2,3	150,3	3,9	141,9	1,5	94,4
2001	1,4	152,3	1,1	143,4	-0,3	94,1
2002	1,0	153,9	0,5	144,1	-0,5	93,6
2003	1,1	155,5	0,8	145,2	-0,3	93,4
2004	0,6	156,4	-0,9	143,9	-1,4	92,0
2005	1,3	158,5	-0,3	143,4	-1,6	90,5

1) Veränderung der realen Arbeitskosten je Stunde dividiert durch die Veränderung der Stundenproduktivität (reale Lohnstückkosten). Negative Werte zeigen das Zurückbleiben der Arbeitskosten hinter der Produktivität (Lohnzurückhaltung).
2) Ab 1991 ohne West-Berlin
3) Reales Bruttoinlandsprodukt je Erwerbstätigenstunde
4) Arbeitnehmerentgelt je Arbeitnehmerstunde, deflationiert mit BIP-Preisen
Eigene Berechnungen nach Angaben der Statistischen Ämter von Bund und Ländern

Schaubild zu Tabelle 24
Stundenproduktivität, reale Lohnkosten und reale Lohnstückkosten [1)]
Westdeutschland

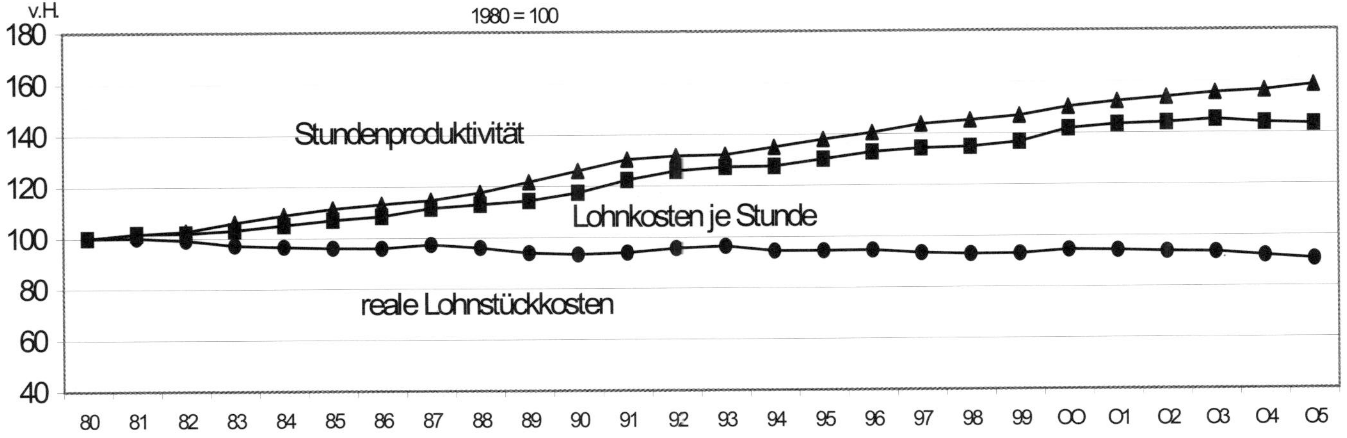

1) Veränderung der realen Lohnkosten in Relation zur Veränderung der Produktivität. Werte unter 100 bedeuten das Zurückbleiben der Lohnkosten hinter der Produktivität (= Lohnzurückhaltung)
Eigene Berechnungen nach Angaben der Statistischen Ämter von Bund und Ländern

Tabelle 25
Reale Arbeitskosten je Stunde, Stundenproduktivität und reale Lohnstückkosten in den letzten fünf Jahrzehnten
Jahresdurchschnittliche [1] Veränderung
Westdeutschland [2]

	Stundenproduktivität[3]	reale Arbeitskosten[4] je Arbeitnehmerstunde	reale Lohnstückkosten[5] je Stunde
2005/50	3,9	3,7	-0,2
1960/50	7,3	6,6	-0,6
1970/60	5,3	5,7	0,4
1980/70	3,8	4,2	0,4
1990/80	2,3	1,6	-0,7
2005/90	1,5	1,3	-0,2

1) Durchschnittliche jährliche Veränderung in v.H. im jeweiligen Jahrzehnt
2) Ab 1991 ohne West-Berlin
3) Reales Bruttoinlandsprodukt je Erwerbstätigenstunde
4) Arbeitnehmerentgelt je Arbeitnehmerstunde, deflationiert mit Preisindex für das Bruttoinlandsprodukt
5) Veränderung der realen Arbeitskosten dividiert durch Veränderung der Produktivität (analog der Rechenmethode im Anhang). Negative Werte zeigen das Zurückbleiben der Arbeitskosten hinter der Produktivität (Lohnzurückhaltung).
Eigene Berechnungen nach Angaben der Statistischen Ämter von Bund und Ländern

Schaubild zu Tabelle 25
Veränderung [1] der realen Arbeitskosten je Stunde der Stundenproduktivität und realen Lohnstückkosten [2] je Stunde Westdeutschland

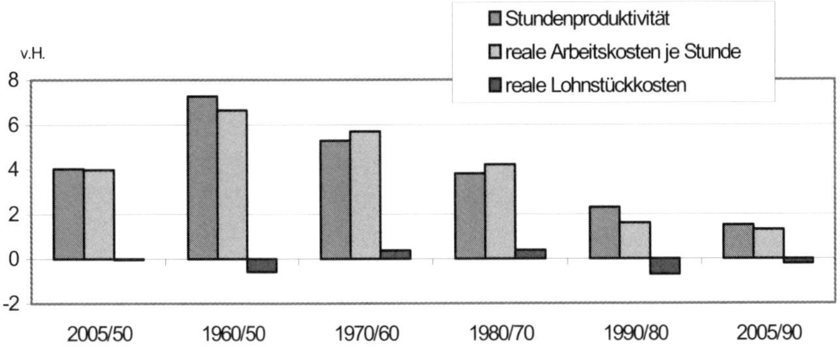

1) Durchschnittliche jährliche Veränderung in v.H. im jeweiligen Jahrzehnt
2) Veränderung der Arbeitskosten zur Produktivität. Negative Werte zeigen das Zurückbleiben der Arbeitskosten hinter der Produktivität an (Lohnzurückhaltung).
Eigene Berechnungen nach Angaben des Statistischen Bundesamtes und der Länder

Tabelle 26
Veränderung der realen Arbeitskosten je Stunde, der Stundenproduktivität und der realen Lohnstückkosten je Stunde in v.H.
Ostdeutschland [1)]

	Stundenproduktivität[2)]		reale Arbeitskosten[3)] je Stunde		reale Lohnstückkosten[4)]	
	Veränd. in %	1991 = 100	Veränd. in %	1991 = 100	Veränd. in %	1991 = 100
1991		100,0		100,0		100,0
1992	17,4	117,4	7,6	107,6	-8,3	91,7
1993	15,0	135,0	5,4	113,4	-8,3	84,0
1994	10,5	149,3	4,5	118,6	-5,5	79,4
1995	5,9	158,1	7,2	127,1	1,2	80,4
1996	5,0	165,9	2,5	130,3	-2,3	78,5
1997	4,0	172,5	1,8	132,7	-2,1	76,9
1998	1,4	174,9	1,4	134,5	0,0	76,9
1999	3,6	181,1	3,1	138,7	-0,4	76,6
2000	4,0	188,4	4,1	144,4	0,1	76,6
2001	4,1	196,1	1,4	146,5	-2,6	74,7
2002	4,4	204,7	1,2	148,3	-3,0	72,4
2003	2,6	210,0	1,8	150,9	-0,8	71,9
2004	1,6	213,4	0,0	150,9	-1,6	70,7
2005	1,1	215,9	0,1	151,1	-1,0	70,0

1) Ohne Berlin
2) Reales Bruttoinlandsprodukt je Erwerbstätigenstunde
3) Arbeitnehmerentgelt je Arbeitnehmerstunde, bereinigt mit Preisindex des Bruttoinlandsprodukt
4) Veränderung der realen Arbeitskosten dividiert durch Veränderung der Produktivität (analog der Rechenmethode im Anhang). Negative Werte zeigen das Zurückbleiben der Arbeitskosten hinter der Produktivität (Lohnzurückhaltung).
Eigene Berechnungen nach Angaben der Statistischen Landesämter

Schaubild 1 zu Tabelle 26
Stundenproduktivität und reale Arbeitskosten je Stunde
jährliche Veränderungen in % – Ostdeutschland

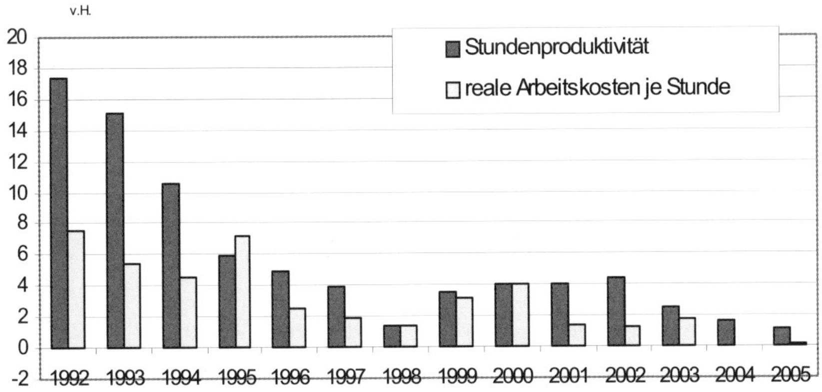

Eigene Berechnungen nach Angaben der Statistischen Landesämter

Schaubild 2 zu Tabelle 26
Reale Lohnkosten je Stunde, Stundenproduktivität und reale Lohnstückkosten [1)] – Ostdeutschland

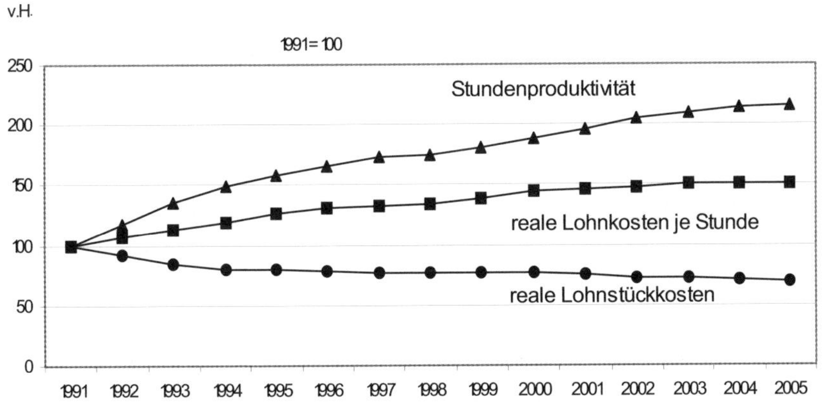

1) Veränderung der realen Lohnkosten in Relation zur Veränderung der Produktivität. Werte unter 100 zeigen das Zurückbleiben der Lohnkosten hinter der Produktivität an (= Lohnzurückhaltung)
Eigene Berechnungen nach Angaben der Statistischen Landesämter

Diese Behauptung stellt den tatsächlichen Verlauf auf den Kopf (siehe dazu auch die Ausführungen zur Entlassungsproduktivität in A III. 3.2 und B II. 2.4). Tatsache ist nämlich: Erst durch die Einführung neuester westlicher Produktionstechniken und arbeitssparender sowie zusätzlichen Arbeitsdruck erzeugender Rationalisierungs- und Organisationsformen wurden zur Produktionssteigerung massenhaft weniger Arbeitskräfte benötigt. Immer mehr Produktion konnte dauerhaft von erheblich weniger Arbeitskräften produziert werden. Krass zum Ausdruck gebracht: Die installierte westdeutsche Produktivität fraß die ostdeutschen Arbeitsplätze. Da half es den ostdeutschen Arbeitnehmern auch nicht, dass ihre Löhne nur halb so hoch (1991 49,6 %) waren wie in Westdeutschland.

Selbst im Jahre 2005 lagen die ostdeutschen Lohnkosten je geleisteter Jahresarbeitsstunde noch 27,7 % unter den westdeutschen. Aufgrund der Erfahrung der letzten Jahre ist auch in den nächsten Jahren keine wesentliche Veränderung des Abstandes zum westdeutschen Lohnniveau zu erwarten. Denn die Gewerkschaften hatten es wegen der katastrophalen Arbeitsmarktlage trotz aller Anstrengungen sehr schwer, einen deutlicheren Aufholerfolg zu erzielen.

Tabelle 26 und das Schaubild dazu zeigen jedenfalls eindeutig: In Ostdeutschland nahmen insbesondere bis 1994 die Reallöhne ganz erheblich langsamer zu als die Produktivität. Dadurch verhalf die Lohnpolitik den Gewinnen auf die Beine und zum Laufen. Auch in den Jahren danach sorgte Lohnzurückhaltung (= fallende reale Lohnstückkosten) für ein weiteres Gedeihen der Gewinne.

An dieser Stelle muss nochmals auf die große Schwäche von Zeitreihen der Lohnstückkosten hingewiesen werden. Das deutlich stärkere Sinken der ostdeutschen Lohnstückkosten als der westdeutschen sagt nämlich nichts darüber aus, ob die ostdeutschen Lohnstückkosten in absoluter Höhe niedriger sind als die westdeutschen. Deshalb wird in A III. 7.2 ein Niveau-Vergleich Ost- zu Westdeutschland ausführlich im Blickpunkt stehen. Um das Ergebnis vorwegzunehmen: In Ostdeutschland sind die Lohnstückkosten entgegen der landläufigen Meinung niedriger als in Westdeutschland, was eigentlich wegen der niedrigeren Löhne in Ostdeutschland auch nicht verwunderlich ist.

5.3 Lohnstückkosten, Wirtschaftswachstum und Beschäftigung

5.3.1 Kein Zusammenhang zwischen Lohnstückkosten und Wirtschaftswachstum

Steigende nominale Lohnstückkosten stehen auch deshalb in der öffentlichen Kritik, weil ihr möglicher Preiseffekt schädlich für das Wirtschaftsklima und schlecht für die zukünftige Produktions-, Gewinn- und Investitionskalkulation sei. Vor allem würden zunehmende reale Lohnstückkosten zu Lasten der Gewinne und damit zu Lasten von Wirtschaftswachstum und Beschäftigung gehen. Kurzum: Steigende Lohnstückkosten würden das Wirtschaftswachstum beeinträchtigen.

Derartige Auswirkungen lassen sich in der ökonomischen Realität der letzten Jahrzehnte beileibe nicht finden. Im Gegenteil: Wie Tabelle 27 und das Schaubild dazu zeigen, war in den siebziger Jahren der Zuwachs der nominalen Lohnstückkosten mit 5,6 % und der realen Lohnstückkosten – wenn auch nur mit 0,4 % – am größten. Dennoch expandierte gleichzeitig die Wirtschaft mit 2,8 % kräftig und stärker als in den nachfolgenden Dekaden. Obwohl im Zeitraum 1990 bis 2005 die nominalen Lohnstückkosten jahresdurchschnittlich nur um mäßige 1,1 % zunahmen und die realen Lohnstückkosten sogar jahresdurchschnittlich um 0,2 % sanken, entfaltete das Wirtschaftswachstum mit 1,4 % nur eine schwache Kraft.

Daraus lässt sich nun nicht der Umkehrschluss ziehen, heftige Lohnstückkostenzuwächse würden starkes Wirtschaftswachstum auslösen, schwache Lohnstückkostenzuwächse hingegen lahmes Wirtschaftswachstum. Die Ursachen für die unterschiedliche Wachstumsdynamik in den 70er und 90er Jahren lag in der differierenden Ausweitung der Binnennachfrage, zu der vor allem die unterschiedliche Lohnentwicklung beitrug.

Eines lässt sich allerdings zweifelsfrei feststellen: Hohe Lohnstückkostensteigerungen sind mit kräftigem Wirtschaftswachstum vereinbar und mäßige Lohnstückkostenzuwächse verhindern keine lang anhaltende Wirtschaftsflaute.

Tabelle 27
Lohnstückkosten, Verbraucherpreise, Wirtschaftswachstum und Beschäftigung – Veränderung in % – Westdeutschland

Durchschnitt der Jahre	Lohnstückkosten nominale	Lohnstückkosten reale	Verbraucher-preise	Wirtschafts-wachstum	Arbeitsvolumen der Arbeitnehmer
1970-1980	5,6%	0,4%	5,1%	2,8%	-0,3%
1980-1990	2,0%	-0,7%	2,6%	2,3%	0,0%
1990-2005	1,1%	-0,2%	2,0%	1,4%	-0,3%

Eigene Berechnungen nach Angaben der Statistischen Ämter von Bund und Ländern

Schaubild zu Tabelle 27
Reale Lohnstückkosten, Wirtschaftswachstum und Arbeitsvolumen
Jahresdurchschnittliche Veränderungen im Zeitraum in v.H.
Westdeutschland

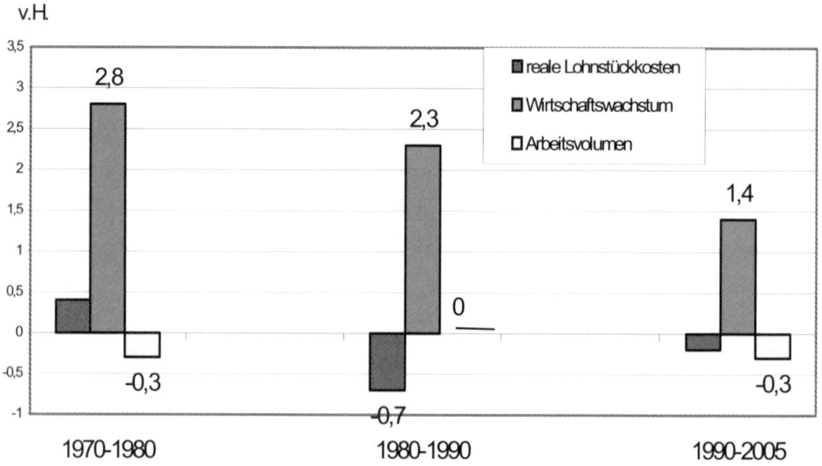

Eigene Berechnungen nach Angaben der Statistischen Ämter von Bund und Ländern

Diese Fakten sollten alle neoklassischen Theoretiker und ihre wirtschaftspolitischen Anhänger in Medien und Politik zur Kenntnis nehmen und verinnerlichen.

5.3.2 Kein Zusammenhang zwischen Lohnstückkosten und Beschäftigung

Bei der Gegenüberstellung von Lohnstückkosten und Beschäftigung ist Ähnliches zu konstatieren wie beim Wirtschaftswachstum. Dies überrascht nicht, denn der Zusammenhang von Wirtschaftswachstum und Arbeitsvolumen ist eng. Das Arbeitsvolumen, das ist die von allen Arbeitnehmern insgesamt geleistete Jahreszeit, ist die originäre Größe und das ökonomisch richtige Maß der Beschäftigung.

In den 70er Jahren war der Rückgang des Arbeitsvolumens trotz eines deutlich stärkeren Anstiegs der Lohnstückkosten mit jahresdurchschnittlich –0,3 % genau so groß wie in den Jahren von 1990 bis 2005. Auch beim deutlichen Rückgang der realen Lohnstückkosten in den 80er Jahren war keine Ausdehnung des Arbeitsvolumens festzustellen.

Somit lässt sich auch hier zweifelsfrei feststellen: Die hohen Lohnstückkostensteigerungen der 70er Jahre gingen mit denselben Beschäftigungsergebnissen einher wie die mäßigen Lohnstückkostensteigerungen in den 90er Jahren bis heute. In der Vergangenheit bestand offensichtlich kein Zusammenhang von Lohnstückkosten und Beschäftigung.

6. Aussagewert der absoluten Höhe der Lohnstückkosten ist sehr begrenzt

Mit der Darstellung der sehr begrenzten Aussagekraft der absoluten Höhe des Lohnstückkosten-Niveaus betreten wir nunmehr die Hauptkampfarena in der Auseinandersetzung mit der Übermacht der Arbeitgeber-Argumentation in Wissenschaft, Medien und Politik.

Diese Hauptkampfbahn wurde bisher von allen Kritikern der von den Unternehmerinteressen dominierten Wirtschafts- und Reformpolitik gemieden. Das war ein gravierender Fehler. Er schwächte die Durchschlagskraft ihrer Argumente. Denn darüber hätten sich die Kritiker im Klaren sein sollen: Alle sogenannten Reformen und die den Forderungen der Unternehmer nachgebende Wirtschafts- und Finanzpolitik sind mit das Resultat der Öffentlichkeitsarbeit der Arbeitgeberverbände und ihrer unzähligen Helfershelfer in den Medien und in der Politik.

Der Öffentlichkeit wird pausenlos eingeredet, in Deutschland seien im internationalen Vergleich die Löhne zu hoch und Ursache der Arbeitslosigkeit. Dies gelte insbesondere für Ostdeutschland mit seinen – an der Produktivität gemessen – zu hohen Löhnen.

Dieser Argumentation muss man sich bedingungslos in voller Breite stellen. Man darf es nicht mit dem Hinweis bewenden lassen, in Deutschland seien die Lohnstückkosten schwächer gestiegen als bei unseren Hauptkonkurrenten auf dem Weltmarkt. Denn selbst dann können die Lohnstückkosten in Deutschland immer noch höher liegen als in anderen Ländern, falls das deutsche Ausgangsniveau entsprechend höher war. Die Kritiker sahen weitgehend tatenlos zu, wie das Arbeitgeberinstitut mit seinen internationalen Vergleichen der Stundenlöhne und der absoluten Höhe der Lohnstückkosten im Verarbeitenden Gewerbe seit langem die Szene beherrschte.

Dagegen tritt der Verfasser nunmehr an. Zum gründlichen Verständnis des nachfolgenden Textes sei die Lektüre der jeweiligen Verweise auf Teil B empfohlen.

6.1 Zielsetzung der Berechnung des Lohnstückkosten-Niveaus

Mittels der Berechnung des Lohnstückkosten-Niveaus will man die lohnkostenmäßige Belastung von Ländern, Branchen oder Regionen vergleichen. Man stellt also die Lohnstückkosten gegenüber und nicht die Lohnhöhe. Denn die Darstellung der Lohnhöhe allein – also nur eines Teiles der Lohnstückkosten – besagt nämlich zu wenig. Dazu ein Beispiel (vgl. Tabelle 28):

Die jährlichen Arbeitskosten je Arbeitnehmer betrugen im Jahr 2006 in EUR

Deutschland	Frankreich	Niederlande	Portugal
33.004	40.334	36.043	19.061

Sie waren also in Frankreich und den Niederlanden höher als in Deutschland, in Portugal nur halb so hoch.

Um jedoch die internationale Wettbewerbsfähigkeit dieser Länder einschätzen zu können, müssen die Lohnkosten ins Verhältnis zur erzielten Produktionsleistung je Erwerbstätigen (Arbeitsproduktivität) gesetzt werden. Und genau das sind die Lohnstückkosten.

Die Arbeitsproduktivität belief sich auf:

Deutschland	Frankreich	Niederlande	Portugal
58.994	70.455	63.556	30.097

Damit stellten sich die Arbeitskosten je Arbeitnehmer im Verhältnis zum Produktionsergebnis je Erwerbstätigen, also die Lohnstückkosten, auf:

Deutschland	Frankreich	Niederlande	Portugal
55,9 %	57,2 %	56,7 %	63,3 %

Die deutschen Lohnstückkosten waren knapp niedriger als die französischen und niederländischen und deutlich geringer als in Portugal, dem Billiglohnland.

So weit, so gut. Die Sache hat jedoch zahlreiche Haken. Nachfolgend werden anhand eines Vergleichs des ostdeutschen Lohnstückkosten-Niveaus mit dem westdeutschen wichtige Störfaktoren aufgezeigt (siehe A III., 6.2.1 bis 6.2.3) und anschließend bei einem internationalen Vergleich des Lohnstückkosten-Niveaus zusätzliche Verzerrungselemente aufgedeckt (A III. 6.2.4 bis 6.2.8).

6.2 Die Verzerrungsfaktoren des Lohnstückkosten-Niveaus

Der regionale und internationale Vergleich der absoluten Höhe der Lohnstückkosten wird spürbar beeinträchtigt durch zahlreiche Verzerrungsfaktoren. Sie können nur in Ausnahmefällen – falls entsprechendes Datenmaterial vorliegt – zum Teil eliminiert werden. Bei internationalen Vergleichen ist dies bei den meisten Faktoren nicht möglich.

6.2.1 Unterschiedliche Kapitalintensität

Eine Störquelle liegt bereits in der stets verwendeten Konstruktion der Arbeitsproduktivität. Sie wird deswegen Arbeitsproduktivität genannt, weil das gesamte Produktionsergebnis allein auf die Zahl der Erwerbstätigen(stunden) bezogen wird. In Wirklichkeit wird die Produktion selbstverständlich nicht allein vom Arbeitseinsatz, sondern auch vom Kapitaleinsatz[1] (einschließlich Boden) erzielt. Insofern ist die sogenannte Arbeitsproduktivität nicht die Produktivität des Produktionsfaktors Arbeit. Da sich in ihr auch der Kapitaleinsatz niederschlägt ist – unter sonst gleichen Bedingungen – die so gemessene Arbeitsproduktivität umso höher, je größer die Kapitalintensität eines Unternehmens ist. So war im Jahre 2002 z.B. die Arbeitsproduktivität je Erwerbstätigen in der Energie- und Wasserversorgung 4,8-mal größer als im Handel. Allerdings war die Kapitalintensität in der Energie- und Wasserversorgung mit 1,3 Mio. EUR je Arbeitsplatz beträchtlich größer als im Handel mit 30.000 EUR. Es ist einleuchtend, dass die Arbeitnehmer in der Energieversorgung nicht einen 4,8mal höheren Lohn erhalten können wie die Arbeitnehmer im Handel, denn in der Energieversorgung fallen erheblich mehr Kapitalkosten an.

Daraus ergibt sich für die Lohnstückkostenberechnung eine äußerst bedeutsame Konsequenz: Je größer die von der Kapitalintensität mitbeeinflusste Arbeitsproduktivität ist, desto niedriger sind die Lohnstückkosten. (Denn die Arbeitsproduktivität steht im Nenner des Quotienten

[1] Daneben wirken noch andere Produktionsfaktoren mit, wie der technische Fortschritt, den man sich allerdings an das Kapital gebunden vorstellen kann, und die öffentliche Infrastruktur im weiteren Sinne.

der Lohnstückkosten). Kapitalintensive Branchen haben also normalerweise erheblich niedrigere Lohnstückkosten als arbeitsintensive, selbst wenn in den kapitalintensiven Branchen höhere Löhne gezahlt werden. So betrugen z.B. in Ostdeutschland die Lohnstückkosten in der kapitalintensiven Energie- und Wasserversorgung nur 38 %, im arbeitsintensiven Handel dagegen 78 %, obwohl in der Energie- und Wasserwirtschaft höhere Löhne gezahlt wurden als im Handel.

Obwohl dieser Sachverhalt einfach und einleuchtend ist, wurde er bei den bisherigen Analysen des Lohnstückkosten-Niveaus entweder nicht erkannt oder unter den Tisch fallen gelassen, z.B. bei dem oft vom Sachverständigenrat und von den Wirtschaftsforschungsinstituten aufgeführten Vergleich des ostdeutschen Lohnstückkosten-Niveaus mit dem westdeutschen. Wie der Verfasser in B II. 4.6 nachweist, würden die ostdeutschen Lohnstückkosten um rd. 6 % geringer ausfallen, wenn Ostdeutschland, das gesamtwirtschaftlich eine um ein Fünftel geringere Kapitalintensität als Westdeutschland aufweist, dieselbe Kapitalintensität wie Westdeutschland hätte.

Aber auch gleiche Wirtschaftsbereiche und Branchen können im internationalen und interregionalen Vergleich unterschiedlich kapitalintensiv sein. So sind z.B. der deutsche Maschinenbau oder der Anlagenbau wegen seiner Spezialmaschinen und maßgeschneiderten Sonderanfertigungen und -bauten arbeitsintensiver als in vielen anderen Ländern. Ähnliches gilt für die Stahlproduktion (Spezialstähle), den Stahlbau oder die Chemische Industrie, die in Deutschland wegen vieler arbeits- und forschungsintensiver Spezialprodukte tendenziell höhere Lohnstückkosten aufweist als die von höherer Kapitalintensität dominierte chemische Grundstoffproduktion in manchen anderen Ländern. Diese höhere Arbeitsintensität führt in Deutschland zu tendenziell höheren Lohnstückkosten als in vielen anderen Ländern. Dies beeinträchtigt den internationalen Vergleich. Allein schon wegen dieser unterschiedlichen Kapitalintensität der Länder und ihrer Branchen verliert der vom Arbeitgeberinstitut (IW) immer wieder ins Feld geführte internationale Lohnstückkosten-Vergleich für das Verarbeitenden Gewerbes erheblich an Wert. An anderer Stelle (A III. 3.1.1 und 3.1.2) wurde bereits zusätzliche Kritik an den Zahlen des IW geübt.

6.2.1.1 Exkurs: Zunehmende Kapitalintensität wegen zu hoher Löhne?

Eine der zentralen Thesen der neoklassischen Lohntheorie behauptet, die Kapitalintensität nähme wegen zu hoher Löhne zu. Arbeit würde dann durch Kapital ersetzt (substituiert) bzw. bei steigender Produktion würde die Beschäftigung nicht so stark zunehmen wie ohne Kapitalsubstitution. Dazu ist festzustellen:

1. Die zunehmende Kapitalintensität ist weit überwiegend eine Folge der technologischen Entwicklung und nicht zu hoher Löhne. In fast allen Fällen ist die Effizienz des technischen Fortschritts so groß, dass auch dann vermehrt Kapital eingesetzt wird, wenn die Löhne deutlich sinken würden. Oder glaubt man ernsthaft, dass vollautomatisierte Produktionsprozesse in der Industrie, die Computerisierung im Bank- und Versicherungswesen, leistungsstarke Baumaschinen, um nur einige der unzähligen Beispiele zu nennen, nicht eingeführt worden wären, wenn die Löhne niedriger gewesen wären?

2. Man sollte deshalb die Verfechter der neoklassischen These auffordern, einige aktuelle Beispiele mit gesamtwirtschaftlichem Gewicht dafür zu nennen, in denen wegen zu hoher Löhne Arbeit durch Kapital ersetzt wurde bzw. den Nachweis zu erbringen, dass bei geringeren Löhnen die Investition unterlassen worden wäre. Dabei wäre eine Unterstellung von extrem niedrigen Löhnen, z.B. die Hälfte der heutigen Höhe, nicht seriös.

3. Wenn die Behauptung stimmen würde, dann müsste nachgewiesen werden, dass in Zeiten mäßiger Lohnentwicklung der Verlauf der Kapitalintensität immer flacher war als in Zeiten starker Lohnsteigerungen. Dieser Nachweis kann nicht erbracht werden. So hat die Kapitalintensität von 1980 bis 1991 mit jahresdurchschnittlich 1,4 % weniger zugenommen als im Zeitraum 1991 bis 2004 mit 2,2 %, obwohl in den 80er Jahren der reale Stundenlohn jahresdurchschnittlich mit 1,9 % stärker zugenommen hatte als im Zeitraum 1991 bis 2004 mit 0,8 %. Die Trendlinie der Kapitalintensität strebt ständig nach oben, unbeirrt von Unterschieden in den jährlichen Lohnraten

und unbeeindruckt von der in diesem Zeitraum vorherrschenden Lohnzurückhaltung.

Abgesehen davon kann ein veränderter Verlauf der Kapitalintensität auch von einer veränderten Art der technologischen Entwicklung beeinflusst werden. Der steile Anstieg der Kapitalintensität seit den 90er Jahren ist insofern deshalb erstaunlich, weil z.B. mit der Verbilligung der Computer eine kapitalsparende Art des technischen Fortschritts im Vormarsch war, die eine Verminderung des Zuwachses der Kapitalintensität hätte vermuten lassen.

Wahrscheinlich spielten jedoch bei der unvermindert ansteigenden Kapitalintensivierung auch die gesunkenen Kapitalkosten eine Rolle.

6.2.2 Unterschiedliche Wirtschaftsstruktur

Die unterschiedliche Wirtschaftsstruktur ist ein weiterer Verzerrungsfaktor. Er ist in der Realität vermischt mit der Komponente unterschiedliche Kapitalintensität. Er ist jedoch eigenständig.

Beide Effekte können gedanklich wie folgt auseinander gehalten werden:

Bereits innerhalb jeder Region und innerhalb jeden Landes haben die verschiedenen Wirtschaftsbereiche[1] und Branchen unterschiedliche Lohnstückkosten, die zum Teil auf ihre unterschiedliche Kapitalintensitäten, aber auch auf andere Faktoren (z.B. technologische Entwicklung, Kapazitätsauslastung), zurückgehen.

Vergleicht man nun die verschiedenen Regionen, Wirtschaftsbereiche und Länder, die normalerweise alle unterschiedliche Wirtschaftsstrukturen mit unterschiedlichen Lohnstückkosten haben, miteinander, so ergeben sich in einem Vergleich allein schon durch die differierende Wirtschaftsstruktur der Gesamtwirtschaft, der Regionen und der Wirtschaftsbereiche (z.B. Verarbeitendes Gewerbe) Abweichungen bei den Lohnstückkosten. Dieser Effekt tritt auch dann ein, wenn in den

[1] In der amtlichen Statistik versteht man unter Wirtschaftsbereich einen übergeordneten Sektor, z.B. Verarbeitendes Gewerbe, der dann unterteilt ist in einzelne Wirtschaftszweige (Branchen), z.B. Chemische Industrie, Maschinenbau u.v.a.

einzelnen Branchen eines Landes oder einer Region die Lohnstückkosten so hoch wären wie in den betreffenden Branchen des anderen Landes oder der anderen Region. Ein Unterschied im gesamtwirtschaftlichen Lohnstückkosten-Niveau käme dann allein durch die abweichende Wirtschaftsstruktur zustande. Um ein Beispiel zu geben: Ein Land mit einem überdurchschnittlich hohen Anteil an arbeitsintensiven Dienstleistungen (z.B. USA) hat dadurch tendenziell höhere Lohnstückkosten als ein Land mit geringerem Dienstleistungsanteil.

Aber selbst innerhalb einer einzelnen Branche können sich z.B. durch unterschiedliche Betriebsgrößen oder unterschiedliche Anteile des Handwerks Divergenzen ergeben. So sind die Lohnstückkosten bei kapitalintensiven Großunternehmen geringer als bei Kleinunternehmen oder bei handwerklicher Produktion, so dass im internationalen Vergleich die Lohnstückkosten bereits im Branchendurchschnitt verzerrt sein können, falls das Verhältnis von Groß- zu Kleinbetrieben in den einzelnen Ländern unterschiedlich groß ist. Bei unserer Kritik an der Arbeitgeber-Berechnung des Lohnstückkostenniveau-Vergleiches für das Verarbeitende Gewerbe werden wir darauf zurückkommen.

Selbst wenn man für ein einzelnes Unternehmen derselben Branche international die Lohnstückkostenniveaus vergleicht, können sich Verwerfungen ergeben, z.B. wegen eines möglicherweise bestehenden unterschiedlichen Ausgliederungsgrads von lohnintensiven, betriebsbezogenen Dienstleistungen, die sich dann allerdings im Nachhinein in höheren Vorleistungen niederschlagen. Wenn z.B. in den USA lohnkostenintensive Dienstleistungen aus einem Unternehmen oder bestimmten Branchen ausgegliedert worden sind, die in Deutschland im Unternehmen selbst erbracht werden, ergibt sich bereits dadurch – rein lohnstückkostenmäßig betrachtet – eine Besserstellung des einzelnen amerikanischen Unternehmens bzw. der Branche[1]. Die ausgegliederten

[1] Durch die Ausgliederung vermindert sich zwar neben der Lohnsumme auch die Bruttowertschöpfung. Wenn die ausgelagerten Bereiche jedoch überdurchschnittlich lohnintensiv sind, ist die Verminderung der Bruttowertschöpfung prozentual geringer als die der Lohnsumme: Die im Unternehmen verbleibenden Lohnstückkosten werden geringer.

Dienstleistungen kehren jedoch als eingekaufte Vorleistungen zurück und erhöhen entsprechend die Vorleistungskosten.

Gedanklich kann man nun vom Wirtschaftsstruktureffekt den reinen Kapitalintensitätseffekt trennen. Selbst wenn in den zu vergleichenden Regionen und Ländern die Wirtschaftsstruktur gleich wäre, dann wird allein die normalerweise von Land zu Land unterschiedliche Kapitalintensität in den einzelnen Branchen zu differierenden gesamtwirtschaftlichen Lohnstückkosten führen.

Die beiden Verzerrungsfaktoren treten üblicher Weise gemeinsam auf und gehen ineinander über, wobei der Gesamteffekt meistens wegen mangelnder Daten nicht eindeutig zu beziffern ist.

Um ein Beispiel zu nennen: in Ostdeutschland sind die von den Verzerrungen unbereinigten Lohnstückkosten allein deswegen minimal (1 %) höher als in Westdeutschland, weil

a) der Anteil der arbeitsintensiven privaten und öffentlichen Dienstleistungen an der Gesamtwirtschaft in Ostdeutschland größer ist als in Westdeutschland (Wirtschaftsstruktureffekt) und

b) diese Dienstleistungen Ostdeutschlands darüber hinaus noch arbeitsintensiver, d.h. weniger kapitalintensiv, sind als in Westdeutschland (Kapitalintensitätseffekt).

Die Auswirkungen der beiden Verzerrungsfaktoren Wirtschaftsstruktur und Kapitalintensität kumulieren (siehe Teil B II. 3.3). Da im internationalen Vergleich keine Daten über die unterschiedlichen Kapitalintensitäten und meistens sogar noch nicht einmal die Differenzierung nach Wirtschaftsbereichen oder gar Branchen vorliegen, kann man ihren gesonderten Einfluss nicht herausfiltern. Man muss sich deshalb leider international mit von den Verzerrungen unbereinigten Lohnstückkosten-Niveaus begnügen. Zumindest eine einheitliche Wirtschaftsstruktur müsste unterlegt werden, um die gröbste Verzerrung auszuschalten. Das hat jedoch das Arbeitgeberinstitut bei seinem internationalen Vergleich des Lohnstückkosten-Niveaus im Verarbeitenden Gewerbe nicht getan bzw. konnte es wohl nicht. Da das Verarbeitende Gewerbe insgesamt in den verschiedenen Ländern unterschiedliche Anteile von einzelnen Branchen (z.B. Maschinenbau, Fahrzeugbau,

Textilgewerbe) aufweist und selbst innerhalb derselben Branchen zwischen den Ländern unterschiedliche Kapitalintensitäten bestehen, verliert auch deswegen der vom Arbeitgeberinstitut vorgenommene internationale Vergleich des Lohnstückkosten-Niveaus an Aussagewert.

Hätte z.B. Ostdeutschland dieselbe Wirtschaftsstruktur wie Westdeutschland, dann würde allein dadurch das gesamtwirtschaftliche Lohnstückkosten-Niveau Ostdeutschlands um 6,3 % niedriger sein.

Dabei ist noch nicht berücksichtigt, dass in Ostdeutschland viele Branchen weniger kapitalintensiv sind als in Westdeutschland. In Ostdeutschland ist die Kapitalintensität um ein Fünftel geringer als in Westdeutschland. Ein Teil davon stammt aus der weniger kapitalintensiven Wirtschaftsstruktur. Der andere Teil rührt daher, dass viele Branchen in Ostdeutschland weniger kapitalintensiv sind als die entsprechenden Branchen in Westdeutschland. Nach den Berechnungen in B II. 4.6 verursacht allein die um ein Fünftel geringere Kapitalintensität in Ostdeutschland ein um 6 % höheres Lohnstückkosten-Niveau. Ein Teil davon wird von der oben unterlegten Vereinheitlichung der Wirtschaftsstruktur aufgefangen. D.h. er ist in dem Rückgang der Lohnstückkosten um 6,3 % enthalten, der sich bei Zugrundelegung einer einheitlichen Wirtschaftsstruktur ergibt. Der andere Teil, der allein daraus resultiert, dass in Ostdeutschland viele Branchen weniger kapitalintensiv sind als in Westdeutschland, schlägt sich in der Vereinheitlichung der Wirtschaftsstruktur jedoch nicht nieder. Er macht schätzungsweise rund die Hälfte des gesamten Kapitalintensitätseffektes von 6 % aus, also rd. 3 %. Die Schätzung ließe sich nur verbessern, wenn für die einzelnen Branchen die Kapitalintensitäten veröffentlicht wären oder überhaupt zur Verfügung stünden; sie liegen jedoch nicht vor.

Allein durch die statistisch-methodisch notwendige Unterstellung einer einheitlichen Wirtschaftsstruktur und gleicher Kapitalintensität würden somit die ostdeutschen Lohnstückkosten um 9,3 % abgesenkt und lägen damit um 8,3 % unter den westdeutschen.

Bereits dieses Ergebnis steht im Gegensatz zu der seit sechzehn Jahren pausenlos von den Arbeitgebern und in großen Teilen der Wissenschaft, Politik und Medien verbreiteten Behauptung, in Ostdeutschland seien die Lohnstückkosten zu hoch und der Hauptgrund für die dort katastrophal hohe Arbeitslosigkeit. Diese Behauptung wurde bisher von der Öffentlichkeit und selbst von den Kritikern des Arbeitgeberlagers wehr- und kampflos hingenommen. Sie ist nunmehr allein schon durch die Berücksichtigung der unterschiedlichen Wirtschafts- und Kapitalstruktur Ostdeutschlands entzaubert.

Erst die Unterstellung von einheitlicher Wirtschaftsstruktur und gleicher Kapitalintensität in den Branchen würde einen regionalen oder internationalen Lohnstückkosten-Vergleich statistisch-methodisch aussagefähiger machen. Aber die Bereinigung dieser beiden Verzerrungsfaktoren reicht nicht aus. Denn es existieren noch weitere.

6.2.3 Unterschiedliches Preisniveau

Der ursprüngliche Zweck der Berechnung der Lohnstückkosten ist die Abschätzung der Lohnkostenbelastung, bezogen auf die mengenmäßige Produktion. Dadurch sollen Rückschlüsse auf die lohnkostenbedingte Preisbelastung der Produktion ermittelt werden. Daher stammt auch ihr Name Lohn„stück“kosten, denn die Lohnkosten sollten auf die Produktionsmenge („Stücke“) bezogen werden. Diese Vorgehensweise erscheint plausibel, wenn man sie auf ein einzelnes homogenes Gut, z.B. eine Tonne Stahl, bezieht. Ein solcher Fall der Anwendung ist jedoch eine äußerst seltene Ausnahme.

So simpel diese Vorgehensweise für ein einzelnes Gut sein kann, so unüberwindlich sind die Hürden in der Praxis, wenn man sie auf internationale und interregionale Vergleiche des Niveaus der Lohnstückkosten anwenden will. Denn für Volkswirtschaften, Regionen, Branchen und sogar für fast alle Unternehmen lässt sich die absolute Höhe der Produktionsmenge nicht in einer einheitlichen Mengeneinheit messen. Wie will man z.B. die Summe aus Stahl, Schuhen und Tapezierer-Arbeiten in einer einheitlichen Mengeneinheit fassen? Volkswirtschaften, Regionen, Branchen erstellen unzählige verschiedenartige Güter und Dienstleistungen, und selbst fast jedes Unternehmen erbringt mehrere unterschiedliche Güter und Dienstleistungen.

Ein einheitliches absolutes Mengenniveau ist nicht darstellbar!

Addiert und einheitlich gemessen werden können die Güter und Dienstleistungen nur, wenn sie mit ihren Preisen bewertet werden, wenn also ihre Produktionswerte zusammengefasst werden. Mit der Einbeziehung der Preise ist dann jedoch bereits die Größe enthalten, deren Beeinflussung durch die Lohnkosten ja gerade herausgefunden werden soll.

Man ist also gezwungen, die Lohnstückkosten in Produktionswerten – also eben nicht in Produktionsmengen – zu berechnen. Wenn in zwei Ländern oder Regionen das Preisniveau verschieden ist, dann stehen bei gleichem Produktionswert unterschiedliche Produktionsmengen, auf die man ja eigentlich abzielen will, dahinter.

Diese methodische Überlegung ist von erheblicher Bedeutung für einen Vergleich des Niveaus der Lohnstückkosten Ostdeutschlands mit dem Westdeutschlands. Denn das gesamtwirtschaftliche Preisniveau wurde für Ostdeutschland im Jahre 2000 um 10 %[1] niedriger geschätzt als für Westdeutschland. In der Zwischenzeit ist das Preisniveau des Bruttoinlandsprodukts in Ostdeutschland um rd. ein Prozent stärker angestiegen als in Westdeutschland. Nimmt man vorsichtshalber noch eine Schätzmarge von zwei Prozent nach unten hinzu, so kann man gesamtwirtschaftlich von einem höchstwahrscheinlich mindestens rd. 7 % niedrigeren Preisniveau des Bruttoinlandsprodukts in Ostdeutschland ausgehen. Das bedeutet umgekehrt, dass in Westdeutschland das Preisniveau um mindestens 7,5 % (1/0,93 = 1,075) größer ist als in Ostdeutschland. Würden in Ostdeutschland für die Produktionsmengen die westdeutschen Preise gelten, wären die Produktionswerte und damit auch die Wertproduktivität um 7,5 % höher. Eine um 7,5 % höhere Wertproduktivität würde – da sie im Nenner steht – die Lohnstückkosten um 7 % (1/1,075 = 0,93) verringern.

Oder anders gewendet: Legt man den Lohnstückkosten nicht die Produktionswerte, sondern – was richtig wäre – die Produktionsmengen (Lohn„stück"kosten) zugrunde, so stehen die ostdeutschen Lohnstückkosten gegenüber Westdeutschland um 7 % besser da als bei einem wertmäßigen Vergleich.

Diese Beeinträchtigung des Ost-West-Vergleichs des Lohnstückkosten-Niveaus durch das unterschiedliche Preisniveau war bisher nicht

[1] Vgl. Institut für Wirtschaftsforschung, Halle: Wirtschaft im Wandel, Sonderheft 3/2001, Produktivitätsunterschiede und Konvergenz von Wirtschaftsräumen, S. 65.

entdeckt worden, auch nicht vom Sachverständigenrat und den Wirtschaftsforschungsinstituten.

Unter Berücksichtigung des um rd. 7 % niedrigeren Preisniveaus in Ostdeutschland liegen die mengenmäßigen Lohnstückkosten Ostdeutschlands, die bei Wertproduktivität nach Tabelle 30 noch um 1,0 % höher sind als die westdeutschen, um 6,1 % unter dem westdeutschen Niveau.

Um in einem interregionalen oder internationalen Vergleich eine Brücke von den Lohnstückkosten auf Wertebasis zur Mengenbasis bauen zu können, müssen also die Preisrelationen zwischen diesen Regionen bzw. Ländern bekannt sein.

Das Statistische Amt der Europäischen Union (Eurostat) berechnet über sogenannte Kaufkraftparitäten ein grobes Maß für die Preisrelationen des Bruttoinlandsprodukts.[1]

Diese Preisrelationen erlauben für Länder innerhalb eines einheitlichen Währungsraumes, z.B. für die Euroländer, einen Übergang der Lohnstückkosten von der Wertebasis zur Mengenbasis, wie er gerade zuvor im Vergleich Ostdeutschland zu Westdeutschland vorgeführt wurde. Hier ein Beispiel: Beim Lohnstückkosten-Niveau auf Wertebasis lagen die Niederlande im Jahre 2006 um 1,4 % über dem deutschen. Nach der von uns benutzten ameco-Datenbank der Kommission der Europäischen Union war in den Niederlanden das Preisniveau für das Bruttoinlandsprodukt um 1,2 % höher als in Deutschland. Verglichen mit Deutschland steckte also in den Niederlanden in jeder wertmäßigen Bruttoinlandsprodukt-Einheit eine um 1,2 % niedrigere Menge an Bruttoinlandprodukt. Addiert man diese 1,2 % mit dem auf Wertebasis bestehenden deutschen Vorteil von 1,4 %, ergibt sich für Deutschland ein nur um 2,6 % günstigeres Lohnstückkosten-Niveau auf Mengenbasis.

Für Länder, gegenüber denen ein Wechselkurs besteht, ist eine derartige Umrechnung ökonomisch wenig sinnvoll. Mit den Kaufkraftparitäten des Bruttoinlandsproduktes kann man zwar die in unterschiedlichen nationalen Währungen ausgedrückten Produktionswerte in einheitliche Mengeneinheiten umrechnen, aber für die Lohnkosten macht

[1] Nähere Einzelheiten dazu in Teil B II. 4.3.1.

diese Umwandlung mit demselben Umrechnungsfaktor keinen Sinn. Denn dann würden die Lohnstückkosten unverändert bleiben, da sich Zähler und Nenner im selben Ausmaß wandeln. Es verbleibt deshalb für die Arbeitnehmerentgelte nur eine Umrechnung durch Wechselkurse. Der Wechselkurs ist jedoch keine echte Preisrelation. Denn selbst wenn alle Preise und damit auch der Umrechnungsfaktor für das Bruttoinlandsprodukt, die Löhne und die Produktion in zwei Ländern konstant blieben und sich nur der Wechselkurs änderte, würde das Arbeitnehmerentgelt einen anderen Wert annehmen. Dadurch würden die Lohnstückkosten mit dem Wechselkurs schwanken und zwar unabhängig davon, ob das Bruttoinlandsprodukt in nationaler Währung oder in Kaufkraftparitäten bewertet wird. Für die in Tabelle 28 aufgeführten Länder USA, Japan, Großbritannien und Polen sind die in Kaufkraft angegebenen Daten für die Lohnstückkosten also bestenfalls Momentaufnahmen, die sich bei jeder Wechselkursbewegungen sofort ändern. Mit diesem Argument sind die in Kaufkraftparitäten berechneten internationalen Lohnstückkosten-Niveaus des Arbeitgeberinstitutes für Länder außerhalb des Euro-Raums bisher nicht kritisiert worden. Das Arbeitgeberinstitut bringt daneben allerdings auch die üblichen wertmäßigen Lohnstückkosten. Nähere Einzelheiten und Erläuterungen werden in B II. 4.4 gegeben

Für Zeitreihen von Lohnstückkosten gilt nicht die Problematik von Wert- und Mengenproduktivität. Sie geben auch ohne Kenntnis der absoluten Höhe der Produktionsmengen die zeitliche Veränderung der Mengen wieder, und zwar mittels eines Produktionsindexes[1]. Bei ihm werden die Mengen an Gütern und Dienstleistungen mit ihren jeweiligen Preisen gewichtet, wobei die Preise eines gewählten Basisjahres über die nachfolgenden Jahre konstant gehalten werden. Da somit für Zeitreihen die Entwicklung der mengenmäßigen Produktion – und damit der eigentlichen Produktivität – angegeben werden kann, erfüllen Zeitreihen der Lohnstückkosten ihren Zweck: Die wertmäßigen Arbeitskosten werden ins Verhältnis zur mengenmäßigen Produktion bzw. Produktivität gesetzt. Damit kann der Einfluss der Löhne als einer der Bestimmungsgründe für die Produktpreise isoliert dargestellt werden.

[1] Zur Konstruktion eines Produktionsindexes siehe B II. 4.5

6.2.4 Unterschiedliche Kapazitätsauslastung

Der Vergleich des Lohnstückkostenniveaus für ein bestimmtes Jahr wird auch durch eine – meist konjunkturbedingte – unterschiedliche Kapazitätsauslastung beeinträchtigt. Eine zunehmende Kapazitätsauslastung im Konjunkturaufschwung lässt erfahrungsgemäß die Produktion stärker zunehmen als die Arbeitskosten, d.h. die Lohnstückkosten sinken. In einer Rezession nimmt die Produktion stärker ab als Lohn und Beschäftigung: Die Lohnstückkosten nehmen zu. Die internationalen Lohnstückkosten können somit allein durch eine unterschiedliche Konjunktursituation in den einzelnen Ländern differieren. Zum Beispiel herrschte im Jahr 1993 in Westdeutschland eine Rezession, in den USA ein deutlicher Konjunkturaufschwung. Der für 1993 festzustellende deutsche Lohnstückkostenvorteil gegenüber den USA war also sogar noch unterzeichnet.

Auch bei dem in Tabelle 29 für das Jahr 2006 dargestellten Lohnstückkosten-Vergleich ist zu beachten, dass in Ostdeutschland die neu aufgebauten Produktionskapazitäten nicht in dem Maße ausgelastet waren wie in Westdeutschland. Dies trifft insbesondere für das Baugewerbe und die neu erstellten Wirtschaftsbauten zu. Bei der gleichen Kapazitätsauslastung wie in Westdeutschland wären deshalb die Lohnstückkosten in Ostdeutschland geringer. Z.B. war im Jahr 2001 die Kapazitätsauslastung in Ostdeutschland um 3 % geringer als in Westdeutschland. Schätzungsweise resultiert daraus ein hälftiger Einfluss auf das Lohnstückkosten-Niveau. Eine höhere Auslastung um 3 % würde nur einen zusätzlichen Arbeitsaufwand von 1,5 % verursachen. Die Lohnstückkosten waren also in Ostdeutschland allein wegen der geringeren Kapazitätsauslastung um 1,5 % höher als in Westdeutschland.

Die zeitlichen Veränderungen der Lohnstückkosten unterliegen also konjunkturellen Einflüssen. Sie sind bei der Entwicklung der Zeitreihen zu beachten.

6.2.5 Unterschiedlicher Anteil der Umsatzsteuern am Bruttoinlandsprodukt bzw. an der Bruttowertschöpfung

Auch ein unterschiedlicher Anteil der Umsatzsteuern am Bruttoinlandsprodukt verzerrt den Niveauvergleich. Beispiel: In zwei Ländern A und B sei das Niveau der gesamtwirtschaftlichen Lohnstückkosten auf Wertebasis gleich. In Land A seien jedoch die indirekten Steuern, die in die Preise des Bruttoinlandsprodukts eingehen, geringer als im Land B. Somit sind im Land A die dahinter steckenden Produktionsmengen und damit die mengenmäßige Produktivität höher als in Land B. Da die Produktivität im Nenner des Quotienten der Lohnstückkosten-Berechnung steht, sind somit im Land A nach Ausschaltung des unterschiedlichen Anteils der indirekten Steuern am Bruttoinlandsprodukt die mengenmäßigen Lohnstückkosten niedriger als in Land B.

6.2.6 Unterschiedliche Finanzierung der Sozialversicherungen durch Beiträge oder durch Steuern

Werden z.B. im Land A die Sozialversicherungen durch Sozialversicherungsbeiträge der Arbeitnehmer und Arbeitgeber und im Land B durch indirekte oder direkte Steuern finanziert, ergibt sich ein weiteres Störelement. Die Finanzierung durch Sozialversicherungsbeiträge geht in Land A unmittelbar in die Lohnstückkosten ein, denn die Sozialversicherungsbeiträge zählen zum Arbeitnehmerentgelt. Werden hingegen im Land B die Sozialversicherungen mit direkten Steuern, d.h. darunter vor allem Lohn- und Gewinnsteuern, finanziert, so gehen sie nicht in die Lohnstückkosten ein. Die Lohnstückkosten sind dann in Land B entsprechend geringer als im Land A. Die Unternehmen im Land B werden jedoch durch entsprechend höhere direkte Steuern belastet. Werden im Land B die Sozialversicherungen durch indirekte Steuern finanziert, ergibt sich ebenfalls eine Differenz zum Lohnstückkosten-Niveau bei Beitragsfinanzierung. Denn bei Überwälzung der indirekten Steuern steigt der Nominalwert der Produktion, der im Nenner des Quotienten der Lohnstückkosten-Berechnung steht, und vermindert somit die Höhe der Lohnstückkosten.

Ergebnis: Eine Steuerfinanzierung der Sozialversicherung senkt – für sich genommen – die Höhe der Lohnstückkosten im Vergleich zur Beitragsfinanzierung.

6.2.7 Unterschiedliche Qualität der Produkte

Der Lohnstückkosten-Niveauvergleich sagt nichts über die Qualität der Produkte aus. Sie kann jedoch recht unterschiedlich sein. So kann die höhere Qualität der Produkte in einem Land durch einen größeren Arbeitseinsatz (z.B. durch höhere Ausbildungs- und Weiterbildungskosten, gründlichere Bearbeitung der Produkte, mehr Qualitätskontrollen u.ä.) zustande kommen. Dies wird tendenziell die Lohnstückkosten erhöhen, jedoch gleichzeitig die Verkaufschancen im internationalen Wettbewerb verbessern. Einen Maßstab für die Vergleichbarkeit der Qualität gibt es allerdings nicht. Daran krankt jeder Vergleich von Lohnstückkosten.

Die Spitzenstellung Deutschlands auf dem Weltmarkt fußt unter anderem auf der anerkannt hohen Qualität vieler deutscher Exportwaren. Diese bessere Qualität hat – für sich genommen – entsprechend höhere Lohnstückkosten im Vergleich zu Ländern mit niedrigeren Qualitätsstandards zur Folge.

6.2.8 Unterschiedliche Qualität des Datenmaterials der einzelnen Länder

Die Qualität des internationalen Datenmaterials ist nicht einheitlich. Das betrifft sowohl die Abgrenzung der einzelnen wirtschaftlichen Größen als auch den Umfang und den Repräsentationsgrad der Datenerhebung. So treten z.B. Unterschiede auf bei der Abgrenzung der Wirtschaftszweige oder, ab welcher Betriebsgröße Daten erhoben oder geschätzt werden. Differenzen sind auch bei kleineren Lohnbestandteilen vorhanden, wie z.B. bei der Verbuchung von Ausbildungskosten. Auch stellt die Erhebung der Daten in einigen Dienstleistungsbereichen, z.B. im Gastgewerbe, selbst die anerkannt gute deutsche Statistik vor große Schwierigkeiten. Zuverlässigere Informationen über Zahl, Lohnsumme und Produktionsbeiträge von Beschäftigten mit geringfügiger Arbeitszeit sind in Deutschland erst in jüngster Zeit aus Querverbindungen zu Gesetzesreformen, z.B. des alten 630 DM-Gesetzes, möglich. Sie haben zu einer erheblichen Revision der vorherigen Zahlen geführt. In vielen anderen Ländern sind solche Querverbindungen nicht möglich. Die Schätzung des international erheblich differierenden Anteils der Schwarzarbeit stellt alle nationalen statistischen Ämter vor große Schwierigkeiten, die noch durch nationale Divergenzen in den Schätzmethoden verstärkt werden. Skepsis an der Genauigkeit der internationalen Kaufkraftparitäten, insbesondere für das Bruttoinlandsprodukt, sind berechtigt, nicht allein wegen der Schwierigkeit, einen für alle Länder repräsentativen „Warenkorb“ zu bilden.

Obwohl in allen Industrieländern und auf internationaler Ebene Bestrebungen zur Verbesserung und Harmonisierung der Daten im Gange sind, bleiben vorerst Unterschiede in der Qualität der Daten bestehen, so dass die internationale Vergleichbarkeit auch dadurch beeinträchtigt ist.

Fazit: Der Aussagewert der Höhe des Lohnstückkosten-Niveaus für das Verarbeitende Gewerbe, mit dem die Arbeitgeberverbände umgehen, ist sehr beschränkt. Auf ihn kann die Politik nicht bauen. Ganz abgesehen davon steht Deutschland, falls man das gesamtwirtschaftliche Lohnstückkosten-Niveau überhaupt verwendet, im internationalen Vergleich gut da (A III. 7.1).

6.2.9 Bei kürzeren Zeitreihen können die Verzerrungsfaktoren eher toleriert werden

Bei kurz- und mittelfristigen Zeitreihen der Lohnstückkosten schlagen die Verzerrungsfaktoren nicht so sehr durch. Denn ihr Einfluss ist von Jahr zu Jahr nicht abrupt, sondern kontinuierlich, so dass die Zuwachsraten nicht sprunghaft beeinträchtigt werden. Für kurz- und mittelfristige Zeitreihen kann deshalb die Beeinträchtigung in Kauf genommen werden. Dennoch fallen die durch schleichende Veränderung der Verzerrungsfaktoren hervorgerufenen Fehlerquellen mit zunehmender Länge des Zeitraums immer stärker ins Gewicht. Ziemlich unproblematisch ist die Veränderungsrate von einem Jahr auf das andere. Problematisch ist jedoch ein Vergleich der Lohnstückkosten zweier Länder über einen Zeitraum von rd. 20 Jahren, denn in der Zwischenzeit werden sich in diesen Ländern z.B. die Kapitalintensitäten, die Wirtschaftsstruktur und die Preisrelationen deutlich unterschiedlich entwickelt haben.

Um ein Beispiel zu geben: Wie nachgewiesen, führt eine unterschiedliche Kapitalintensität – für sich genommen – zu unterschiedlichen Lohnstückkosten. Das schwächt die Aussagekraft eines zu einem bestimmten Zeitpunkt angestellten Vergleichs der absoluten Höhe der Lohnstückkosten. Bleibt demgegenüber die Kapitalintensität im Zeitraum einer Zeitreihe konstant, hat sie überhaupt keine Auswirkungen auf die Veränderungsraten der Zeitreihe. Im Normalfall ist jedoch die Kapitalintensität zu Beginn eines Zeitraumes niedriger als am Ende. Der dadurch – isoliert betrachtet – hervorgerufene Effekt eines Sinkens der Lohnstückkosten verteilt sich in tolerierbaren Schritten auf die einzelnen Jahre.

Haben zwei Länder eine unterschiedliche Kapitalintensität, ist davon der Niveau-Vergleich in vollem Maße getroffen. Die Zeitreihe hingegen ist nur von der Veränderung der Kapitalintensität innerhalb eines bestimmten Zeitraums, also eines Bruchteils der Entstehungsgeschichte des gesamten Unterschiedes bei der Kapitalintensität, betroffen. Und selbst die Auswirkungen dieses Bruchteils verteilen sich noch auf die einzelnen Jahre der Zeitreihe. Sie sind hinnehmbar für eine Zeitreihe über einen kürzeren Zeitraum, sie dürfen allerdings selbst dann nicht ganz aus den Augen verloren werden.

Überprüfen wir nun die einzelnen Verzerrungsfaktoren.

Im Gegensatz zur Berechnung des Lohnstückkosten-Niveaus, bei der die absolute Höhe zusammengefasster Produktionsmengen („Stücke“) für Länder, Branchen und Regionen nicht darstellbar ist, kann bei den Zeitreihen mit Hilfe von Produktionsindizes die Veränderung der Produktionsmenge ziemlich gut aufgezeigt werden. Die bei Produktionsindizes auftretenden Probleme, etwa nicht vollständige Repräsentanz aller Güter und Dienstleistungen im Index, Qualitätsveränderungen von Gütern und das Auftauchen neuer Güter, können statistisch-methodisch weitgehend befriedigend gelöst werden.

Problematisch bleiben, wenn auch weit weniger als beim Lohnstückkosten-Niveau, die Verzerrung durch die sich im Zeitablauf verschiebende Wirtschaftsstruktur. Für kurze Zeitreihen ist sie jedoch tolerierbar, da auf kurze oder mittelfristige Sicht die langsamen Verschiebungen nicht zu Strukturbrüchen auflaufen. Diese Annahme gilt nicht immer. So fanden z.B. in der ersten Hälfte der 90er Jahre in Ostdeutschland weitreichende Strukturumwälzungen statt, die zum abrupten Fall der Lohnstückkosten beisteuerten.

Die Kapitalintensität wächst im Normalfall ebenfalls kontinuierlich, und ihre Auswirkung kann für einen kürzeren Zeitraum hingenommen werden. Auch hier sind die 90er Jahre in Ostdeutschland eine bedeutsame Ausnahme. Damals in der Umbauphase legte die Kapitalintensität rapide zu, und das war mit einer der Gründe für die enorme Verringerung der Lohnstückkosten.

Die im Zeitablauf schwankende Kapazitätsauslastung gleicht sich über einen mittelfristigen Zeitraum aus, so dass von ihr die Zeitreihe insgesamt kaum tangiert wird – wohl aber die einzelnen Jahre. Bei einem zu einem bestimmten Zeitpunkt erfolgten Ländervergleich des Lohnstückkosten-Niveaus fällt eine unterschiedliche Kapazitätsauslastung immer dann ins Gewicht, wenn in einzelnen Ländern unterschiedliche Konjunkturphasen herrschen.

Die Art der Finanzierung der Sozialversicherung und die Aufteilung von direkten und indirekten Steuern, die von Land zu Land differieren, sind weitgehend Konstante, die auf die Veränderungsraten der Lohnstückkosten kaum Auswirkungen haben.

Auch die Qualität der Güter und Dienstleistungen ändert sich im Zeitablauf – wenn überhaupt – nur allmählich. Somit sind Zeitreihen davon weit weniger betroffen als das Lohnstückkosten-Niveau.

Auch divergiert zwischen vielen Ländern die Belastbarkeit des statistischen Datenmaterials, was ebenfalls einen Vergleich der absoluten Höhe der Lohnstückkosten stört. Für die Veränderungsraten der Zeitreihen spielt dies jedoch keine Rolle, weil dieser Faktor entweder unverändert bleibt oder bei Verbesserung der Statistik eine Revision auch der Zeitreihen insgesamt erfolgt.

Zum Abschluss soll eine besonders nützliche Eigenschaft der Zeitreihen der Lohnstückkosten hervorgehoben werden: Der internationale

Vergleich der Zeitreihen kann nämlich mit und ohne Einbeziehung der Wechselkurse angestellt werden. Dies ist, wie in Kapitel 6.2.8 nachgewiesen, beim Niveau-Vergleich nicht möglich. Denn der Wert der Höhe der Lohnstückkosten bleibt unverändert, gleichgültig in welcher Währung man ihn rechnet. Da helfen auch keine Kaufkraftparitäten, da diese unlöslich mit den Wechselkursen verbunden sind.

Die Zeitreihen der Lohnstückkosten hingegen reagieren auf Wechselkursänderungen, da sie auf Mengenbasis beruhen. Sie lassen sich in nationaler und einheitlicher, von Wechselkursänderungen bereinigter Währung darstellen. Normalerweise differieren beide Reihen, denn im Zeitablauf kommt es immer wieder zu Verschiebungen der Währungsparitäten. So kann es sein, dass die Lohnstückkosten in einem Land A stärker aufwärts gerichtet sind als in einem anderen Land B. Für sich betrachtet hätte Land A rein lohnkostenmäßig in dem Zeitraum eine Verschlechterung seiner Wettbewerbsposition erlitten. Falls nun aber das Land A gegenüber Land B abgewertet hat – es also billiger geworden ist – kann dieser Nachteil, je nach Ausmaß der Abwertung, zumindest kurzfristig verringert, ausgeglichen oder überkompensiert worden sein.

7. Trotz aller Vorbehalte: Die absolute Höhe der Lohnstückkosten im interregionalen und internationalen Vergleich

Die in Abschnitt 6.2 vorgetragenen Bedenken gegenüber dem Aussagewert des Lohnstückkosten-Niveaus wiegen schwer. Sie sind bisher in der Öffentlichkeit zu wenig bekannt, und auch die wissenschaftliche Diskussion übersieht sie oft. Deshalb wird in der Wirtschaftswissenschaft, in den Medien und der Politik bedenkenlos und geradezu gläubig mit der absoluten Höhe der Lohnstückkosten umgegangen. Sie wird im internationalen Ländervergleich und im Vergleich Ost- zu Westdeutschland unbekümmert und bis heute kritiklos eingesetzt und hingenommen.

Somit kann sich auch der Verfasser ihrer Darstellung nicht entziehen und muss diesen unebenen Weg, der leicht in die Irre führen kann, mitgehen, um dem Leser trotz aller schwerwiegenden methodischen Bedenken die unausweichlichen Informationen zu liefern.

7.1 Deutsche Lohnstückkosten niedriger als bei allen großen Weltmarktkonkurrenten

Tabelle 28 und das Schaubild dazu zeigen das gesamtwirtschaftliche Niveau der Lohnstückkosten für welthandelspolitisch bedeutende Länder.

Deutschlands Lohnstückkosten können sich sehen lassen. Deutschland hat eine günstigere Position als der Durchschnitt der früheren 15 Länder der Europäische Union, insbesondere eine bessere als die von Neoliberalen oft wirtschafts- und lohnpolitisch hoch gelobten Länder USA, Großbritannien und die Niederlande. Ausgerechnet Italien, das wirtschafts- und lohnpolitisch keinen so guten Ruf bei den Neoliberalen hat, unterbietet von den großen Ländern das deutsche Lohnstückkosten-Niveau. Das Billiglohnland Portugal schneidet wegen seiner geringen Produktivität schlechter ab als Deutschland. Selbst Polen mit seinen bisher erheblich niedrigeren Löhnen unterbietet Deutschland wegen seiner geringen Produktivität nur um 13 %. Auch Japan, neben den USA der größte Weltmarktkonkurrent, steht schlechter da als Deutschland

Das deutsche gesamtwirtschaftliche Lohnstückkosten-Niveau kann sich also in der Tat sehen lassen. Es ist rein rechnerisch niedriger als das seiner großen Weltmarktkonkurrenten USA, Japan, Großbritannien, Frankreich und der Durchschnitt der EU 15-Länder. So weit, so gut.

Allerdings – und das kann nicht oft genug betont werden – krankt dieser grobe, rein rechnerische, internationale Vergleich an allen vom Verfasser herausgearbeiteten Mängeln. Zurzeit ist es von der Datenlage nur schwer möglich, die elementarste Entzerrung durch Bildung einer einheitlichen Wirtschaftsstruktur vorzunehmen. So ist in den USA der lohnintensive Dienstleistungssektor größer als in vielen anderen Ländern, z.B. in Deutschland. Aber selbst wenn man seinen Anteil in statistisch kompatibler Abgrenzung in den einzelnen Ländern kennen würde, bekäme man z.B. für den Vergleich mit den USA ein Problem nicht in den Griff. Denn dort sind in größerem Ausmaß unternehmensbezogene Dienstleistungen von den Industrieunternehmen in den Dienstleistungssektor ausgelagert worden (u.a. Werkskantinen, Rechtsabteilungen, call-center, Daten- und Textverarbeitung, Marketing) als in vielen anderen Ländern, wie z.B. in Deutschland. Selbst wenn die amerikanischen Lohnstückkosten mit dem geringeren deutschen Anteil von Dienstleistungen am Bruttoinlandsprodukt gewichtet würden, bliebe diese Verzerrung durch Unterschiede in der Auslagerung zurück. Denn dann wäre die deutsche Industrie mit ihrem höheren Besatz an lohnintensiven betriebseigenen Dienstleistungen im Vergleich zu den USA lohnstückkostenmäßig rein rechnerisch im Nachteil. Stattdessen muss die amerikanische Industrie diese Dienstleistungen gewinnmindernd als Vorleistung beziehen. Auch diese Verzerrung wurde beim internationalen Vergleich des Lohnstückkosten-Niveaus für das Verarbeitende Gewerbe vom IW nicht berücksichtigt.

Nur ein Störfaktor konnte schlecht und recht eliminiert werden. In Tabelle 28 und im Schaubild dazu wurde durch Einsatz der grob messenden Kaufkraftparitäten der verfälschende Einfluss der unterschiedlichen Preisniveaus, der die eigentlich gesuchte Mengenproduktivität überdeckt, leidlich ausgeschaltet, allerdings nur für die Euro-Länder.

Versucht man, mit dem groben Maß der Kaufkraftparitäten die Preisniveau-Unterschiede ungefähr in den Griff zu bekommen, dann weitet sich der geringe Vorsprung Italiens etwas aus. Bei den Niederlanden und Frankreich und dem EU 15-Durchschnitt vergrößert sich ihre Schlechterstellung gegenüber Deutschland. Dies ist eine Folge des relativ niedrigeren Preisniveaus in Deutschland, so dass Deutschland in der Mengenproduktivität relativ zu den anderen Ländern noch besser da steht als in der bloßen Wertproduktivität.

Gegenüber Ländern, zu denen ein Wechselkurs besteht, machen die Kaufkraftparitäten wenig Sinn. Sie lassen sich nämlich nicht von den Währungsparitäten isolieren und sind nur eine Momentaufnahme, die sich bei Wechselkursänderungen sofort auflöst (A III. 6.23 und B II. 4.4).

Tabelle 28: Gesamtwirtschaftliches Lohnstückkosten-Niveau 2006 in ausgewählten Ländern

	Deutschland	USA	Japan	UK	Frankreich	Italien	Niederlande	Europa 15	Portugal	Polen	Europa 14[1)]
Arbeitnehmerentgelt in Mrd. EUR	1146	5965	1792	1053	927	608	258	5453	74	98	4307
Arbeitnehmer in 1000	34714	136827	55008	24979	22983	18737	7147	149851	3898	10830	115137
Arbeitnehmerentgelt je Arbeitnehmer in EUR	33004	43595	32577	42143	40334	32433	36043	36389	19061	9003	37410
nominales BIP in Mrd.EUR	2307	10493	3478	1892	1778	1475	528	11027	155	270	8720
Erwerbstätige in 1000	39106	146728	64203	28960	25236	24754	8306	175734	5160	14581	136628
nominales BIP je Erwerbstätigen in EUR	58994	71513	54172	65331	70455	59586	63556	62748	30097	18504	63823
Lohnstückkosten	0,559	0,610	0,601	0,645	0,572	0,544	0,567	0,580	0,633	0,487	0,586
Deutschland = 100	**100,0**	**109,0**	**107,5**	**115,3**	**102,3**	**97,3**	**101,4**	**103,7**	**113,2**	**87,0**	**104,8**
nominales BIP in Mrd. PPS	2227	10856	3406	1740	1653	1437	504	10329	183	480	8102
nominales BIP in PPS je Erwerbstätigen	56948	73987	53050	60076	65514	58063	60631	58775	35484	32913	59298
Lohnstückkosten in PPS	0,580	0,589	0,614	0,702	0,616	0,559	0,594	0,619	0,537	0,274	0,631
Deutschland = 100	**100,0**	**101,7**	**106,0**	**121,0**	**106,2**	**96,4**	**102,6**	**106,8**	**92,7**	**47,2**	**108,9**

1) Ohne Deutschland
Eigene Berechnungen nach Angaben der Europäischen Kommission

Schaubild zu Tabelle 28: Gesamtwirtschaftliches Lohnstückkosten-Niveau 2006

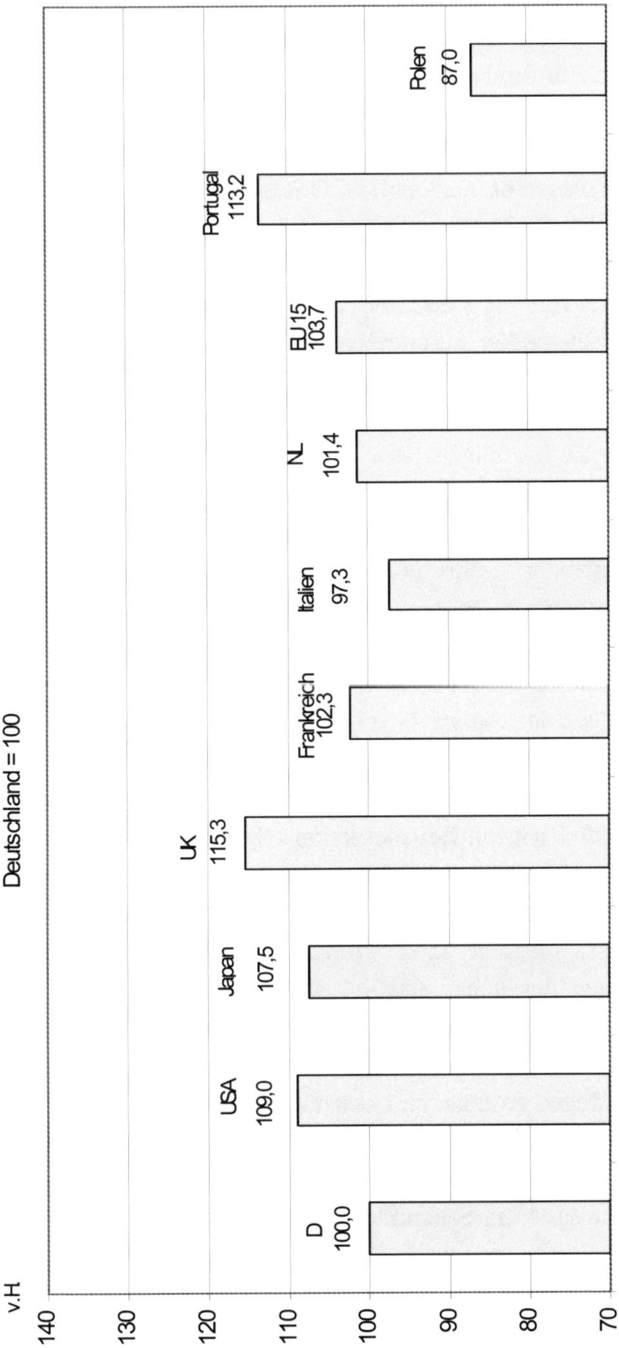

Eigene Berechnungen nach Angaben der Europäischen Kommission

Gegen das Lohnstückkosten-Niveau der Gesamtwirtschaft als Indikator der internationalen Wettbewerbsfähigkeit hat das Arbeitgeberinstitut den Einwand erhoben, für die Beurteilung der internationalen Konkurrenzfähigkeit sei das Lohnstückkosten-Niveau des Verarbeitenden Gewerbes, das 75 % der deutschen Exporte (Waren und Dienstleistungen) herstellt, maßgeblich. Das ist falsch. Der Preis der Exportgüter des Verarbeitenden Gewerbes wird nicht allein von den Lohnstückkosten und Gewinnen des Verarbeitenden Gewerbes bestimmt. Vielmehr leiten sich die Verkaufspreise der Industrie auch ab von den benötigten Vorleistungen aus anderen Wirtschaftsbereichen mit ihren entsprechenden Lohnkosten, wie Handel und Verkehr, Bauwirtschaft, Banken und Versicherungen, Energiewirtschaft, unternehmensbezogene Dienstleistungen bis hin zu den entgeltlichen und unentgeltlichen staatlichen Dienstleistungen und den günstigen Auswirkungen der staatlichen Infrastruktur. Insofern spiegelt – wenn überhaupt – nur das gesamtwirtschaftliche Lohnstückkosten-Niveau einen Teil der internationalen Wettbewerbsfähigkeit wider. Neuerdings hat das Arbeitgeberinstitut diesen Vorleistungsverbund mit der Gesamtwirtschaft eingestanden und ihn in nicht nachprüfbare Zahlen gekleidet.[1]

Ganz abgesehen davon gelten alle Verzerrungsfaktoren selbstverständlich, wie in Kapitel 6.2 aufgezeigt, auch für alle Wirtschaftsbereiche und einzelne Branchen und somit auch für das Verarbeitende Gewerbe. Greifen wir ein Beispiel heraus: Die deutsche Industrie ist wegen ihres Exportes vieler Spezialmaschinen, wegen eigens nach Wunsch der Exportkunden gefertigter Sonderkonstruktionen, wegen Errichtung vollständiger, maßgefertigter Produktionsanlagen im Ausland und generell wegen der hohen Qualität ihrer Güter, der Pünktlichkeit und Zuverlässigkeit ihrer Lieferungen und der guten Serviceleistungen arbeitsintensiver als die Exportindustrien vieler anderer Länder. Sie tendiert allein deswegen zu höheren Lohnstückkosten als in anderen Ländern. So wäre z.B. ein Vergleich der Lohnstückkosten des Verarbeitenden Gewerbes von Deutschland und Luxemburg völlig irreführend. In Luxemburg besteht das Verarbeitenden Gewerbe fast ausschließlich aus einem äußerst

[1] Arbeitskosten im Verarbeitenden Gewerbe unter Berücksichtigung des Vorleistungsverbunds, in: IW-trends, Heft1/2006.

kapitalintensiven Stahlwerk mit entsprechend niedrigen Lohnstückkosten. Ein Vergleich mit der deutschen Industrie mit ihrer arbeitsintensiven, hoch erfolgreichen Exportpalette verbietet sich geradezu.

An diesem Beispiel müsste jedem einleuchten, dass der internationale Vergleich des Lohnstückkosten-Niveaus des Verarbeitenden Gewerbes nur eine schwache Aussagekraft besitzt und erst recht nicht als Indikator der internationalen Wettbewerbsfähigkeit angesehen werden kann.

Aber all diese Gesichtspunkte fechten das Arbeitgeberinstitut bei seiner Darstellung nicht an, zumal sich bisher kein Kritiker weit und breit in dieser zentralen Arena blicken ließ.

7.2 Das Ende einer Legende: Ostdeutsche Lohnstückkosten niedriger als westdeutsche

Tabelle 29 und die beiden Schaubilder dazu offenbaren das Ende einer Legende. Über ein Jahrzehnt haben Wissenschaft (z.B. der Sachverständigenrat und die Wirtschaftsforschungsinstitute) die angeblich zu hohen Löhne als eine Hauptursache für die katastrophale Arbeitsmarktlage gegeißelt. Dabei streckten sie den Finger immer wieder auf das in Ostdeutschland erheblich höhere gesamtwirtschaftliche Lohnstückkosten-Niveau. Ohne jede weitere Überprüfung genügte ihnen dies geradezu als eidesstattliche Erklärung.

Offensichtlich hatten sie die Verzerrungsfaktoren übersehen. Medien und Politik übernahmen ihre Aussagen ungeprüft und nahezu gläubig. Sie übersahen die Spuren, die von der anfangs weit geringeren Kapitalintensität, von der zunächst ganz anderen Wirtschaftsstruktur, vom niedrigeren Preisniveau und von den weniger ausgelasteten Produktionskapazitäten auf das ostdeutsche Lohnstückkosten-Niveau ausgingen. Eigentlich hätte aber die Wissenschaft stutzig werden müssen, weil die Arbeitskosten[1] je geleisteter Stunde in Ostdeutschland im Jahr 1991 um 50,4 %, im Jahr 1998 um 32,2 % und auch noch im Jahr 2005 um 27,7 % niedriger waren als die westdeutschen.

[1] Bruttolöhne einschl. aller Lohnnebenkosten

Tabelle 29: Vergleich der Lohnstückkosten-Niveaus Ostdeutschland zu Westdeutschland 2005

	Lohnstückkosten			Anteil an der Bruttowertschöpfung in v.H.	
	West	Ost	Ost höher/niedriger(-) als West in v.H.	West	Ost
Land- und Forstwirtschaft, Fischerei	0,821	0,732	-10,9	0,9	1,7
Produzierendes Gewerbe ohne Baugewerbe	0,684	0,593	-13,3	26,4	21,2
darunter:					
Bergbau, Gewinnung von Steine und Erden	1,431	0,613	-57,2	0,2	0,5
Verarbeitendes Gewerbe	0,699	0,627	-10,2	24,4	17,9
Energie- und Wasserversorgung	0,438	0,356	-18,7	1,8	2,9
Baugewerbe	0,785	0,856	9,1	3,7	5,6
Handel, Gastgewerbe und Verkehr	0,710	0,630	-11,2	18,1	18,5
darunter:					
Handel[1)]	0,784	0,669	-14,7	10,5	9,9
Gastgewerbe	0,849	0,914	7,8	1,5	1,6
Verkehr und Nachrichtenübermittlung	0,561	0,531	-5,4	5,7	6,6
Finanzierung, Vermietung und Unternehmensdienstleister	0,365	0,347	-4,8	29,7	24,7
darunter:					
Kredit- und Versicherungsgewerbe	0,622	0,665	6,9	5,2	3,2
Grundstückswesen, Vermietung, Unternehmensdienstleister	0,301	0,297	-1,2	24,0	21,3

Öffentliche und private Dienstleister	0,779	0,847	8,8	21,2	28,3
darunter:					
Öffentliche Verwaltung, Verteidigung, Sozialversicherung	0,839	0,839	0,0	5,4	8,9
Erziehung und Unterricht				4,0	7,2
Gesundheits- und Sozialwesen	0,976	0,945	-3,2	6,8	7,8
	0,731	0,842	15,2		
Alle Wirtschaftsbereiche insgesamt	0,626	0,632	1,0	100,0	100,0
Lohnstückkosten Ost bei gleicher Wirtschaftsstruktur wie West	0,626	0,592	-5,5		
Lohnstückkosten Ost bei gleichem Preisniveau[2] wie West	0,626	0,588	-6,1		
Lohnstückkosten Ost bei gleicher Kapitalintensität wie West	0,626	0,594	-5,1		
Lohnstückkosten Ost bei gleicher Wirtschaftsstruktur, gleichem Preisniveau und gleicher Kapitalintensität[3] wie Westdeutschland	0,626	0,534	-14,7		

1) Einschließlich Reparatur von Kraftfahrzeugen und Gebrauchsgütern
2) Für Ostdeutschland wurde ein um 7 % niedrigeres Preisniveau geschätzt
3) Halber Effekt wird durch gleichzeitige Vereinheitlichung der Wirtschaftsstruktur aufgefangen
Eigene Berechnungen nach Angaben der Statistischen Ämter von Bund und Ländern

Schaubild 1 zu Tabelle 29
Lohnstückkosten-Niveau Ostdeutschlands 2005

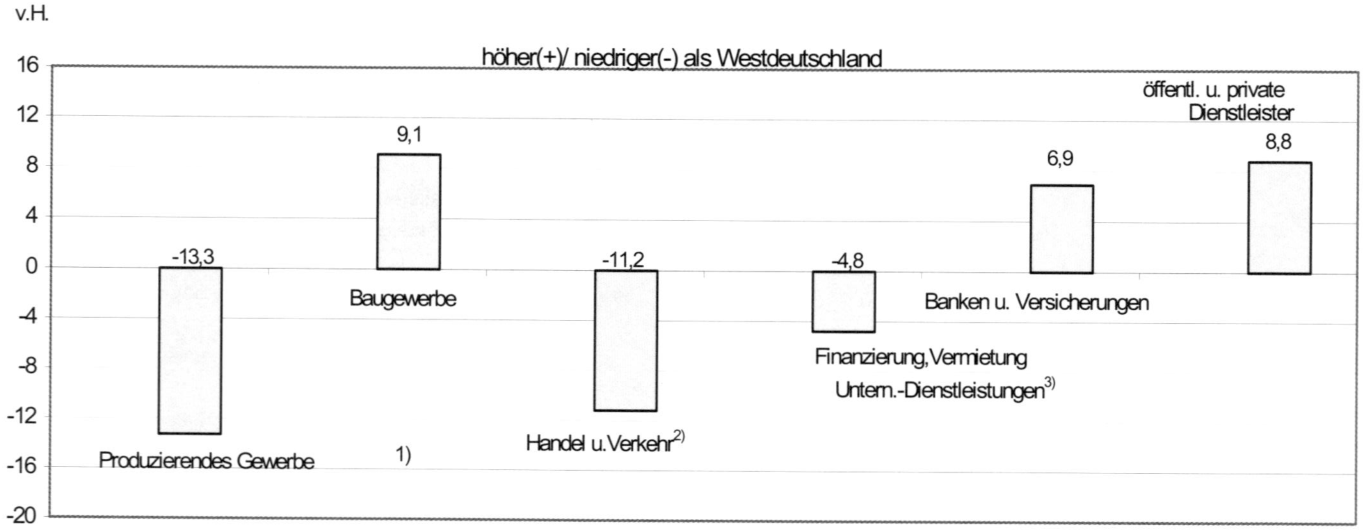

1) Ohne Baugewerbe 2) Einschließlich Gastgewerbe und Nachrichtenübermittlung, 3) Einschließlich Banken und Versicherungen
Eigene Berechnungen nach Angaben der Statistischen Landesämter

Schaubild 2 zu Tabelle 29: Ostdeutsches Lohnstückkosten-Niveau in 2005 im Vergleich zum westdeutschen

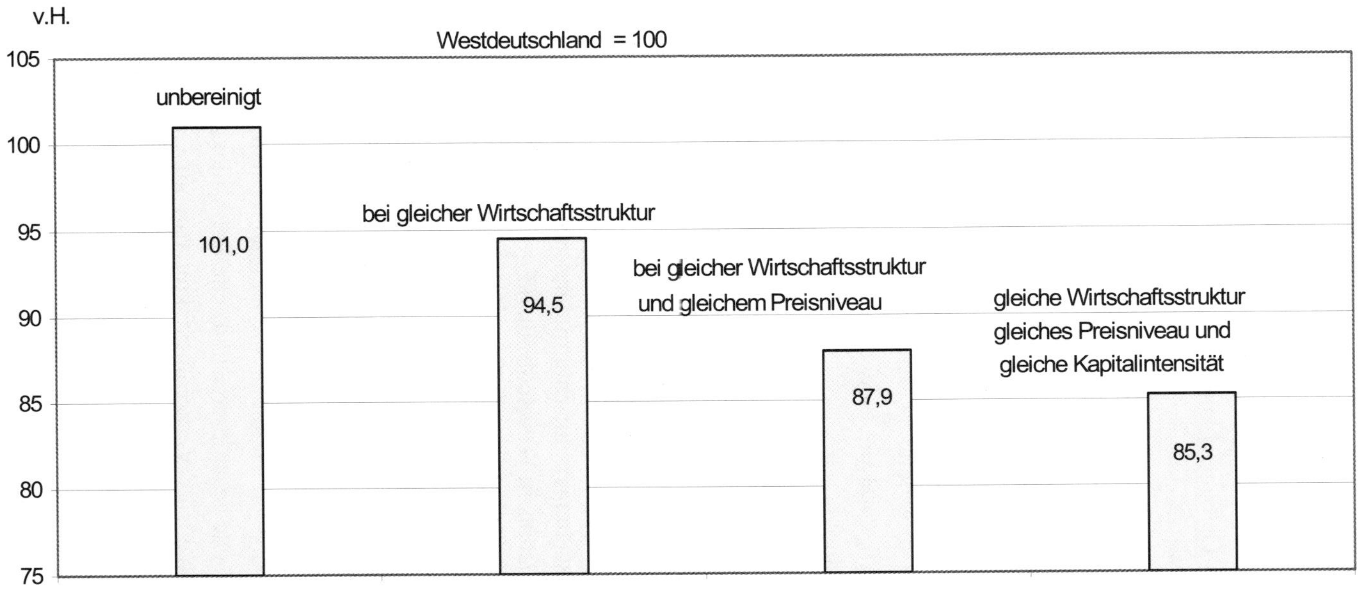

Eigene Berechnungen nach Angaben der Statistischen Landesämter

Inzwischen haben sich Kapitalintensität, Wirtschaftsstruktur, Preisniveau und Auslastungsgrad an die westdeutschen Verhältnisse angenähert, ohne sie allerdings bisher zu erreichen.

Als Folge dieser Annäherung lag das unbereinigte Lohnstückkosten-Niveau Ostdeutschlands im Jahr 2005 nur noch ganz knapp (1,0 %) über dem westdeutschen. Wohlgemerkt unbereinigt, denn die Verzerrungsfaktoren bestehen – wenn auch abgeschwächt – weiter fort. Im innerdeutschen Vergleich sind sie jedoch besser abzugreifen als im internationalen Vergleich, wenn auch wegen unzureichenden Datenmaterials nicht ganz exakt.

Am besten gelingt dies bei Zugrundelegung einer einheitlichen (hier: der westdeutschen) Wirtschaftsstruktur, statistisch-methodisch eine absolute Notwendigkeit. Aus unerklärlichen Gründen hat z.B. der Sachverständigenrat die Notwendigkeit dieser elementaren Bereinigung nie eingestanden.

Und bereits bei Zugrundelegung einer einheitlichen Wirtschaftsstruktur erlischt die Legende von den zu hohen Lohnstückkosten in Ostdeutschland: Das ostdeutsche Lohnstückkosten-Niveau sinkt um 5,5 % unter das westdeutsche.

Der Effekt kommt u.a. dadurch zustande, dass der Anteil der arbeitsintensiven und damit lohnintensiven öffentlichen und privaten Dienstleistungen am Bruttoinlandsprodukt in Ostdeutschland merklich größer ist als in Westdeutschland.

So steuert z.B. der Bereich Erziehung und Unterricht sowie Gesundheits- und Sozialwesen in Westdeutschland nur 11 % zum Bruttoinlandsprodukt bei, in Ostdeutschland hingegen 15 %. Auch der Anteil der öffentlichen Verwaltung ist in Ostdeutschland größer, zum Teil wegen der Weitflächigkeit und dünneren Besiedlung der Region. Gewichtet man nun diese Sektoren mit den geringeren Anteilen, die diese lohnintensiven Bereiche in Westdeutschland haben, dann sinkt das ostdeutsche gesamtwirtschaftliche Lohnstückkosten-Niveau.

Als weiterer Verzerrungsfaktor tritt im Ost-West-Vergleich die im gesamtwirtschaftlichen Durchschnitt um 20 % geringere Kapitalintensität in Ostdeutschland auf. Nach unserer Schätzung in B II. 4.6 werden allein dadurch die ostdeutschen Lohnstückkosten um 6 % nach oben gehoben. In Tabelle 29 sind diese 6 % zunächst als eigenständige Auswirkung der geringeren Kapitalintensität gesondert bei der Bereinigung ausgewiesen. In Ostdeutschland ist die Kapitalintensität des umfangreichen Dienstleistungssektors um rd. ein Viertel geringer als die westdeutsche. Auf den ersten Blick überraschend ist hingegen, dass das ostdeutsche Produzierende Gewerbe um 12 % kapitalintensiver ist als das westdeutsche. Dies resultiert aus dem Neuaufbau der ostdeutschen Industrie mit dem jeweils neuesten Stand der Technik, die immer kapitalintensiver wird. Darüber hinaus hat die einseitige und damit falsche Bindung der Subventionen nur an die Investitionssumme – und nicht auch an die Zahl der geschaffenen Arbeitsplätze – zur höheren Kapitalintensität der ostdeutschen Industrie beigetragen. So verwundert das um 14 % geringere Lohnstückkosten-Niveau des ostdeutschen Produzierenden Gewerbes nicht.

Wie in Kapitel A II. 6.2.2 beschrieben, wird schätzungsweise die Hälfte (3 %) des Effektes der niedrigeren Kapitalintensität in Ostdeutschland durch die Zugrundelegung der westdeutschen Wirtschaftsstruktur aufgefangen. Das bedeutet: Hätte Ostdeutschland dieselbe Kapitalintensität wie Westdeutschland, dann wären die ostdeutschen Lohnstückkosten um 3 % geringer.

Aber auch das sind noch nicht alle Störquellen. Das westdeutsche Lohnstückkosten-Niveau profitiert vom höheren Preisniveau seines Bruttoinlandsprodukts. In Westdeutschland erzielen viele Produkte, die qualitativ mit ostdeutschen vergleichbar sind, bessere Preise als ostdeutsche Produkte in Ostdeutschland. Dadurch ist in Westdeutschland die Wertproduktivität höher. Gesucht wird aber eigentlich die Mengenproduktivität, denn die Arbeitskosten müssen streng genommen auf die Produktionsmengen bezogen werden, um ihren Preiseinfluss sichtbar werden zu lassen und sie vergleichen zu können. Für Jahr 2005 kann ein um 7 % niedrigeres Preisniveau für Ostdeutschland angesetzt werden. Dies ist mathematisch gleichbedeutend mit einem um 7,5 % (1/0,93 = 1,075) höheren Preisniveau in Westdeutschland. Würde für Ostdeutschland dasselbe Preisniveau gelten wie für Westdeutschland, dann wären in Ostdeutschland die Wertproduktivität um 7,5 % (Nenner) höher und damit die Lohnstückkosten um 7 % niedriger.

Nun könnte man allerdings einwenden, die ostdeutschen Arbeitnehmer müssten bei ihren Löhnen diese niedrigeren Preise berücksichtigen. Dies ist ökonomisch nicht in voller Höhe gerechtfertigt. Denn wenn es den ostdeutschen Geschäftsleitungen nicht gelingt, bessere Preise hereinzuholen, z.B. wegen

- der Dominanz konkurrierender westdeutscher Markenfirmen,
- der westdeutscher Beherrschung vieler ostdeutscher Märkte,
- der Preiszugeständnisse wegen der Neuknüpfung von Auslandskontrakten, da die alten Lieferbeziehungen durch die Umwandlung des Wirtschaftssystems des Ostblocks allzu oft zerbrochenen waren,
- unzureichender Nachfrage aufgrund der Massenarbeitslosigkeit und der geringeren Einkommen in Ostdeutschland,

dann kann dies nicht voll den ostdeutschen Arbeitnehmern angelastet werden. Vielmehr hätte es längst die Aufgabe der staatlichen Wettbewerbs- und Beschäftigungspolitik sein müssen, durch Eindämmung der Marktmacht westdeutscher Oligopole und durch entschiedenen Abbau der verheerenden ostdeutschen Arbeitslosigkeit bessere Preis- und Nachfragebedingungen zu schaffen.

Unsere Preisbereinigung, die den ostdeutschen Abstand zur westdeutschen Wertproduktivität um 7,5 % verkürzt, hat ebenso wie der Sachverhalt, dass die niedrigere Kapitalintensität in Ostdeutschland unmittelbar die Höhe der Produktivität beeinträchtigt, einen nützlichen Nebeneffekt. Denn sie beugen denen vor, die vielleicht schon eifrig an einer neuen Legende – allerdings von kleinerem Format – stricken, nämlich der These, in Ostdeutschland sei die Produktivität immer noch viel zu gering. So zu sagen als trauriger Ersatz für das Ende ihrer großen, weit verbreiteten Legende von den in Ostdeutschland viel zu hohen Löhnen und Lohnstückkosten.

Die Effekte der drei Verzerrungsfaktoren können kumuliert werden (Tabelle 29). Wegen der gleichzeitigen Vereinheitlichung der Wirtschaftsstruktur wird der Kapitalintensitätseffekt (6 %) nur zur Hälfte angesetzt. Insgesamt fallen die ostdeutschen Lohnstückkosten von unbereinigten 0,632 auf bereinigte 0,534. Damit sind die ostdeutschen mengenmäßigen Lohnstückkosten um 14,7 % niedriger als die westdeutschen (0,626). Diese bereinigte Zahl von –14,7 % besiegelt das

Ende der Legende von den in Ostdeutschland viel höheren Lohnstückkosten.

Erstaunlicherweise wurde diese Legende selbst von denen, die den Thesen der Arbeitgeberverbände kritisch gegenüberstehen, nie ernsthaft in Frage gestellt, obwohl ihnen längst Zweifel hätten aufkommen müssen. Ihnen hätte bekannt sein müssen, dass die Arbeitskosten je geleisteter Stunde in Ostdeutschland erheblich geringer waren und auch heute noch sind als in Westdeutschland. Mit dem nötigen statistisch-methodischen Rüstzeug hätte die große Zahl kritischer Wissenschaftler die Legende, die Millionen von Menschen in ihren Bann zog, schon längst entzaubern müssen.

Mit zu hohen Löhnen ist somit nicht zu erklären, warum die Arbeitslosigkeit in Ostdeutschland mehr als doppelt so hoch ist wie in Westdeutschland.

8. Die Lieblingskinder aller Kritiker: die Zeitreihen der Lohnstückkosten im internationalen Vergleich

8.1 Deutsche Lohnstückkosten nahmen nach den japanischen am wenigsten zu

Die Zeitreihen der deutschen Lohnstückkosten im internationalen Vergleich sind die Lieblingskinder aller bisherigen Kritiker der von den Arbeitgeberverbänden und ihren Verbündeten weit verbreiteten Kunde von den zu hohen deutschen Löhnen im internationalen Wettbewerb.

Tabelle 30 und das Schaubild dazu demonstrieren eindrucksvoll, dass in Deutschland im Zeitraum 1991 bis 2006 die nominalen Lohnstückkosten in jeweiliger nationaler Währung am geringsten von allen wirtschaftlichen Großmächten mit Ausnahme von Japan angestiegen sind.

Tabelle 30
Entwicklung der nominalen Lohnstückkosten in nationaler Währung
– Gesamtwirtschaft –

	Deutschland		USA		Europa 15	
	Veränd. in v.H.	1991=100	Veränd. in v.H.	1991=100	Veränd. in v.H.	1991=100
1991		100,0		100,0		100,0
1992	6,4	106,4	1,8	101,8	4,3	104,3
1993	3,5	110,1	2,1	103,9	2,7	107,1
1994	0,2	110,3	0,8	104,8	0,1	107,3
1995	1,9	112,4	2,1	107,0	1,4	108,8
1996	0,0	112,4	0,8	107,8	1,6	110,5
1997	-1,1	111,1	1,4	109,3	0,7	111,2
1998	0,1	111,3	3,0	112,5	1,0	112,3
1999	0,4	111,7	1,8	114,6	1,2	113,7
2000	0,6	112,4	4,0	119,2	1,5	115,5
2001	0,8	113,2	1,9	121,5	2,7	118,6
2002	0,8	114,1	0,8	122,4	2,3	121,3
2003	0,8	115,0	1,5	124,2	2,1	123,9
2004	-0,4	114,5	1,2	125,7	1,2	125,4
2005	-1,1	113,3	1,8	127,9	1,4	127,1
2006	-1,3	111,8	3,0	131,8	1,1	128,5

	Japan		Frankreich		Großbritannien	
	Veränd. in v.H.	1991=100	Veränd. in v.H.	1991=100	Veränd. in v.H.	1991=100
1991		100,0		100,0		100,0
1992	1,5	101,5	1,4	101,4	3,2	103,2
1993	0,9	102,4	2,3	103,7	0,6	103,8
1994	0,4	102,9	-0,5	103,3	-0,5	103,2
1995	-0,2	102,7	0,8	104,1	1,3	104,5
1996	-1,7	100,9	1,3	105,5	1,2	105,8
1997	0,8	101,7	0,1	105,5	2,6	108,6
1998	0,5	102,2	-0,1	105,4	3,9	112,9
1999	-2,2	99,9	1,1	106,5	2,8	116,1
2000	-3,1	96,8	1,1	107,6	3,0	119,5
2001	-1,6	95,2	2,3	110,1	3,5	123,8
2002	-3,2	92,2	3,0	113,4	2,0	126,2
2003	-3,1	89,3	1,8	115,4	3,1	130,1
2004	-4,1	85,7	1,1	116,6	2,0	132,8
2005	-0,9	84,9	1,8	118,8	3,6	137,5
2006	-1,0	84,0	2,1	121,3	2,2	140,6

Nach Angaben der Europäischen Kommission

Schaubild zu Tabelle 30:
Entwicklung der nominalen Lohnstückkosten [1] in der Gesamtwirtschaft in nationaler Währung

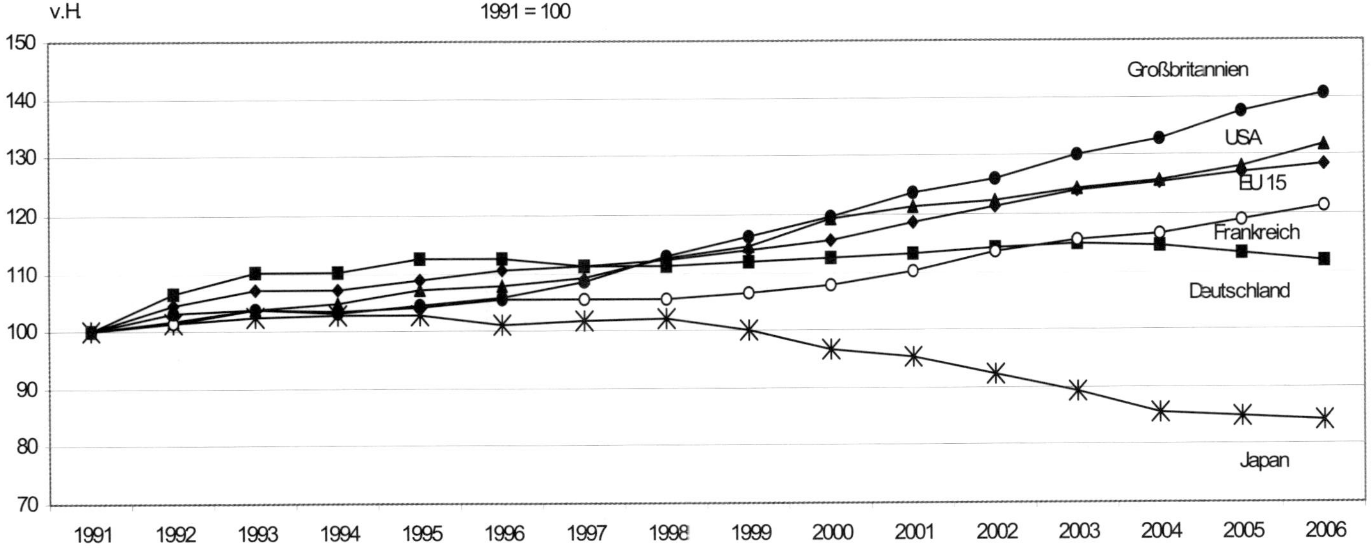

1) Arbeitnehmerentgelt je Arbeitnehmer dividiert durch reales Bruttoinlandsprodukt je Erwerbstätigen
Nach Angaben der Europäischen Kommission

Als Zeitraum wurden nur die 15 Jahre von 1991 bis 2006 gewählt. Kein wesentlich anderes Bild kommt allerdings zum Vorschein, wenn man einen längeren Zeitraum wählt, etwa ab 1980. Obwohl oft ein längerer Zeitraum als 15 Jahre herangezogen wird, ist er wegen der oben ausführlich herausgearbeiteten Verzerrungsfaktoren weniger geeignet. Denn der Einfluss der Verzerrungsfaktoren macht sich im Zeitablauf immer stärker bemerkbar.

In Deutschland erhöhten sich die nominalen Lohnstückkosten von 1991 bis 2006 nur um 11,8 %, während sie in den wirtschaftlich hoch gelobten Ländern USA um 31,8 % und Großbritannien um 40,6 % kletterten. In Japan entpuppte sich der Rückgang der Lohnstückkosten um 16,0 % als eine gefährliche Sonderentwicklung. Hier sanken die Preise und die Löhne, die Deflationsspirale brachte Japan in eine lang anhaltende Stagnation – also genau in das Gegenteil von dem, was die Prediger sinkender Lohnstückkosten bis heute noch immer prophezeien.

Man kann Tabelle 30 und das Schaubild dazu so interpretieren, dass von den deutschen Löhnen außer den japanischen die geringsten Preiseffekte ausgingen. Vielleicht wurden die Löhne aber auch deswegen so wenig angehoben, weil die Preise verhältnismäßig wenig kletterten. Hier kann man wieder die Frage aufwerfen, wer zuerst da war, die Henne oder das Ei.

Wie dem auch sei, wegen der geringen Zunahme der Lohnstückkosten und der Preise hat Deutschland seine ohnehin schon gute internationale Wettbewerbsfähigkeit weiter verbessert.

Ob dies allerdings unmittelbar günstig auf die deutsche Ausfuhr durchschlägt, ist nicht sicher. Denn es können Störenfriede auftreten. Einer von ihnen ist die Veränderung der Wechselkurse. Ohne sie würde man die Rechnung ohne den Wirt machen.

8.2 Trotz Aufwertung Deutschland hinter Japan am günstigsten

Ob eine mäßige nationale Preissteigerung die Exporte begünstigt, hängt auch von der Entwicklung der Wechselkurse ab. So kann eine Abwertung der Währungen von Weltmarktkonkurrenten, also eine Verbilligung ihrer Waren und Dienstleistungen, den deutschen Preisvorteil abschwächen, wettmachen oder gar überkompensieren. Dies gilt zumindest kurzfristig. Ob eine Abwertung mittel- und langfristig positiv auf die Wirtschaft des abwertenden Landes wirkt, hängt von einer Vielzahl von Faktoren ab[1]. Z.B. entsteht durch die Verteuerung der Importe im Inland eine preistreibende Tendenz, die sich gefährlich weiterwälzen kann, und generell ergibt sich durch die Verschlechterung des Wechselkurses ein Wohlfahrtsverlust, weil das abwertende Land mehr Waren hergeben (exportieren) muss, um die frühere Menge an Importen einzuhandeln. Bemerkenswerterweise werden von den Wirtschaftsforschungsinstituten diese mittel- und langfristigen Implikationen einer Abwertung oft nicht beachtet.

Wenn man also wissen will, wie der Vergleich der nominalen Lohnstückkosten unter Berücksichtigung der in der Zwischenzeit aufgetretenen Wechselkursänderungen aussieht, muss die Zeitreihe der Lohnstückkosten in eine einheitliche[2] Währung – in Tabelle 31 in EUR – umgerechnet werden.

Im Zeitraum 1991 bis 2006 wertete der US-Dollar (USD) gegenüber der deutschen Währung um 6,2 % ab. Isoliert betrachtet verbilligten sich allein dadurch die amerikanischen Waren und die Lohnstückkosten um 6,2 %. Während in jeweiliger nationaler Währung die amerikanischen Lohnstückkosten um 17,9 % (131,8/111,8) stärker zugenommen hatten als die deutschen, waren es nach Berücksichtigung der Abwertung des USD nur noch 11,0 % (130,1/117,2).

Bemerkenswert verlief die Entwicklung zu Großbritannien, dessen Lohnstückkosten in nationaler bzw. in einheitlicher Währung um 25,8 % bzw. 23,3 % stärker angestiegen waren als die deutschen.

[1] Z.B von der Preiselastizität der Ex- und Importe, den Einkommensmultiplikatoren, dem Wechselkursmechanismus und der Zinsreagibilität

[2] Dabei spielt es keine Rolle, in welcher Währung gerechnet wird. An den internationalen Devisenbörsen schlagen Veränderungen der Wechselkurse zwischen zwei Ländern in Sekundenschnelle auf alle Währungen durch.

Tabelle 31
Entwicklung der nominalen Lohnstückkosten in einheitlicher Währung (EUR/ECU): Gesamtwirtschaft

	Deutschland		USA		Europa 15	
	Veränd. in v.H.	1991=100	Veränd. in v.H.	1991=100	Veränd. in v.H.	1991=100
1991		100,0		100,0		100,0
1992	8,0	108,0	-2,8	97,2	3,4	103,4
1993	8,0	116,7	13,2	110,0	0,4	103,8
1994	0,8	117,6	-0,7	109,2	-0,2	103,5
1995	4,6	123,0	-7,2	101,3	0,5	104,0
1996	-1,9	120,7	3,8	105,2	2,4	106,5
1997	-3,9	116,0	13,5	119,4	1,6	108,2
1998	-0,1	115,9	4,2	124,4	1,0	109,3
1999	1,1	117,2	7,1	133,2	2,2	111,7
2000	0,6	117,8	20,0	159,9	3,2	115,3
2001	0,8	118,7	5,1	168,0	1,9	117,5
2002	0,8	119,7	-4,5	160,4	2,1	120,0
2003	0,8	120,6	-15,2	136,1	0,3	120,4
2004	-0,4	120,1	-8,0	125,2	1,5	122,2
2005	-1,1	118,7	1,8	127,4	1,1	123,5
2006	-1,3	117,2	2,1	130,1	1,2	125,0

	Japan		Frankreich		Großbritannien	
	Veränd. in v.H.	1991=100	Veränd. in v.H.	1991=100	Veränd. in v.H.	1991=100
1991		100,0		100,0		100,0
1992	2,9	102,9	3,3	103,3	-1,9	98,1
1993	27,3	131,0	5,6	109,1	-4,9	93,3
1994	7,8	141,2	0,3	109,4	0,0	93,3
1995	-1,6	139,0	1,7	111,3	-5,2	88,4
1996	-12,4	121,7	1,8	113,3	3,1	91,2
1997	1,5	123,5	-1,7	111,3	20,6	110,0
1998	-5,9	116,2	0,0	111,3	6,4	117,0
1999	18,0	137,1	1,7	113,2	5,6	123,5
2000	18,2	162,1	1,1	114,4	11,3	137,5
2001	-10,0	145,9	2,3	117,1	1,5	139,5
2002	-11,2	129,6	3,0	120,6	0,8	140,7
2003	-12,7	113,1	1,8	122,7	-6,3	131,8
2004	-6,5	105,8	1,1	124,0	4,0	137,1
2005	-2,6	103,0	1,8	126,3	2,8	141,0
2006	-7,2	95,5	2,1	128,9	2,5	144,5

Eigene Berechnungen nach Angaben der Europäischen Kommission

Schaubild zu Tabelle 31: Entwicklung der nominalen Lohnstückkosten in einheitlicher Währung (EUR/ECU)
Gesamtwirtschaft

1991 = 100

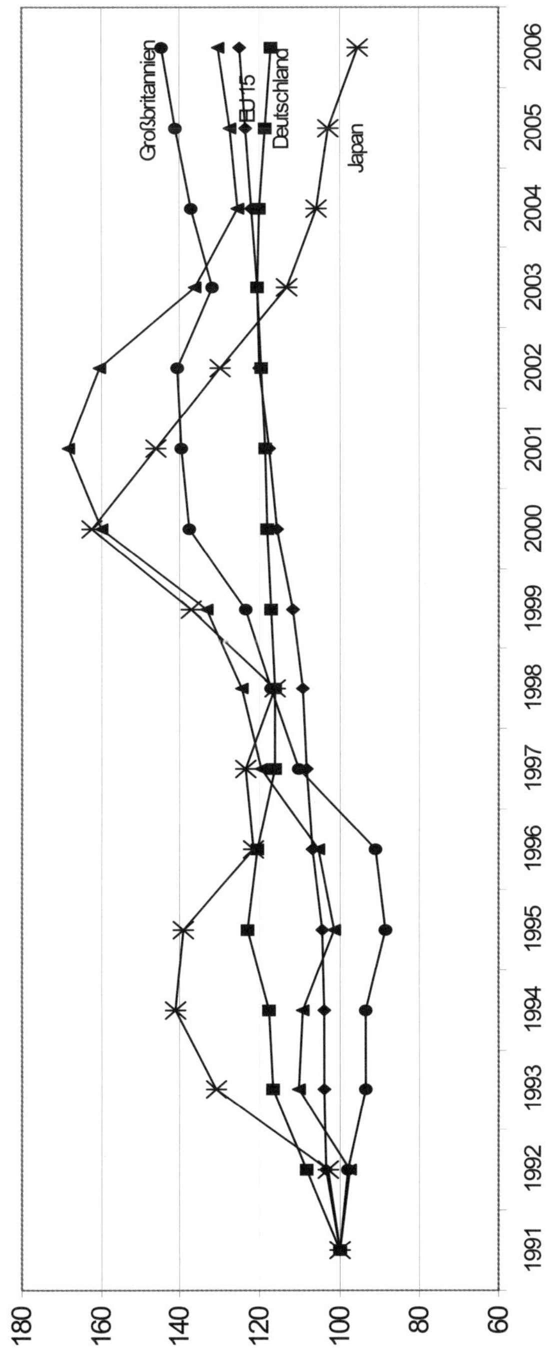

Eigene Berechnungen nach Angaben der Europäischen Kommission

Diesen enormen Lohnstückkosten-Nachteil gegenüber Deutschland hat Großbritannien jedoch offensichtlich gut „überlebt“. Seine wirtschaftliche Performance wird oft von neoliberaler Seite gepriesen. Dies offenbart die relative Bedeutungslosigkeit der nationalen Lohnstückkostenentwicklung.

In Japan waren die Lohnstückkosten in nationaler Währung seit 1991 sogar um 16,0 % gefallen. Nicht zuletzt wegen dieser vermeintlich so günstigen Entwicklung der Lohnstückkosten wertete der Yen gegenüber dem EUR, dem britischen Pfund und dem US-Dollar auf. In EUR gerechnet waren somit die japanischen Lohnstückkosten in 2006 nur noch 4,5 % niedriger als 1991. Von 1996 bis 2003 herrschte in Japan eine durch Deflation geprägte, sieben Jahre anhaltende Stagnation. Natürlich standen die sinkenden Löhne im Zusammenhang mit den sinkenden Preisen. Preise und Löhne schaukelten sich gegenseitig nach unten in die Deflationsfalle. Die Entwicklung der Lohnstückkosten kann also genau das Gegenteil neoliberaler Erwartungen heraufbeschwören.

Der Blick der Arbeitnehmer sollte vornehmlich auf den Verlauf der Lohnstückkosten in nationaler Währung und nicht so sehr in einheitlicher Währung gerichtet sein. Denn für den Teil der Veränderungen der Lohnstückkosten, die durch Wechselkursschwankungen oder -trends hervorgerufen werden, kann die Lohnpolitik nicht verantwortlich gemacht werden. Darauf hat sie keinen Einfluss. So wäre es wirtschaftspolitisch unsachlich und nicht zu rechtfertigen, wenn den Gewerkschaften in Deutschland der etwas weniger günstige Verlauf der Lohnstückkosten bei Einschluss der Aufwertung vorgehalten würde.

Zusammenfassend lässt sich feststellen:

Deutschland steht im internationalen Vergleich der Entwicklung der Lohnstückkosten in nationaler Währung und sogar trotz der Aufwertung in einheitlicher Währung sehr gut da. Der deutschen Lohnpolitik kann man in dieser Hinsicht selbst bei schlechtestem Willen nichts Negatives anlasten.

8.3 Reale Lohnstückkosten: In Deutschland stärkste Lohnzurückhaltung von allen großen Industrienationen

Die Entwicklung der Lohnstückkosten muss noch in anderer Hinsicht hinterfragt werden. Wie in A III. 5.2 beschrieben, geben die nominalen Lohnstückkosten keine Auskunft über die Entwicklung der Einkommensverteilung. Denn bei ihnen werden die nominalen Arbeitnehmerentgelte je Arbeitnehmer(stunde) nur auf die mengenmäßige Produktion je Erwerbstätigen(stunde) bezogen – und nicht auf den Produktionserlös (Menge mal Preis).

Aussagen über die Einkommensverteilung werden erst dann möglich, wenn das nominale Arbeitnehmerentgelt je Arbeitnehmer(stunde) nicht auf das reale (mengenmäßige) Bruttoinlandsprodukt, sondern auf das nominale, also zu jeweiligen Preisen bewertete Bruttoinlandsprodukt je Erwerbstätigen(stunde) bezogen wird. Die mengenmäßige Produktivitätsentwicklung (Nenner) muss also mit dem Preisindex für das Bruttoinlandsprodukt multipliziert werden. Mathematisch zu exakt demselben Ergebnis gelangt man, wenn die Lohnentwicklung (Zähler) preisbereinigt wird, d.h. die Zuwachsrate der nominalen Löhne durch die Zuwachsrate des Preisindex des Bruttoinlandsprodukts dividiert (deflationiert) wird. Dadurch wird die Entwicklung von Reallohn zur Produktivität in Beziehung gesetzt. Aus diesem zweiten Rechenweg entstammt der Namen „reale“ Lohnstückkosten.

Bleibt das Verhältnis von Arbeitnehmerentgelt je Arbeitnehmer(stunde) zum nominalen Bruttoinlandsprodukt je Erwerbstätigen(stunde) unverändert, d.h. bleiben die realen Lohnstückkosten konstant, dann laufen auch Arbeitseinkommen und Einkommen aus Unternehmertätigkeit und Vermögen im Gleichschritt, vorausgesetzt der Anteil der indirekten Steuern (abzüglich der Subventionen) und der Abschreibungen am nominalen Bruttoinlandsprodukt sowie die „terms of trade“ (Verhältnis von Export- zu Importpreisen) bleiben unverändert.

An den realen Lohnstückkosten ist ablesbar, ob die in der Öffentlichkeit dominierende lohnpolitische Forderung eines Gleichschritts von Lohn und Produktivität erfüllt ist oder nicht. Sinken die realen Lohnstückkosten, dann ist die Lohnentwicklung hinter der Produktivität zurückgeblieben (Lohnzurückhaltung).

Tabelle 32
Entwicklung der realen Lohnstückkosten: Gesamtwirtschaft

	Deutschland		USA		Europa 15	
	Veränd. in v.H.	1991=100	Veränd. in v.H.	1991=100	Veränd. in v.H.	1991=100
1991		100,0		100,0		100,0
1992	1,4	101,4	-0,5	99,5	0,2	100,2
1993	-0,2	101,2	-0,2	99,3	-0,7	99,5
1994	-2,2	99,0	-1,2	98,1	-2,4	97,2
1995	0,0	99,0	0,0	98,1	-1,2	96,0
1996	-0,5	98,5	-1,1	97,0	-0,6	95,5
1997	-1,4	97,1	-0,3	96,7	-0,9	94,6
1998	-0,4	96,7	1,8	98,5	-0,7	93,9
1999	0,1	96,7	0,4	98,8	0,1	94,0
2000	1,3	98,0	1,8	100,6	0,1	94,1
2001	-0,4	97,5	-0,5	100,1	0,3	94,4
2002	-0,6	96,9	-1,0	99,2	-0,3	94,1
2003	-0,3	96,7	-0,6	98,5	-0,1	93,9
2004	-1,3	95,4	-1,6	96,9	-0,8	93,2
2005	-1,7	93,8	-1,2	95,8	-0,5	92,7
2006	-1,5	92,4	0,1	95,9	-0,7	92,1

	Japan		Frankreich		Großbritannien	
	Veränd. in v.H.	1991=100	Veränd. in v.H.	1991=100	Veränd. in v.H.	1991=100
1991		100,0		100,0		100,0
1992	-0,1	99,9	-0,7	99,3	-0,8	99,2
1993	0,4	100,2	0,4	99,7	-2,1	97,2
1994	1,1	101,3	-2,0	97,8	-2,1	95,1
1995	0,3	101,6	-0,3	97,4	-1,4	93,9
1996	-1,1	100,6	-0,4	97,1	-2,2	91,8
1997	0,3	100,8	-1,0	96,1	-0,2	91,6
1998	0,5	101,3	-1,0	95,1	1,2	92,7
1999	-0,9	100,4	1,1	96,2	0,6	93,3
2000	-1,4	99,0	-0,3	95,9	1,7	94,8
2001	-0,4	98,6	0,3	96,2	1,3	96,1
2002	-1,7	97,0	0,6	96,7	-1,1	95,0
2003	-1,6	95,4	-0,1	96,6	0,0	95,0
2004	-3,0	92,5	-0,6	96,1	-0,6	94,5
2005	0,4	92,9	0,0	96,0	1,3	95,7
2006	-0,2	92,7	0,1	96,1	-0,2	95,5

Eigene Berechnungen nach Angaben der Europäischen Kommission

Schaubild zu Tabelle 32: Entwicklung der realen Lohnstückkosten [1] in der Gesamtwirtschaft

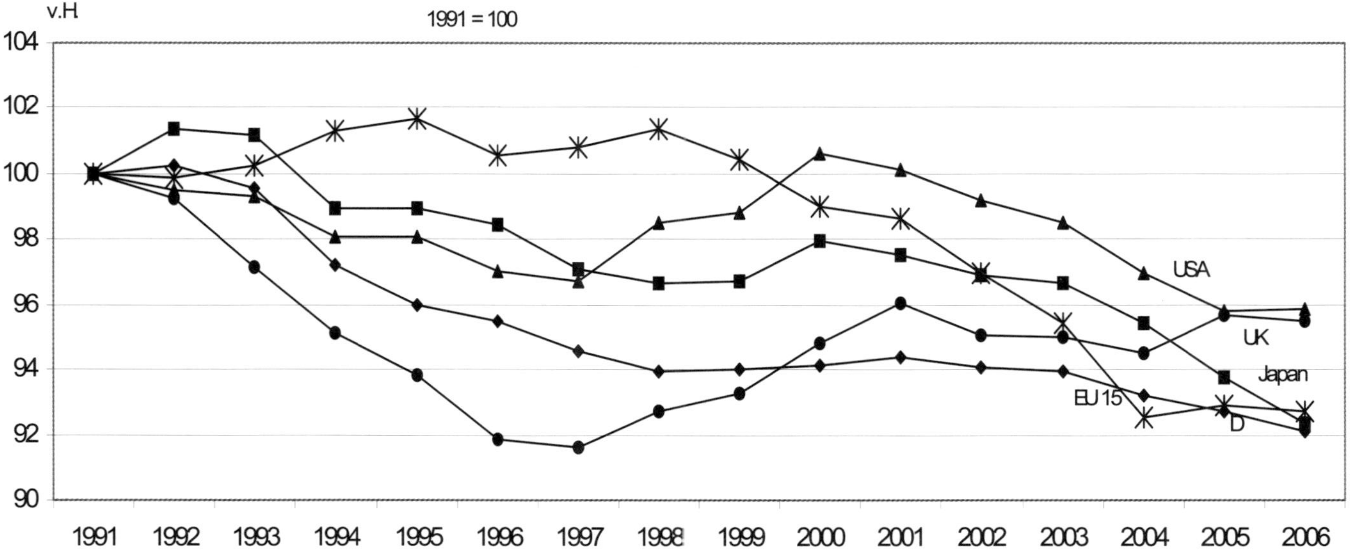

1) Reales Arbeitnehmerentgelt dividiert durch reales Bruttoinlandsprodukt je Erwerbstätigen. Negative Werte zeigen das Zurückbleiben der Arbeitskosten hinter der Produktivität an.

Eigene Berechnungen nach Angaben der Europäischen Kommission

Im Zeitraum 1991 bis 2006 haben sich die realen Lohnstückkosten in den USA, Großbritannien, Frankreich, Japan, im Durchschnitt aller früheren EU-15-Staaten und auch in Deutschland verringert (Tabelle 32 und Schaubild dazu). Am stärksten von allen großen Handelsnationen war die Lohnzurückhaltung in Deutschland, wenn auch gegenüber Japan äußerst knapp. Nur der Durchschnitt aller früheren EU-15-Staaten lag niedriger. Da in Deutschland die realen Lohnstückkosten stärker zurückgegangen waren als in Großbritannien und Frankreich, müssen also im Durchschnitt die übrigen EU-15-Länder Deutschland unterboten haben.

Allerdings muss bereits hier mit Nachdruck darauf hingewiesen werden, dass die Lohnzurückhaltung in Deutschland zur Schwäche der Binnennachfrage beigetragen hat. Nach ökonometrischen Berechnungen des Instituts für Makroökonomie und Konjunkturforschung gingen allein dadurch in Deutschland seit 1996 600.000 Arbeitsplätze verloren.[1]

Die Ergebnisse von Zeitreihen stellen den Verfasser – im Gegensatz zu den bisherigen Kritikern der Arbeitgeberargumentation – bezüglich der Lohnhöhe in Deutschland methodisch allerdings nicht voll zufrieden. Denn obwohl sich in Deutschland die Lohnstückkosten geringer entwickelt haben als bei unseren großen Weltmarktkonkurrenten, können in Deutschland die Lohnstückkosten immer noch – in absoluter Höhe gemessen – größer sein. Nur eines lässt sich daraus schließen: Der Rückstand zu einzelnen Ländern muss sich verringert oder der Vorsprung vergrößert haben. Wie ausführlich dargelegt, hilft aus diesem Dilemma nur ein Vergleich der absoluten Höhe der Lohnstückkosten. Und der wird von nicht abzuschüttelnden methodischen Störenfrieden verfälscht. Ihre Spuren hinterlassen sie auch in den Zeitreihen, wenn auch im abgeschwächten Maße.

Deshalb ist die Verwendung der zeitlichen Entwicklung der Lohnstückkosten zwar ein hilfreiches Mittel zur Beurteilung der Lohnpolitik, aber kein völlig zufrieden stellendes und ausreichendes.

[1] Der Aufschwung geht weiter, in: Institut für Makroökonomie und Konjunkturforschung, Report Nr.19, April 2007, S.29

Wirtschaftpolitisch wird durch die Zeitreihen jedoch offenkundig: Viele große Länder mit schlechterem Lohnstückkosten-Verlauf haben eine bessere wirtschaftliche Entwicklung genommen als Deutschland. Das lässt den Schluss zu: Auf zu hohe Löhne kann die unbefriedigende Wirtschaftsentwicklung in Deutschland nicht zurückgeführt werden.

9. Die „Krönung" der Lohnstückkosten: die produktivitätsorientierte Lohnpolitik

Die bekannte Lohnformel, nach der die Löhne zunehmen sollen wie die Produktivität, ist je nach beabsichtigter Zielsetzung nichts anderes als die Forderung nach konstanten nominalen oder nach konstanten realen Lohnstückkosten. Damit erfahren die Lohnstückkosten ihre „Krönung" und schreiten in die zentrale lohn- und wirtschaftspolitische Debatte.

Die produktivitätsorientierte Lohnformel ist streng genommen nur eine Abwandlung der einzelwirtschaftlichen Lohntheorie, nach der die Unternehmer Arbeitnehmer einstellen, solange der vom zuletzt eingestellten Arbeitnehmer allein geschaffene Produktionswertzuwachs (Grenzproduktivität der Arbeit) noch größer (gleich) ist als der an ihn zu zahlende Lohn. Oder anders gewendet: Steigen die Löhne langsamer als die Produktivität, wird die Beschäftigung ausgeweitet.

Zu dieser von den Arbeitgeberverbänden weit verbreiteten These ist zweierlei festzustellen:

1. Die einzelwirtschaftliche Lohntheorie kann wegen des Fehlens der volkswirtschaftlichen Kreislaufzusammenhänge nicht auf die gesamte Volkswirtschaft übertragen werden. Sie klammert nämlich die Nachfrage- und Preiseffekte von Lohnveränderungen auf den Zuwachs des Produktionswerts aus und damit ihren unmittelbaren Einfluss auf die wertmäßige Produktivität. Außerdem können Lohnveränderungen unmittelbar auf die Produktivität einwirken. So können höhere Löhne durchaus zu einer Leistungssteigerung anreizen und zu einer zusätzlichen Produktivität führen.

2. Auch aus drei anderen Gründen entspricht die produktivitätsorientierte Lohnformel nicht genau der einzelwirtschaftlichen Lohntheorie:

a) Die in der Lohnformel verwendete Produktivität ist nicht die in der einzelwirtschaftlichen Lohntheorie verwendete Produktivität der Arbeit, also die Produktivität, die allein vom Produktionsfaktor Arbeit geschaffen wird. Vielmehr wird in der Lohnformel die Produktivität berechnet, indem die gesamte Produktionszunahme schlichtweg und unzulässigerweise allein den Arbeitnehmern zugerechnet wird. Die gesamte Produktionszunahme ist jedoch das Resultat aller Produktionsfaktoren – also nicht nur der Arbeit, sondern auch des Kapitaleinsatzes und des technologischen und organisatorischen Wandels.

b) In der einzelwirtschaftlichen Lohntheorie wird zudem mit der Grenzproduktivität der Arbeit gerechnet, d.h. es wird die Produktionsveränderung, die sich aus der Veränderung des Arbeitseinsatzes ergibt, ins Verhältnis zur Arbeitsveränderung gesetzt. In der Lohnformel hingegen wird die Veränderung der Durchschnittsproduktivität verwendet, indem die neue Produktion pro Kopf aller Arbeitnehmer berechnet (Durchschnittsproduktivität) und dann die Zuwachsrate zur alten Durchschnittsproduktivität ermittelt wird. Der Sachverständigenrat hatte inzwischen dieses Problem erkannt und versucht, die gesamtwirtschaftliche Grenzproduktivität zu berechnen. Der Verfasser hat nachgewiesen, dass die Berechnung des Sachverständigenrats bestenfalls nur für den völlig unrealistischen Fall der vollständigen Konkurrenz auf allen Märkten der Volkswirtschaft gelten würde.[1] Die Grenzproduktivität existiert nur in der Theorie. In der Praxis ist sie nicht zu ermitteln.
Durchschnittsproduktivität und Grenzproduktivität und ihre Wachstumsraten können erheblich differieren.

[1] Vgl. H. Görgens: Berechnet der Sachverständigenrat die Grenzproduktivität der Arbeit falsch? in: Wirtschaftsdienst, Zeitschrift für Wirtschaftspolitik, 6/1999, S.321 ff.

c) Die einzelwirtschaftliche Lohntheorie verwendet mit Recht nicht die mengenmäßige Produktivität, sondern die wertmäßige. Denn der Lohnhöhe wird der Erlöszuwachs gegenübergestellt, d.h. dem mit Absatzpreisen multiplizierten mengenmäßigen Produktionszuwachs (Grenzerlösprodukt). Produktionsmenge und -wert entwickeln sich nur dann in gleichem Maße, wenn die Produktionsmenge keinen Einfluss auf die Absatzpreise hat (vollständige Konkurrenz). Dies ist jedoch wegen des unvollständigen Wettbewerbs auf vielen Märkten meistens nicht der Fall.
Nur wenn man den Lohn der wertmäßigen Produktivität, also unter Einschluss der Preisveränderung, gegenüberstellt, entspricht – allerdings nur in diesem einzigen Punkt – die Lohnformel der einzelwirtschaftliche Lohntheorie.

Der Sachverständigenrat und in seinem Gefolge die Arbeitgeberverbände belasten die Lohnformel noch mit einem Lohnabschlag. Zur Verbesserung der Beschäftigung sollen die Löhne geringer wachsen als die Produktivität. Diese Behauptung, ein Lohnabschlag käme der Beschäftigungslage zugute, fußt ebenfalls auf der einzelwirtschaftlichen Lohntheorie, die sich nicht auf die gesamte Volkswirtschaft übertragen lässt. Zudem entspricht, wie erwähnt, die gängige Lohnformel nicht exakt der für die Theorie notwendigen Ausprägung. Schon deshalb verbietet sie beschäftigungspolitische Aussagen.

Zusammenfassend lässt sich feststellen:

Die produktivitätsorientierte Lohnformel lässt keine ökonomisch präzisen Aussagen zur Beschäftigung zu, weil sie erstens nur eine nicht exakte Abwandlung der einzelwirtschaftlichen Lohntheorie ist und zweitens selbst diese einzelwirtschaftliche Lohntheorie keine zwingenden theoretischen gesamtwirtschaftlichen Schlussfolgerungen für die Beschäftigungsentwicklung zulässt.

9.1 Gesamtwirtschaftliche Lohnformel als wichtige Orientierung

Dennoch ist die produktivitätsorientierte Lohnformel von Nutzen. Denn sie ist eine Richtschnur für eine gesamtwirtschaftlich kosten- bzw.

verteilungsneutrale Lohnpolitik. Mit ihr kann weitgehend überprüft werden, ob die Lohnpolitik gesamtwirtschaftlich kosten- bzw. verteilungsneutral ist oder war. Für die Verteilungsseite, und damit für die Gewinnentwicklung, können allerdings nur tendenzielle Aussagen getroffen werden, da die Gewinnentwicklung auch noch von anderen Faktoren abhängt. (Wegen der Bedeutung der gesamtwirtschaftlichen Produktivitätsorientierung für die Tarifpolitik wurde anhand von Modellrechnungen in Teil B I. ein Kapitel über Lohnerhöhungen, Produktivitätssteigerungen und ihre Rückwirkungen auf Preise und Gewinne verfasst.)

Die produktivitätsorientierte Lohnpolitik tritt in der Öffentlichkeit in zwei Varianten auf: in der kostenneutralen und in der verteilungsneutralen.

9.1.1 Löhne steigen wie mengenmäßige Produktivität: konstante nominale Lohnstückkosten und Kostenneutralität

Die eine Variante ist die Forderung nach einem Gleichschritt von Löhnen und mengenmäßiger Produktivität. Dies bedeutet eine Konstanz der nominalen Lohnstückkosten: nominale Löhne nehmen im selben Maße zu wie die reale Produktivität. Die Lohnerhöhungen sind dann kostenneutral.

Diese Variante zielt allein auf die Vermeidung von Preiserhöhungseffekten und schert sich nicht im Geringsten um die Entwicklung der Einkommensverteilung.

Denn sie ist im Normalfall nicht verteilungsneutral, da erfahrungsgemäß in dem Zeitraum, für den die betreffenden Tarifverträge abgeschlossen werden, viele Preise „unvermeidlich" heraufgesetzt werden. Außerdem ist der Anstieg des Preisindex oft bereits mit einem Preisüberhang (B II. 6.2) vorbelastet. Steigen also die Preise, werden die Umsätze und die Gewinne schneller zunehmen als die Löhne.

Die Gewerkschaften lehnen deshalb mit Recht eine Ausschaltung der Preisentwicklung in der Lohnformel ab. Sie fordern vielmehr in vielen wirtschaftlichen Situationen ein Hinzufügen der erwarteten

Preissteigerungsrate. Damit kommen wir zu der verteilungsneutralen Variante der produktivitätsorientierten Lohnpolitik.

9.1.2 Löhne steigen wie wertmäßige Produktivität: konstante reale Lohnstückkosten und Verteilungsneutralität

Die zweite Variante der produktivitätsorientierten Lohnpolitik soll eine Lohnentwicklung in Gleichschritt mit der wertmäßigen Produktivität, also der mengenmäßigen Produktivität plus der (erwarteten) Preisentwicklung, bringen.

Das ist aber nichts anderes als die Konstanz der realen Lohnstückkosten. Bei den realen Lohnstückkosten wird nämlich entweder:

- (Form 1) das nominale Arbeitnehmerentgelt je Arbeitnehmer(stunde) ins Verhältnis zum nominalen Bruttoinlandsprodukt je Erwerbstätigen(stunde) gesetzt oder – was mathematisch das Gleiche ist –
- (Form 2) beide Größen werden mit dem Preisindex des Bruttoinlandsprodukt deflationiert. Dann sind die realen Arbeitskosten je Arbeitnehmer in Relation zum realen Bruttoinlandsprodukt je Erwerbstätigen gestellt (A III. 5.2.1).

Konstante reale Lohnstückkosten bedeuten im Normalfall Verteilungsneutralität. Dann laufen die Arbeitseinkommen und die Einkommen aus Unternehmertätigkeit und Vermögen, die beide zusammen das Volkseinkommen und damit den weit überwiegend größten Teil des Bruttoinlandsproduktes bilden, im Gleichschritt. Voraussetzung ist allerdings, dass sich der andere, deutlich kleinere Teil (25 %) des Bruttoinlandsproduktes (indirekten Steuern, Abschreibungen und Saldo der Einkommen von und ins Ausland) in derselben Rate entwickeln. Oder etwas zu vereinfacht: Die Löhne erhöhen sich wie die Umsätze (abzüglich aller Vorleistungen) und damit vermutlich wie die Gewinne.

Mit der Lohnformel für eine Konstanz der realen Lohnstückkosten wird also eine Verteilungsneutralität angestrebt, von der man annimmt, dass sie das Wirtschaftswachstum nicht stört. Ihre ständige Anwendung liefe allerdings auf eine Zementierung einer gegebenen Einkommensverteilung hinaus.

In der gesamtwirtschaftlichen Auseinandersetzung um eine produktivitätsorientierte Lohnpolitik tummeln sich Wirrwarr und Missverständnisse. Beide Varianten – also sowohl die Forderung nach konstanten nominalen Lohnstückkosten (Produktivität ohne Preissteigerungsrate) als auch nach konstanten realen Lohnstückkosten (Produktivität plus erwarteter Preissteigerungsrate) laufen oft durcheinander oder werden je nach wirtschaftlicher Situation und eigenen Interessen beliebig abgewandelt.

Inspiriert vom Sachverständigenrat tendieren die Arbeitgeberverbände in allgemeinen und unverbindlichen Erklärungen zur Variante 1 (Konstanz der nominalen Lohnstückkosten), wobei sie wie der Sachverständigenrat aus angeblich beschäftigungspolitischen Gründen einen Abschlag von der Lohnformel für notwendig halten. Allerdings wird oft eine „unvermeidbare“ Preissteigerungsrate akzeptiert, wobei diese möglichst klein angesetzt oder nicht beziffert wird. Die von den Wirtschaftsforschungsinstituten erstellten Preisprognosen akzeptieren die Arbeitgeberverbände meistens nicht, weil sie sich durch eine Lohnpolitik, die sich daran ausrichtet, selbst erfüllen könnten.

Die Gewerkschaften orientieren sich an Variante 2 (Konstanz der realen Lohnstückkosten), um am Ertragszuwachs teilzuhaben. Dabei richten sie sich an der prognostizierten Stundenproduktivität und Preissteigerungsrate aus. In den Fällen, in denen im Vorjahr oder in den Vorjahren die Gewinne deutlich stärker zugenommen haben als die Löhne, fordern sie zusätzlich zur Produktivität und Preissteigerungsrate eine Umverteilungskomponente zugunsten der Arbeitnehmer, so zu sagen als verteilungsgerechten Nachschlag.

Strittig sind stets die Preisprognosen. Welcher Preisanstieg wird als unvermeidlich angesehen? Was sind die Preisprognosen der Wirtschaftsforschungsinstitute, des Sachverständigenrats und der Bundesregierung wirklich wert? Meistens waren sie zu optimistisch, d.h. sie wurden oft niedriger vorausgeschätzt, als sie im Nachhinein tatsächlich waren. Zu beachten ist auch der Anteil am Preisanstieg, der vom Ausland importiert (z.B. Ölpreisexplosion) und/oder vom Staat hausgemacht wurde (z.B. Mehrwertsteuererhöhung). Letztgenannte Komponenten des Preisauftriebs sind insofern von Bedeutung, weil sie bei Überwälzung auf die Preise zwar die Umsätze der Unternehmen nominal aufblähen, ohne jedoch den Gewinn zu vergrößern. Denn die Unternehmen müssen diesen teueren Öleinsatz als Kostensteigerung bezahlen bzw. die höheren Mehrwertsteuereinnahmen an die Staatskasse abführen.

Nicht zuletzt spielt in der öffentlichen Diskussion bei der Lohnformel nur der Anstieg der Verbraucherpreise (Kosten der Lebenshaltung) eine Rolle, obwohl streng genommen der Preisindex des Bruttoinlandsprodukts herangezogen werden muss. Von diesem spricht in der Öffentlichkeit niemand, weil ihn mit Ausnahme einiger Experten auch niemand kennt. Der Preisindex des Bruttoinlandsprodukts muss eigentlich deswegen gewählt werden, weil bei den realen Lohnstückkosten der Preisindex des Bruttoinlandsprodukts verwendet wird, der sich aus der Preisentwicklung nicht nur des privaten Verbrauchs, sondern auch der privaten Investitionen, der Exporte und der Staatskäufe zusammensetzt. Deshalb müsste auch bei den Arbeitskosten die Preisentwicklung des Bruttoinlandsproduktes herangezogen werden, um Aussagen über die Einkommensverteilung treffen zu können.

Um all diesen Schwierigkeiten aus dem Weg zu gehen, empfiehlt das Institut für Makroökonomie und Konjunkturforschung generell und in allen Euro-Länder eine Steigerungsrate der Verbraucherpreise von knapp 2 % in die Lohnformel einzuberechnen.[1] Eine derartige Teuerungsrate wäre nach den eigenen Kriterien der Europäischen Zentralbank (EZB) mit dem Preisbegrenzungsziel (relative „Preisstabilität“) vereinbar, würde von der EZB toleriert und würde sie nicht zu restriktiven geldpolitischen Maßnahmen veranlassen. Ein ehrgeizigeres Ziel – also eine Zunahme des Preisniveaus deutlich unter 2 % – würde bei vielen Einzelpreisen bereits Preisrückgänge beinhalten und deflationäre Prozesse auslösen.

Schließlich wird die Lohnformel in der Öffentlichkeit nur auf die Bruttolöhne und -gehälter bezogen und nicht – wie es richtig ist – auf das Arbeitnehmerentgelt. Damit wird in der üblichen Lohnformel zu Unrecht ein Teil der Arbeitskosten, nämlich die Sozialversicherungsbeiträge der Arbeitgeber, ausgeklammert.

[1] Der Aufschwung geht weiter, in: Institut für Makroökonomie und Konjunkturforschung, Report Nr.19, April 2007, S.27

All diese methodischen Feinheiten für eine gesamtwirtschaftliche Lohnformel sind jedoch für die Praxis nicht ganz so wichtig, weil eine an der gesamtwirtschaftlichen Produktivität orientierte Tarifpolitik für die vielen Tarifbereiche nicht ausreicht, sondern auch die wirtschaftlichen Gegebenheiten im Tarifbereich berücksichtigt werden.

In der harten Realität der Tarifverhandlungen dient die Lohnformel oft als allgemeine volkswirtschaftliche Leitlinie. Sie ist für die Lohnfindung in den rd. 4000 Tarifkommissionen weit überwiegend eine wichtige Orientierung, die oft allerdings allein nicht ausreicht.

Dennoch ist für viele Tarifbereiche die Lohnformel eine bedeutsame Richtschnur für eine gerechte Teilhabe der Arbeitnehmer am wachsenden volkswirtschaftlichen Ertrag. Dies gilt insbesondere für viele Dienstleistungsbereiche (z.B. Friseurhandwerk), in denen die Produktivität nicht oder kaum gesteigert werden kann. Die Orientierung an der gesamtwirtschaftlichen Lohnformel ist dann der Anker für eine gesellschaftlich solidarische Lohnpolitik.

Auch für eine grenzüberschreitende Lohnpolitik ist die Lohnformel von Bedeutung. Dies gilt insbesondere für den Euro-Raum, in dem es keine Wechselkurse mehr gibt und in dem unterschiedliche Lohnkostenentwicklungen nicht mehr wie in früheren Jahren durch Wechselkursanpassungen wettgemacht werden können. Da es das Ziel der gewerkschaftlichen Tarifpolitik ist, die Lohnkonkurrenz zwischen den Arbeitnehmern national und international zu verhindern, muss die Lohnpolitik der europäischen Gewerkschaften willentliche und systematische Lohnunterbietungen vermeiden. Wegen der durch die Währungsunion geschaffenen neuen wirtschaftlichen Zusammenhänge und Zwänge hat der Europäische Metallgewerkschafts-Bund eine Koordinierungsregel bereits im Jahre 1998 beschlossen, nach der der Ausgleich der Inflationsrate und der Produktivitätsfortschritt zentraler Orientierungspunkt und Maßstab sein sollen.[1] Eine ähnliche Vereinbarung haben die nationalen Vertreter der Gewerkschaften der Benelux-Staaten und Deutschland ebenfalls 1998 getroffen.[2]

[1] R. Welzmüller, Lohnpolitik, IG Metall-Hauptvorstand, Abteilung Wirtschaft-Technologie-Umwelt, Juli 2001. S.20

[2] Ebenda, S.20

Mit Nachdruck ist nicht zuletzt darauf hinzuweisen, dass die produktivitätsorientierte Lohnformel auch bei gleichzeitig vereinbarten Arbeitszeitverkürzungen gilt (B I. 2.). Wenn sich die Erhöhung des Stundenlohnes nach der Produktivität bzw. plus Preissteigerung ausrichtet, bleibt sie auch bei Arbeitszeitverkürzung kosten- bzw. verteilungsneutral.

Der Lohn für den einzelnen Arbeitnehmer nimmt allerdings nur im Maße der Produktivität abzüglich der Arbeitszeitverkürzung zu. Dabei sind zwei grundsätzliche Fälle zu unterscheiden:

1. Es kommt zu Neueinstellungen im Maße der Arbeitszeitverkürzung. Da sich der Lohn nur um den Anstieg der Produktivität minus Arbeitszeitverkürzung erhöht, können aus dieser Differenz der Lohnsumme die Neueinstellungen kosten- bzw. verteilungsneutral finanziert werden (B I. 2.1).
2. Es kommt zu keinen Neueinstellungen trotz Arbeitszeitverkürzung. In diesem Fall wird eine „Zusatzproduktivität“, z.B. durch weiter verschärften Arbeitsdruck, erzeugt, die neben der „normalen“ Produktivitätszunahme einhergeht. Diese „Zusatzproduktivität“, die in diesem Fall genau die Höhe der Arbeitszeitverkürzung hat, kann in die Lohnformel eingerechnet und den Arbeitnehmern zuteil werden, da ja keine Neueinstellungen finanziert werden müssen (B I. 2.3). Die Lohnsumme des einzelnen Arbeitnehmers nimmt trotz Arbeitszeitverkürzung im Maße der „normalen“ Produktivität zu (normale Produktivität plus Zusatzproduktivität minus Arbeitszeitverkürzung).

9.2 Gesamtwirtschaftliche Lohnformel allein reicht oft nicht aus

Die methodischen Einwände gegen die Ermittlung der gesamtwirtschaftlichen Lohnformel sind im Grunde genommen jedoch nicht so wichtig, denn eine ausschließlich an der gesamtwirtschaftlichen Produktivität ausgerichtete Lohnpolitik reicht ökonomisch meist nicht aus und wird auch oft nicht praktiziert.

Eine gesamtwirtschaftliche Lohnformel, die z.B. von einer prognostizierten mengenmäßigen Produktivität von 2 % und einem erwarteten

Preisanstieg von 1,5 % ausgeht, die also eine Orientierung von 3,5 % vorgibt, ist für die rd. 4000 Tarifkommissionen in den einzelnen Branchen, vielfältigen Sparten, die darüber hinaus meistens noch in regionale Tarifbezirke unterteilt sind, und für die Tarifkommissionen für die vielen Firmentarife (sog. Haustarife) zwar nützlich und hilfreich, hat aber nur einen begrenzte Zugkraft.

Welche unsichtbare Hand soll dafür sorgen, dass der Durchschnitt der Lohnsteigerungsraten all der zahlreichen Lohnabschlüsse, die noch mit ihren Anteilen an der gesamtwirtschaftlichen Lohnsumme gewichtet werden müssten, in der Nähe von den besagten 3,5 % liegt?

Oder sollen etwa alle Lohnvereinbarungen in der Nähe von 3,5 % abgeschlossen werden? Das ist sicherlich nicht im Sinne der Erfinder der Formel, z.B. des Sachverständigenrats, der jahrzehntelang diese Lohnformel in die Welt setzte. Denn die wirtschaftlich Lage, die Gewinnsituation und Zukunftsaussichten in den vielen Branchen, Sparten, Regionen und bei denjenigen Konzernen, für die Haustarife abgeschlossen werden, differieren oft erheblich. Somit kommt es nicht zu überall einheitlichen Lohnabschlüssen. Das Tarifarchiv des WSI hat immer wieder dargestellt, wie groß die jährliche Spannweite der Tarifabschlüsse zwischen den einzelnen Tarifbereichen ist (Schaubild zu 9.2). So streuten die Abschlüsse z.B. im Jahr 2006 von 0,5 % für den öffentlichen Dienst bis 2,7 % für den Durchschnitt der Tarifbereiche im Grundstoff- und Produktionsgütersektor.[1] Die vom boomenden Export profitierenden Branchen lagen oberhalb des gesamtwirtschaftlichen Durchschnitts, die vom schwachen Binnenmarkt betroffenen unterhalb.

Im Übrigen ist es ein eklatanter Widerspruch des Sachverständigenrats, dass er einerseits eine einheitliche Lohnformel in der Öffentlichkeit in Umlauf bringt, andererseits sich oft für dezentrale, möglichst an die individuellen betrieblichen Verhältnisse angepasste Lohnabschlüsse ausspricht.

Da die Gewerkschaften und die Arbeitnehmer bei ihren Lohnforderungen fast immer im öffentlichkeitswirksamen Trommelfeuer der propagandistischen Übermacht der Arbeitgeberargumentation in Politik und Medien stehen, ist es für sie oft hilfreich, Forderungen in Höhe der

[1] WSI-Tarifarchiv, Pressemitteilung vom 5.2.2007

Lohnformel zu erheben, insbesondere in Tarifbereichen, in denen die wahre Gewinn- und Wirtschaftsentwicklung besonders vertuscht und als mies dargestellt werden kann. Die verständliche Forderung nach Teilhabe am gesamtwirtschaftlichen Ertrag via Lohnformel kann durchaus die volle Zustimmung der Arbeitnehmer finden und sie notfalls mobilisieren, so dass die Verhandlungsposition und das Durchsetzungsvermögen der Gewerkschaften gestärkt werden.

Kehren wir nochmals zurück zur Lohnformel. Gesetzt den Fall, es würde für die einzelnen Branchen eine auf die jeweilige Branchenproduktivität ausgerichtete Lohnformel vorgeschlagen und praktiziert. Was würde dann passieren? Dann würden sich im Zeitablauf die Lohnabstände weitgehend an die oft gewaltigen Produktivitätsunterschiede der Branchen anpassen. Dann würden nach vielen Jahren z.B. die Löhne in der kapitalintensiven Petrochemie rd. sechsmal höher liegen als bei vielen arbeitsintensiven Dienstleistungen (z.B. Friseuren). Oder beim Bereich Finanzierung, Vermietung und Unternehmensdienstleistungen rd. siebenmal höher als in der Landwirtschaft. Spätestens dann müsste auffallen, dass da irgendetwas an einer branchenspezifischen Lohnformel nicht stimmen kann. Die Ursache liegt in der Konstruktion der Produktivität. Sie bringt nämlich nicht nur, wie wir immer wieder betont haben, die Produktivität der Arbeit zum Ausdruck, sondern sie spiegelt auch die Produktivität des Kapitaleinsatzes wider. Kapitalintensive Branchen weisen zwar im Normalfall eine in der angegebenen Weise berechnete höhere Produktivität auf als arbeitsintensive Wirtschaftszweige, sie haben jedoch entsprechend höhere Kapitalkosten. Deshalb erzielen sie nicht automatisch höhere Gewinne. Im Normalfall können sie keine Löhne zahlen, deren Abstände zu den arbeitsintensiven Branchen im Verhältnis zu den Produktivitätsunterschieden stehen. Die Anwendung einer branchenspezifischen Lohnformel auf die Wirtschaftszweige oder Sparten bringt also Probleme mit sich.

Darüber hinaus kann eine auf Branchen bezogene Lohnformel für die vielen Tarifbereiche schon rein technisch meist nicht aufgestellt werden. Denn dazu würde eine Vorausschätzung der mengenmäßigen Nettoproduktion, der Preisentwicklung (genauer: Preisindex der Brutto-

Schaubild zu Kapitel III.9.2: Tarifsteigerungen [1] 2006 in % – Deutschland

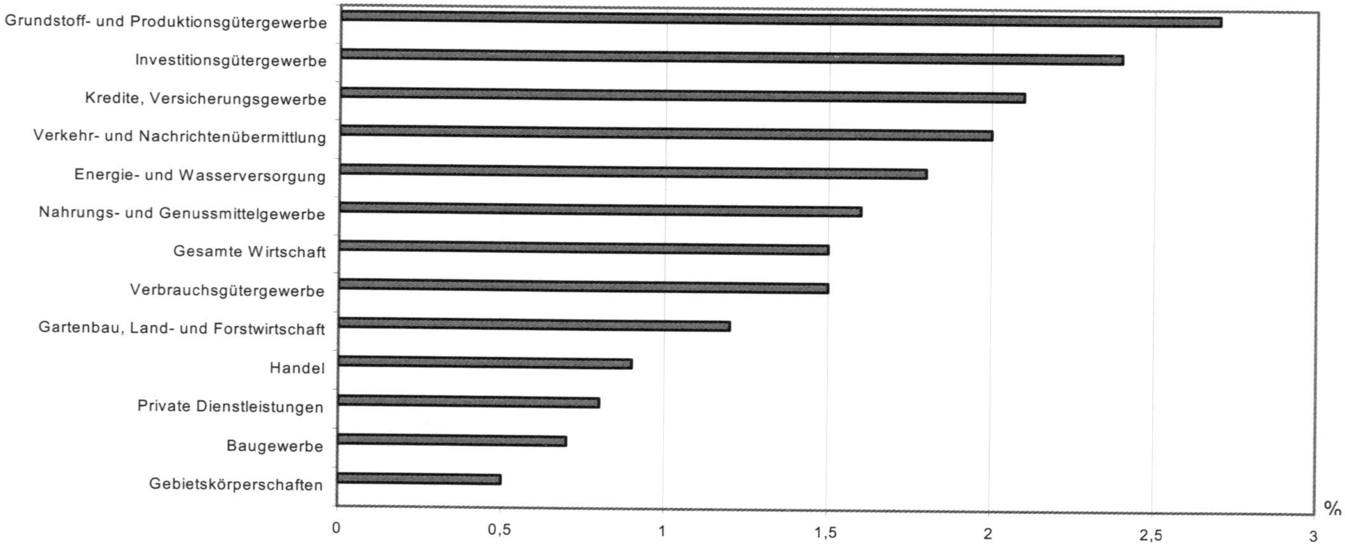

1) Durchschnittliche tarifliche Grundvergütung einschl. Pauschal- und Einmalzahlungen gegenüber dem Vorjahr
Quelle: WSI-Tarifarchiv

wertschöpfung) und der zu leistenden Arbeitsstunden, aus denen Dreien sich die voraussichtliche Produktivität zusammensetzt, benötigt.

Für alle drei Komponenten gibt es nur für große Branchen und mit eineinhalbjähriger Verspätung offizielle statistische Zahlen. Aus derart veralteten Zahlen lassen sich aber keine Prognosen ableiten.

Für viele Sparten oder Tarifbezirke existieren diese Daten überhaupt nicht. Somit kann meistens keine Stundenproduktivität berechnet werden. Sie wäre aber als Gegenstück zu den Stundenlöhnen erforderlich. Wenn man die Vergangenheit schon nicht kennt, dann können erst recht keine ernstzunehmenden Prognosen erstellt werden. Kurzum, für fast alle Tarifbereiche lässt sich datenmäßig praktisch keine branchenspezifische Lohnformel ermitteln.

Soll sich die Lohnpolitik kostenneutral ausrichten, kann sie sich bestenfalls an der erwarteten Produktionsentwicklung orientieren. Soll sie verteilungsneutral sein, was von den Gewerkschaften gefordert wird, kann sie bestenfalls und mit großen Einschränkungen den erwarteten Umsatz (Menge mal Preis) als Richtschnur nehmen, sozusagen als vermutete Gewinnentwicklung. Da aber die anfallenden Beschäftigtenstunden nicht exakt vorherzusagen sind, ist der zukünftige Umsatz je Beschäftigtenstunde als Ersatz für die wertmäßige Produktivität schwierig abzuschätzen. Die Entwicklung von Mengen, Preisen und Beschäftigtenstunden sind für viele Tarifbereiche kaum einigermaßen genau zu ermitteln. Oft liegen selbst für die Vergangenheit keine oder keine exakten Zahlen vor.

Gesetzt den unwahrscheinlichen Fall, dass sich beide Tarifvertragsparteien über die Umsatzentwicklung je Beschäftigtenstunde als grobe Messlatte für die Gewinnentwicklung einigen, würde eine solche Lohnorientierung die bestehende Einkommensverteilung zwischen Löhnen und Gewinnen unverändert lassen. Die Arbeitnehmer würden dann nicht nachträglich an womöglich vorausgegangenen starken Gewinnsteigerungen beteiligt werden.

Letztlich wird die Tarifpolitik zum großen Teil – mit der gesamtwirtschaftlichen Lohnformel als Grundorientierung – im Spannungsfeld zwischen der wirtschaftlich Leistungsfähigkeit der Unternehmen im Tarifbereich und der Forderung der Arbeitnehmer nach Teilhabe am vom Wirtschaftswachstum vorgegebenen Verteilungsspielraum ausgehandelt. Dabei spielt nicht zuletzt die Verhandlungsmacht der Tarifvertragsparteien eine wichtige Rolle, die von vielen Faktoren abhängt, wie allgemeine Konjunktursituation, Arbeitsmarktlage, Organisationsgrad der Gewerkschaften und die Mobilisierungs- und Streikbereitschaft ihrer Mitglieder, die Haltung der Bevölkerung und die veröffentlichte Meinung, die stark von den Medien beeinflusst wird, und anderes.

Trotz des Fehlens von exakten und von beiden Tarifvertragsparteien akzeptierten Orientierungsdaten hat die Tarifpolitik in der Vergangenheit letztlich in vielen Kompromissen zu Lohnabschlüssen gefunden, die die Unternehmen nicht überfordert haben. Im internationalen Vergleich sind die Löhne, wie nachgewiesen wurde, nicht zu hoch. Im Kapitel über die Höhe und Entwicklung der Gewinne und der Kapitalrendite wird ein weiterer Beleg dafür vorgelegt, dass die Löhne in Deutschland nicht zu hoch sind.

In Kapitel A III. 5.2.3 (Tabelle 25 und Schaubild dazu) wurde nachgewiesen, dass sich von 1950 bis heute über die Jahrzehnte hinweg gesamtwirtschaftlich ein Gleichklang von Produktivität und Reallohn eingespielt hat. Zwischenzeitlich traten meist konjunkturbedingte Dissonanzen auf, die sich aber bereits nach einigen Jahren wieder zu klanglichen Harmonien fanden. Ab 1980 lag per saldo allerdings Lohnzurückhaltung vor (Tabellen 25 und 27 sowie die Schaubilder dazu in A III. 5.2.3 und 5.2.4).

Dieser schon seit einem halben Jahrhundert langfristig anhaltende Gleichklang von Reallohn und Produktivität macht das tarifpolitische Augenmaß und das Verantwortungsbewusstsein der Gewerkschaften offenkundig.

Die verteilungsneutrale Lohnformel läuft, wie dargestellt, auf den Gleichschritt von Löhnen und Gewinnen hinaus. Über die Höhe und den Verlauf der Gewinne lässt sich jedoch trefflich streiten. Denn die Auseinandersetzung über sie hat ein bedauerliches Manko: Die Gewinne liegen oft im Nebel, insbesondere bei nicht publizitätspflichtigen Unternehmen. Im Kapitel V. wird versucht, etwas mehr Klarheit über die gesamtwirtschaftlichen Unternehmensgewinne zu schaffen.

IV. Weitere Argumente zur Lohnpolitik

1. Lohnniveau mit hoher internationaler Wettbewerbsfähigkeit vereinbar

1.1 Deutschland ist Exportweltmeister

Nachdem das deutsche Exportvolumen schon jahrzehntelang hinter den USA an zweiter Stelle gelegen hatte, ist Deutschland in den letzten Jahren zum Exportweltmeister aufgestiegen. Aus dieser überragenden internationalen Wettbewerbsfähigkeit der deutschen Wirtschaft konnten schon seit langem zwei Schlussfolgerungen gezogen werden: Der Wirtschaftsstandort Deutschland, d.h. die ökonomischen Rahmenbedingungen und die wirtschaftliche Konstitution, sind gut, und Deutschlands Löhne sind international wettbewerbsfähig.

Beide Feststellungen sind den Arbeitgeberverbänden ein Dorn im Auge. Um die Bedeutung des Höhenflugs der Exporte zu relativieren, kam ihnen ein Sachverhalt gerade recht, den sie aufgriffen und mediengerecht aufbereiteten: Der Anteil der importierten Vorlieferungen am deutschen Export hat zugenommen, er hat die Fertigungstiefe und damit die inländische Wertschöpfung je Exporteinheit vermindert. Prof. H.-W. Sinn, auf dessen Argumentationen sich die Arbeitgeberverbände oft und gerne beziehen, tut mit Verallgemeinerung von Einzelfällen gerade so, als ob die deutsche Exportwirtschaft fast nur noch Güter aus Billiglohnländern zusammenkaufe und als ob die deutsche Wertschöpfung auf das Zusammenbauen zu Endprodukten schrumpfe.

Dieses Bild, das durchaus seine Wirkung auf manchen in der Bevölkerung und in der Politik nicht verfehlt hat und die Umsetzung von

Forderungen der Arbeitgeberverbände erleichtern kann, hat das Statistische Bundesamt zurechtgerückt (Tabelle 33).[1]

Tabelle 33
Gesamtwirtschaftliche Bedeutung der Exporte in Mrd. EUR

	1995	2000	2005	jahresduchschnittl. Wachstumsrate 05/95 nominal
Exporte	413	653	864	7,7%
Im Export enthaltene Importe	125	251	342	10,6%
in % der Exporte	30,3%	38,4%	39,6%	
Im Export enthaltene inländische Wertschöpfung	288	402	522	6,1%
in % des Bruttoinlandfpodukts	15,6%	19,5%	23,2%	
Exportabhängige Erwerbstätige	5,9 Mio.	7,3 Mio.	8,3 Mio.	3,5%
Anteil an allen Erwerbstätigen	15,6%	18,7%	21,4%	
Bruttoinlandsprodukt	1848	2063	2247	2,0%
Bruttoinlandsprodukt ohne im Export enthaltene inländische Wertschöpfung	1560	1661	1725	1,0%

Nach Angaben des Statistischen Bundesamtes

In der Tat ist der Anteil der im Export enthaltenen Importe von 30,3 % in 1995 auf 39,6 % in 2005 geklettert. Mitursache war, dass beim deutschen Export der Anteil der zu reinen Handelszwecken und zur sogenannten Lohnveredlung (geringfügige Weiterverarbeitung) importierten Güter von 12,4 % auf 18,6 % weit überproportional zugenommen hat. Der Effekt des Anstiegs der Importgüter am Export wurde jedoch durch die enorme Expansion der Ausfuhr (jahresdurchschnitt-

[1] Siehe Materialien zur Presseveranstaltung des Stat. Bundesamtes vom 30.5.2006

lich von 1994 bis 2005 um real 8,1 %) bei weitem überkompensiert. Dies hatte zur Folge – und das ist das ökonomisch Entscheidende –, dass die im Export enthaltene inländische Wertschöpfung nominal um jahresdurchschnittlich 6,1 % kräftig wuchs und zwar deutlich stärker als das Bruttoinlandsprodukt. Somit stieg der Beitrag der durch Exporte geschaffenen Wertschöpfung an der gesamten Wertschöpfung (Bruttoinlandsprodukt) von 15,6 % in 1995 auf 23,2 % in 2005 an. Die Zahl der vom Export abhängigen Erwerbstätigen erhöhte sich von 5,9 Mio. um 2,4 Mio. auf 8,3 Mio., das sind 21,4 %[1] aller Erwerbstätigen.

Diese Erwerbstätigenzahlen können zu Missverständnissen und Fehlinterpretationen Anlass geben. Es ist nämlich keineswegs so, dass z.B. in 2005 8,3 Mio. Erwerbstätige unmittelbar und ausschließlich für den Export arbeiteten. Die Zahl ergibt sich fiktiv erst, wenn man die in der exportinduzierten inländischen Wertschöpfung (in 2005 522 Mrd. EUR) enthaltenen gesamten Arbeitsstunden auf die volle durchschnittlich Arbeitszeit der Erwerbstätigen umlegt. In Wirklichkeit sind viel mehr Erwerbstätige an der Erstellung des Exports – wenn auch nur teilweise – beteiligt.

Selbst die Maschinenfabriken, die überwiegend Maschinen für den Export herstellen, produzieren auch für den heimischen Markt. Oder: Elektrizitätswerke liefern Strom oder Bauunternehmen bauen für alle Unternehmen, darunter auch Exportfirmen usw. In den Berechnungen des Statistisches Bundesamtes werden alle diese Wirtschaftsverflechtungen mit ihren höchst unterschiedlichen, bruchstückhaften Beiträgen für den Export mittels einer sog. Input-Output-Analyse zusammengefasst. Daraus lässt sich dann errechnen, wie viele Arbeitsstunden auf die Produktion der Exportgüter insgesamt entfallen. Umgelegt auf die volle durchschnittliche Arbeitszeit der Erwerbstätigen ergibt sich dann die fiktive Zahl der sog. exportabhängigen Erwerbstätigen in Höhe von 8,3 Mio. Da fast alle Erwerbstätigen nur mit einem Teil ihrer Arbeitszeit direkt oder indirekt zum Export beitragen, sind also in der Realität

[1] Die Abweichung zu den 23.2 % Wertschöpfung am Bruttoinlandsprodukt resultiert aus den divergierenden Arbeitsproduktivitäten der zum Export beitragenden Wirtschaftszweigen.

sogar viel mehr als 8,3 Mio. Erwerbstätige mit dem Export befasst, wenn auch nur zeitweise.

Deshalb verwundert es auch nicht, wenn der in Tabelle 33 angegebene Zuwachs von 2,4 Mio. Erwerbstätigen im Zeitraum 1995 bis 2005 in den Medien kaum sichtbar gemacht werden kann. Denn so könnte es rein theoretisch sogar sein, dass die Zahl der zum Export beitragenden Erwerbstätigen konstant geblieben ist, diese Erwerbstätigen jedoch wegen schwacher Binnennachfrage einen vergrößerten Teil ihrer Arbeitszeit für den boomenden Export verwenden. Vermehrte Aufmerksamkeit ziehen demgegenüber die unmittelbaren Verluste von Arbeitsplätzen auf sich, die durch Importe und Verlagerungen ins Ausland entstehen.

Wegen der hohen Exportlastigkeit Deutschlands würde eine weltweite Rezession rasch auf Deutschland übergreifen und zusätzliche Millionen Menschen in die Arbeitslosigkeit entlassen. Aber selbst wenn es zunächst nur zur einer Wirtschaftskrise in einem großen Abnehmerland von deutschen Waren und/oder einer großen Volkswirtschaft, z.B. in den USA, käme, würde die deutsche Wirtschaft unmittelbar und mittelbar stark in Mitleidenschaft gezogen. Zum einen würden unsere Ausfuhren in die USA unmittelbar getroffen. Zum anderen würden auch bei unseren anderen großen Handelspartnern die Ausfuhren in die USA zurückgehen und dadurch würde sich ihr Wirtschaftswachstum abschwächen mit der mittelbaren Folge, dass sie dann auch weniger Güter aus Deutschland kaufen werden. Als Beispiel seien die Jahre 1991/2 angeführt, in denen sich die USA und andere großen Industrieländern in einer leichten Rezession befanden, in deren Folge die deutsche Exporte ins Trudeln gerieten (von 1991 auf 1993 –5,7 %) und Deutschland in eine Rezession gerissen wurde. In Westdeutschland schrumpfte das Bruttoinlandsprodukt um 2,6 %, die Zahl der geleisteten Jahresarbeitsstunden wurde um 3 % heruntergefahren, 350.000 Arbeitnehmer verloren ihre Arbeitsplätze.

Es war ein Glücksfall, dass die brummenden Exporte seit 1994 das deutsche Wirtschaftswachstum gestützt haben. Genauer gesagt, dieser Glücksfall ist der überragenden internationalen Wettbewerbsfähigkeit der deutschen Exportwirtschaft aufgrund der Tüchtigkeit und Leistungsfähigkeit aller dort Tätigen zu verdanken und auch der Lohnzurückhaltung der Arbeitnehmer, die allerdings die gefährliche Kehrseite einer Schwächung der Binnennachfrage als Konsequenz hatte.

Die nicht ungefährliche hohe Exportlastigkeit Deutschlands ist allerdings nicht nur die Folge des sehr dynamischen Ausfuhrwachstums, sondern auch der seit langem lahmenden Binnennachfrage. Hätte sich die durch die inländische Nachfrage (privater Verbrauch, private und öffentliche Investitionen, Staatsverbrauch) geschaffene Wertschöpfung nicht so schwächlich entwickelt (1 %), sondern hätte sie sich z.B. jährlich um nominal 4% ausgeweitet, dann wäre der Anteil der exportinduzierten inländischen Wertschöpfung am Bruttoinlandsprodukt nicht auf 23,2 %, sondern nur auf 18,4 % angestiegen.

Die zunehmende Exportlastigkeit kommt in Tabelle 33 ökonomisch völlig korrekt in dem steigenden Anteil der durch den Export geschaffenen inländischen Wertschöpfung an der gesamten heimischen Wertschöpfung (Bruttoinlandsprodukt) zum Ausdruck (1995 15,6 %; 2000 18,7 %; 2005 23,2 %).

Bisher wurde zur Darstellung der Exportlastigkeit oft einfach nur der Export auf das Bruttoinlandsprodukt bezogen. Das war falsch, denn im Bruttoinlandsprodukt sind – im Gegensatz zur Exportgröße – alle Importe abgezogen, so dass der vom seinem Importanteil nicht bereinigte Export auf das Bruttoinlandsprodukt bezogen eine zu hohe Quote ausweist. Besser, aber immer noch falsch, ist es, wenn die Exporte auf die gesamte volkswirtschaftliche Endnachfrage (Summe aus Konsum, Investitionen, Staatsverbrauch und Export), in der die Importe noch enthalten sind, bezogen werden. Der Fehler ist nämlich, dass in den einzelnen Komponenten der Endnachfrage ein unterschiedlicher Anteil an Importen steckt und eine derartige Exportquote nicht den Wertschöpfungsanteil des Exports an der gesamten Wertschöpfung (Bruttoinlandsprodukt) widerspiegelt.

Erst durch die neuesten, oben geschilderten Daten des Statistischen Bundesamtes über den Beitrag des Exportes zur inländischen Wertschöpfung wurde eine ökonomisch korrekte Darstellung der Exportlastigkeit der deutschen Wirtschaft möglich.

Als Exportweltmeister produziert Deutschland ein riesiges Ausfuhrvolumen. Seine ständig kräftige Expansion kann nicht für selbstverständlich gehalten werden. Für sich genommen wäre es schon eine beachtliche Leistung, dieses Niveau zu halten. Aber dies wäre wachstumsmäßig eine Stagnation und würde das gesamte Wirtschaftswachstum und die Konjunktur stark in Mitleidenschaft ziehen, wenn nicht sogar eine Rezession heraufbeschwören wie 1993. Dann würde ein zusätzliches Problem auftreten: Die deutsche Wirtschaftspolitik ist mental und instrumental auf eine derartige Situation nicht vorbereitet. Anstatt offensiv mit Ankurbelungsmaßnahmen der Binnennachfrage dagegen anzugehen, würde ein defensives Gürtel-enger-Schnallen angesagt, was die wirtschaftliche Lage weiter verschlimmern und die Weltwirtschaft durch verminderte deutsche Importe weiter ins Tal treiben würde.

Mithin ist Deutschland sehr stark von einer guten Entwicklung der Weltwirtschaft abhängig und besonders anfällig für weltwirtschaftliche Störungen und Turbulenzen.

Schließlich sei vorsorglich auf ein möglicherweise demnächst von Arbeitgeberseite angeführtes irreführendes Argument, das bereits in früheren Jahren herangezogen worden war, aufmerksam gemacht. Es lautet: Ein sinkender Anteil deutscher Exporte am Weltexport sei ein Zeichen nachlassender Wettbewerbsfähigkeit Deutschlands. Dazu ist festzustellen: Eigentlich ist es normal, wenn die großen Handelsnationen Weltmarktanteile verlieren. Denn im Durchschnitt der letzten 15 Jahre hat sich das Welthandelsvolumen jährlich um gut 7 % ausgedehnt. Das liegt vor allem an den wirtschaftlich aufstrebenden Ländern Asiens (z.B. China, Indien, Korea) und Südamerikas (z.B. Brasilien, Argentinien, Mexiko), deren Außenhandel, begünstigt durch neu geschaffene Wirtschaftszonen, untereinander und weltweit von einem relativ niedrigen Ausgangsniveau aufblüht und mit hohem Wachstumstempo expandiert. Erst wenn Deutschland dauerhaft durchschnittliche Exportsteigerungsraten von rd. 7 % – wie in den Jahren seit 1994 – stabilisieren könnte, würde es seinen derzeitigen Weltmarktanteil von 9 % halten können. Würde der deutsche Export allerdings vom derzeitigen Exportweltmeister-Niveau auf mittlere Sicht z.B. „nur“ noch mit 4 % weiter aufwärts gerichtet sein – was für sich genommen bereits eine stolze Leistung wäre –, dann würde sein Weltmarktanteil laufend zurückgehen. Das wäre jedoch sicherlich kein Zeichen schwindender internationaler Wettbewerbsfähigkeit Deutschlands. Auf Dauer werden alle großen westlichen Industrienationen Weltmarktanteile im internationalen Handel verlieren, wie dies bereits bei der Weltproduktion und erst recht bei der Weltbevölkerung geschehen ist.

1.2 Vernichten Importe volkswirtschaftlich Arbeitsplätze?

Im Zusammenhang mit den weltwirtschaftlichen Verflechtungen bleiben in der Literatur oft die möglichen negativen Beschäftigungswirkungen der Importe ausgeklammert, obwohl in den Medien viele Einzelfälle von Arbeitsplatzvernichtung eingeblendet werden. Eine derartige selektive einzelwirtschaftliche Betrachtungsweise wird der volkswirtschaftlichen Fragestellung nicht gerecht, zumal die durch den Export geschaffenen Arbeitsplätze selten gezeigt werden bzw. wegen ihrer oft bruchstückhaften Beschäftigungsbeiträge in Form eines größeren Anteils der verwendeten Arbeitszeit für den Export (siehe oben) kaum markant geschildert werden können.

Einen vermeintlich volkswirtschaftlichen Weg bezüglich der negativen Beschäftigungswirkungen des Imports geht das Deutsche Institut für Wirtschaftsforschung (DIW).[1] Es macht eine fiktive Rechnung auf, wie viele Arbeitsplätze in Deutschland direkt geschaffen würden, wenn alle Importe, die in Deutschland hergestellt werden könnten, mit deutscher Produktionstechnik und Produktivität produziert würden.[2] Im Jahre 2001 wären es 3,5 Mio. Arbeitsplätze gewesen. Dem ständen 3,9 Mio. Arbeitsplätze gegenüber, die direkt dem Export zugerechnet werden könnten. Der positive Beschäftigungssaldo sei 461.000. In einer Modellrechnung wagen die Autoren eine Berechnungsformel, nach der für die nachfolgenden Jahre die positiven und negativen Beschäftigungseffekte zunehmender Exporte und Importe ermittelt werden können. Folgt man dieser Anleitung, dann wäre bei dem in der Zwischen-

[1] J. Schintke und J.-P. Weiß, Zunehmende Außenhandelsverflechtung: Kompensieren sich Beschäftigungseffekte von Export- und Importsteigerungen?, in: Deutsches Institut für Wirtschaftsforschung, Wochenbericht 9/2003.

[2] Nicht hergestellt werden könnten z.B. tropische Nahrungsmittel, Mineralien, ein großer Teil der Energieeinfuhren. Ihr Anteil an den Importen liegt insgesamt unter 10 %.

zeit erheblich ausgeweiteten Exportüberschuss in 2005 ein positiver Beschäftigungseffekt von 1,2 Mio. Arbeitsplätzen entstanden. Länder mit negativer Handelsbilanz kämen nach den DIW-Berechnungen schlecht weg.

Die vom DIW vorgelegte Berechnung ist unseres Erachtens sehr vordergründig und lässt elementare volkswirtschaftliche Zusammenhänge beim internationalen Handel unberücksichtigt. In der Außenhandelstheorie wird demgegenüber nachgewiesen, dass der internationale Handel unter bestimmten Bedingungen[1] (z.B. vollständiger Wettbewerb, Mobilität der Produktionsfaktoren, Markttransparenz) wegen der internationalen Arbeitsteilung für alle Handelspartner einkommens- und beschäftigungsmäßige Vorteile bringt. Selbst wenn ein Land A sowohl bei der Produktion eines Gutes 1 als auch bei der Produktion eines Gutes 2 einem Land B kostenmäßig überlegen ist – bei Gut 1 deutlich und bei Gut 2 nur knapp –, lohnt sich für beide Länder der Handel. Land A zieht alle Produktionskräfte auf die Herstellung und den Export von Gut 1 und importiert von Land B das Gut 2. Denn bei Land A überwiegt der Vorteil des Exports von Gut 1 den Nachteil des Imports von Gut 2. Beiden Länder kommen also zu einem Warenaustausch, obwohl Land B bei beiden Gütern unterlegen war. Vielleicht hilft ein praktisches Beispiel zum besseren Verständnis dieser Theorie der komparativen Kosten beim internationalen Handel. Unterstellt sei folgender Fall: Ein Rechtsanwalt könnte neben seiner anwaltlichen Tätigkeit auch seine Büroarbeiten besser und effektiver erledigen als jede Bürokraft. Trotzdem wird er eine Bürokraft einstellen (importieren), weil es sich für ihn per saldo lohnt, seine gesamte Arbeitszeit nur für seine lukrative Anwaltstätigkeit zu verwenden und aus deren Ertrag die Bürokraft zu bezahlen.

Der Vorteil einer solchen internationalen Arbeitsteilung kommt im großen Anteil des deutschen Außenhandels mit den Industrieländern zum Vorschein. 73 % der deutschen Warenexporte gehen in die Länder der Europäischen Union einschließlich den USA und 66 % der Warenimporte kommen von dort, obwohl alle diese Länder eine mehr oder

[1] Sind diese Bedingungen nicht erfüllt, kann es z.B. zur Ausbeutung von Entwicklungsländern und Ländern der Dritten Welt kommen.

weniger ähnliche Wirtschaftsstruktur haben (Tabelle 1 im Anhang). Im Handel der Industrieländer untereinander ist die Außenhandelstheorie der komparativen Kosten seit Jahrzehnten lebendig.

Die Kritik des Verfassers an der DIW-Berechnung stützt sich außerdem auf folgende Überlegung: Würde Deutschland seine bisherigen Importe im eigenen Land herstellen, dann würden sie teurer produziert. Das Preisniveau würde angehoben, die Realeinkommen sänken. Die Exporte würden teurer und fielen auf ein unbekanntes Niveau. Außerdem würde bei Verhinderung von Importen als internationale Gegenreaktion der Weg für die deutschen Exportgüter versperrt oder wesentlich erschwert werden. Letztlich würde die Beschäftigung insgesamt deutlich zurückgehen.

Die deutschen Exporterfolge werden also mit Importen erkauft. Dabei sind allerdings nach wie vor in bestimmten Situationen (z.B. bei Dumpingpreisen oder bei abrupten wirtschaftlichen Schäden und Notlagen betroffener Wirtschaftszweige) Zölle und andere Schutzmaßnahmen, z.B. mengenmäßige Beschränkungen (Kontingente), nach internationalem Handelsrecht erlaubt.

Trotz all dieser Gesichtspunkte stehen dennoch die zunehmenden Importe aus Billiglohnländern, wie z.B. aus Polen, Ungarn und der Tschechischen Republik, im Rampenlicht der Öffentlichkeit. Weniger bekannt sind demgegenüber die Exportüberschüsse, die Deutschland auch mit vielen Niedriglohnländern erwirtschaftet. So betrug z.B. der Exportüberschuss mit den drei genannten osteuropäischen Ländern im Jahre 2006 8 Mrd. EUR; es bestand also für Deutschland ein per saldo positiver Beschäftigungseffekt.

Nicht ohne Grund kommt das größte europäische Zentrum für Wirtschaftsprognosen, die renommierte Prognos AG in Basel, zu einer Vorausschätzung einer jahresdurchschnittlichen Zunahme der preisbereinigten deutschen Exporte von 4,5 % bis zum Jahr 2015.[1] Gleichzeitig werde das Importvolumen um 4,6 % expandieren, so dass – da die Wachstumsrate beim Import von einer deutlich niedrigeren Basis ausgeht als beim Export – im Jahr 2015 ein um rd. 50 % größerer mengenmäßiger Exportüberschuss als 2005 zu erwarten sei. Deutschland

[1] Prognos World Reports 2006, Industrial Countries 2004-2015, Basel 2006, S.150

wird also mittelfristig als einer der Gewinner der Globalisierung vorausgesagt. Um eine solch günstige Entwicklung zu gewährleisten bedarf es jedoch verstärkter Anstrengungen von Unternehmen und Regierungen in der Bildungs- und Ausbildungspolitik sowie in der Forschungs-, Innovations- und Technologiepolitik.

Einen Unterfall zur Importdebatte bilden die oft geschilderten, für die betroffenen Arbeitnehmer mit schmerzlichen Arbeitsplatzverlusten verbundenen Verlagerungen von Betrieben oder Betriebsteilen ins Ausland. Im Prinzip wirken sie wie zusätzliche Importe, wobei jedoch die deutsche Zulieferung und Zusammenarbeit mit den verlagerten Betrieben meistens größer sind als bei Importen. Ein Teil der Verlagerungen geht in Niedriglohnländer. Eklatante Lohnunterschiede zu ihnen haben immer bestanden. Sie waren früher in vielen Fällen sogar noch gravierender. Kein vernünftiger Ökonom hat bisher ein Absenken der deutschen Löhne auf polnisches oder chinesisches Lohnniveau gefordert, ganz abgesehen von den verheerenden Folgen für den inländischen Wirtschaftskreislauf. Ändern wird sich kurzfristig an den Lohnabständen nicht viel. Mittelfristig – und das ist bei kommenden Investitionsentscheidungen und Verlagerungsabsichten ins Kalkül zu ziehen – wird sich jedoch im Zuge des industriellen Aufholprozesses eine Annäherung vollziehen, wie die Erfahrung mit einigen dieser Ländern bereits lehrt. Die Anreize für eine Verlagerung speziell in die osteuropäischen Länder sind in den letzten Jahren stärker geworden, weil diese Staaten neuerdings Mitglieder der Europäischen Union geworden sind oder demnächst werden. Damit gelten für sie EU-Recht und die gemeinschaftlichen Vorschriften und Regeln. Mit dieser Rechtssicherheit stehen Investitionen und Produktion in diesen Ländern auf sicherem Boden. Auch sind Wechselkursrisiken weitgehend ausgeschaltet. Das Vordringen der elektronischen Medien trägt ebenfalls zur Verbesserung der Rahmenbedingungen bei. Dennoch werden die Bäume dort nicht in den Himmel wachsen, allein schon wegen der Begrenztheit des geeigneten Arbeitskräftepotenzials.

Oft liefern die inländischen Muttergesellschaften eigene Erzeugnisse an ihre ausgelagerten Betriebe oder Betriebsteile, z.B. Vorleistungsgüter, Steuerungs-, Ingenieur- und Serviceleistungen. Allgemein steigt mit dem industriellen Aufbau in diesen Ländern der Importbedarf, von dem dann nach allen Erfahrungen insbesondere die deutsche Exportwirtschaft profitiert.

Diese volks- und betriebswirtschaftlichen Zusammenhänge helfen den von Arbeitsplatzverlust Betroffenen nicht viel, zumindest nicht unmittelbar. Dennoch kamen sie bisher beim Strukturwandel zum Tragen. Die Bevölkerung darf allerdings nicht darüber hinweggetäuscht werden, dass es in unserem Wirtschaftssystem keine Garantie auf einen festen Arbeitsplatz und auch keinen einklagbaren Anspruch auf Beschäftigung gibt. Manche werden dies bedauern, aber es ist die harte Realität des Marktwirtschaftssystems.

Die beschäftigungsschädlichen Folgen der Auslagerungen sind deshalb so schmerzhaft, weil im Gegensatz zu früheren Jahrzehnten die Wirtschaft in den letzten 15 Jahren so schwach wuchs (jahresdurchschnittlich 1,4 %) und immer weniger vernichtete Arbeitsplätze durch Schaffung neuer aufgefangen werden.

Das heute so viel beschworene Phänomen der Globalisierung in Gestalt einer zunehmenden Handelsverflechtung ist im Prinzip nicht neu. Allerdings hat seine Dimension zugenommen. Viele Wirtschaftszweige (z.B. Textil- und Lederindustrie, Kohlebergbau) haben auch in früheren Zeiten unter zunehmender Importkonkurrenz gelitten. Bloß konnte in den damaligen Jahrzehnten eine spürbar stärker wachsende Wirtschaft die negativen Beschäftigungsfolgen und den Strukturwandel besser abfedern als heute.

Das eigentliche Problem der Arbeitsplatzvernichtung durch Importe und Betriebsverlagerungen ist also nicht die unvermeidlich zunehmende Globalisierung der internationalen Handelverflechtungen, sondern das schon seit mehr als einem Jahrzehnt kraftlose Wachstum der Binnennachfrage.

Die Öffentlichkeit überschätzt bei weitem das Importvolumen aus den Niedriglohnländern. Die Einfuhren aus Gesamt-Asien und Afrika machten in 2006 mit 141 Mrd. EUR nur 19,3 % des gesamten deutschen Einfuhrvolumens aus. Dem standen 124 Mrd. EUR an Exporten gegenüber, so dass sich das deutsche Handelsdefizit mit beiden Kontinenten auf nur 17 Mrd. EUR belief (Tabelle 1 im Anhang). Es resultiert allein aus dem Defizit mit der rapide wachsenden Wirtschaftsmacht China (–21 Mrd. EUR), dessen sich öffnende Märkte deutschen Waren, insbesondere deutschen Investitionsgütern, weitere gute Chance bieten werden. Für den Warenaustausch mit den schneller als die Industrieländer wachsenden Schwellen- und Entwicklungsländern ist die deutsche Wettbewerbsfähigkeit mit ihrer speziellen Exportpalette bestens gerüstet und weltweit gut angesehen. Denn diese Länder benötigen für ihren weiteren schnellen Aufbau insbesondere Investitionsgüter. Und genau darauf passt die deutsche Exportpalette: 44 % aller deutschen Ausfuhren sind Investitionsgüter[1] (z.B. Maschinen, Anlagenbau) und weitere 30 % sind sog. Vorleistungsgüter (z.B. chemische Grundstoffe, Metallerzeugnisse und andere Halbwaren), die ebenfalls Vorrang beim Wirtschaftsaufbau haben (Tabelle 2 im Anhang).

Die Arbeitgeberverbände und ihre Vertreter in Medien und Politik schüren dennoch die Globalisierungsängste in der Bevölkerung, obwohl sie wissen, dass Deutschland bisher ein Gewinner der Globalisierung war und obwohl ihre Volkswirte die günstige mittelfristige Außenhandelsvorausschätzung der Prognos AG genau kennen. Dadurch erhoffen sie sich eine Disziplinierung der Arbeitnehmer in der Lohn- und Arbeitszeitpolitik, bessere Chancen zur Durchsetzung ihrer vielfältigen betrieblich-organisatorischen Maßnahmen und eine noch stärkere Empfänglichkeit der Bundes- und Landesregierungen für ihre nie endenden Forderungen und einseitig auf ihre Interessen bezogenen „Reform"vorschläge.

Und nicht zuletzt, damit keine Missverständnisse aufkommen: Hier wurde die Globalisierung nur als zunehmende internationale Handelsverflechtung beschrieben, deren Nutznießer alle Teilnehmer sind oder werden können. Bisher sind aber die mächtigen Industriestaaten größere Profiteure als die Länder der Dritten Welt. Durch die Ausübung von Marktmacht und politischem Einfluss profitieren die multinationalen Unternehmen und damit auch die Bevölkerung ihrer Länder von der Globalisierung in besonderem Maße. Bisher fehlt eine weltweite Verankerung verbindlicher sozialer und ökologischer Mindeststandards für die multinationalen Unternehmen. Noch herrschen in der Dritten Welt bei Abbau, Herstellung, Transport und Handel international ge-

[1] Einschließlich Kraftfahrzeuge aller Art (LKW, Trecker, Bagger, PKW, Eisenbahnen, Busse)

handelter Güter oft menschenunwürdige und menschenverachtende Arbeitsbedingungen und Löhne. Elementare Grundrechte werden den Beschäftigten vorenthalten, ihre Interessenvertretung durch Gewerkschaften wird erschwert oder verhindert. Wie in früheren Kolonisationszeiten werden die Menschen vielfach noch ausgebeutet und an Umwelt und Natur wird Raubbau betrieben. Die Beschreibung der Missstände der Globalisierung hat bereits viele Bücher gefüllt und sie ist auch nicht unser Thema. Die Globalisierungsgegner kämpfen völlig berechtigt und oft bewundernswert gegen alle diese Missstände, für soziale Gerechtigkeit, faire Wettbewerbs- und Handelsbedingungen, für elementare Grundrechte der Beschäftigten und vieles mehr.

Für unserer Thema kommt es jedoch auf etwas anderes an: Die Globalisierungsgegner – und da täuscht die Bezeichnung – sind eigentlich keine Gegner der Globalisierung, sondern Gegner der Bedingungen, unter denen sie abläuft.

1.3 Zunehmende Auslandsinvestitionen kein Zeichen von Standortschwäche

Ein weiteres Kennzeichen der zunehmenden außenwirtschaftlichen Verflechtung sind die deutschen Direktinvestitionen im Ausland und die ausländischen Direktinvestitionen in Deutschland. Von Arbeitgeberseite wird gerne argumentiert, der für Deutschland oft negative jährliche Saldo sei ein Indiz für die mangelnde Standortqualität Deutschlands und seiner zu hohen Löhne. Viele Wirtschaftsjournalisten greifen diesen Ball für ihre Standortspielwiese bereitwillig auf, jonglieren ihn mit Zahlen über Höhe und Entwicklung der Beschäftigung in den ausländischen, mit deutschen Direktinvestitionen verbundenen Unternehmen und wissen oft gar nicht, was sie tun. Denn das bei der Bundesbank zu meldende und von ihr veröffentlichte Datenmaterial über die Auslandsinvestitionen ist ein statistisches Sammelsurium und eine Rechnung mit mehreren Unbekannten. Vor allem sind die volkswirtschaftlichen Auswirkungen der Auslandinvestitionen sehr vielschichtig und bisher nicht genau zu beziffern.

Bereits die statistische Definition und ihr Inhalt werden den Laien überraschen. Als Direktinvestitionen gelten nämlich alle Finanzbeziehungen zu in- und ausländische Unternehmen, an denen der Investor oder Kreditgeber 10 % und mehr als Anteile oder Stimmrechte hält, sowie alle Anlagen in Grundbesitz und Immobilien (z.B. Kauf von Lagerstätten). Zu den Direktinvestitionen zählen also nicht nur die klassischen Fälle von Auf- und Ausbau von Produktionsstätten auf der grünen Wiese oder der totalen Übernahme von Unternehmen im Ausland. Vielmehr gehört dazu auch der Kauf von Anteilen von 10 % und mehr durch Beteiligungsgesellschaften, z.B. durch Investmentfonds, deren Kapital von Privatleuten stammt, oder durch abhängige, von deutschen Unternehmen mitgesteuerte Holdings im Ausland. Selbst Kredite von Konzernmüttern an ihre Auslandstöchter sowie reinvestierte Gewinne im Ausland zählen als Direktinvestitionen. Nicht dazu gehören – was eigentlich ökonomisch ziemlich das Gleiche wäre – die von Auslandstöchtern im Ausland aufgenommenen Kredite. Insgesamt gibt die Bundesbankstatistik ein Geflecht von Beteiligungsverhältnissen und über die Zahlungsbilanz abgewickeltem Kreditverkehr wieder, von dem selbst die Experten der Bundesbank zugestehen, je tiefer man eindringe, umso unsäglicher werde es.

Sehr unscharf sind auch die Angaben über Anzahl der Unternehmen und die Höhe der Beschäftigung, die mit Direktinvestitionen verbunden sind. Denn jedes Unternehmen, bei dem die Beteiligung die 10 %-Marke überschreitet, wird – unabhängig von der tatsächlichen Höhe des Beteiligungssatzes – als Auslandsinvestitionsunternehmen gezählt und seine gesamte Gesamtbelegschaft der Direktinvestition zugerechnet. Um ein Beispiel zu konstruieren: Im Ausland bestehen drei Unternehmen A, B und C mit gleich hoher Kapitaldecke von 100 Mio. EUR und gleicher Beschäftigtenzahl von 1000. Im Fall 1 werden jeweils für 10 Mio. EUR 10 %-ige Anteile an den Unternehmen A und B gekauft. Es werden also zwei Unternehmen zu Direktinvestitionsfirmen, 20 Mio. EUR werden als Direktinvestitionen verbucht und ihnen werden 2000 Beschäftigte zugerechnet. Im Fall 2 wird das Unternehmen C für 100 Mio. EUR voll übernommen und die zugerechnete Zahl der Beschäftigten beläuft sich auf 1000. Im Fall 2 sind die Direktinvestitionen zwar fünfmal so hoch wie im Fall 1, die ihr zugerechnete Zahl der Unternehmen und vor allem die Zahl der Beschäftigten sind jedoch – ökonomisch unsinnig – nur halb so hoch. Allein wegen dieser statistischen Ungereimtheiten sind alle Angaben über von Auslandsinvestitionen betroffenen Unternehmen und deren Beschäftigtenzahlen mit berechtigter Skepsis zu betrachten. Sie sollte auch gelten für einige ökonometrische Studien, die einen positiven Zusammenhang von Direktinvestitionen und Beschäftigung festgestellt haben wollen.

Die Öffentlichkeit schätzt auch andere Aspekte der Auslandsinvestitionen falsch ein. Sie betreffen das Ausmaß, die sektorale Aufteilung, die geographische Richtung, die Motive und die beschäftigungsmäßigen Rückwirkungen auf die Volkswirtschaft.

Zunächst zum Gesamtbestand an Direktinvestitionen. Insgesamt betrug Ende 2004 das statistische Sammelsurium 677 Mrd. EUR. Ihm standen 345 Mrd. EUR an ausländischen Direktinvestitionen in Deutschland gegenüber. Betroffen von deutschen Direktinvestitionen waren im Ausland 22.721 Unternehmen mit 4,6 Mio. Beschäftigten. In umgekehrter Richtung gab es 9029 deutsche Unternehmen mit mindestens 10% ausländischer Kapitalbeteiligung und 2,2 Mio. Beschäftigten. Über die Fragwürdigkeit solcher Zahlen wurde bereits oben berichtet. Über einen Zeitraum von zehn Jahren gerechnet (1996 bis 2005) und bezogen auf das gesamte heimische Investitionsvolumen in Deutschland ergibt sich für die deutschen Direktinvestitionen im Ausland ein Anteil von 9 % und für die ausländischen Direktinvestitionen in Deutschland von 7,5 %. Der Saldo beläuft sich also auf 1,5 %. Dabei ist sogar noch zu berücksichtigen, dass in diesem Zeitraum eine gewaltige Fusions- und Firmenübernahmewelle rollte (z.B. Daimler-Chrysler und Vodafone-Mannesmann). Auch sollte nicht übersehen werden, dass es sich bei Fusionen und Firmenübernahmen, die an der Gesamtsumme der Direktinvestitionen betragsmäßig einen hohen Anteil haben, zunächst einmal lediglich um Eigentumsübertragungen handelt und sie sich damit konzeptionell gravierend von einer „realen" Installation von Investitionsgütern und dem Aufbau von Produktionskapazitäten auf der grünen Wiese unterscheiden. In den letzten Jahren ebbte die Fusionswelle ab.

Die aufgezeigten Relationen weisen darauf hin, dass das Ausmaß der Direktinvestitionen von und nach Deutschland nicht als außergewöhnlich hoch angesehen werden kann. Im genannten Zehnjahreszeitraum betrug der Anteil Deutschlands an den ins Ausland fließenden Direktinvestitionsströmen der 34 OECD-Industrieländer 7 %, was unter dem Anteil Deutschlands am Bruttoinlandsprodukt aller dieser Länder von gut 7,5 % lag.[1] Deutschlands Ausmaß an Auslandsinvestitionen befindet sich also knapp unter dem Durchschnitt der wichtigsten Industrieländer. Das Volumen der deutschen Auslandsinvestitionen ist somit kein Kennzeichen einer spezifischen deutschen Standortschwäche, wie dies von Arbeitgeberseite vorgegeben wird.

Im Jahr 2004 flossen 27 Mrd. EUR an deutschen Direktinvestitionen ins Ausland. In umgekehrter Richtung waren es 20 Mrd. EUR. Der Saldo von 7 Mrd. EUR macht im Vergleich zum gesamten heimischen Investitionsvolumen 1,8 % aus.

Diese Zahlen sollen keineswegs die für die Arbeitnehmer schmerzhaften Arbeitsplatzverluste bei Verlagerung von Produktionsstätten ins Ausland verharmlosen. Darauf wird noch zurückzukommen sein. Sie können aber manche Bilder der Öffentlichkeit zurechtrücken, in denen mitunter geradezu der Exodus der deutschen Investitionstätigkeit ins Ausland gemalt ist.

Auch herrschen in der Öffentlichkeit falsche Vorstellungen über die geographische Verteilung der deutschen Direktinvestitionen. Vom Gesamtbestand bis zum Jahr 2004 waren allein 74 % in die zehn übrigen Euro-Länder (33 %), nach Großbritannien (11 %) und in die USA (30 %) geflossen. Dies kann als sicheres Indiz für die bedeutende Rolle von Fusionen, Firmenübernahmen, reinen Kapitalanlagen, Markterschließung und Markt- und Kundenpräsenz als wichtige Motive für Direktinvestitionen gewertet werden, denn diese Länder sind alle keine Niedriglohnländer. Auf Niedriglohnländer, z.B. das gesamte Asien, entfielen demgegenüber nur 6 % (China 1%) und auf die viel genannten Länder Polen, Tschechische Republik und Ungarn insgesamt nur 5 %. Schwerpunktmäßig kamen die deutschen Direktinvestitionen aus dem großen Wirtschaftsbereich Dienstleistungen (71 %) und dort vor allem aus dem Kredit- und Versicherungsgewerbe (37 %). In diesem

[1] Die deutschen Direktinvestitionsbeziehungen mit dem Ausland, in: Deutsche Bundesbank, Monatsbericht September 2006, S.51

Bereich tummeln sich viele Beteiligungsgesellschaften. Welches Unternehmen und welcher private Geldgeber hinter diesen Gesellschaften stecken, enthüllt die Statistik nicht. Auf das Verarbeitende Gewerbe entfielen 25 %, angeführt von der Chemischen Industrie und dem Automobilsektor.

Und nun zu den Auswirkungen auf die Beschäftigung. Zunächst zu den Firmenkäufen und Fusionen. Wenn ein deutsches Unternehmen eine ausländische Firma übernimmt und damit eine unliebsame internationale Konkurrenz ausschaltet, werden keine neuen Arbeitsplätze geschaffen. Im Gegensatz dazu schlägt die Bundesbankstatistik diesen Firmenübernahmen und Fusionen die gesamte Belegschaft der übernommenen Firmen zu und vermittelt dem Laien den Eindruck, als ob mit diesen Auslandsinvestitionen neue Arbeitsplätze verbunden seien. Umgekehrt tauchen bei Übernahme einer deutschen Firma durch ausländische Unternehmen und Beteiligungsgesellschaften in der Statistik Beschäftigungszahlen durch ausländische Direktinvestitionen auf, die nicht echt sind, denn de facto sind keine neuen Arbeitsplätze entstanden, nur der Eigentümer hat gewechselt. Dieser verwirrende statistische Effekt kommt in voller Höhe bereits bei einer Beteiligung von nur 10 % zur Geltung.

Hauptmotiv solcher Übernahmen und Fusionen ist die Ausschaltung lästiger Auslandskonkurrenz und damit die Stärkung der Markt- und Finanzmacht. Dieses Motiv wird in den Unternehmensbefragungen verständlicherweise nicht genannt und bleibt in den bisherigen Analysen über Auslandsinvestitionen unberücksichtigt oder wird übersehen. Vielmehr werden als Motiv für Unternehmenskäufe und Fusionen sogenannte Synenergieeffekte angegeben, die angeblich oder tatsächlich die Kosten, nicht zuletzt die Personalkosten, durch zunehmende Unternehmens- und Produktionsgröße senken würden. Mit dieser Begründung lässt sich in jedem Fall die Ausschaltung der Konkurrenz schön bemänteln. Viele Arbeitnehmer halten in manchen Fällen ihre Arbeitsplätze per saldo für sicherer, wenn ihr Unternehmen einen Auslandskonkurrenten aufkauft, selbst wenn im Rahmen der erwähnten Synergieeffekte Arbeitsplätze im eigenen Betrieb wegfallen.

Dabei wird die oft erst mittelfristig auftretende negative Beschäftigungswirkung einer zunehmenden Monopolisierung und Oligopolisierung übersehen oder zu spät erkannt. Nach der ökonomischen Marktformenlehre und der Preistheorie sind nämlich nach der Gewinnmaximierungsformel bei Monopolen und Oligopolen die Preise höher und entsprechend die Produktion und Beschäftigung niedriger als bei vollständiger Konkurrenz. Dieses Preisverhalten ist bei Gewinnmaximierung zwingend, es tritt für sich genommen als eigenständiger Faktor auf und ist z.B. unabhängig davon, ob es bei Unternehmenszusammenschlüssen aufgrund von Kostendegression zu Preissenkungen kommt. Denn in den Fällen, in denen die Unternehmensverschmelzungen nicht zu einer merklichen Verbesserung der Marktmacht führen, was durchaus auch vorkommen kann, wären die Preissenkungen bei gleicher Kostendegression höher und die Beschäftigung größer.

Abschließend sei noch auf zwei andere Aspekte hingewiesen. Gesamtwirtschaftlich nachteilig bei Firmenaufkäufen im Ausland kann sich eine Verlagerung von Forschungs- und Entwicklungseinheiten ins Ausland auswirken, wenn sie einen Rückgang der inländischen Innovationsfähigkeit und -tätigkeit zur Folge hat. Aber selbst wenn Forschung und Entwicklung im Inland erhalten bleiben, so erfolgt dennoch meist ein Wissenstransfer ins Ausland. Außerdem kann es bei Übernahmen von und Fusionen mit ausländischen Unternehmen zu einem Verlust an Steuereinnahmen durch Verschiebungen von Gewinnen ins Ausland kommen, falls dort die Besteuerung niedriger ist. Dies schmälert die Steuereinnahmen von Bund, Ländern und Gemeinden und ihren beschäftigungspolitischen Handlungsspielraum oder hat kompensierenden Steuererhöhungen im Schlepptau, wodurch die Inlandsnachfrage beschnitten wird.

Bei Befragungen der Unternehmen wird als Hauptmotiv die Markterschließung genannt. Oft werden im Ausland Vertriebsgesellschaften mit dichten Vertriebs- und Kundennetzen aufgebaut. Viele Auslandstöchter dienen als Plattformen für Exporte. So geht z.B. die Hälfte[1] der deutschen Exporte, die in die USA geliefert werden, zu deutschen Auslandstöchtern. Diese verarbeiten die Waren weiter oder/und leiten sie weiter an US-amerikanische oder andere ausländische Firmen auf

[1] Vgl. J. Matthes, Der Intrafirmenhandel deutscher US-Tochterunternehmen, in: IW-Trends, Heft 4/2006, S.1

dem Kontinent. Die USA sind nach wie vor in erster Linie als Absatzmarkt und nicht aus Lohnkostengründen als Produktionsstandort relevant. Daneben sind viele amerikanische Firmen, z.B. der Chemischen Industrie, Kaufziele deutscher Großkonzerne, um internationale Konkurrenz auszuschalten. R. Hickel[1] nennt als Beispiel einer marktorientierten Auslandsinvestition das neue VW-Werk in Indien, das einen Kleinwagen für den asiatischen Markt bauen soll. Soweit Auslandsinvestitionen eindeutig allein zur Markterschließung und Marktsicherung getätigt werden, fördern sie die Beschäftigung in Deutschland.

Am Beispiel der Kleinwagenproduktion in Indien erkennt man allerdings, dass in vielen Fällen die Unterscheidung zwischen dem Motiv Markterschließung und dem Motiv Kostenersparnis fließend ist und beide Motive oft ineinandergreifen.

Bei Betriebsauslagerungen oder Verlagerung und Aufbau ganzer Produktionslinien ins Ausland aus Kostengründen, dem drittem Hauptmotiv, werden meist vor Ort Arbeitsplätze in Deutschland vernichtet.

Da helfen den unmittelbar betroffenen Arbeitnehmern auch die gesamtwirtschaftlichen Relativierungen, die nachfolgend aufgeführt werden, nicht viel.

Deshalb wehren sie und ihre Gewerkschaften sich vehement. Durch diesen Druck, in großen Fällen verstärkt durch Öffentlichkeit, Medien und Politik, die oft finanzielle Hilfe anbietet, kann oft zumindest das Ausmaß der Verlagerung und des Aufbaus von neuen Produktionsstätten im Ausland reduziert, der Zeitpunkt verschoben und die soziale Abfederung (z.B. Beschäftigungsgesellschaften, Weiterqualifizierung und bessere Vermittlung, Bevorzugung bei der Besetzung freiwerdender Stellen im Konzern) verbessert werden. Auch heute stellt sich mitunter noch die alte Frage „Macht oder ökonomisches Gesetz“, und selbst das marktradikale Gesetz der Kostenminimierung kann durch Gegenmacht außer Kraft gesetzt werden. Insofern ist Gegenwehr immer angebracht. Die von Auslandsinvestitionen betroffenen Beschäftigten in kleineren Unternehmen, von denen Öffentlichkeit und Politik kaum Notiz nehmen, haben es in ihrer Gegenwehr noch schwerer.

[1] Vgl. R. Hickel, Kassensturz, 2006, S. 73

Doch selbst für die Verlagerung oder den Aufbau von neuen Produktionsstätten im Ausland werden Fakten und Zusammenhänge aufgeführt, die zumindest gesamtwirtschaftlich und oft erst mittelfristig die unmittelbaren Arbeitsplatzverluste mildern und zum Teil ausgleichen. Denn oft ergeben sich zwischen Mutter- und Tochtergesellschaften Produktions- und Beschäftigungsbeziehungen. Es entstehen vielfach produktive Netzwerke zwischen neuen Produktionsstätten und alten Standorten der Mütter. Es kann zu intensiven Lieferbeziehungen (Vorleistungen und Investitionsgüter) und zu einem regen Austausch von Know-how (Ingenieurwesen. betriebwirtschaftliches Wissen, Managementleistungen, Serviceleistungen) kommen. R. Hickel berichtet über eine Faustformel in der Automobilindustrie, nach der auf drei neue Arbeitsplätze im Ausland angeblich ein neuer in Deutschland kommt.[1] In einigen Ländern rücken die Auslandsinvestitionen in die Nähe von Markterschließungen, wenn sie z.B. zur Umgehung von Zöllen und strengen Handelsbeschränkungen oder zur Vermeidung großer Wechselkursschwankungen dienen.

Mit dem Aufbau neuer Produktionskapazitäten im Ausland fallen zudem nicht immer Arbeitsplätze im Inland weg, sondern nur bisherige Importe aus dem Ausland, auch aus Drittländern. So kann es für die Beschäftigung in deutschen Firmen wegen beschäftigungsmäßiger Querverbindungen günstiger sein, eigene Produktionsstätten im Ausland zu haben als von ausländischen Firmen zu importieren.

Ähnliches gilt auch, wenn eigene Produktionsstätten bisherige genau spezifizierte Werkaufträge mit ausländischen Produzenten ablösen. Oft haben nämlich deutsche Firmen Werkverträge abgeschlossen, in denen genau festgelegt wird, z.B. mit welchem Material, in welcher Qualität, in welcher Ausführung vom ausländischen Hersteller für sie produziert werden soll. Die Auflösung dieser Verträge und die Aufnahme einer eigenen Produktion werden sich dann günstig für die Beschäftigung in Deutschland auswirken. Gerade dieser Fall der Werkverträge zeigt, wie fließend der Übergang von Importen zu Auslandsinvestitionen ist und wie schwierig die Beschäftigungseffekte mancher Direktinvestitionen zu beurteilen sind.

[1] Vgl. R. Hickel, a.a.O., S.76

Alle diese volkswirtschaftlichen Überlegungen und Zusammenhänge nützen den von Arbeitsplatzverlusten betroffenen Arbeitnehmern nicht viel. Dies gilt und galt allgemein für alle vom vielfältigen Strukturwandel in der Wirtschaft in Mitleidenschaft gezogenen Arbeitnehmer. Wegen der schon seit Jahrzehnten andauernden Massenarbeitslosigkeit ist der Verlust des Arbeitsplatzes besonders schmerzhaft, und wegen der beschäftigungspolitischen Tatenlosigkeit der Regierungen haben sich die Chancen auf einen neuen und gleichwertigen Arbeitsplatz weiter verschlechtert. Dies steht ganz im Gegensatz zu den Vollbeschäftigungszeiten vor 1975, in denen es ebenfalls heftigen Strukturwandel (z.B. Kohlebergbau, Textilindustrie) gab und in denen trotzdem die Arbeitsplatzverluste gesamtwirtschaftlich ausgeglichen werden konnten.

Fazit: Fasst man alle Aspekte von Auslandsinvestitionen zusammen, so kann man durchaus zu einer eher positiven Beurteilung kommen. In ganz seltener Einmütigkeit mit der Bundesbank urteilt R. Hickel: „Alles im allem profitiert Deutschland von dem durch Direktinvestitionen bewegten Außenhandel."[1] Die Bundesbank schreibt: „...darf von Direktinvestitionen im Ausland langfristig ein günstiger Einfluss auf den heimischen Arbeitsmarkt erwartet werden."[2]

Der Verfasser stimmt dem zum großen Teil zu. Jedoch verbleibt bei ihm ein nicht zu klärender Rest von Bedenken, insbesondere bei der Auslagerung und dem Aufbau von Betriebsstätten im Ausland. Die stumpfe Statistik und die darauf aufbauenden Modellrechnungen und ökonometrischen Analysen können sein Bestreben nach statistisch-methodischer Überprüfung nicht zufrieden stellen. Im statistischen Kunterbunt über die Auslandsinvestitionen bleiben Reste einer Gleichung mit mehreren Unbekannten.

Eines kann jedoch als gesichert gelten: Die zunehmenden Auslandsinvestitionen sind kein Anzeichen einer Standortschwäche Deutschlands. Vielmehr sind sie mit ihren Zielsetzungen, nämlich Ausschaltung von Auslandskonkurrenz, Markterschließung und Kostensenkung

[1] R. Hickel, a.a.O., S.78

[2] Die deutschen Direktinvestitionsbeziehungen, a.a.O., S.55

durch Synenergieeffekte und Ausnutzung spezieller ausländischer Kostenvorteile eine unausweichliche Folge der fortschreitenden internationalen Außenhandels- und Produktionsverflechtung. Aus diesem Grund führen die Arbeitgeberverbände die Öffentlichkeit in die Irre, wenn sie die Illusion verbreiten, Auslandsinvestitionen ließen sich stoppen, wenn die Löhne nur genügend niedrig wären. Oft schüren sie aggressiv die Angst um die Arbeitsplätze generell oder starten vor Ort gezielte Erpressungsversuche mit Androhung einer Produktionsverlagerung ins Ausland, um noch besser ihre Interessen durchsetzen zu können.

2. Bringen Lohnerhöhungen wenig Kaufkraft?

Die Arbeitgeberverbände und ihr Institut (IW) versuchen mit allen möglichen und unmöglichen Argumenten gegen Lohnerhöhungen vorzugehen. Gleichzeitig möchten sie mit dem nachfolgenden Rechenexempel denjenigen Kritikern den Wind aus den Segeln nehmen, die die Ursache der langjährigen Wachstumsschwäche in unzureichender Binnennachfrage sehen.

So soll nach ihren Berechnungen[1] von einer Bruttolohnerhöhung nur ein kleiner Bruchteil[2] als Kaufkraftsteigerung übrig bleiben. Der heimische Handel werde kaum profitieren und die Gleichung Lohnerhöhung = Kaufkraftsteigerung gehe nicht auf. Diese Argumentation wird von vielen übernommen, wie aus manchen Kommentaren und wirtschaftpolitischen Talkshows zu entnehmen ist. In Tabelle 34 ist ein Rechenexempel des Arbeitgeberinstituts aufgeführt.

Was ist nun von dieser Argumentation und den Berechnung zu halten? Die Kritik setzt an zwei Punkten an:

1. Die Zahlen sind gesamtwirtschaftlich nicht repräsentativ.

2. Der volkswirtschaftliche Kreislauf wird übersehen.

[1] Informationsdienst des IW, Nr.20, 2004, S.2

[2] 35,8 % bei einem Verheirateten mit zwei Kindern und einem Monatslohn von 2.230 EUR und 27,1 % bei einem kinderlosen Single

Zu 1. Die Zahlen des IW sind auf individuelle Einzelfälle abgestellt. Sie müssen jedoch auf gesamtwirtschaftlichen Zahlen beruhen, wie sie der Verfasser auf der rechten Seite der Tabelle 34 zusammengestellt hat. Dabei ergeben sich erhebliche Unterschiede.

Tabelle 34
Vom Bruttolohn zum inländischen Konsum 2004

	IW - Einzelfälle	in % vom Brutto- bzw. Nettolohn oder Konsum	Gesamtwirtschaft in Mrd. EUR	in % vom Brutto- bzw. Nettolohn oder Konsum
Bruttolohn(erhöhung)	100,00		914,3	
- Lohnsteuer, Soli, Kirchensteuer	20,30	20,3	159,1	17,4
- Sozialbeiträge der Arbeitgeber	21,10	21,1	150,6	16,4
= Nettolohn(erhöhung)	58,60		604,6	
- Ersparnis	6,30	10,8	65,3	10,8
= privater Konsum	52,30		539,3	
- Konsum von Importwaren	16,50	31,5	118,1	21,9
= Konsum von Inlandsgütern	35,80	35,8	421,2	46,1

Nach Angaben des IW und des Statistischen Bundesamtes

Der Anteil der Lohnsteuer einschl. Solidaritätszuschlag und Kirchensteuer und abzüglich der Hälfte[1] der Erstattungen aus der Veranlagung der Arbeitnehmer beträgt gesamtwirtschaftlich 16,4 % und nicht wie in dem IW-Beispiel 20,3 %. Ähnlich verhält es sich mit den Beiträgen der Arbeitnehmer zur Sozialversicherung, die gesamtwirtschaftlich deutlich niedriger sind als im IW-Beispiel.

Eine krasse Diskrepanz tut sich beim Importanteil am privaten Konsum auf. Laut schriftlicher Auskunft des Statistischen Bundesamtes auf

[1] Der andere Teil der Rückerstattungen stammt von anderen veranlagten Einkunftsarten (z.B aus Vermietung).

Anfrage beträgt der Importanteil (importierte Endprodukte plus importierte Vorleistungen) am privaten Verbrauch 21,9 %. Darin enthalten sind auch die Konsumausgaben von Inländern im Ausland (z.B. Auslandsurlauber). Der Importquote von 21,9 % liegt sogar die Annahme zugrunde, dass die Importe ausschließlich im Ausland produziert wurden und indirekt keine deutschen Wertschöpfungsanteile enthalten. Da sich diese jedoch durchaus mitunter in ausländischen Waren befinden (z.B. Abschreibungen auf in Deutschland gekaufte Maschinen) liegt der Importanteil eigentlich noch unter 21,9 %. Das IW hatte demgegenüber mit 31,5 % gerechnet.

Zusammengefasst verbleibt für die Arbeitnehmer also vom Bruttolohn 46,1 % für den privaten Verbrauch. Nach dem Rechenexempel des IW für bestimmte Verheiratete mit ausgewählten Einkommensgruppen bzw. bestimmte kinderlose Singles waren es nur 35.8% und 27,1 %.

Zu 2. Das IW übersieht bei seiner Berechnung den volkswirtschaftlichen Kreislauf. Es tut so, als ob Lohnsteuer (a), Sozialversicherungsbeiträge (b), Ersparnisse (c) und Importwaren (d) in einem kreislaufmäßigen Bermuda-Dreieck spurlos verschwänden und keine Nachfrage auf dem heimischen Markt auslösten. Bei diesem Außerachtlassen des volkswirtschaftlichen Kreislaufs kann man sich des Eindrucks nicht erwehren, dass nicht zuletzt bei dieser und auch bei manch anderer Arbeitgeberargumentation die Volkswirtschaftslehre auf die roten Liste der aussterbenden Wissenschaften gesetzt werden müsste.

In Wirklichkeit bleiben alle diese Beträge nachfragemäßig virulent.

a) Die Lohnsteuer dient zur Finanzierung der Staatsausgaben. Mit ihr werden die laufenden Käufe des Staates, die öffentlichen Investitionen und die Löhne und Gehälter der Staatsbediensteten bestritten, die ihrerseits damit ihren Konsum finanzieren.

b) Genau so verhält es sich mit den Sozialversicherungsbeiträgen der Arbeitnehmer. Sie kehren als Ausgaben der Sozialversicherungen in den Kreislauf zurück. Sei es z.B. als Rentenzahlungen oder Arbeitslosengeld, die unmittelbar in den Konsum fließen, oder als Ausgaben für das Gesundheitswesen.

c) Die Ersparnisse der Arbeitnehmer verschwinden nicht in Sparstrümpfen, sondern sie dienen zur Aufrechterhaltung des Kredit- und Kapitalmarktes. Sie wandeln sich in Finanzierungsmittel für private und staatliche Investitionen oder in Kredite an private Haushalte für Konsumzwecke. Ohne das Sparvolumen als freiwilligem Konsumverzicht müssten die Unternehmen durch Preiserhöhungen Kaufkraft abschöpfen, um ihre Investitionen realwirtschaftlich durchzusetzen und zu finanzieren.

d) Verschlungen und oft unsichtbar sind die kreislaufmäßigen Rückkehrpfade der Ausgaben für Importwaren. Die Importe verschwinden nämlich nicht auf Nimmerwiedersehen. Unter sonst gleichen Bedingungen erhöht jede Importsteigerung, die mit zunehmendem heimischen Konsum verbunden ist, im Ausland das dortige Wirtschaftswachstum und die Einkommen, wenn auch weit gestreut und mitunter minimal. Denn durch die Zunahme deren Exporte – also der deutschen Importe – sind dort das Wirtschaftswachstum und die Einkommen höher, als sie sonst wären. Und davon profitiert der deutsche Export, manchmal sogar überproportional. Denn der Weltruf der deutschen Investitionsgüter und ihr breiter Fächer macht sie für das Wirtschaftswachstum und den Kapazitätsausbau in anderen Ländern besonders attraktiv. So wandert aus unzähligen Verästelungen ein Teil der Importausgaben indirekt zurück und wird als Exportnachfrage auf dem deutschen Markt wirksam. Die verloren geglaubten Söhne kehren im neuen Gewande nach Hause zurück, nicht alle, aber manchmal mit Familie. Die genaue Zahl kennt man nicht.

Fazit: Fast die gesamte Erhöhung der Bruttolöhne wird nachfragewirksam. Im volkswirtschaftlichen Kreislauf geht auf mittlere Sicht nicht viel verloren.

3. Sind die Löhne zu wenig differenziert und deswegen beschäftigungsschädigend?

Da die Löhne gesamtwirtschaftlich langsamer gewachsen sind als die Produktivität und die Unternehmensgewinne, haben große Teile der Wirtschaftswissenschaft und die Arbeitgeberseite den Schwerpunkt ihrer Begründung für eine beschäftigungsschädigende Lohnpolitik auf das Argument verlagert, die Löhne seien nicht ausreichend differenziert. Die Lohnabstände zwischen den Branchen und vor allem zwischen den einzelnen Lohn- und Gehaltsgruppen entsprächen nicht genügend den bestehenden Produktivitätsunterschieden. Dies träfe insbesondere für die zu hoch bezahlten Arbeitnehmer mit geringer oder fehlender Berufsqualifikation zu, wie die hohe Arbeitslosigkeit dieser Gruppe beweise. Länder wie die USA oder Großbritannien hätten eine größere Lohnspreizung und folglich einen besseren Beschäftigungsstand. Kurzum, eine zentrale Ursache für die hohe Arbeitslosigkeit in Deutschland liege in einer falschen Lohnpolitik, genauer in einer zu geringen Lohndifferenzierung (Lohnkompression). Bezeichnenderweise ist in ihrer Kritik kaum die Rede davon, dass die höheren Qualifikationen zu gering, sondern nur dass die unteren Qualifikationen zu gut bezahlt würden. Zielscheibe ist also eine weitere Spreizung nach unten, was insgesamt einer Lohnsenkung gleichkommt. Es geht ihnen offenbar nicht um eine kostenneutrale Weitung der Lohnstruktur insgesamt, sondern um eine Lohnsenkung auf Schleichwegen.

Prof. Ronald Schettkat hat sich seit zwei Jahrzehnten auf diese Fragen spezialisiert und empirische Untersuchungen darüber veröffentlicht. Er hat in jüngster Zeit einen informativen und umfassenden Überblick über Untersuchungsergebnisse der wichtigsten Institutionen (OECD, Europäische Union) und Autoren gegeben, die allerdings mitunter voneinander abweichen, je nachdem auf welches Datenmaterial zurückgegriffen wurde.[1]

[1] Ronald Schettkat, Lohnspreizung: Mythen und Fakten, 2006

3.1 Lohndifferenzierung heute in Deutschland größer als zu Zeiten eines besseren Beschäftigungsstandes

Die Tarifverträge in West- und Ostdeutschland zeichnen sich durch hochgradig differenzierte, auf die jeweiligen Branchen zugeschnittene Lohn- und Gehaltszahlungen aus. Das Ausmaß der Differenzierung ist weit höher als allgemein bekannt.

Um die vielfach in Medien und Politik vorherrschende mangelnde Kenntnis von der tatsächlichen Lohndifferenzierung in Deutschland zu verbessern, hatte das Tarifarchiv des Wirtschafts- und Sozialwissenschaftlichen Instituts der Hans-Boeckler-Stiftung mehrmals auf die Differenzierungen im deutschen Tarifsystem aufmerksam gemacht. Danach betrug im Jahr 2001 in den alten Ländern der Abstand zwischen der niedrigsten und höchsten Tarifvergütung bei den ArbeiterInnen 207 % und bei den Angestellten 405 %.[1] Im Durchschnitt gab es 8,2 Lohngruppen, 7,4 Gehaltsgruppen und 11,6 Entgeltgruppen. Dabei variierte – einer Untersuchung von 26 Wirtschaftszweigen mit 6,5 Mio. Beschäftigten zufolge – die mittlere Vergütungsgruppe zwischen 1.439 EUR im Gebäudereinigungshandwerk und 2.564 EUR in der Mineralölindustrie.

Wenn eine unzureichende Lohndifferenzierung eine Ursache für die hohe Arbeitslosigkeit in Deutschland wäre, dann müsste sie in Deutschland heute geringer sein als in den 70er und 80er Jahren (zeitlicher Längsschnitt) und in Regionen mit hoher Arbeitslosigkeit geringer sein als in Regionen mit hoher Arbeitslosigkeit (regionaler Querschnitt).

Und das ist nun gerade nicht der Fall. Obwohl der Sachverständigenrat ständig eine größere Lohnspreizung anmahnt, hat er nur im Jahresgutachten 1994/95 ihre Entwicklung untersucht und kommt zu dem Ergebnis: „Von einzelnen Entwicklungen abgesehen vermitteln entsprechende Berechnungen den Eindruck einer langfristigen Konstanz einer nach Branchen differenzierten Lohnstruktur.“[1] Für die Regionen zieht er den Schluss: „Seit Mitte der 80er Jahre ist die regionale Streuung der

[1] WSI-Tarifarchiv, Pressemeldung vom 3.12.03

[1] Jahresgutachten 1994/95, Textziffer 448

Bruttostundenverdienste weitgehend konstant geblieben, nachdem sie im Vergleich zu den siebziger Jahren leicht abgenommen hatte.“[1] Außerdem stellte er fest: „Aufgrund der in einzelnen Betrieben und Branchen beachtlichen Spanne zwischen Effektivlohn und Tariflohn in der Größenordnung von durchschnittlich 40 ½ v.H. ist noch ein Flexibilisierungsspielraum vorhanden.“[2]

Für die Zeit nach 1994 setzt nun Schettkat noch einen drauf. Er berichtet, dass „seit Mitte der 1990er Jahre die Lohnspreizung rasant zugenommen hat. Zwar bestätigen die verfügbaren Analysen für Deutschland eine stabile Lohnverteilung bis in die 1990er Jahre, doch seither nimmt die Lohnspreizung zu.“[3]

Und zwar bis zu einem Wert, „der ungefähr gleichauf mit dem des Vereinigten Königreiches liegt, welches bisher als Spitzenreiter hinsichtlich der Lohnspreizung galt.“[4] Insbesondere gelte dies nach den Berechnungen der Europäischen Union für die Lohnspreizung nach unten, d.h. zwischen den 10 % der Arbeitnehmer, die in der Mitte der Lohnskala rangieren, und den 10 % der Arbeitnehmer, die die niedrigsten Löhne erhalten.[5] In keinem Land der 15 alten Mitgliedsstaaten (EU 15) der Europäischen Union, einschließlich Großbritannien, sei sie so hoch wie in Deutschland.

[1] Ebenda, Textziffer 448

[2] Ebenda, Textziffer 449

[3] Ronald Schettkat, a.a.O. S.15

[4] Ebenda, S.15

[5] Die EU verwendet das für Lohndifferenzierung gebräuchlichste Streuungsmaß, die Dezile. Dabei werden jeweils 10 % (Dezil) der Arbeitnehmer nach Lohnhöhe in einer Gruppe zusammengefasst. In Dezil 1 befinden sich die 10 % der Arbeitnehmer mit den niedrigsten Löhnen, in Dezil 2 die mit den zweitniedrigsten Löhnen usw. Innerhalb jedes einzelnen Dezils wird eine Art Mittelwert (Medianwert) ermittelt. Der Medianwert ist die Lohnhöhe, bei der die Hälfte der Arbeitnehmer des betreffenden Dezils mit ihren Löhnen darüber und die andere Hälfte darunter liegt. Üblich als Maß für die Lohnspreizung ist das prozentuale Verhältnis zwischen den Medianwerten des neunten und des ersten Dezils. Oft wird zusätzlich als Maß für die untere Spreizung das prozentuale Verhältnis zwischen mittlerem Dezil (D 5) und unterstem Dezil (D 1) ausgewiesen.

Trotz Konstanz der Lohndifferenzierung bis Mitte der 90er Jahre ist das Arbeitsvolumen in diesem Zeitraum stetig geschrumpft und die Arbeitslosigkeit hat sich ausgebreitet. Und trotz der rasanten Weitung der Spreizung ab Mitte der 90er Jahre fiel die Zahl der geleisteten Arbeitsstunden unaufhaltsam und die Arbeitslosigkeit verschlimmerte sich sogar.

Damit nicht genug. Denn ebenso wie die Lohndifferenzierung im zeitlichen Längsschnitt den Verlauf von Arbeitslosigkeit und Arbeitsvolumen nicht begründen kann, so ist sie auch im regionalen Querschnitt nicht imstande, die regionalen Unterschiede der Arbeitslosigkeit zu erklären. Nach Schettkat entspricht z.B. die Lohnspreizung in Bayern ungefähr dem gesamtdeutschen Durchschnitt. Dennoch war im Jahr 2005 in Bayern die Arbeitslosenquote mit 7,8 % spürbar niedriger als in Gesamtdeutschland (11,7 %). In Hamburg übertraf die Lohnspreizung die bayrische, am unteren Ende sogar deutlich. Trotzdem war in Hamburg die Arbeitslosenquote mit 11,3 % erheblich höher als in Bayern (7,8 %). Und obwohl man innerhalb eines Bundeslandes wegen der zumindest regional geltenden Branchentarife davon ausgehen kann, dass gleiche Lohndifferenzierung vorliegt, divergieren die Arbeitslosenquoten in den einzelnen Arbeitsamtbezirken gravierend (z.B. in Bayern zwischen 4,3 % und 11,7 % und in Nordrhein-Westfalen zwischen 7,8 % und 20,2 %).

3.2 Methodische Kritik

Isoliert betrachtet besagt das Ausmaß der Lohnspreizung nicht viel. Vielmehr soll es nach Auffassung der Verfechter der Lohndifferenzierungsthese mit den von den Arbeitnehmern der einzelnen Lohngruppen erzeugten jeweiligen Produktivitäten übereinstimmen, streng genommen sogar mit den Grenzproduktivitäten allein des Faktors Arbeit. Alle, die eine zu geringe Lohnspreizung als Mitursache für die Arbeitslosigkeit ansehen, unterstellen einfach, je größer die Lohndifferenzierung, umso besser sei die beschäftigungsfördernde Anpassung an die Produktivitätsunterschiede. Und hier taucht das schwerwiegende Dilemma auf: Die Produktivitäten sind überhaupt nicht messbar, sie können bestenfalls geschätzt und de facto nur vermutet werden.

So wird ohne Bedenken und Überprüfung angenommen, dass die Produktivität mit zunehmender beruflicher Qualifikation wächst, wobei die Zahl und die Höhe der Stufen offen bleiben. Da mag zu einem Teil richtig sein. So liegt ein Grund für die in den USA größere Spreizung der Löhne nach unten als in Deutschland darin, dass in den USA das Qualifikationsniveau der ungelernten Arbeitnehmer deutlich geringer ist als in Deutschland (z.B. höherer Anteil von Analphabeten). Umgekehrt verhält es sich nach Schettkat bei der Lohnspreizung nach oben, wo in den obersten Gruppen die Amerikaner einen Vorteil haben.

Ein weiterer Faktor für die Lohndifferenzen zwischen den Arbeitnehmern sind die Knappheitsverhältnisse bzw. das Zusammenspiel von Arbeitsangebot und -nachfrage. Wenn z.B. in den USA ein größerer Anteil von ungelernten Arbeitnehmer, deren Qualifikationsniveau zudem geringer ist als in Europa, auf den Arbeitsmarkt drängt, dann wird in den USA die Lohnspreizung nach unten allein deshalb schon größer sein. Hinzu kommt, dass aufgrund der Globalisierung und der Art des technischen Fortschritts die Nachfrage nach wenig qualifizierten Arbeitskräften abgenommen hat und dadurch erhöhter Druck auf deren Löhne ausgeübt wird.

Zu den Faktoren Qualifikationsunterschiede und Knappheitsverhältnisse gesellt sich noch ein weiterer Faktor, nämlich der institutionelle Rahmen oder die Tradition. So ist es in Deutschland noch bis heute überall dort, wo es den Gewerkschaften noch nicht gelungen ist, einheitliche Entgeltordnungen für Arbeiter und Angestellte durchzusetzen, üblich, bei vergleichbaren Ausbildungsgängen (z.B. Ausbildung zum Metallfacharbeiter oder zum Bürokaufmann) Angestellte besser zu bezahlen. Bemerkenswerterweise ist bei der Umstellung auf einheitliche tarifliche Entgeltordnungen, gestaffelt nach Ausbildungsgruppen, von Arbeitgeberseite nie argumentiert worden, dadurch könne bestehenden Produktivitätsunterschieden zwischen Arbeitern und Angestellten derselben Entgeltgruppe lohnmäßig nicht mehr Rechnung getragen werden.

Für den nun folgenden Übergang zu einem internationalen Vergleich ist also festzuhalten: Aus der Spannweite der Lohnstreuung allein lässt sich nicht zwingend ableiten, ob sie die Produktivitätsunterschiede trifft oder nicht.

3.3 Deutschland weist im internationalen Vergleich eine hohe Lohndifferenzierung auf

In Deutschland ist die Lohnspreizung größer als im Durchschnitt der alten Länder der Europäischen Union (EU 15). Die Lohndifferenzierung ist heute in Deutschland größer als in Großbritannien, das die Verfechter der Lohndifferenzierungsthese früher gern ins Feld führten. In Deutschland ist die Lohnspreizung auch größer als in Skandinavien, obwohl dort die Arbeitsmarktlage deutlich günstiger ist.

Dieser scheinbare Widerspruch kann auf verschiedenen Gründen beruhen, die zum Teil nebeneinander ihre Wirkung entfalten:

- Das Ausmaß der Lohndifferenzierung spielt für die Beschäftigung nicht die ihr zugedachte Rolle und/oder
- die Arbeitsmarktlage ist aus anderen Gründen (z.B. höheres Wirtschaftswachstum) besser und/oder
- die Qualifikationsunterschiede der Arbeitnehmer sind durch einheitlichere Schul- und Berufsausbildung enger und die Arbeitsangebots- und Arbeitnachfrageverhältnisse für die einzelnen Arbeitnehmergruppen gleichmäßiger verteilt und/oder
- die Streuung der Produktivitäten ist wegen einer anderen Wirtschaftsstruktur als in Deutschland enger.

Ein Grund für die breitere Lohndifferenzierung in Deutschland im Vergleich zur EU 15 und zu Skandinavien ist der in Deutschland deutliche Lohnunterschied zwischen „Facharbeitern“ und „Ungelernten“. Wer in Deutschland nicht mindestens einen Berufsabschluss hat, muss mit erheblichen Lohneinbußen rechnen. Die deutsche Arbeitswelt ist am „Facharbeitermodell“ ausgerichtet. Nach Schettkats Recherchen ist z.B. in jedem Wirtschaftzweig in Deutschland der Anteil der Beschäftigten mit Berufsabschluss höher als in den USA, wo in jedem Wirtschaftszweig ein größerer Anteil von „Ungelernten“ arbeitet. Der Verfasser hält allerdings in vielen Fällen die formale Unterscheidung in mit und ohne berufliche Ausbildung (ungelernt) als Qualifikationsmerkmal für unzureichend. Oft besagt sie nicht alles über die fachliche Fähigkeit und Produktivität und erst recht nichts über die Leistungsbereitschaft. Mancher „Ungelernter" eignet sich im Laufe der beruflichen Erfahrung ursprünglich fehlendes Fachkönnen nachträglich an (angelernt und mehr). Auch gibt es viele „ungelernte" Tätigkeiten, die schwierige Anforderungen stellen, wie z.B. Kranführer, Schwer- oder Spezialtransportfahrer und viele andere. Andererseits sind viele „gelernte" Arbeitskräfte in ausbildungsfremden Berufen tätig.

Die für Deutschland ausgewiesene Lohnspreizung nach unten wäre noch größer geworden, wenn zwei weitere Aspekte berücksichtigt worden wären. Zum einen, wenn die dürftige Entlohnung der Minijobs (z.B. die 400 EUR-Jobs) einbezogen worden wäre. Und zum anderen, wenn nicht die tatsächlich gezahlten Löhne, sondern die tariflichen Löhne, die oft erheblich niedriger sind, in die Berechnungen Eingang gefunden hätten. Genannt seien einige tarifliche Grundvergütungen: So konnte die Gewerkschaft bisher als Grundvergütung für eine Friseurin in Sachsen im ersten Berufsjahr nach der abgeschlossenen Ausbildung eine Stundenvergütung von nur 3,82 EUR (mtl. 615 brutto, netto rd. 437 EUR) und für einen Hilfsarbeiter für leichte Arbeiten von nur 4,68 EUR (mtl. 814 brutto, netto rd. 578 EUR) festschreiben. Auch die tariflichen Stundenvergütung einer Floristin in Sachsenanhalt im dritten Berufsjahr nach der Ausbildung in Höhe von 5,38 EUR (mtl. 814 brutto, netto rd. 578 EUR) oder eines Hoteldieners im Saarland von 6,09 EUR (mtl. 814 brutto, netto rd. 578 EUR) ist ein Armutslohn. In vielen Fällen ist allerdings die tatsächliche Bezahlung höher, aber die Arbeitgeber wollen sich die tarifliche Tür nach unten offen halten.

Wenn also die tariflichen Löhne oft unter den Effektivlöhnen liegen, kann man den Gewerkschaften allein schon deswegen keinen Vorwurf machen, sie hätten keine ausreichende Lohndifferenzierung zugelassen.

Als Musterland mit zunehmender Beschäftigung und gleichzeitig größerer Lohndispersion verbleiben für die Befürworter einer weiten Lohnstreuung eigentlich nur noch die USA.

In der Tat ist die Lohnspreizung dort größer als in Deutschland. Ein Hauptgrund sind die bereits geschilderten größeren Qualifikationsunterschiede in den USA, mit entsprechend größeren, vermuteten Produktivitätsunterschieden, insbesondere nach unten. Da in den USA ein breites Band der „Facharbeiter“ fehlt, ist auch die Öffnung nach oben weiter, insbesondere herrscht dort ein höherer Anteil von Arbeitnehmern mit Hochschulabschlüssen vor, die überdies noch höchst unterschiedlich – oft extrem gut – bezahlt werden.

Nach Schettkat können allerdings die Qualifikationsverteilungen nur einen Teil der Divergenzen in der Lohnstruktur erklären, der größere Teil der internationalen Lohndifferenzen befindet sich innerhalb der Qualifikationsgruppen. Dies könne daher stammen,

- dass eine größere Streuung auf eine verschiedenartige, schwierig zu vergleichender Zusammensetzung der Gruppe hinweist und /oder
- die Streuung durch Friktionen (z.B. regionale) am Arbeitsmarkt entsteht und/oder
- auf Marktunvollkommenheiten (z.B. monopolistische Arbeitsnachfrage) und institutionelle Einflüsse beruht.

Die Verfechter einer ausgedehnten Lohndifferenzierung, die höchstwahrscheinlich nicht alle von Schettkat ausfindig gemachten und ausgewerteten Untersuchungen und zusammengestellten Fakten kennen, nehmen unverdrossen die USA als Vorbild für ihre Behauptung, wegen relativ geringer Löhne in den untersten Lohngruppen seien die Beschäftigungschancen der weniger Qualifizierten größer und die Arbeitsmarktlage in den USA besser als in Deutschland und in vielen anderen Ländern. Neben dem bereits dargestellten Sachverhalt, dass in den USA der Bildungsstand der untersten Lohngruppen eindeutig geringer und entsprechend geringer bezahlt ist als in Europa und Deutschland, soll abschließend generell der Frage nachgegangen werden, ob der prozentual höhere Anteil von weniger Qualifizierten an der Gesamtzahl der Arbeitslosen eine Folge ihrer zu hohen Bezahlung ist.

3.4 Hoher Anteil von weniger Qualifizierten an der Arbeitslosigkeit keine Folge ihrer angeblich zu hohen Löhne

Selbst einem der fähigsten neoliberalen Wissenschaftler Deutschlands, Prof. Horst Siebert, langjähriges Mitglied des Sachverständigenrats, unterlief beim Nachweis für die günstige Beschäftigungswirkung einer weiten Lohnspreizung, insbesondere nach unten, ein erstaunlicher, für die Verfechter der Lohndifferenzierung jedoch typischer Gedankenfehler. Als Beleg nennt er nämlich die Beobachtung, dass die Prozente der niedrig bezahlten Arbeiter an der Gesamtzahl der Beschäftigten deutlich mit der Lohndispersion variieren. So wären in Schweden nur 5,2 %, in den Niederlanden 11,9 %, aber in den USA 25 % Arbeiter beschäftigt, die weniger als zwei Drittel des Medianlohnes verdienten.[1] Beim Leser könnte nun der Eindruck entstehen, wegen der relativ hohen Beschäftigtenzahl von Geringverdienern in den USA sei die Arbeitsmarktlage in den USA ganz erheblich besser als z.B. in Schweden und in den Niederlanden. Weit gefehlt. In den Niederlanden war im Jahr 2004 die international standardisierte Arbeitslosenquote mit 4,6 % sogar kleiner als in den USA (5,5 %) und in Schweden war sie mit 6,3 % nur etwas größer.

Wie ist nun dieser scheinbare Widerspruch zu erklären? Siebert gibt eben nicht die Beschäftigungswirkungen der Lohndifferenzierung an, sondern beschreibt nichts anderes als die unterschiedlichen Lohnspreizungen in diesen Ländern als solche. Sieberts Ausführungen besagen nämlich nur, dass in den USA die Lohndifferenzierung nach unten spürbar größer ist als in den Niederlanden und dass in Schweden die Lohnstreuung sehr viel enger ist.

Es liegt in der Definition und der ökonomischen Konstruktion der Lohndifferenzierung: je größer die Spreizung ist, wie z.B. in den USA, desto höher ist der Anteil der Beschäftigten mit weit unter dem Durchschnitt (hier: Medianwert) liegenden Löhnen an der Gesamtzahl der Beschäftigten. In Schweden z.B. ist die Lohnstreuung spürbar enger, folglich gibt es nur relativ wenig Beschäftigte mit weit unter dem Durchschnitt liegenden Löhnen.

[1] Vgl. Ronald Schettkat, a.a.O.,S.51

Wahrscheinlich wollte Siebert mit seiner Beschreibung belegen, dass in Ländern mit hoher Lohnspreizung die Arbeitslosenquote der Niedrigverdiener geringer ist als in Ländern mit engerer Lohnstreuung. Aber auch das trifft nicht zu. Da z.B. in den Niederlanden im Jahr 2004 die Arbeitslosenquote insgesamt niedriger war als in den USA, wird sie auch für die Niedriglöhner kleiner gewesen sein. Allerdings ist auch in den Niederlanden wie in allen Ländern der Anteil der wenig Qualifizierten an der Gesamtzahl der Arbeitslosen höher als an der Gesamtzahl der Beschäftigten. Das gilt auch für die USA. Die Behauptung, eine größere Lohnspreizung nach unten würde zu einer geringeren Arbeitslosenquote für Niedriglöhner führen, lässt sich auch mit deutschen Arbeitsmarktzahlen widerlegen. Nach Schettkat ist in Hamburg die Lohnspreizung größer als in Bayern. Dennoch ist in Hamburg, wie erwähnt, die gesamte Arbeitslosenquote (11,3 %) und damit auch mit großer Wahrscheinlichkeit die Arbeitslosenquote der wenig Qualifizierten – und darauf kommt es in diesem Zusammenhang an – höher als in Bayern, wo eine Gesamtarbeitslosenquote von nur 7,8 % verzeichnet wurde. Um ein noch eindeutigeres Beispiel zu nennen: In Nordrhein-Westfalen ist wegen der dominierenden Rolle der Flächentarifverträge und ihrer tariflichen Signalwirkung auf andere Wirtschaftsbereiche die Lohndifferenzierung überall weitgehend gleich. Dennoch schwankt die Gesamtarbeitslosenquote zwischen den einzelnen Arbeitsamtsbezirken von 7,8 % bis 20,2 %. Deshalb werden auch die Arbeitslosenquoten der Niedriglöhner trotz weitgehend gleicher Lohnspreizung zwischen den einzelnen Regionen ganz erheblich divergieren.

Halten wir also fest: Die Lohnspreizung kann auch die Arbeitslosenquote der Niedriglöhner nicht erklären.

Völlig losgelöst davon und auf ganz andere Ursachen zurückzuführen ist der bekannte Sachverhalt, dass überall der Anteil der wenig Qualifizierten an der Gesamtzahl der Arbeitslosen größer ist als ihr Anteil an der Gesamtzahl der Beschäftigten. Wenn nämlich die Nachfrage nach Arbeitskräften nicht ausreicht, um alle Arbeitnehmer zu beschäftigen, dann bleiben meist die Schwächsten auf der Strecke. So sind unter den Arbeitslosen überdurchschnittlich viele ohne abgeschlossene Ausbildung (40 %) und/oder mit gesundheitlichen Einschränkungen, Behinderte und Ältere. Die Arbeitgeber können aus dem

Überangebot an Arbeitskräften die nach ihrer Einschätzung Leistungsstärksten auswählen. Dadurch kann sich in der Öffentlichkeit der Eindruck verbreiten, dass bei diesen Arbeitslosen die Ursache der Arbeitslosigkeit in ihrer eigenen Person liege. Selbst manche Arbeitslose glauben schmerzhaft daran. Perfiderweise werden in manchen Stammtisch- und Talkshowrunden Opfer gleichsam zu Tätern abgestempelt. Dabei wird nämlich übersehen oder geflissentlich übergangen, dass diese Personengruppen in früheren Zeiten mit hohem Beschäftigungsstand (zeitlicher Längsschnitt) oder in Regionen mit guter Arbeitsmarktlage (regionaler Querschnitt) überwiegend Arbeit gefunden hatten bzw. finden.

Die von den Arbeitgebern vorgenommene Selektion spiegelt sich auch in einem Verdrängungsprozess von oben nach unten wider. Oft werden z.B. ehemalige Arbeitsplätze von Meistern zu deren Lohnbedingungen nunmehr von jüngeren Ingenieuren, Bilanzbuchhalter von Betriebswirten, ungelernte Verkäuferinnen von Fachverkäuferinnen usw. besetzt. Verstärkt wird dieser Prozess noch durch die Hartz-Gesetze, wonach jeder Arbeitslose jede ihm angebotene Stelle annehmen muss, auch wenn sie weit unter seinem Qualifikationsniveau liegt. Solche Regelungen sind den Arbeitgebern bei ihrem Ausleseprozess sehr willkommen.

Nicht zuletzt hinterlassen die Globalisierung und die Art der technologischen Entwicklung ihre Spuren bei den weniger Qualifizierten. Ein großer Teil der rasant zunehmenden Importwaren verdrängt die überwiegend mit einfachen Tätigkeiten erstellte heimische Produktion, während die schnell wachsenden deutschen Exporte überwiegend Fachkräfte benötigen. Auch erfordert die Art der technologischen Entwicklung immer mehr Fachleute und verschlechtert die Arbeitsmarktchancen der wenig Qualifizierten.

So nimmt der in allen Ländern überdurchschnittliche Anteil der wenig Qualifizierten an der Gesamtzahl der Arbeitslose nicht wunder. Das gilt sowohl für Deutschland wie auch für die USA. Und in diesem Zusammenhang kommen wir nochmals zu den Verfechtern der Lohnspreizungsthese zurück. Wenn in Deutschland die Löhne für die untersten Qualifikationsgruppen im Vergleich zu den USA zu hoch wären und sie dadurch überdurchschnittlich von Arbeitslosigkeit betroffen wären, dann wäre zu erwarten, dass in Deutschland das Qualifikationsniveau der Arbeitslosen im Vergleich zu den Beschäftigten niedriger liegt als in den USA. Aber genau das Gegenteil ist der Fall. Die deutschen Arbeitslosen erreichen im Durchschnitt immerhin 95 % des Qualifikationsniveaus der Beschäftigten, die amerikanischen Arbeitslosen jedoch nur 88 %.[1]

Zum Abschluss ist die Monokausalität meiner Gegenargumentation einzugestehen. Sie liegt aber in genau demselben Maße auch bei den Verfechtern der Lohnspreizungsthese vor: Die Lohndifferenzierung wird einseitig der in den verschiedenen Ländern und Regionen bestehenden Arbeitsmarktlage gegenübergestellt, und es wird so getan, als ob sie die einzige Ursache für die jeweilige Beschäftigungssituation sei. Aber genau so verfahren die Verfechter der Lohnspreizungsthese, wenn sie eine eingleisige Beziehung von breiter Lohnstreuung und niedriger Arbeitslosenquote konstruieren und Länderbeispiele als Beweisstücke heranziehen. Darum ist es erlaubt, Gegenbeispiele vorzuführen. Damit begibt man sich – genau wie die anderen – auf das gleiche, methodisch dünne Eis. So können dann zu Recht Fälle präsentiert werden, in denen bei gleicher Lohnspreizung deutlich unterschiedliche Arbeitslosenquoten bestehen.

Selbstverständlich weiß der Verfasser um die vielfältigen Ursachen der Arbeitslosenquote. Darüber müssten sich auch die anderen im Klaren sein und Bedenken haben, wenn sie ihre Argumentation nur eingleisig fahren. Im Gegensatz zu den Verfechtern der Lohnspreizungsthese weist der Verfasser auf diesen methodischen Makel hin, versäumt es jedoch nicht – was als immanente Kritik durchaus zulässig ist –, ihnen mit gleicher Münze heimzuzahlen.

Überhaupt ist eine monokausale Argumentation das leidige Kennzeichen aller neoliberalen Wirtschaftstheorie und -politik. Sie setzen oft auf vereinfachte Modellannahmen, mittels derer sie schnell bei der Beurteilung von wirtschaftpolitischen Vorschlägen zu einem vermeintlich befreienden und klärenden „richtig“ oder „falsch“ kommen.

In der Wirklichkeit sind die wirtschaftlichen Zusammenhänge viel komplexer als die Modellannahmen, die die Realität nur unvollkom-

[1] Vgl. R. Schettkat, a.a.O., S.60

men oder gar verzerrt abbilden. Das gilt z.B. für die häufige Unterstellung von vollkommener Konkurrenz, von unendlich schneller Anpassungsgeschwindigkeit der Märkte, von vollständiger Kenntnis und Übersicht über die Märkte und das Verhalten der anderen Wirtschaftsteilnehmer und deren Auswirkungen in der Zukunft (z.B. Kapazitätseffekte nach Ausreifungszeit der Investitionen aller Marktteilnehmer). Meistens wird eine komparativ-statische Methode angewendet, bei der von einer Veränderung von Variablen zum Zeitpunkt 1 gestartet und gleichsam zeitlos beim Zeitpunkt 2 gelandet wird. Welche Auswirkungen die Veränderung der Variablen in der Zwischenzeit auf den realexistierenden Wirtschaftskreislauf und das Verhalten der Wirtschaftsteilnehmer haben, wird schlichtweg nicht berücksichtigt.

Wirtschaftswissenschaft ist keine Naturwissenschaft mit naturgesetzlichen Abläufen und Ergebnissen, sondern eine Verhaltenswissenschaft, also eine Lehre über das wirtschaftlich Verhalten der Wirtschaftsteilnehmer (z.B. Investitions-, Preissetzungs- und Konsumverhalten), wo bei gleicher Ausgangslage durchaus unterschiedliche Ergebnisse zustandekommen. Zwei Beispiele seien angeführt:

1. In einer rezessiven Wirtschaftsphase kann es zu einer Erhöhung der Sparquote kommen (Angstsparen, Vorsorgesparen), um gegen die düsteren Perspektiven besser gewappnet zu sein. Die sinkende Konsumneigung kann dann den wirtschaftlichen Abwärtsprozess sogar noch beschleunigen.
   Es kann jedoch auch der umgekehrte Fall auftreten. Die Sparquote vermindert sich. Wegen der sinkenden Realeinkommen versuchen die Leute, durch weniger Sparen ihren bisherigen Konsum (Lebensstandard) aufrechtzuerhalten. Eine derartige Erhöhung der Konsumneigung kann dem Abschwung entgegenwirken.

2. Erzielte Gewinne können bei erwartetem zufriedenstellenden Wirtschaftswachstum und befürchteten Kapazitätsengpässen zu Sachinvestitionen führen. Hingegen können sie bei schlechten Wirtschaftsaussichten und ausreichenden Produktionsmöglichkeiten zur Schuldentilgung, Rückkauf eigener Aktien und zu Finanzanlagen verwendet werden.

Die Beispiele könnten beliebig vermehrt werden. Selbstverständlich kann es oft hilfreich und nützlich sein, das Knäuel von Verhaltensweisen, Kreislaufeffekten und technologischen Faktoren (z.B. Produktionsfunktionen) mit vereinfachten Modellannahmen und der Unterstellung einer rationalen Gewinn- und Nutzenmaximierung zu entwirren. Man darf sich dann allerdings nicht wundern, wenn vorausgesagte Ergebnisse wirtschaftpolitischer Maßnahmen wegen mangelnder Realitätsnähe der Modellannahmen nicht eintreffen. Damit sind wir beim Übergang zu wirtschaftpolitischen Fragen. Einige davon werden im Schlusskapitel (A VI.) erörtert.

V. Zur Gewinn- und Renditeentwicklung in Deutschland

1. Die Unternehmensgewinne – das wenig erforschte Wesen

Die Unternehmensgewinne in der gesamten Volkswirtschaft spielen in der ökonomischen Theorie, in der Lohnpolitik und in der wirtschaftpolitischen Praxis eine zentrale Rolle. Pausenlos wird der Bevölkerung eingehämmert, die Gewinne seien zu niedrig, zu sehr mit Gewinnsteuern belastet und könnten somit ihre wichtige Aufgabe, gleichsam automatisch mehr Investitionen und mehr Beschäftigung zu schaffen, nicht erfüllen.

Mit der ständig wiederholten Behauptung der Arbeitgeberverbände, in Deutschland seien die Löhne zu hoch, wird indirekt der Eindruck erweckt, die Gewinne seien zu niedrig. Denn jeder weiß, dass ein Gewinn erst nach Abzug der Löhne und der anderen Kosten vom Umsatz entsteht. Das legt schnell den Fehlschluss nahe, je höher die Löhne, desto niedriger seien die Gewinne. Falls die Löhne in Deutschland zu hoch sind, dann müssten die Gewinne nach der Argumentation der Arbeitgeber zu niedrig sein. Aber sind sie das wirklich?

Um diese Frage zu beantworten, wird die Höhe und die Entwicklung der Gewinne und der Kapitalrentabilität ermittelt und analysiert, eine nicht ganz leichte Aufgabe.

Viele reden und schreiben über die große Bedeutung der Gewinne und beklagen meistens die Lage, ohne jedoch über konkrete und fundierte Zahlen über die Gewinne und die Kapitalrentabilität in der Gesamtwirtschaft zu verfügen. Die Ermittlung von Zahlen über die gesamtwirtschaftlichen Unternehmensgewinne scheint geradezu das letzte Tabu in Deutschland zu sein. Bekannt und publik werden nur Gewinnzahlen von großen Konzernen. Oft glänzen viele Firmen, aber ebenso oft sind die Gewinne bei anderen Unternehmen so geheimnisvoll und unverständlich gering oder negativ, dass manche Konzerne jahrelang keine Gewinn- und Gewerbesteuern zahlen müssen.

Aber um diese Einzel- oder Branchenergebnisse geht es hier nicht. Lohn- und wirtschaftpolitisch ist vielmehr die Höhe und Entwicklung der Unternehmensgewinne und Kapitalrendite aller Unternehmen in der gesamten Volkswirtschaft entscheidend. Und da stößt man auf ein überraschendes Phänomen.

Keine wichtige ökonomische Größe ist nämlich so wenig erforscht wie die Unternehmensgewinne einer Volkswirtschaft. Dabei wird ihnen sowohl in der ökonomischen Theorie als auch in der wirtschaftpolitischen Praxis eine überragende Bedeutung zugemessen. Erstaunlicherweise fehlt nicht nur für Deutschland, sondern auch für die anderen Länder bisher eine wirklich überzeugende und zufriedenstellende, detaillierte Ermittlung der Unternehmensgewinne in der Gesamtwirtschaft. Das liegt insbesondere an den sachlichen und methodischen Schwierigkeiten.

Die Arbeitgeberverbände und ihre Interessenvertreter in Wirtschaftswissenschaft, Politik und Medien zeigen bisher kein echtes Interesse an einer gründlichen und allumfassenden volkswirtschaftlichen Analyse der Unternehmensgewinne.

Das Fehlen fundierter, detaillierter und methodisch überzeugender Zahlen über die Unternehmensgewinne hätte unbedingt die vielen Kritiker der neoliberalen Theorie und Politik auf den Plan rufen müssen, um mit vereinten wissenschaftlichen Kräften eine gründliche Gewinnanalyse zu betreiben. Aber gerade sie blieb bis heute aus. Zur Lösung dieser sehr schwierigen Aufgabe bedarf es einerseits profunder und tief greifender Kenntnisse über Bilanzanalysen mit ihren vielen komplizierten handels- und steuerrechtlichen Bestimmungen und Tricks und andererseits der Beherrschung des Spiels auf der Klaviatur der Volkswirtschaftlichen Gesamtrechnung. Letzteres gelingt bisher fast nur einigen Experten des Statistischen Bundesamtes, die außerdem wissen, wie die einzelnen Aggregate empirisch ermittelt werden. Zugestandenermaßen wäre also die Aufgabe für die Kritiker sehr schwierig zu bewältigen gewesen. Ein Scheitern oder eine nicht voll befriedigende Lösung hätte man ihnen nicht unbedingt ankreiden können. Vorwerfen muss man ihnen jedoch, dass sie bisher nicht wenigstens einen Versuch gestartet haben. Noch schlimmer ist es, wenn Leute über Gewinne reden und schreiben und keine Bedenken haben oder keinen Mangel empfinden, dass sie über die genaue Höhe und exakte Entwicklung der Gewinne nichts Ausreichendes wissen, erst recht nichts über die Kapitalrentabilität.

So dominieren seit Jahrzehnten bis heute die Gewinndaten, die die Bundesbank aus den Unternehmensbilanzen zusammenstellt, einerseits und bestimmte gesamtwirtschaftliche Aggregate der Volkswirtschaftlichen Gesamtrechnung, in denen überwiegend die Unternehmensgewinne enthalten sind, andererseits. Es ist sehr schwierig und teilweise methodisch bisher nicht möglich, beide Konzepte auf einen einigermaßen gleichen Nenner zu bringen. Das Deutsche Institut für Wirtschaftsforschung (DIW) betrat Neuland, als es in einer kleinen, vom Verfasser angeregten Studie die Bundesbank-Bilanzstatistik mit der Volkswirtschaftlichen Gesamtrechnung verglich.[1] Die Bilanzstatistik der Bundesbank rechnet in der Tendenz – wie viele Bilanzen in Deutschland – die Gewinne klein und wird deshalb bis heute von den Arbeitgeberverbänden gerne und ausschließlich verwendet. Wegen der vielfältigen Gestaltungs- und Bewertungsmöglichkeiten der Bilanzierung müssen ihre Gewinndaten – zumindest was ihre Höhe betrifft – mit Skepsis aufgenommen werden. Außerdem ist sie für den gesamten Unternehmensbereich nicht ausreichend repräsentativ, da sie lediglich einen Ausschnitt – gemessen am Umsatz – von 55 % erfasst. Auch sind Großunternehmen überrepräsentiert. Aufgrund der dritten Stufe der Währungsunion und der Abschaffung des Wechselrediskonts hat die Bundesbank im Jahr 2005 in Zusammenarbeit mit einigen Großbanken ihren Datenpool umgestellt. Daraus resultierten erhebliche Abweichungen von den bisherigen Ergebnissen, die bis dahin Jahrzehnte lang die Szene beherrscht hatten. So wurden nach der Umstellung deutlich höhere Gewinne ermittelt. Dies ergibt sich aus der Gegenüberstellung von alter und neuer Rechnung, für die die Bundesbank eigens zu

[1] B. Görzig und C. Schmidt-Faber, Wie entwickeln sich die Gewinne in Deutschland?, Deutsches Institut für Wirtschaftsforschung, Sonderheft 171, 2001

Vergleichszwecken für einige Übergangsjahre eine vergleichbare Wirtschaftsabgrenzung vorgenommen hat.[1] Dabei stellte sich z.B. für das Jahr 2001 aufgrund der neuen Datenbasis ein um 55 % höherer Gewinn heraus. An einer solch großen Veränderung lässt sich der begrenzte Aussagewert bzw. die Fragwürdigkeit der Bilanzstatistik ermessen.

Im Gegensatz zur Bilanzstatistik umfasst die Volkswirtschaftliche Gesamtrechnung den gesamten Unternehmensbereich. Sie bezieht also auch alle Personengesellschaften, Landwirte und Freiberufler ein. Als Gewinnindikatoren werden oft entweder die Einkommen aus Unternehmertätigkeit und Vermögen oder die sogenannten Unternehmensgewinne herangezogen. Die Einkommen aus Unternehmertätigkeit und Vermögen haben nur einen begrenzten Aussagewert, weil in ihnen neben den reinen Unternehmensgewinnen auch die gesamten Vermögenseinkommen aller privaten Haushalte (z.B. Selbständige, Arbeitnehmer, Rentner) in Form von Kapitaleinkünften und Mieten stecken.

Aber auch die sogenannten Unternehmensgewinne aus der Volkswirtschaftlichen Gesamtrechnung des Statistischen Bundesamtes halten nicht ganz, was ihr Name verspricht. Der Verfasser entdeckte eine Doppelzählung bei einem Teil der Ausschüttungen, auf die er die Experten des Statistischen Bundesamtes aufmerksam machte und die ihm von ihnen bestätigt wurde. Sie ist durch die Harmonisierung des Europäischen Systems der Volkswirtschaftlichen Gesamtrechnung bedauerlicherweise festgeschrieben und vorerst nicht zu revidieren. Außerdem sind in den sogenannten Unternehmensgewinnen noch der Bundesbankgewinn und die Gewinne aus Wohnungsvermietung (Bruttomieten abzüglich aller Kosten) der privaten Haushalte enthalten.

Um näher an die reinen Unternehmensgewinnen ranzukommen, müssen alle drei Positionen abgezogen werden. Die dazu benötigten, nicht veröffentlichten Zahlen wurden dem Verfasser dankenswerterweise vom Statistischen Bundesamt zur Verfügung gestellt. Durch die Bereinigung verminderten sich die sogenannten Unternehmensgewinne z.B. für 2002 um 94 Mrd. EUR = – 20 %. Die Höhe der Abweichungen

[1] Ertragslage und Finanzierungsverhältnisse deutscher Unternehmen – eine Untersuchung auf neuer Datenbasis, in: Deutsche Bundesbank, Monatsbericht Oktober 2005, S.35 ff.

schwankt von Jahr zu Jahr und führt deshalb auch zu erheblichen Unterschieden zwischen den Wachstumsraten der sogenannten Unternehmensgewinne und den vom Verfasser ermittelten bereinigten Unternehmensgewinnen. So nahmen z.B. von 2002 auf 2003 die sogenannten Unternehmensgewinne nur um 0,3 % zu, während die bereinigten Gewinne um 4,8 % kletterten.

Leider lassen sich diese bereinigten Gewinne nur für die Gesamtwirtschaft ermitteln und können nicht nach West- und Ostdeutschland aufgeteilt werden.

Den Arbeitgeberverbänden sind die Gewinnzahlen der Volkswirtschaftlichen Gesamtrechnung insgeheim ein Dorn im Auge, weil sie höher ausfallen als nach der Bundesbank-Bilanzstatistik. Sie kritisieren deshalb, dass die Gewinne nach der Volkswirtschaftliche Gesamtrechnung als Restgröße anfallen, wenn man – vereinfacht dargestellt – vom Bruttoinlandsprodukt die Produktionssteuern (abzüglich der Subventionen), die Abschreibungen, das Arbeitnehmerentgelt und die Vermögenseinkommen der privaten Haushalte abzieht. Berechnungsfehler bei all diesen Einzelgrößen schlagen sich dann zwangsläufig in der Restgröße Gewinne nieder. Dazu ist Folgendes festzustellen:

1. Auch die Gewinne in der Bilanzstatistik sind eine Restgröße und zwar der Saldo von Aufwand und Ertrag. Die Gewinne sind keine zu erfassende originäre Größe, sondern werden stets und überall als Saldo ermittelt.

2. Fehler bei den Einzelgrößen wirken sich keineswegs nur in einem zu hohen Ausweis der Gewinne aus, sondern sie können auch zu niedrigeren Gewinnen führen oder sich ausgleichen.

3. In der Tat gibt es in der Volkswirtschaftlichen Gesamtrechnung Schätzgrößen, z.B. in einigen Dienstleistungsbereichen, für die keine ausreichenden offiziellen Statistiken vorliegen. Die Schätzungen werden aber von Experten durch Kontrollrechnungen und Stichproben gecheckt.

4. Das Bruttoinlandsprodukt ist wegen der massenhaften Schwarzumsätze wahrscheinlich sogar zu gering ausgewiesen, obwohl allerdings die Fachleute des Statistischen Bundesamtes auch hier Kon-

trollrechnungen durchführen und Erfahrungswerte an Hand von Stichproben einsetzen. Falls also das Bruttoinlandsprodukt zu niedrig ausgewiesen wird – und dies ist durchaus möglich, wenn nicht sogar wahrscheinlich – dann ist auch die Höhe der Gewinne zu niedrig angegeben. Und zwar überproportional zu niedrig, wenn sich die Höhe des Bruttoinlandsproduktfehlers nur unterproportional bei den Löhnen niederschlägt.

5. Auf die Wachstumsraten des Bruttoinlandsprodukts und der Gewinne hätte eine Unterschätzung des Bruttoinlandsprodukts kaum einen Einfluss, falls – wie es geschieht – Jahr für Jahr dieselbe Erfassungs- und Berechnungsmethode beibehalten wird. Dadurch wird der Basisfehler weitgehend ausgeschaltet. So kann es z.B. durchaus sein, dass das italienische Bruttoinlandsprodukt und damit die italienischen Gewinne wegen der größeren Untererfassung von Wirtschaftsleistungen (größere Schattenwirtschaft) im Vergleich zu Deutschland zu niedrig ausgewiesen werden. Solange in beiden Länder diese unterschiedlichen Gegebenheiten und die Berechnungswege unverändert bleiben, hat das keine Auswirkung auf die Wachstumsraten. Die Wachstumsrate des italienischen Bruttoinlandsprodukts und der Gewinne kann dann durchaus ökonomisch richtig sein und direkt mit der deutschen verglichen werden, was bei der absoluten Höhe (Basis) in Zweifel gezogen werden kann.

Görzig und Schmidt-Faber kommen bei ihrem Tauglichkeitsvergleich zwischen Bilanzstatistik und Volkswirtschaftlicher Gesamtrechnung zu der Schlussfolgerung: „Will man daher eine Aussage über die Gewinnentwicklung in Deutschland machen, so ist die Volkswirtschaftliche Gesamtrechnung die bessere Informationsquelle.“[1]

[1] Wie entwickeln sich in Deutschland die Gewinne? , a. a. O., S. 77

2. Unternehmensgewinne stiegen deutlich stärker als Löhne

In Tabelle 35 und dem Schaubild dazu beeindruckt der steile Anstieg der realen[1] Brutto- und Nettogewinne.

Von 1980 bis 2006 haben die preisbereinigten Bruttogewinne um 149,4 %.[2] zugenommen Die Nettogewinne schnellten sogar auf das über 3-fache empor (+ 220,3 %).

Im Zeitraum von 1980 bis 1991 entfalteten sich die preisbereinigten Gewinne besonders prächtig. Die durchschnittliche jährliche Wachstumsrate der Brutto- bzw. Nettogewinne betrug stolze 4,3 % bzw. 6,0 %. Auch in den 90er Jahren bis 2006 wurden jahresdurchschnittlich immerhin noch beachtliche preisbereinigte Gewinnzuwächse von 3,1 % bzw. 3,5 % erzielt. Als Folge der zahlreichen Gewinnsteuersenkungen und -begünstigungen in den letzten 25 Jahren glänzen die Nettogewinne noch heller als die Bruttogewinne.

Die Gewinne erzielten einen enormen Vorsprung vor den Arbeitnehmerentgelten. Diese Zahlen sollten allerdings nicht überinterpretiert werden. Dazu einige Hinweise:

a) In Schaubild zu Tabelle 35 handelt es sich nicht um eine personelle Einkommensverteilung, denn viele Arbeitnehmer beziehen auch Einkommen aus Mieten und Zinsen.

b) Hinter den Gewinnen steht ein zunehmender Sachkapitaleinsatz. Die Gewinne sollten deshalb auf das eingesetzte Sachkapital bezogen werden. Diese sogenannte Kapitalrendite wird im nachfolgenden Abschnitt behandelt.

[1] Deflationiert mit dem Preisindex des Bruttoinlandsproduktes. Er wurde gewählt, weil aus den Gewinnen nicht nur der private Konsum, sondern z.B. auch inländische und importierte Investitionen finanziert werden.

[2] Der Index schaltet den Übergang in 1991 von Westdeutschland auf das größere Volumen Gesamtdeutschlands aus, indem bis einschließlich 1991 die Wachstumsrate von Westdeutschland und erst ab 1992 die von Gesamtdeutschland genommen wurde.

Tabelle 35: Entwicklung der realen Brutto- und Nettogewinne[1] in Mrd. EUR – Deutschland[2]

	Bruttogewinne				Nettogewinne				Arbeitnehmerentgelt[4]			
		Veränderung in v.H.				Veränderung in v.H.				Veränderung in v.H.		
Jahr	Mrd. EUR	nominal	real[3]	1980 = 100	Mrd. EUR	nominal	real[3]	1980 = 100	Mrd. EUR	nominal	real[3]	1980 = 100
1980	127,7			100	78,5			100	444,3			100
1981	121,0	-5,2	-9,0	91,0	73,7	-6,1	-9,9	90,1	466,0	4,9	0,7	100,7
1982	130,3	7,7	3,0	93,7	82,9	12,5	7,6	96,9	480,6	3,1	-1,4	99,3
1983	152,2	16,8	13,6	106,4	103,4	24,7	21,3	117,5	491,3	2,2	-0,6	98,7
1984	164,4	8,0	5,9	112,8	112,4	8,7	6,6	125,3	510,5	3,9	1,9	100,6
1985	179,5	9,2	6,9	120,5	122,1	8,7	6,4	133,3	530,9	4,0	1,8	102,4
1986	199,2	10,9	7,7	129,8	140,1	14,7	11,3	148,4	559,1	5,3	2,3	104,7
1987	201,6	1,2	-0,1	129,8	143,9	2,7	1,4	150,5	584,5	4,5	3,2	108,1
1988	219,1	8,7	6,9	138,7	155,9	8,4	6,6	160,5	609,1	4,2	2,5	110,8
1989	236,8	8,1	5,1	145,7	168,3	7,9	4,9	168,3	637,3	4,6	1,7	112,6
1990	259,4	9,5	5,9	154,4	191,0	13,5	9,7	184,7	689,5	8,2	4,6	117,9
1991	275,2	6,1	2,9	158,8	202,3	6,0	2,8	189,9	751,9	9,0	5,8	124,7

Deutschland												
1991	287,2			158,8	213,7			189,9	845,0			124,7
1992	288,1	0,3	-4,4	151,8	210,2	-1,7	-3,3	177,8	916,1	8,4	3,3	128,8
1993	277,8	-3,6	-7,1	141,1	202,9	-3,5	-7,0	165,5	938,2	2,4	-1,3	127,2
1994	305,8	10,1	7,5	151,7	234,5	15,6	13,2	187,3	961,7	2,5	0,1	127,3
1995	332,8	8,8	6,8	162,0	266,8	13,8	11,7	209,1	997,8	3,8	1,8	129,7
1996	344,4	3,5	3,0	166,9	271,6	1,8	1,1	211,5	1007,6	1,0	0,5	130,3
1997	364,5	5,8	5,5	176,1	289,7	6,7	7,3	227,0	1012,0	0,4	0,1	130,5
1998	381,5	4,7	4,1	183,3	299,5	3,4	2,9	233,6	1033,6	2,1	1,6	132,5
1999	370,4	-2,9	-3,3	177,3	276,4	-7,7	-8,0	214,9	1060,9	2,6	2,3	135,5
2000	369,0	-0,4	0,3	177,8	268,2	-3,0	-2,3	209,9	1101,7	3,8	4,6	141,7
2001	360,9	-2,2	-3,3	171,9	288,0	7,4	6,1	222,7	1122,2	1,9	0,7	142,6
2002	374,8	3,8	2,4	176,0	301,7	4,8	3,4	230,3	1129,6	0,7	-0,8	141,6
2003	392,8	4,8	3,7	182,6	316,9	5,0	3,9	239,3	1132,8	0,3	-0,8	140,5
2004	450,6	14,7	13,7	207,7	364,8	15,1	14,1	273,1	1137,5	0,4	-0,4	139,9
2005	485,7	7,8	7,2	222,7	390,9	7,2	6,6	291,2	1130,2	-0,6	-1,2	138,2
2006	545,5	12,3	12,0	249,4	431,0	10,3	10,0	320,3	1144,9	1,3	1,0	139,5

1) Unternehmen ohne Wohnungsvermietung und Bundesbankgewinne; ohne Vermögenseinkommen der privaten Haushalte
2) Bis 1991 Westdeutschland
3) Deflationiert mit der Preisentwicklung des Bruttoinlandsprodukts
4) Bruttolohn- und -gehaltssumme einschl. aller Lohnnebenkosten
Eigene Berechnungen nach Angaben des Statistischen Bundesamtes

Schaubild zu Tabelle 35: Entwicklung der realen Brutto- und Nettogewinne sowie des realen Arbeitnehmerentgeltes – Deutschland [1)]

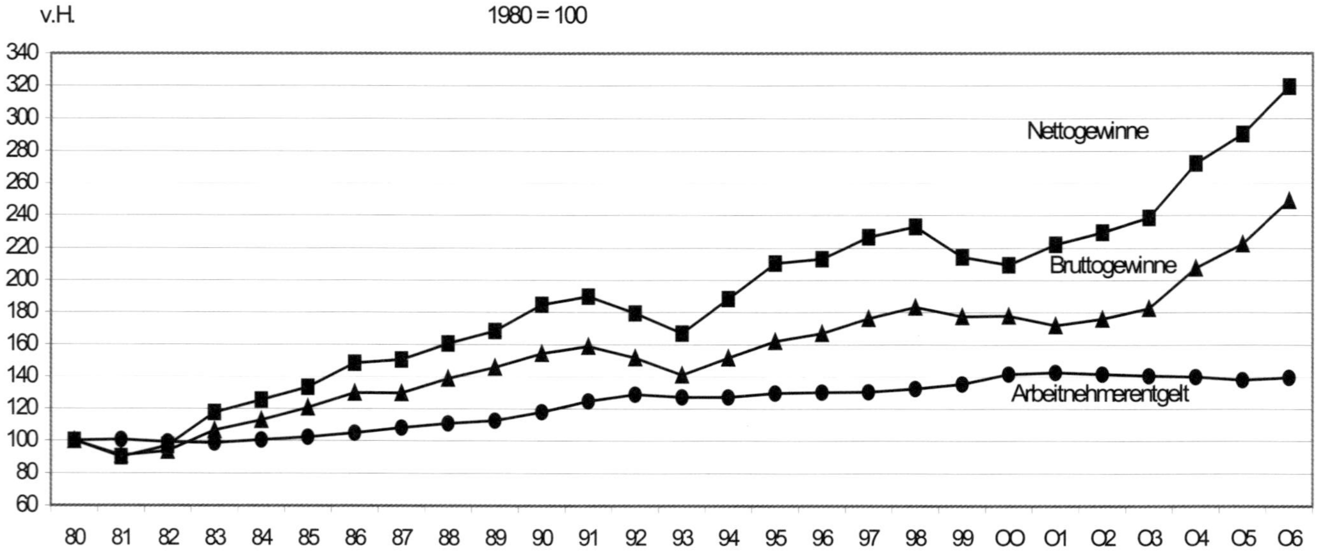

1) Bis 1991 Westdeutschland

Eigene Berechnungen nach Angaben des Statistischen Bundesamtes

c) Bei den Reihen der Veränderungsraten von Gewinnen und Arbeitnehmerentgelt wird der Übergang in 1991 von Westdeutschland auf das größere Volumen Gesamtdeutschlands ausgeschaltet, indem bis einschließlich 1991 die Veränderungsrate von Westdeutschland und erst ab 1992 die von Gesamtdeutschland genommen wurde. Würde man den Übergang von 1990 Westdeutschland auf das größere Volumen Gesamtdeutschlands in 1991 nicht eliminieren, so stellten sich die realen Zuwächse von 1990 auf 2006 bei den Brutto- bzw. Nettogewinnen auf 68 % (anstatt 62 %) bzw. 81 % (anstatt 73 %) und bei den realen Arbeitnehmerentgelten auf 33 % (anstatt 18 %).

d) Die Gewinne allein sagen nicht alles darüber aus, ob den Unternehmen und Freiberuflern ausreichend Eigenmittel zur Finanzierung von Investitionen zur Verfügung stehen. Denn ein Teil der Gewinne wird für den Konsum der Selbständigen verwendet. Andererseits stehen zur Investitionsfinanzierung auch die verdienten Abschreibungen und oft auch staatliche Investitionszuschüsse bereit. Über das Verhältnis dieser unternehmenseigenen Finanzierungsmittel zum Investitionsvolumen wird im übernächsten Abschnitt berichtet.

Insgesamt gesehen entwickelten sich die Gewinne über den langen Zeitraum – und nicht nur in den letzten Jahren – sehr gut. Ihr Verlauf war mit Sicherheit besser, als die Öffentlichkeit meint oder ihr bekannt ist. Somit kann man selbst bei schlechtestem Willen nicht mehr das Vorurteil haben, die Löhne hätten die Gewinne aufgezehrt.

Die gute Gewinnentwicklung ist ein sicheres Zeichen dafür, dass in Deutschland die Löhne nicht zu hoch sind.

3. Gewinnsteuerbelastung um fast die Hälfte gesunken

Dass die Nettogewinne noch stärker angestiegen sind als die Bruttogewinne, ist vor allem auf den durch viele Steuersenkungen und zunehmende Steuerumgehung und -hinterziehung begünstigten Rückgang der Gewinnsteuerquote zurückzuführen. Die Gewinnsteuerquote, d.h. der Anteil der Gewinnsteuern an den Bruttogewinnen hat sich in den letzten 25 Jahren fast halbiert (Tabelle 36 und das Schaubild dazu). Als Gewinnsteuern wurden erfasst: veranlagte Einkommensteuer, Körperschaftsteuer, Gewerbesteuer und ein geschätzter Anteil der auf die Unternehmen entfallenden, nicht veranlagten Steuer vom Ertrag. Außerdem wurden die Steuerrückerstattungen an Arbeitnehmer hinzugezählt, da sie aus dem Kassenaufkommen der veranlagten Einkommsteuer gezahlt werden. Da das gesamte Aufkommen an veranlagter Einkommensteuer einbezogen wurde, sind die Gewinnsteuern zu hoch ausgewiesen. Denn das Aufkommen an veranlagter Einkommensteuer wird nicht nur gespeist von der Besteuerung der Einkünfte aus Landwirtschaft, Gewerbebetrieb und selbständiger Arbeit, sondern auch von der Besteuerung der Kapitaleinkünfte, soweit sie nicht bereits bei der nicht veranlagten Einkommensteuer erfasst wurden, der Einkünfte aus Vermietung und Verpachtung und der sog. sonstigen Einkünfte. In die Kassen der veranlagten Einkommensteuer fließen auch die Steuerzahlungen der Pensionäre.

Der Verlauf der Gewinnsteuerquote unterliegt sehr stark konjunkturbedingten Schwankungen von Steuervoraus- und -nachzahlungen und zeitweiligen Sonderfaktoren. So sackte das Aufkommen an Körperschaftsteuer wegen konjunkturell begründeter Herabsetzung der Vorauszahlungen, wegen der Senkung des Steuersatzes für einbehaltene Gewinne von 40 % auf 25 % sowie vor allem wegen der Erstattung von dadurch geltend gemachten Anrechnungsguthaben für frühere Jahre von 26 Mrd. EUR in 2000 auf 2 Mrd. EUR in 2001 ab. Im Jahre 2006 betrug es – allerdings bei deutlich höheren Gewinnen – 25 Mrd. EUR. In den nächsten Jahren ist eventuell wegen konjunkturbedingter Nachzahlungen und des allmählichen Auslaufens der Anrechungsguthaben mit einem weiteren Anstieg der Körperschaftsteuereinnahmen zu rechnen.

Mit dem Hinweis, dass der Gewinnsteueranteil nicht exakt aus den sieben Einkunftsarten der veranlagten Einkommensteuer abzuleiten ist, wird häufig der Versuch der Ermittlung der Gewinnsteuerquote abgeblockt. Um solchen Anfechtungen aus dem Weg zu gehen, wurde in unserer Rechnung das gesamte Aufkommen an veranlagte Einkommensteuer als Gewinnsteuer deklariert. Es ist deshalb schätzungsweise um mindestens rd. 10 Mrd. EUR zu hoch ausgewiesen. Bei der Darstellung der zeitlichen Entwicklung der Gewinnsteuer fällt dieser Basisfehler kaum ins Gewicht, da er sich jährlich wiederholt und somit nur einen geringen Einfluss auf die Veränderungsraten des Gewinnsteuervolumens hat. Trotz der nahezu Halbierung der Gewinnsteuerbelastung werden zurzeit von den Arbeitgeberverbänden weitere Unternehmenssteuersenkungen gefordert und von der Großen Koalition gewährt.

Der Anteil der tatsächlich gezahlten Gewinnsteuern an den Bruttogewinnen gibt ein viel aussagekräftigeres Bild von der tatsächlichen Unternehmensbelastung als formale Steuersätze, die in internationalen Steuervergleichen herangezogen werden. Denn nur in den tatsächlichen Steuerzahlungen schlagen sich die vielfältigen Möglichkeiten zur Gestaltung der Steuerbemessungsgrundlage, die Steuervergünstigungen, die legalen Steuerumgehungsmöglichkeiten, z.B. bei Konzernen und Holdings durch Verschieben der Gewinne zu Töchtern in Ländern mit niedrigen Steuern oder in Steueroasen, bis hin zur Steuerhinterziehung und Steuerflucht nieder. Allerdings ist zur Berechnung der Gewinnsteuerquote die Ermittlung der Unternehmensgewinne in der Gesamtwirtschaft notwendig. Diese liegen jedoch im internationalen Vergleich nicht vor. Das kann den Arbeitgeberverbänden nur recht sein. So operieren sie bisher immer wieder nur mit formalen Steuersätzen. Ihren ständigen Forderungen nach Gewinnsteuersenkungen muss deshalb die Entwicklung der tatsächlichen Gewinnsteuerquote entgegengehalten werden.

Der Rückgang der Gewinnsteuerquote von 1980 bis 2006 um 45 % (17,5-Prozent-Punkte) deutet darauf hin, dass Deutschland ein Land mit niedrigen Gewinnsteuern geworden ist. Dies haben auch längst die Vorstände und Eigentümer der Unternehmen erkannt, die sich in Deutschland niederlassen.

Tabelle 36
Entwicklung der Gewinnsteuerquote
Deutschland [1)]

	Bruttogewinne In Mrd. Euro	Gewinnsteuern In Mrd. Euro	Gewinnsteuerquote in %
1980	127,7	49,1	38,5
1981	121,0	47,3	39,1
1982	130,3	47,4	36,4
1983	152,2	48,8	32,1
1984	164,4	52,0	31,6
1985	179,5	57,4	32,0
1986	199,2	59,1	29,7
1987	201,6	57,7	28,6
1988	219,1	63,2	28,8
1989	236,8	68,5	28,9
1990	259,4	68,4	26,4
1991	287,2	73,5	25,6
1992	288,1	77,9	27,1
1993	277,8	74,9	27,0
1994	305,8	71,3	23,3
1995	332,8	66,0	19,8
1996	344,4	72,8	21,1
1997	364,5	74,9	20,5
1998	381,5	82,0	21,5
1999	370,4	94,0	25,4
2000	369,0	100,8	27,3
2001	360,9	73,0	20,2
2002	374,8	73,0	19,5
2003	392,8	76,0	19,3
2004	450,6	85,8	19,0
2005	485,7	94,9	19,5
2006	545,5	114,5	21,0

1) Bis 1990 Westdeutschland
Eigene Berechnungen nach Angaben des Statistischen Bundesamtes

Schaubild zu Tabelle 36: Anteil der Gewinnsteuern an den Bruttogewinnen in % Deutschland 1)

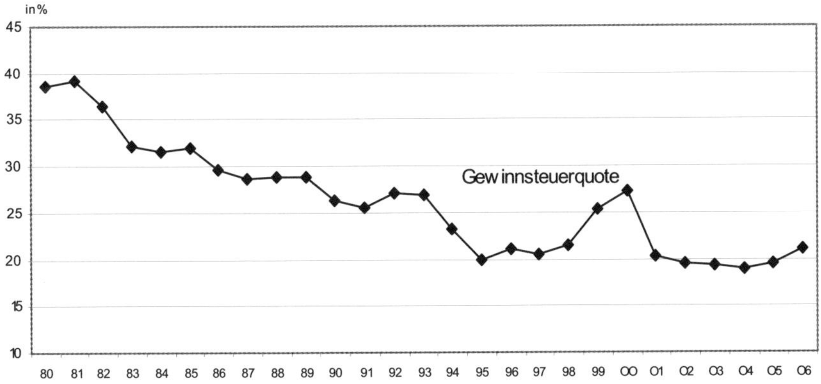

1) Bis 1990 Westdeutschland
Eigene Berechnungen nach Angaben des Statistischen Bundesamtes

4. Kapitalrendite heute höher als zu Vollbeschäftigungszeiten

Da die Arbeitgeber den enormen Gewinnanstieg schon seit längerem in der Öffentlichkeit nicht mehr verbergen können, verlegen sie sich auf die Behauptung, wegen des gestiegenen Kapitaleinsatzes sei trotz zunehmender Gewinne die Rentabilität der Unternehmen immer noch zu niedrig, um die Arbeitsmarktlage durchgreifend zu verbessern. Diese Behauptung wird nunmehr überprüft.

Mit Bezug auf eine wenig sinnvolle Umsatz-Rendite, die außerdem aus einer für die Gesamtheit der Unternehmen nicht repräsentativen und methodisch wenig aussagefähigen Bilanzstatistik der Bundesbank ermittelt wird, versuchen sie, diese Behauptungen zu belegen.[1] Eine

[1] Ein entsprechend wenig aussagefähiger internationaler Vergleich dieser statistischen Größe findet sich in „Internationaler Vergleich der Umsatzrenditen im Verarbeitenden Gewerbe“, IW-Trends, Heft 1, 1999, S. 39-53.

Umsatz-Rendite, die im Übrigen von Wirtschaftszweig zu Wirtschaftszweig sehr stark schwankt (z.B. Großhandel zu Einzelhandel) und dadurch im Zeitablauf durch die ständige Veränderung der Wirtschaftsstruktur verzerrt wird, ist kein Beurteilungsmaßstab für die Rentabilität des eingesetzten Kapitals. Denn es ist nicht ersichtlich, wie viel investiertes Kapital hinter einer Umsatzgröße steckt. Außerdem verändert sich die Höhe des Umsatzes im Zeitablauf allein durch vertikale Zusammenschlüsse von Unternehmen oder aufgrund von Auslagerungen von Fertigungsstufen, so dass auch dadurch Zeitreihen Verwerfungen unterliegen.

Statt der ungeeigneten Umsatzrendite hat der Verfasser für Deutschland die Kapitalrendite ermittelt. Investoren und Unternehmen interessieren sich hauptsächlich für die Rendite, die ihr Kapitaleinsatz erbringt. Allein die Kapitalrentabilität ist also die ökonomisch aussagefähige und zentrale wirtschaftliche Größe. Eine derartige Ausrichtung auf die Rendite wird von einem großen Teil der Bevölkerung aus beschäftigungspolitischen und gesellschaftspolitischen Gründen bedauert. Aber dieses Streben nach größtmöglicher Rendite ist nun mal das wesentliche Element der bestehenden Wirtschaftsordnung. Darüber sollte man sich nicht hinwegtäuschen oder hinwegtäuschen lassen.

Zur Ermittlung der Kapitalrendite wurden die Brutto- und die Nettounternehmensgewinne auf das Nettoanlagevermögen der Unternehmen (ohne Wohnungsbestand) zu Wiederbeschaffungspreisen und auf die Vorräte bezogen und es ergibt sich die Brutto-Kapitalrendite bzw. die Netto-Kapitalrendite. Die Netto-Kapitalrendite hat für die Unternehmensstrategie eine größere Bedeutung als die Brutto-Kapitalrendite, weil es letztlich entscheidend ist, was nach Steuerzahlung an Nettogewinn bzw. Nettorendite übrig bleibt. Es handelt sich um eine „reale“ Rendite, da sowohl die Gewinne als auch das Sachkapital zu jeweiligen Preisen bewertet sind. Die Rendite braucht also nicht mehr deflationiert zu werden, denn der Kapitalstock ist bereits mit den Wiederbeschaffungspreisen inflationiert. Es handelt sich also um keine „Schein“-Rendite, die entstehen würde, wenn die Gewinne auf das Kapital zu Anschaffungspreisen, wie es in den üblichen Bilanzen ausgewiesen wird, bezogen würden – ohne Berücksichtigung der in der Zwischenzeit eingetretenen Preissteigerungen für die Erneuerung des Kapitalbestandes.

Ein Teil der Gewinne müsste dann für diese Verteuerung der Wiederbeschaffung eingesetzten Kapitals verwendet werden. Eine Rendite als Verhältnis von Gewinnen zu Kapitalbestand zu Anschaffungspreisen ist also überhöht (unecht, ein „Schein“) und wäre immer höher als die hier errechnete „reale“ Rendite zu Wiederbeschaffungspreisen.

Bei der Rendite zu Wiederbeschaffungspreisen verhält es sich genau so wie bei einem der zwei Wege zu den realen Lohnstückkosten, bei dem sowohl die Arbeitskosten als auch die Produktion zu jeweiligen Preisen bewertet werden.

Die Tabelle 37 und die beiden Schaubilder dazu zeigen die hervorragende Entwicklung der Rendite:

1. Sowohl die Brutto-Kapitalrendite als auch die Netto-Kapitalrendite waren im Jahr 2006 mit 20,0 % bzw. 15,8 % deutlich höher als zu den Vollbeschäftigungszeiten Anfang der 70er Jahre mit 15 % bzw. 10 %. Sie sind heute auch größer als zu Zeiten des Wiedervereinigungsbooms 1990/91 mit 15,6 % bzw. 11,3 %, als die Wirtschaft in Westdeutschland in beiden Jahren jährlich um 5,3 % bzw. 5,1 % expandierte und sich die Zahl der Beschäftigten um 1,4 Mio. ausweitete.
   Besonders tut sich dabei die ökonomisch wichtigere Netto-Kapitalrendite hervor, die in den letzten vier Jahren höher war als in den Vollbeschäftigungszeiten Westdeutschlands Anfang der 70er Jahre. Trotzdem haben wir heute eine seit langem hartnäckig anhaltende Massenarbeitslosigkeit.

2. Seit Anfang der 90er Jahre bis heute übertrafen die Kapitalrenditen den Durchschnitt der 70er und 80er Jahre. Trotzdem war das Wirtschaftswachstum mit jahresdurchschnittlich 1,4 % deutlich schwächer als in den 70er und 80er Jahren mit 2,8 % und 2,3 %.

Tabelle 37: Entwicklung der Brutto- und Netto-Kapitalrente [1)]
Westdeutschland und Deutschland

	Jahr	Brutto-Kapitalrendite in v.H.		Netto-Kapitalrendite in v.H.	
		Westdeutschland	Deutschland	Westdeutschland	Deutschland
71	1971	15,6		11,3	
72	1972	15,2		10,4	
73	1973	14,5		9,3	
74	1974	12,5		7,7	
75	1975	11,8		7,4	
76	1976	13,3		8,7	
77	1977	13,0		7,8	
78	1978	13,5		8,2	
79	1979	13,3		8,1	
80	1980	12,2		7,5	
81	1981	10,7		6,5	
82	1982	10,8		6,9	
83	1983	12,3		8,3	
84	1984	12,7		8,7	
85	1985	13,4		9,1	
86	1986	14,5		10,2	
87	1987	14,2		10,2	
88	1988	14,9		10,6	
89	1989	15,3		10,9	
90	1990	15,8		11,6	
91	1991	15,4	14,6	11,3	10,9
92	1992		13,6		9,9
93	1993		12,3		9,0
94	1994		13,1		10,1
95	1995		13,8		11,1
96	1996		14,1		11,1
97	1997		14,7		11,7
98	1998		15,1		11,9
99	1999		14,5		10,8
OO	2000		14,2		10,3
O1	2001		13,6		10,8
O2	2002		14,0		11,3
O3	2003		14,8		11,9
O4	2004		17,1		13,9
O5	2005		18,2		14,6
O6	2006		20,0		15,8

1) Gewinne der Unternehmen ohne Wohnungsvermietung und Bundesbank in v.H. des Nettoanlagevermögens; ohne Vermögenseinkommen der privaten Haushalte
Eigene Berechnungen nach Angaben des Statistischen Bundesamtes

Schaubild zu Tabelle 37: Brutto und Netto-Kapitalrendite [1)] – Westdeutschland und Deutschland

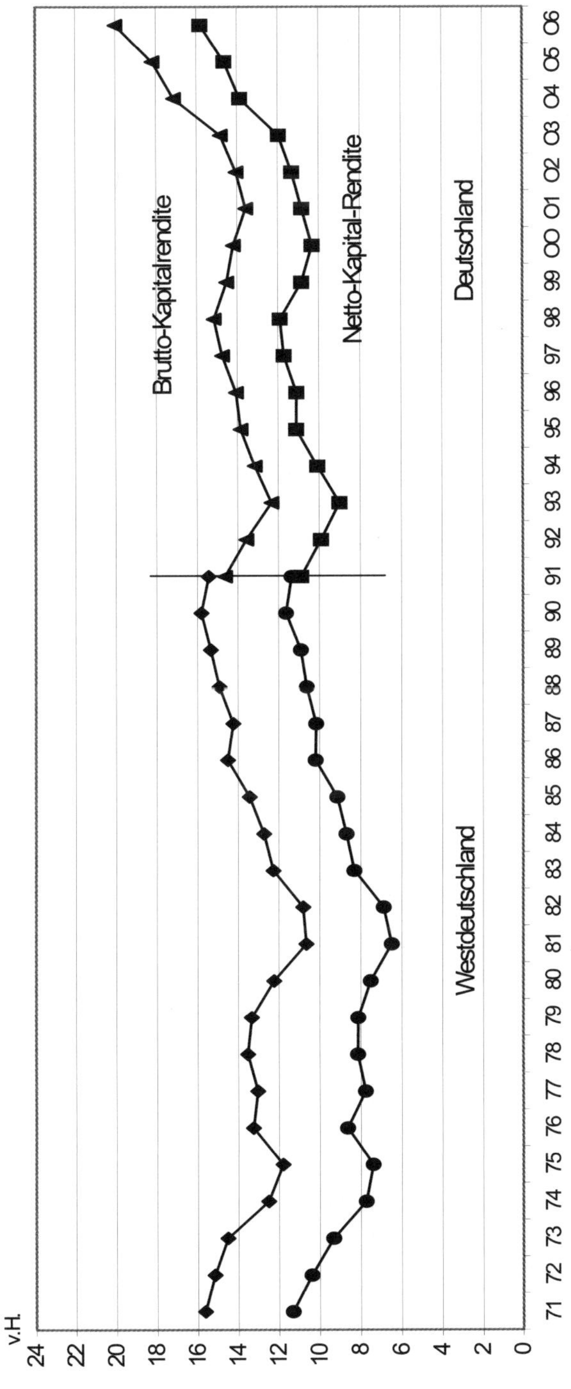

1) Brutto- und Nettogewinne in v.H. des Nettoanlagevermögens
Eigene Berechnungen nach Angaben des Statistischen Bundesamtes

3. Auch lag die Kapitalrendite seit 1991 bis heute deutlich über der Kapitalrendite der oft gelobten Jahre 1985 bis 1989 (die unmittelbaren Jahre vor dem Wiedervereinigungsboom), in denen bei einem jahresdurchschnittlichen Wachstum von 2,8 % die Zahl der beschäftigten Arbeitnehmer um 1,9 Mio. zunahm. Demgegenüber war die Beschäftigung in 2006 nur um 0,4 Mio. höher als 1991. Dabei ist noch nicht einmal berücksichtigt, dass heute der Anteil der Beschäftigten mit geringfügiger Arbeitszeit höher ist als damals. Zieht man den echten Maßstab für Beschäftigungswirkung heran, nämlich die Zahl der geleisteten Arbeitsstunden (Arbeitsvolumen), so wird das beschäftigungspolitische Fiasko trotz glänzender Gewinnlage seit der Wiedervereinigung offenbar. Von 1991 bis 2006 fiel die Zahl der geleisteten Arbeitsstunden der Erwerbstätigen in Deutschland von 59,8 Mrd. auf 56,2 Mrd. Arbeitnehmerstunden um 6,0 %, während sie sich in Westdeutschland allein in den vier Jahren von 1985 bis 1989 – also vor dem Wiedervereinigungsboom – bei deutlich schlechterer Gewinnsituation von 46,1 Mrd. auf 47,2 Mrd. Stunden erhöhte.

4. Die Kapitalrendite hat den Charme, dass sie die oft von den Arbeitgeberverbänden aufgestellte Behauptung einfängt, die Gewinne müssten schon deshalb stärker zunehmen als die Löhne, weil immer mehr Kapital je Arbeitsplatz (zunehmende Kapitalintensität, siehe dazu Teil B I. 1.2) eingesetzt werden müsse. Diese Argumentation spielt bei der Ermittlung der Kapitalrendite keine Rolle, denn unabhängig davon, wie sich die Kapitalintensität entwickelt hat, misst sie als Endergebnis untrüglich das Verhältnis von erzieltem Gewinn zu eingesetztem Kapital. Dennoch verfängt rein theoretisch in der Öffentlichkeit das Argument, wegen der in der Tat ständig zunehmenden Kapitalausstattung je Arbeitsplatz müssten die Gewinne stärker expandieren als die Löhne. Dieses Argument erscheint auf dem ersten Blick plausibel, es ist jedoch falsch. Solange nämlich die Kapitalintensität im Maße der Produktivität zunimmt und die Löhne und damit auch die Gewinne im Maße der Produktivität steigen, bleibt die Kapitalrendite unverändert (siehe B I. 1.2). Erst wenn die Kapitalkosten stärker zunehmen als die an der Produktivität ausge-

richteten Löhne, würden die Gewinne den Löhnen hinterherlaufen. Diese Konsequenz für die Gewinne wird jedoch nicht spezifisch nur von den Kapitalkosten hervorgerufen, sie ergibt sich vielmehr immer dann, wenn die Summe aller anderen Kosten stärker zunimmt als die Produktivität (siehe B I. 1.2).

5. Die absolute Höhe der Kapitalrendite hat nur einen begrenzten Aussagewert. So sind in den Unternehmensgewinnen auch die Einkommen der 4,3 Mio. Selbständigen enthalten, die zum großen Teil auch durch Arbeitseinsatz erzielt werden. Die Errechnung einer Kapitalrendite z.B. von Rechtsanwälten oder Handelsvertretern ist offensichtlich nicht sinnvoll. Außerdem handelt es sich nicht um eine Eigenkapitalrendite, von der mitunter bei einzelnen Unternehmen die Rede ist. Denn der Gewinn ist auf das gesamte Unternehmenskapital bezogen und nicht nur auf das Eigenkapital. Das Eigenkapital aller Unternehmen und Selbständigen für den vergangenen Zeitablauf lässt sich nämlich aus mehreren statistischen Gründen nicht vergleichbar berechnen. Auch handelt es sich nicht um eine Gesamtkapitalrentabilität. Denn in den Unternehmensgewinnen sind die unternehmensbedingten Zinsen nicht enthalten. Hilfsweise könnte man zwar die Einkommen aus Unternehmertätigkeit und Vermögen auf den gesamten Kapitalbestand beziehen, aber dann müsste man den privaten Wohnungsbestand einbeziehen, der rd. die Hälfte des gesamtwirtschaftlichen Kapitalbestandes ausmacht. Das würde die Aussagekraft der Kapitalrendite erheblich schwächen. Wie im nächsten Unterkapitel aufgezeigt wird, muss man sich allerdings für einen internationalen Vergleich mit einer derartigen Größe behelfen. Die absolute Höhe der Kapitalrendite spielt für unsere Betrachtung aber auch keine wichtige Rolle. Ökonomisch entscheidend ist vielmehr ihre zeitliche Entwicklung. Und dann zeigt sich, dass die Unternehmensgewinne im Verhältnis zum eingesetzten Kapital in den letzten Jahren erheblich höher waren als zu Vollbeschäftigungszeiten und in Jahren kräftigen Beschäftigungs- und Investitionswachstums.

Ökonomisch entscheidend ist also der Vergleich der Kapitalrendite im Zeitablauf. Die Kapitalrendite war in den letzten Jahren erheblich höher als in Vollbeschäftigungszeiten.

Daraus lassen sich zwei Schlussfolgerungen ziehen:

1. Wegen der glänzenden Entwicklung von Gewinnen und Kapitalrendite können die Löhne in Deutschland nicht zu hoch sein. Die Lohnentwicklung hat offensichtlich die Gewinne nicht beschnitten, sondern begünstigt.

Es ist allerdings durchaus möglich, dass die Gewinne gegen die Lohnerhöhungen verteidigt wurden, indem sie – ebenso wie angestrebte Gewinnerhöhungen – auf die Preise überwälzt worden sind. Dazu ist festzustellen: Lohnerhöhungen in der Rate der Produktivitätssteigerung sind kostenneutral und geben keinen Anlass zu Preiserhöhungen. Erst Lohnerhöhungen, die über die mengenmäßige Produktivitätssteigerung hinausgehen, indem sie z.B. erwartete Preissteigerungen einkalkulieren, können – gleichsam als eine sich selbst erfüllende Prognose – zu Preiserhöhungen führen, so dass sich die Lohnentwicklung verteilungsneutral an die erwarteten Einkommenszuwächse angepasst (siehe A III. 6.5.2). In diesem Zusammenhang von Rückwirkungen von Löhnen und Gewinnen auf die Preise sei nochmals darauf hingewiesen, dass in Deutschland die Stückgewinne stärker angestiegen sind als die Lohnstückkosten. Im Wechselspiel von Preisen und Löhnen oder umgekehrt taucht dann immer auch die Frage auf, wer zuerst da war, die Henne oder das Ei.

Abgesehen davon war die jahresdurchschnittliche Steigerungsrate der Verbraucherpreise in Deutschland seit 1991 mit 2,1 % auch im internationalen Vergleich mäßig. Davon abzuziehen ist noch der Einfluss der Preissteigerungsfaktoren, die nicht auf Lohn- und Gewinnsteigerungen zurückzuführen ist. Das sind:

- Aus dem Ausland importierte Preissteigerungen (z.B. Ölpreisexplosion),
- Belastungen des Preisindexes durch Erhöhung der Produktions- und Verbrauchersteuern (z.B. Energiesteuern und -abgaben, Tabaksteuer, Abbau von Vergünstigungen bei der Kfz-Steuer und der Versicherungssteuer,

- Verteuerung der Lebenshaltung durch neue Gesetze und Vorschriften, z.B. bei den Gesundheitsleistungen (Heraufsetzung der Zuzahlungen und der Rezeptgebühr, Einführung der Praxisgebühr).[1]

Der Einfluss all dieser Faktoren beträgt rd. 0,4 % im Jahresdurchschnitt seit 1991. Bei Herausrechnen dieser Faktore lag die ökonomisch aussagefähigere jahresdurchschnittliche Kerninflationsrate seit 1991 bei rd. 1,7 %.

Letztlich ist festzuhalten: Die Gewinne haben sich stärker hochgeschraubt als die Löhne, und die Kapitalrendite hat ein neues Rekordniveau erklommen.

2. Die blendende Gewinn- und Renditelage hat keine Beschäftigungserfolge mit sich gebracht. Das Arbeitsvolumen (Zahl der insgesamt in Deutschland geleisteten Arbeitsstunden) ist seit 1991 fast jedes Jahr geschrumpft. Demgegenüber hat sich, wie bereits nachgewiesen, die Beschäftigung in früheren gewinnschwächeren Jahren besser entwickelt.

5. Deutsche Brutto-Kapitalrentabilität hielt Schritt mit dem Ausland

Die Entwicklung der deutschen Brutto-Kapitalrentabilität hat denselben günstigen Trend wie in den meisten westlichen Industrieländern (Tabelle 38 und das Schaubild dazu).

Allerdings lässt sich aus der internationalen Datenbank der Europäischen Union (ameco) und aus anderen statistischen Quellen keine Kapitalrendite berechnen, wie sie der Verfasser für Deutschland ermittelt hat. Vielmehr handelt es sich hier um eine gesamtwirtschaftliche Brutto-Kapitalrentabilität im weiteren Sinne.

[1] Das Herausrechnen aller Bestandteile der sog. administrierter Preise ist nicht sinnvoll, weil sich in manchen auch die Auswirkungen von Gewinn- und Kostensteigerungen (Lohn- und Kapitalkosten) niederschlagen, z.B. bei den Straßenreinigungs- oder Müllbeseitigungsgebühren.

Tabelle 38: Entwicklung der Kapitalrendite in der Gesamtwirtschaft 1971 = 100

	Deutschland	USA	Japan	Europa 15	Großbritannien	Frankreich	Niederlande
1971	100	100	100	100	100	100	100
1975	84	91	50	74	56	74	80
1980	79	83	58	75	72	68	76
1985	83	102	75	87	94	82	97
1990	99	110	87	100	88	100	97
1991	104	108	82	99	87	97	96
1992	99	115	77	99	97	100	90
1993	*95*	118	72	97	109	96	87
1994	102	124	67	105	120	102	96
1995	103	124	65	109	124	105	103
1996	104	131	65	112	135	106	107
1997	107	136	64	117	145	109	117
1998	109	133	58	122	149	115	118
1999	111	134	60	123	149	113	120
2000	107	128	63	122	146	114	126
2001	109	125	63	122	145	113	128
2002	112	130	66	123	152	111	124
2003	114	133	70	123	155	111	121
2004	119	138	75	125	158	111	122
2005	124	138	77	125	151	109	129

Eigene Berechnungen nach Angaben der Europäischen Kommission

Schaubild zu Tabelle 38: Entwicklung der Brutto-Kapitalrendite in Industrieländern Gesamtwirtschaft

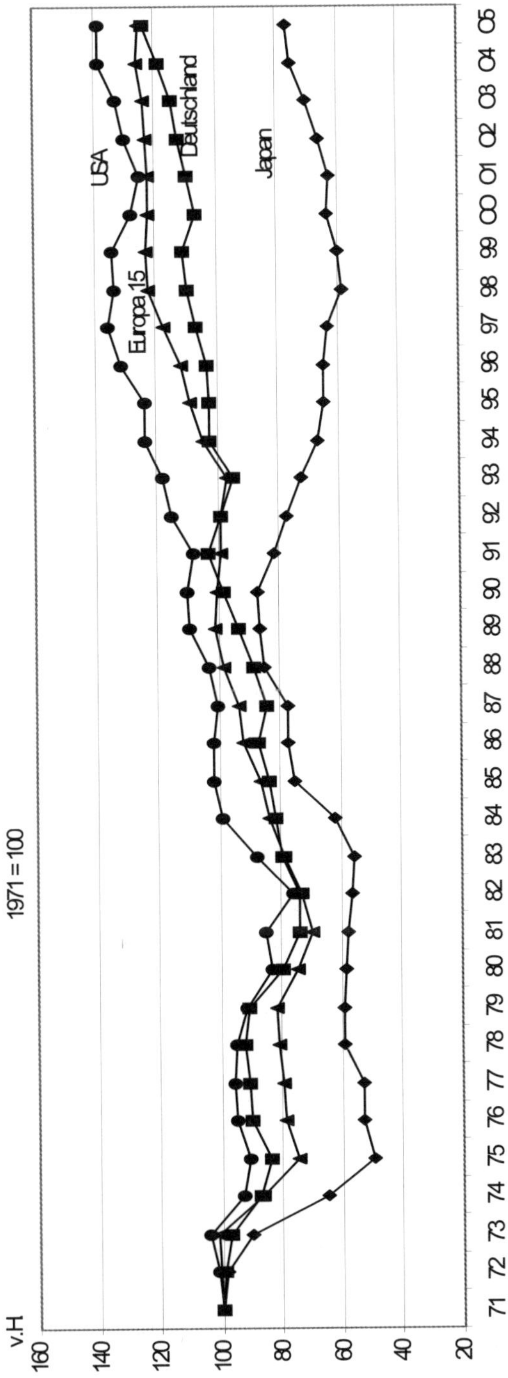

Eigene Berechnungen nach Angaben der Europäischen Kommission

Bei ihr werden die gesamten Bruttoeinkommen aus Unternehmertätigkeit und Vermögen, also nicht nur die Unternehmensgewinne, sondern auch die Vermögenseinkommen (z.B. Zinsen und Mieten) aller privaten Haushalte, auf das gesamte volkswirtschaftliche Nettoanlagevermögen (also einschließlich Wohnungsbestand und staatlichem Anlagevermögen) bezogen. Um die zum Teil recht unterschiedlichen Selbständigenquoten in den einzelnen Ländern, die für sich genommen zu differierenden Anteilen der Einkommen aus Unternehmertätigkeit und Vermögen am Volkseinkommen führen, auszuschalten, wurde von den Einkommen aus Unternehmertätigkeit und Vermögen ein sogenannter kalkulatorischer Unternehmerlohn abgezogen.[1] Als rechnerisch problematisch gestehen die Statistiker der ameco-Datenbank die Berechnung des Kapitalstocks für die einzelnen Länder ein. All dies hat sie veranlasst, keine absolute Höhe der Kapitalrendite zu veröffentlichen, sondern nur ihre zeitliche Entwicklung, bei der die Basis-Ungenauigkeit, solange nach gleich bleibendem Muster ermittelt wird, nicht so sehr ins Gewicht fällt.[2]

Durch diese weit gefasste Definition und die statistischen Ungenauigkeiten trifft diese gesamtwirtschaftliche Kapitalrentabilität nicht zufriedenstellend genau die Entwicklung der Unternehmensrendite. Da für einen internationalen Vergleich keine anderen Daten präsent sind, muss man sich mit ihnen begnügen. Dennoch lassen sich aus Tabelle 38 und dem Schaubild dazu zwei Schlussfolgerungen ziehen:

1. Die Entwicklung der gesamtwirtschaftlichen Brutto-Kapitalrentabilität in Deutschland hielt mit der des Auslandes Schritt. Könnte eine Netto-Kapitalrentabilität berechnet werden, stände Deutschland wahrscheinlich noch günstiger da. Denn wie weiter oben (A V. 2) nachgewiesen wurde, entfaltete sich in Deutschland wegen der oftmaligen Gewinnsteuerentlastungen die Netto-Kapitalrendite noch besser als die Brutto-Kapitalrendite. Im Gegensatz zu der Behaup-

[1] Spiegelbildlich zur Berechnung der Arbeitseinkommensquote, bei der der Lohnsumme der kalkulatorische Unternehmerlohn hinzugefügt wird (vgl. A II. 6.3).

[2] Kommission der Europäischen Gemeinschaft, European economy, Nr. 50: Strengthening growth and improving convergence, S. 106

tung der Arbeitgeberverbände hat Deutschland bei einem wichtigen Indikator zur Beurteilung des Standortes Deutschland im Vergleich zu unseren Hauptkonkurrenten auf dem Weltmarkt keinen Nachteil.

2. Auch diese Art der gesamtwirtschaftlichen Brutto-Kapitalrentabilität ist heute in Deutschland höher als zu den Vollbeschäftigungszeiten Anfang der 70er Jahre. Netto sähe das Bild noch deutlicher aus.

6. Dank glänzender Gewinne reichliche Eigenmittel für die Investitionen

Dank der blendenden Gewinnsituation sind die Finanzierungsbedingungen für die Unternehmensinvestitionen sehr gut. Die unternehmenseigenen Finanzierungsmittel in Form von Nettogewinnen (abzüglich Unternehmerkonsum), Abschreibungen und Investitionszuschüssen des Staates übertrafen die Investitionen erheblich (Tabelle 39 und das Schaubild dazu).

Die Ermittlung der absoluten Höhe des Überschusses an unternehmenseigenen Finanzierungsmittel über die Investitionen ist aus methodischen Gründen nur begrenzt aussagefähig. So ist umstritten, ob von den Gewinnen der Kapitalgesellschaften die Ausschüttungen abgezogen werden müssen. Auch ist der Unternehmerkonsum in Höhe des zweifachen Bruttolohns je Arbeitnehmer angesetzt, de facto kann er insbesondere bei der gegenwärtigen glänzenden Gewinnlage deutlich höher liegen. Dann sind die eigenen Finanzierungsmittel für die Investitionen entsprechend niedriger. Man sollte aber die Beurteilung der unternehmenseigenen Finanzierungsmittel für Investitionen nicht vom willkürlichen, tatsächlichen privaten Konsum der Selbständigen abhängig machen. Eine „Normierung“ des privaten Konsums eines Selbständigen in Höhe des doppelten Arbeitnehmerentgeltes (Bruttolohn plus Arbeitgeberbeiträge zur Sozialversicherung) je Arbeitnehmer ist angebrachter und für die Beurteilung des zeitlichen Verlaufs aussagefähiger. So wurde z.B. für 2005 für einen Selbständigen ein privater Konsum von 66.000 EUR angesetzt.

Tabelle 39: Investitionen und unternehmenseigene Finanzierungsmittel – Deutschland – in Mrd. EUR

Jahr	Anlageinvestitionen [1]	Abschreibungen	Investitionszuschüsse	Nettogewinne minus Unternehmerkonsum	eigene Finanzierungsmittel der Unternehmen [2]	eigene Finanzierungsmittel in v.H. der Investitionen
1991	224	136	21	75	232	104
1992	233	151	25	55	231	99
1993	217	162	25	39	226	104
1994	220	169	22	63	253	115
1995	224	174	22	88	284	126
1996	222	177	22	91	290	131
1997	227	181	20	105	306	135
1998	239	185	22	111	318	133
1999	249	189	20	86	295	118
2000	267	197	22	72	291	109
2001	256	203	24	84	311	122
2002	235	206	24	94	324	138
2003	230	205	24	103	332	144
2004	234	206	20	142	368	157
2005	242	207	20	161	388	160

1) Ohne Staat und Wohnungsvermietung
2) Abschreibungen, Investitionszuschüsse vom Staat sowie Nettogewinne abzüglich Unternehmerkonsum
Eigene Berechungen nach Angaben des Statistischen Bundsamtes

Schaubild zu Tabelle 39

Investitionen und unternehmenseigene Finanzierungsmittel – Deutschland –

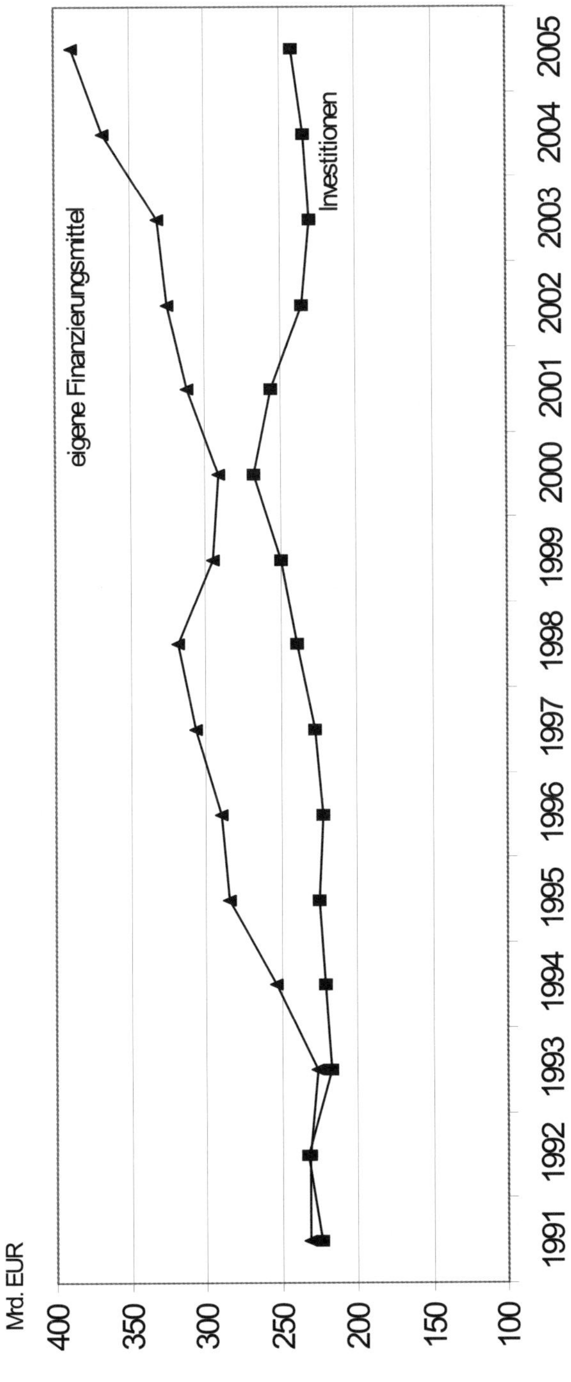

Eigene Berechnungen nach Angaben des Statistischen Bundesamtes

Der Überschuss der unternehmenseigenen Finanzierungsmittel über die Investitionen ist eine Durchschnittsgröße. Bei einzelnen Selbständigen, z.B. bei vielen Freiberuflern, fallen deutlich mehr Unternehmenseinkommen an, als Investitionen benötigt werden. Bei anderen Unternehmen reichen die eigenen Finanzierungsmittel nicht aus, und zur Investitionsfinanzierung müssen Kredite aufgenommen werden.

Aussagefähiger als eine Momentaufnahme ist die Betrachtung des zeitlichen Verlaufs der unternehmenseigenen Finanzierungsmittel. Die Eigenfinanzierungsmöglichkeiten sind in den letzten Jahren so gut wie noch nie. Darauf weisen auch verstärkter Erwerb von Wertpapieren durch Unternehmen, häufige Aufkäufe von und Beteiligungen an Unternehmen im In- und Ausland sowie erhebliche Rückkäufe eigener Aktien hin.

Die derzeitigen hohen Liquiditätspolster sind allerdings nicht nur eine Folge der enorm verbesserten Gewinnsituation, sondern zum großen Teil auch die Konsequenz der unbefriedigenden Investitionstätigkeit. Jedenfalls stehen zurzeit ausreichende Eigenmittel zur Finanzierung einer dringend erforderlichen Verstärkung der Investitionstätigkeit zur Verfügung.

VI. Ausblick auf Ursachen und Bekämpfung der Arbeitslosigkeit

Wenn also die Ursache der Arbeitslosigkeit nicht in zu hohen Löhnen liegt, dann muss man sich die Frage gefallen lassen, welche anderen Ursachen vorliegen könnten. Damit steht die Suche nach dem Stein der Weisen an. An dieser Suche müssten sich alle diejenigen beteiligen, die den bisherigen fast ausschließlich angebotspolitischen Kurs der Wirtschaftspolitik für falsch halten. Der Verfasser wird diese Suche nach dem Stein der Weisen in mehrere Richtungen in der nunmehr gebotenen Kürze aufnehmen.

Erörtert werden die Entwicklung der angebotspolitischen Rahmenbedingungen, Sättigungserscheinungen einer reifen Volkwirtschaft, der technische Fortschritt, der Zuwachs des Erwerbspersonen-Potenzials, die Vermachtung der Märkte und die seit langem zu schwache Binnennachfrage.

Zum Abschluss wird ein weiterer wirtschaftspolitischer Aspekt beleuchtet. Die Befürworter einer alternativen Wirtschaftspolitik für mehr Beschäftigung plädieren nämlich schon seit drei Jahrzehnten mit Recht, aber erfolglos, für umfangreiche öffentliche Investitionsprogramme. Deshalb werden Vorschläge unterbreitet, wie die Akzeptanz und die politische Durchsetzungsfähigkeit staatlicher Investitionsprogramme verbessert werden können.

1. Kein Mut und Vertrauen zu durchgreifenden Maßnahmen

Der wirtschaftspolitische Glaube an die Rückkehr der Vollbeschäftigung in absehbarer Zeit ist seit langem erloschen. Kaum jemand legt sich auf das Ziel fest, wieder Vollbeschäftigung erreichen zu wollen. Selbst in Parteiprogrammen, deren Papier bekanntermaßen geduldig ist, taucht keine konkrete Zielsetzung der Wiederherstellung von Vollbeschäftigung auf. Der Deutsche Gewerkschaftsbund hat hingegen noch auf seinem jüngsten Bundeskongress ein Europa der Vollbeschäftigung gefordert.[1] Die Wirtschaftswissenschaft entzieht sich einer Festlegung. Die Parteien haben längst gemerkt, dass sie Wahlen gewinnen, ohne eine durchgreifende Verbesserung der Arbeitsmarktlage zu versprechen oder ohne sich an ihr messen lassen zu müssen. Bereits kleine Fortschritte bei der Zahl der Erwerbstätigen werden als Erfolg gefeiert. Dem Wirtschaftssystem wird auf absehbare Zeit keine Vollbeschäftigung zugetraut. Es gerät trotzdem wegen des erreichten hohen Lebensstandards der Mehrheit der Bevölkerung nicht in die Kritik. Manche wirtschaftpolitische Schlaumeier hoffen im Stillen auf eine deutlich sinkende Arbeitslosigkeit nach Wirksamwerden des demographisch bedingten Rückgangs der deutschen Erwerbsbevölkerung ab dem Jahr 2013. Das kann zu einem vermeintlichen Aussitzen der Beschäftigungsprobleme verführen. Keiner kennt jedoch die dann herrschende wirtschaftliche Situation und die Zahl der Zuwanderer. Die zurzeit bestehenden arbeitsmarktpolitischen Schutzregelungen gegenüber den Arbeitnehmern der neuen und wahrscheinlich noch neu hinzukommenden Mitgliedsstaaten der Europäische Union werden europarechtlich nicht mehr lange aufrechtzuerhalten sein.

Vielen Unternehmen kommt die Massenarbeitslosigkeit nicht ungelegen. Sie können sich aus dem Heer der Arbeitslosen gut und oft zu für die Arbeitnehmer verschlechterten Lohn- und Arbeitsbedingungen bedienen. Die Arbeitnehmer können in ihrer Sorge und Angst um den Erhalt ihrer Arbeitsplätze eingeschüchtert und erpresst werden. Der Arbeitsdruck wird oft an die Grenze des Erträglichen getrieben. Der Abbau von Arbeitsmarktregulierung schreitet fort. Trotz Massenarbeitslosigkeit werden immer neue Rekordgewinne eingefahren. Dazu bedarf es offensichtlich keines Beschäftigung schaffenden, ausreichend kräftigen Wirtschaftswachstums. Die Fusionswelle rollt, und die Marktmacht der Großunternehmen wird immer bedrohlicher. Zwar vermuten viele Unternehmer, dass bei höherem Wirtschaftswachstum ihre

[1] DGB-Bundeskongress 2006, angenommener Antrag D 001, „Mehr Beschäftigung durch qualitatives Wachstum".

Gewinne noch stärker anschwellen würden. Sie befürchten jedoch, dass z.B. umfangreiche öffentliche Investitionsprogramme zur Förderung von Beschäftigung, Wachstum und Umwelt als Initialzündung kaum wirksam sind, bestenfalls nur ein Strohfeuer entfachen und letztlich nur zusätzliche Schulden hinterlassen. Deren Tilgungs- und Zinsendienst würde entweder eine höhere Besteuerung heraufbeschwören oder von ihnen unablässig geforderte weitere Senkungen der Gewinnsteuer verhindern. Weiter unten werden wir auf diese Argumentation noch zurückkommen.

Die Verhandlungsposition der Gewerkschaften und die Ausübung ihrer Gegenmacht sind geschwächt. Die gewerkschaftlichen Vorschläge und Forderungen zur Verbesserung der Arbeitsmarktlage laufen oft ins Leere.

Wegen des fehlenden Glaubens an die Machbarkeit eines zufriedenstellenden hohen Beschäftigungstandes wurden nur halbherzige, zu zaghafte und oft verspätete beschäftigungspolitische Maßnahmen in Kraft gesetzt. Von wirklich durchgreifender Beschäftigungspolitik wurde Abstand genommen. Wie wenig Mut gegen Unternehmerinteressen aufgebracht wurde, zeigt sich z.B. darin, dass trotz einer schon seit mehr als drei Jahrzehnten bestehenden hohen Arbeitslosigkeit bis heute keine Meldepflicht für offene Arbeits- und Ausbildungsstellen eingeführt wurde. Bei den heutigen, nur auf Gutdünken und Freiwilligkeit beruhenden Meldungen müssen die Arbeitsvermittler der Agenturen für Arbeit z.B. Zeitungsinserate nach Stellenangeboten durchforsten, um einen vollständigeren Überblick zu gewinnen. Anfang der 80er Jahre arbeitete die SPD – Regierungsfraktion an einer Gesetzesinitiative zu einer umfassenden Meldepflicht, die jedoch vom kleineren Koalitionspartner blockiert wurde. Denn die Unternehmer lehnen bis heute eine Meldepflicht ab, weil ihnen angeblich oder tatsächlich von den Arbeitsämtern zu viele ungeeignete Bewerber ins Unternehmen geschickt wurden, deren Aussortierung sie zuviel Zeit und Geld kostete. Somit hat bis heute kein Arbeitsloser und Ausbildungswilliger ein Recht auf vollständige Information über offene Stellen.

Die Arbeitgeberverbände und die von ihnen beeinflusste herrschende Meinung in Politik und Öffentlichkeit setzen nach wie vor auf Lohnzurückhaltung, Lohnnebenkostensenkung, weitergehende Lohnspreizung, zusätzliche Arbeitsmarktderegulierung (z.B. weitere Lockerung des Kündigungsschutzes, noch mehr Befristung von Arbeitsverträgen), staatliche Bezuschussung der Löhne und immer neue Gewinnsteuersenkungen.

In ihrer Argumentation tragen sie den vermeintlichen Stein der Weisen, nämlich das Zurückbleiben der Löhne hinter der Produktivität, wie eine Monstranz in die wirtschaftpolitische Auseinandersetzung.

2. Zu den Ursachen der Arbeitslosigkeit: Die Suche nach dem Stein der Weisen

Bisher liegen trotz aller Bemühungen keine allgemein akzeptierten Erklärungen für die vielfältigen Ursachen der seit langem andauernden Arbeitsmarktmisere vor. Was hat sich eigentlich gegenüber früheren besseren Beschäftigungszeiten verändert? Im Folgenden werden die wirtschaftlichen Bedingungen zu Zeiten früherer Vollbeschäftigung bis 1973 und der Arbeitsmarkterholung gegen Ende der 70er Jahre mit den heutigen Verhältnissen verglichen und dabei analysiert, was heute anders ist.

2.1 Die angebotspolitischen Bedingungen haben sich nicht verschlechtert, sondern sind so gut wie nie zuvor

Ist eine Verschlechterung der sogenannten Angebotsbedingungen eine Mitursache der Arbeitslosigkeit? Unter Angebotsbedingungen sind nach neoklassischer Ansicht alle die Bedingungen gemeint, die unmittelbar unternehmensintern die Produktion des Güterangebotes bestimmen bzw. begünstigen. Dazu gehören Löhne und Gewinne, Rentabilität, Preisentwicklung, Zinshöhe, Abgaben- und Steuerbelastung, außenwirtschaftliche Wettbewerbsfähigkeit, Innovationsfähigkeit und anderes.

Bei der Überprüfung einzelner Bestandteile dieser sogenannten angebotspolitischen Rahmenbedingungen ergeben sich folgende Fragen und Antworten:

1. Sind die Löhne zu stark gestiegen? Fehlanzeige. Es lag Lohnzurückhaltung vor. Wie nachgewiesen, sind die Reallöhne seit den 80er Jahren hinter der Produktivität und den Gewinnen zurückgeblieben.

2. Sind die Löhne heute weniger differenziert als früher? Im Gegenteil. Ihre Spreizung blieb konstant und ist seit Mitte der 90er Jahre sogar größer als damals.

3. Ist der Arbeitsmarkt heute stärker reguliert als früher? Im Gegenteil. Wie die Arbeitnehmer schmerzlich erfahren, sind sie heute den erweiterten Entscheidungsmöglichkeiten der Arbeitgeber ausgesetzt, z.B. bei Kündigung, Nutzung von staatlich geförderten Mini- und Midijobs, Befristungen von Arbeitsverträgen.

4. Ist die Belastungsquote mit Sozialversicherungsabgaben und Gewinnsteuern heute höher als damals? Im Gegenteil. Sie ist deutlich gefallen. Zwar sind die Sozialversicherungsbeiträge an den gesamten Arbeitskosten von 16,3 % im Durchschnitt der 70er Jahre auf 19,3 % in 2005 gestiegen, hingegen ist die Gewinnbesteuerung von 35,1 % auf den vorläufigen Tiefpunkt von 21,0 % gesunken. Insgesamt ergibt sich eine deutliche Entlastung.

5. Sind die Gewinne, gemessen an der Kapitalrendite, heute niedriger als früher? Nein. Im Gegenteil. Die Kapitalrendite ist auf Rekordhöhe geschnellt.

6. Ist die Inflationsrate, die insbesondere von den Zentralbankern, die die Geldpolitik bestimmen, als schädlich für mehr Wachstum und Beschäftigung angesehen wird, heute höher als zu damaligen guten Beschäftigungszeiten? Fehlanzeige. Im Gegenteil. In den 70er Jahren kletterten die Verbraucherpreise im Durchschnitt jährlich um 5,1%, in den 90er Jahren bis heute um vergleichsweise mäßige 2,1 %.

7. Ist der reale Kapitalmarktzins, ein wichtiger Bestimmungsgrund für die Investitionen, insbesondere für die Bauinvestitionen von Unternehmen und Staat und für den Wohnungsbau, heute höher als damals? Mitnichten. Im Durchschnitt der letzten vier Jahren 2003 bis 2006 lag er mit 2,1 % auf Tiefststand. Demgegenüber stellte er sich

im Durchschnitt der vier Jahre 1976 bis 1979 auf 3,6 % und in den Jahren 1960 bis 1973 auf jahresdurchschnittlich 3,9 %. Entsprechend günstiger ist heute auch die Eigenfinanzierung der Unternehmen durch Aktienemissionen. Auch die Konsumentenkredite waren in den letzten Jahren billiger als früher.

8. Ist heute die internationale Wettbewerbsfähigkeit Deutschlands schwächer als früher und bedarf es deswegen einer Lohnzurückhaltung, um eine Verbesserung der preislichen Konkurrenzfähigkeit zu erzielen? Nein. Zwar war auch in den 70er Jahren der Export ein Zugpferd (jahresdurchschnittlich 5,0 % real) des wirtschaftlichen Wachstums. Es mutet fast sensationell an, dass diese bereits sehr kräftige Expansion seit 1993 mit jahresdurchschnittlich 7,8 % real noch deutlich übertroffen wurde.

Trotz all dieser eindeutigen angebotspolitischen Verbesserungen der Rahmenbedingungen herrscht heute im Gegensatz zu früheren Zeiten Massenarbeitslosigkeit. Alle hier aufgereihten Fakten lassen die Befürworter der neoliberalen Wirtschaftsmedizin zumindest äußerlich kalt. Sie immunisieren sich gegen möglicherweise aufkommende Bedenken mit zwei unschlagbaren Argumenten:

a) Ohne diese Medizin wäre die Arbeitsmarktmisere noch schlimmer.

b) Wenn die Medizin noch nicht gewirkt habe, dann müsse sie eben weiterhin verabreicht und stärker dosiert werden.

Doch sei die Frage gestattet, ob die Medizin vielleicht falsch ist. Wenn man die Wirksamkeit der Medizin nicht nachweisen kann, ist es unverantwortlich, die Arbeitnehmer weiterhin dieser oft schmerzhaften Therapie auszusetzen. Wahrscheinlich ist die interessengetriebene Überspitzung der Angebotspolitik eine Mitursache des schwachen Wirtschaftswachstums und damit der Arbeitslosigkeit. Vom lohnpolitischen Nichtausschöpfen des Verteilungsspielraumes wird noch die Rede sein. Oder: Hätten die angebotspolitischen Maßnahmen nicht zumindest mit nachfragepolitischen Maßnahmen, wie etwa umfangreiche, mittelfristige Investitionsprogramme zur Wachstumsstimulierung und -stabilisierung, kombiniert werden müssen? Auch darauf wird noch eingegangen.

Damit keine Missverständnisse aufkommen: Der Verfasser bestreitet nicht generell die potenzielle Wirksamkeit einer angebotspolitischen Politik, wie z.B. einer Lohnzurückhaltung. Jedoch hält er – wie auch bei allen anderen wirtschaftpolitischen Fragen – dem vermeintlich befreienden und eindeutig klärenden neoliberalen Credo „richtig“ oder „falsch“ ein reflektierendes „Es kommt darauf an“ und ein ambivalentes „Sowohl als auch“ entgegen.

So kann eine Lohnzurückhaltung, falls sie von einer expansiven Geld- und Finanzpolitik nachfragepolitisch flankiert und von einer durch wirksamen Wettbewerb hervorgerufenen Preisflexibilität nach unten unterstützt wird, durchaus wachstums- und beschäftigungsmäßige Früchte tragen und zumindest die preisliche internationale Wettbewerbsfähigkeit kräftigen. Ein Zusammenspiel von angebots- und nachfragepolitischen Maßnahmen kann durchaus nützlich sein.

Wird die Lohnzurückhaltung jedoch von einer restriktiven Geldpolitik und einer kontraktiven Finanzpolitik begleitet und herrscht gleichzeitig eine Vermachtung der Märkte, dann wird die Wachstum schaffende Binnennachfrage einknicken und die Gewinne sogar bei lahmendem Wachstum neue Rekordmarken erklimmen. Diese Konstellation lag in vielen Jahren seit 1980 vor. In diesen Fällen wäre eine volle Ausschöpfung des Verteilungsspielraums allemal richtiger gewesen. Denn die steigenden Reallöhne hätten für mehr Binnennachfrage gesorgt, auch unter Berücksichtigung eines niedrigeren Zuwachses der Gewinne.

2.2 Überprüfung anderer Verdächtiger

Nun können selbstverständliche andere Ursachen für die hohe Arbeitslosigkeit am Werke gewesen sein. Einige Verdächtige sollen kurz überprüft werden.

2.2.1 Sättigungserscheinungen in einer reifen Volkswirtschaft?

Man kann der Ansicht sein, industriell hochentwickelte Volkswirtschaften mit hohem Lebensstandard und gut ausgestatteter öffentlicher Infrastruktur neigten zu Sättigungserscheinungen beim privaten Verbrauch und bei der staatlichen Investitionsnachfrage. Als Beispiel wird der Kauf von Autos angeführt. Nach Anschaffung des Zweitwagens oder eventuell des Drittwagens für das volljährige Kind sei der Bedarf gedeckt. Dies mag für die Stückzahl zutreffen. Bei steigendem Einkommen wird sich die Nachfrage jedoch hochwertigeren Autos mit entsprechend höheren Produktionswerten zuwenden. Die Kaufsumme bleibt aufwärtsgerichtet. Gleiches gilt für fast alle dauerhaften Konsumgüter.

Zwei weitere Überlegungen zu den nie nachlassenden Kaufwünschen:

Jeder kennt Leute mit einem doppelt so hohen Einkommen wie der Durchschnittsverdiener. Trotz höherer Sparquote geben sie fast doppelt soviel aus wie der Durchschnittsverdiener. Der wird allerdings noch Jahrzehnte auf der Einkommensleiter hochklettern müssen, bis er ein Einkommen erzielt, um damit die bereits heute bestehende Konsumhöhe dieser Leute zu kopieren.

Und selbst wenn in einigen Konsumfeldern Sättigungserscheinungen auftauchen sollten, dann werden sich die steigenden Einkommen verstärkt anderen und neuen Konsumgütern und -dienstleistungen zuwenden (z.B. Freizeitgestaltung).

Aus all diesen Gründen geht die ökonomische Theorie von der Unendlichkeit der Bedürfnisse aus.

Dennoch bleibt ein Rest von Ungewissheit. Wenn bei anhaltend lahmem Wirtschaftswachstum die Einkommenserwartungen pessimistisch sind und die Sorge um den Erhalt des Arbeitsplatzes Überhand gewinnt, dann kann auch mittelfristig der Konsum ins Stocken geraten, die Kauffreudigkeit ist gedämpft, die Verschuldungsbereitschaft lässt nach und die sonst übliche nahtlose Erneuerung dauerhafter Konsumgüter wird verschoben und gerät aus dem Takt. Solche pessimistischen Wachstumserwartungen greifen auf das Investitionsverhalten der Unternehmen über und enden in gekürzten oder einem flachen Wachstumspfad angepassten Investitionsplänen. Dadurch erfüllen sich die pessimistischen Prognosen durch das Verhalten der Wirtschaftssubjekte quasi von selbst. Dies ist nicht nur ein Konjunkturphänomen, sondern es kann auch zu einer Wachstumsbremse werden.

Diese Gefahr ist bei einem hohen Bestand an dauerhaften Konsumgütern, gut ausgestatteter öffentlicher Infrastruktur und modern ausgerüstetem Maschinenpark eher gegeben als in Aufbauzeiten, wie in den 50er und 60er Jahren oder wie in der Phase des Nachholbedarfs und der wirtschaftlichen Umstrukturierung in Ostdeutschland nach der Wende bis Mitte der 90er Jahre.

Sicherlich spielt auch die Bevölkerungsentwicklung für die Intensität der Bedarfsdeckung und für die dadurch ausgelösten Wachstumsimpulse eine wichtige Rolle. Sie war in Deutschland im Vergleich zu den USA sehr mäßig. So nahm die Zahl der in Westdeutschland lebenden Einwohner von 1973, dem letzten Vollbeschäftigungsjahr, bis 1990 von 62,0 Mio. nur auf 64,1 Mio. zu (3,3 %). Auch in Gesamtdeutschland tat sich von 1990 (80,1 Mio.) auf 2006 (82,5) nicht viel (3 %).

Im Vergleich dazu expandierte in den USA die Bevölkerungszahl im selben Zeitraum von 212 Mio. auf 299 Mio. gewaltig (41 %). Es nimmt also nicht wunder, wenn in dem für neoliberale Wirtschaftswissenschaftler und Politiker Heiligen Wirtschaftsland von der Bevölkerungsentwicklung dynamischere Impulse ausgesandt wurden als in Deutschland. Das sollte bei einem Vergleich der Wirtschaftsentwicklung von Deutschland mit den USA nicht übersehen werden. Von der seit einem Jahrzehnt in Deutschland stagnierenden Einwohnerzahl und der Überalterung der Bevölkerung können trotz aller theoretischen Unendlichkeit der Bedürfnisse wachstumsdämpfende Einflüsse ausgehen. Es wird weitere, durch die rückläufige und alternde Bevölkerung bedingte, schmerzhafte Strukturverschiebungen in der Wirtschaft geben, z.B. beim Wohnungsbau. So hat Ostdeutschland (ohne Berlin) seit 1989 (15,3 Mio.) auf 2005 (13,3 Mio.) 2,0 Mio. Einwohner verloren (– 13 %). Nach dem Sanierungsboom in der ersten Hälfte der 90er Jahr macht sich diese rückläufige Bevölkerungsentwicklung auf dem Wohnungsmarkt schon seit Jahren negativ bemerkbar und beeinträchtigt das gesamtwirtschaftliche Wachstum Ostdeutschlands, das ohnehin schon wirtschaftlich genug gebeutelt ist.

Das alles zeigt, wie wichtig es ist, auf einen angemessen hohen Wachstumspfad zu gelangen und auf ihm zu bleiben. Dann werden automatisch Wachstumsstabilisatoren und -verstärker freigesetzt. Darin liegen auch die wachstums- und beschäftigungspolitische Bedeutung und Notwendigkeit mittelfristig angelegter öffentlicher Investitionsprogramme, die schon seit vielen Jahren von Gewerkschaften, der Arbeitsgruppe Alternative Wirtschaftspolitik, von der Linkspartei und anderen gefordert werden. Wir werden im Schlussabschnitt noch darauf zurückkommen. Um einen beschäftigungspolitisch zufriedenstellenden, hohen Wachstumskurs zu halten, bedarf es einer kräftigen und stetigen Ausweitung des privaten Verbrauchs als größtem Träger der Gesamtnachfrage und als Motor der Investitionstätigkeit. Ein ausgewogenes Verhältnis von Konsum und Investition ist eine Grundvoraussetzung für ein angemessen hohes Gleichgewichtswachstum.

2.2.2 Technologisch bedingte Arbeitslosigkeit?

Oft wird der technologische Fortschritt[1] als einer der Hauptschuldigen an der hohen Arbeitslosigkeit bezeichnet. Jeder kennt Beispiele dafür, dass immer mehr von immer weniger Arbeitnehmern produziert wird. Die fortwährenden Produktivitätszuwächse sind allerdings nicht immer allein auf die technologische Entwicklung, sondern auch auf betriebsorganisatorische Maßnahmen und den oft damit verbundenen, bis an die Grenze des Erträglichen gesteigerten physischen und psychischen Arbeitsdruck und fast inhumane Leistungsintensivierung zurückzuführen. Manche malen das Gespenst einer technologischen Arbeitslosigkeit an die Wand.

Die klassische Ökonomie sieht die technologische Entwicklung viel gelassener, sie hält sie sogar für vorteilhaft. Denn ohne sie wären Güter- und Dienstleistungsproduktion und damit der materielle Wohlstand nicht so hoch wie heute. Beschäftigungsprobleme räumt sie aus: Die durch den technischen Fortschritt hervorgerufene Produktivitätssteigerung verbillige die Produktion und ziehe mehr Nachfrage auf sie.

[1] Im Sinne einer Innovation des Produktionsverfahrens.

Manche Produktion werde durch den technischen Fortschritt erst rentabel. Auch die Produktion neuer Güter erscheint rentabel und wird aufgenommen. Alles in allem komme es zu einer Mehrproduktion, bei der gleichzeitig (uno actu) in genau derselben Höhe Einkommen (Löhne und Gewinne) entständen. Bei der Unendlichkeit der Bedürfnisse verschaffe sich die Mehrproduktion über die verzweigten Kanäle des Wirtschaftskreislaufes ihre Nachfrage selbst. In diesem Wachstumsprozess nähme auch die Beschäftigung zu.

Dieser Prozess wird allerdings in der Realität nicht immer so reibungslos und mit der in der Theorie unterstellten unendlich schnellen Anpassungsgeschwindigkeit ablaufen. So können z.B.

- mangelnde Preisflexibilität nach unten bei unvollkommener Konkurrenz,
- zeitliche Verzögerung bei der Verausgabung der Einkommen (z.B. der Gewinne) und
- Rigiditäten und Blockaden beim unterstellten Zinsmechanismus, der das anfallende zusätzliche Sparvolumen in höhere Investitionen umwandeln soll,

den wirtschaftlichen Kreislauf und das unterstellte Verhalten der Wirtschaftssubjekte verändern und Fehlentwicklungen auslösen.

Unbestreitbar ist das Arbeitsvolumen, das ist die Summe der von allen Erwerbstätigen geleisteten Jahresarbeitsstunden, seit den 60er Jahren tendenziell geschrumpft. Darüber kann auch der Anstieg der Zahl der Erwerbstätigen nicht hinwegtäuschen. Dieser ist allein auf die verringerte Arbeitszeit im Durchschnitt aller Erwerbstätigen, sei es durch tarifliche Verkürzung der Wochen-, Jahres- und Lebensarbeitszeit (Altersteilzeit), und auf den stürmischen Vormarsch der Teilzeitarbeit, darunter der vielen Minijobs, zurückzuführen. Und hier wird der Nutzen tariflicher Arbeitszeitverkürzungen für die Beschäftigung offenkundig. Ohne sie wären aufgrund der technologischen Entwicklung die heutigen Arbeitsmarktprobleme noch dramatischer. Selbst in den Fällen, in denen zunächst kein unmittelbarer Beschäftigungseffekt eintritt und keine Neueinstellungen vorgenommen werden, haben sie in zweifacher Hinsicht beschäftigungsmäßige Auswirkungen. Entweder verhindern sie sonst fällige Entlassungen oder verschärfen zum Leidwesen der Beschäftigten den Arbeitsdruck so sehr, dass eine zukünftige Mehrproduktion trotz fortschreitender technologischer Entwicklung enger mit einer Zunahme von Arbeitsplätzen oder zumindest weniger mit Entlassungen verbunden ist.

Selbstverständlich schrumpfte das Arbeitsvolumen nicht Jahr für Jahr. In vielen Jahren dehnte es sich aus, wenn auch nur schwach. Und selbstverständlich breiteten sich technologische Neuerungen nicht in allen Wirtschaftsbereichen mit derselben Intensität aus, in der Produktionstechnik der Industrie (z.B. Roboter) mehr als bei den Dienstleistungen. So nahm in der Industrie die Produktivität je Erwerbstätigenstunde von 1991 bis 2005 um 62 % zu, bei den öffentlichen und privaten Dienstleistern nur um 13 %, wobei letztere wahrscheinlich sogar ihre Quelle überwiegend in betriebsorganisatorischen Rationalisierungen und weiter verstärktem Leistungsdruck hatte. Im Dienstleistungsbereich „Finanzierung, Vermietung und Unternehmensdienstleistungen“ büßte die Stundenproduktivität im selben Zeitraum sogar 3 % ein.

Die Beziehungen zwischen Wirtschaftswachstum, Produktivität und Arbeitsvolumen sind komplex und nicht stabil. Die Produktivität variierte von Jahr zu Jahr (Tabelle 4). Mit dem Vormarsch der Dienstleistungen scheint die Beschäftigungsschwelle, das ist die Rate des Wirtschaftswachstums, die eine Ausdehnung des Arbeitsvolumens nach sich zieht, niedriger geworden zu sein. Auch wird wegen des bis an die Leistungsgrenze verschärften Arbeitsdrucks die Beziehung von Wirtschaftswachstum und Arbeitsvolumen immer enger. Möglicherweise liegt sie zurzeit bei rd. 2 %. Oder anders gewendet: Wegen der technologischen Entwicklung bedarf es im Durchschnitt zumindest eines Wirtschaftswachstums von 2 %, ansonsten weitet sich die Arbeitslosigkeit aus.

Insgesamt ist der Einfluss der technologischen Entwicklung auf die Arbeitslosigkeit nicht voll geklärt. Eines erscheint allerdings sicher zu sein: Nur ein Wirtschaftswachstum von dauerhaft rd. 2,5 % wird die Arbeitsmarktprobleme kontinuierlich entschärfen. Gar zur Rückkehr zur Vollbeschäftigung müssten höheren Wachstumsraten her – doch daran fehlt der Glaube.

Im Zusammenhang von Wirtschaftswachstum und Arbeitsvolumen sei ein kleiner Abstecher gestattet. Nur eine Ausdehnung des Arbeitsvolumens ist ein beschäftigungspolitischer Erfolg. Bei stagnierendem oder gar rückläufigem Arbeitsvolumen findet nur ein Hin- und Herschieben auf zu engem Raum statt. Die Zahl der Erwerbstätigen kann dann nur zunehmen, wenn die Teilzeitarbeit-Arbeitsplätze zulasten der Vollzeitstellen vordringen, es sei denn, die tarifliche Arbeitszeit wird verkürzt. Mit dem Mehrangebot an Teilzeitstellen, die meist noch zulasten der Gesamtheit aller versicherten Arbeitnehmer sozialversicherungs- und steuerbegünstigt und dadurch für die Unternehmen billiger sind, ist sicherlich manchen Hausfrauen, Studenten und Rentnern gedient, die vielfach aus der stillen Arbeitsmarktreserve auftauchen. Sie akzeptieren die meist mit der Teilzeitarbeit, insbesondere derjenigen mit geringfügiger Arbeitszeit, verbundene verdeckte Reduzierung der Stundenlöhne und die Verschlechterung der Arbeitsbedingungen. Diese Entwicklung geht zulasten der großen Mehrheit der Arbeitslosen, die Vollzeitarbeit suchen, weil sie davon ihren Lebensunterhalt bestreiten müssen.

2.2.3 Zuwachs des Erwerbspersonen-Potenzials?

Beim Zuwachs des Erwerbspersonen-Potenzials stoßen wir auf einen anscheinend Hauptverdächtigen. Von 1973, dem letzten Vollbeschäftigungsjahr, bis 2005 hat das Erwerbspersonen-Potenzial um 5,8 Mio. zugelegt. Es setzt sich zusammen aus den Erwerbstätigen, den Arbeitslosen und der stillen Arbeitsmarktreserve.[1] Die stille Reserve wird gebildet von Personen, die sich nicht als arbeitsuchend melden, von denen man aber aus Erfahrung weiß, dass sie bei passender Gelegenheit eine Arbeit aufnehmen. Hauptquellen der Ausweitung des Erwerbspersonen-Potenzials waren die Zunahme der erwerbsfähigen Bevölkerung und die wachsende Erwerbsneigung der Frauen. Ohne diesen Zuwachs des Erwerbspersonen-Potenzials wäre die Arbeitslosigkeit heute sicherlich erheblich geringer, um wie viel, lässt sich nicht errechnen. Es ist

[1] Siehe Kapitel I.4

nämlich zu berücksichtigen, dass ohne Zunahme der Bevölkerung und der Erwerbsneigung der Frauen das Wirtschaftswachstum höchstwahrscheinlich noch geringer gewesen wäre, als es ohnehin schon war. Die Expansion des Erwerbspersonen-Potenzials ermöglichte es den Unternehmen, aus einem größeren Reservoir die für sie Geeignetsten und Leistungsfähigsten auszuwählen. Außerdem gehen von einer wachsenden Bevölkerung Wachstumsimpulse aus. Daher verbietet es sich, einfach den Zuwachs des Erwerbspersonen-Potenzials von der derzeitigen Summe von registrierter Arbeitslosigkeit und stiller Reserve (6,3 Mio. in 2005) abzuziehen und sich eine Vollbeschäftigung vorzurechnen. Dennoch bleiben beim Erwerbspersonen-Potenzial Verdachtsmomente für die Mitschuld an der gegenwärtigen hohen Arbeitslosigkeit bestehen. Jedenfalls empfiehlt es sich, all diejenigen, die die Schuld den Löhnen geben, auch mit diesen Fakten zu konfrontieren.

2.2.4 Zunehmende Vermachtung der Märkte?

Erstaunlicherweise ist die zunehmende Vermachtung der Märkte durch Fusionen, Firmenaufkäufe oder Kapitalverflechtungen bisher selten ins Visier der Fahnder geraten. Dabei lässt sich aufgrund der Marktformenlehre nachweisen, dass bei Oligopolen und Monopolen das Gewinnmaximum bei höheren Preisen und entsprechend geringerem Absatz und niedrigerer Beschäftigung liegt als bei vollkommener Konkurrenz. Dieses Übersehen bzw. die mangelnde Überprüfung beruht vor allem auf zwei Gründen:

1. Die Unternehmen kehren geschickt die vermeintlichen oder tatsächlichen Synergieeffekte, d.h. Kosteneinsparmöglichkeiten, hervor. Oft sind in der Tat die Kosten gesenkt und Arbeitsplätze abgebaut worden. Viele der verbleibenden Arbeitnehmer halten auf längere Sicht gesehen ihre Arbeitsplätze wegen dieser schöngefärbten „Marktbereinigung“ oder „Konsolidierung“ für sicherer.
   Das Resultat ist und bleibt die Stärkung der Markt-, Preissetzungs- und Finanzmacht der Unternehmen. Ihre Position in der Einkommensverteilung zu Gunsten der Gewinne kann leichter durch volle

Überwälzung selbst produktivitätsorientierter Lohnerhöhungen auf die Preise verteidigt werden. Paralleles Investitionsverhalten der Marktbeherrscher kann zur Androhung, wenn nicht sogar zur kurzfristigen Realisierung, von Investitionsstreiks oder zeitlichen Investitionsverschiebungen führen, die nicht nur gegen die Lohnpolitik, sondern auch gegen die Wirtschafts-, Finanz- und Sozialpolitik gerichtet sein können.
Zwar bringt die fortschreitende Globalisierung eine zunehmende Konkurrenz aus dem Ausland mit sich. Bei näherem Zusehen hat dies in vielen Bereichen nur den Kreis der mächtigen, oft international verwobenen „global players" vergrößert.
Das ändert jedoch nichts daran, dass im Inland fast täglich leistungsstarke mittlere und kleinere Unternehmen geködert, geschluckt oder durch Kapitalbeteiligungen als lästige Konkurrenz ruhiggestellt werden. In vielen mehr binnenländisch orientierten Dienstleistungsbereichen, wie Banken (Sparkassen) und Versicherungen, aber auch z.B. im Baugewerbe und anderen Sektoren, ballt sich die Marktmacht weiter zusammen.

2. Es ist schwierig, für die Veränderung der Wettbewerbsverhältnisse eine überzeugende Messlatte zu finden. Dieser Aufgabe sollten sich die Kritiker der bisherigen Wirtschaftspolitik verstärkt widmen.
   Zumindest kann nach Ansicht des Verfassers ein Umkehrschluss gezogen werden: Da die Gewinne trotz äußerst schwachem Wirtschaftswachstum in den vergangenen Jahren so stark angeschwollen sind, kann dies nur an der Verschlechterung des Wettbewerbs liegen. Bei vollständiger Konkurrenz wäre nach klassischer Wirtschaftstheorie diese Entwicklung nicht eingetreten.
   Die fortgeschrittene Vermachtung der Märkte hat zu höheren Preisen und damit zu geringerer Produktion und Beschäftigung als bei vollkommender Konkurrenz geführt. Sie bleibt daher in Verdacht als Mitverantwortliche für die Arbeitslosigkeit.

2.2.5 Die seit langem zu schwache Binnennachfrage?

Die seit langem schwache Binnennachfrage steht sicherlich im Zusammenhang mit dem spärlichen Wirtschaftswachstum insgesamt und damit mit dem Andauern der hohen Arbeitslosigkeit.

Allerdings offenbart sich dadurch nichts Neues. Schwaches Wirtschaftswachstum ist immer eine Mitursache für die anhaltend schlechte Arbeitsmarktlage. Die vielleicht für manchen naheliegende Schlussfolgerung, man hätte einfach einen Teil der Binnennachfrage, nämlich den privaten Konsum, via einer den Verteilungsspielraum voll ausschöpfenden – also rein produktivitätsorientierten – oder gar aggressiven Lohnpolitik auf Trab bringen müssen, ist leichter gezogen als in die Tat umgesetzt. Denn wendet man das Blatt, so kann ebenso festgestellt werden: Die schwache Binnennachfrage ist die Verkörperung des schwachen Wirtschaftswachstums und die Folge der vorsichtigen Wachstumserwartung. Somit stellt sich die tiefer gehende Frage, warum lahmte die Binnennachfrage? Das Institut für Makroökonomie und Konjunkturforschung ortet eine Ursache in der Lohnzurückhaltung seit 1995. Wäre der Verteilungsspielraum voll ausgeschöpft worden, wäre heute nach seinen Berechnungen die Beschäftigung um etwa 600.000 höher ausgefallen.[1]

Dabei muss allerdings mit großem Nachdruck darauf hingewiesen werden, dass es für die Gewerkschaften und ihre Arbeitnehmer schon schwer genug war, die damaligen Lohnsteigerungsraten überhaupt durchzusetzen.

Bevor wir die Suche nach den Ursachen der mäßigen Binnennachfrage weiter aufnehmen, soll das ganze Ausmaß der Schwäche der Binnennachfrage aufgedeckt werden (Tabelle 40 und das Schaubild dazu). Die jahresdurchschnittlichen Wachstumsraten im Zeitraum 1992 bis 2006 betrugen für den privaten Verbrauch 1,1 %, für den Staatsverbrauch ebenfalls 1,1 %, für die Investitionen gar nur 0,5 %. Das Wirtschaftswachstum insgesamt konnte allerdings von den Exporten noch auf 1,4 % hochgezogen werden, weil sie eine jahresdurchschnitt-

[1] Der Aufschwung geht weiter, in Institut für Makroökonomie und Konjunkturforschung, Report Nr.19, April 2007, S.29

liche reale Wachstumsrate von sagenhaften 6,8 % über den gesamten Zeitraum von 14 Jahren erzielt hatten.

Kaum zu glauben, aber wahr: Die preisbereinigte Nettolohnsumme ist im Zeitraum 1992 bis 2006 um 8,7 % gesunken. Somit schwand die Kaufkraft der Arbeitnehmer, soweit sie aus Lohn gespeist wird, um jahresdurchschnittlich 0,6 %. Dies wird selbstverständlich, wie bei Durchschnittzahlen üblich, nicht für jeden einzelnen Arbeitnehmer zutreffen. Selbst wenn der Verteilungsspielraum voll ausgeschöpft worden wäre (+ 9 %), hätte – bei unveränderten sonstigen Bedingungen, was allerdings nicht realistisch ist – die reale Nettolohnsumme in 2006 nur knapp über dem Niveau von 1992 gelegen. Wieso hat sich der private Konsum im Durchschnitt der Jahre 1992 bis 2006 dennoch um 1,1 % ausgeweitet?

Die Nettolohnsumme (603 Mrd. EUR) ist nur eine der Quellen, die den privaten Konsum speisen. In die verfügbaren Einkommen der privaten Haushalten flossen in 2006 auch die monetären Leistungen der Sozialversicherungen (283 Mrd. EUR, z.B. Renten, Arbeitslosengeld), der Gebietskörperschaften (96 Mrd. EUR, z.B. Kindergeld, Wohngeld), der Arbeitgeber und privater Versicherungssysteme (79 Mrd. EUR, z.B. Betriebsrenten, Lebensversicherungen) sowie die Einkommen der Selbständigen und die Vermögenseinkommen, die beide zusammen 548 Mrd. EUR ausmachten.

Die Kaufkraft der Arbeitnehmer setzt sich also nicht nur aus der Nettolohnsumme, sondern auch aus den bezogenen Sozialleistungen und den Vermögenseinkommen (Zinsen, Mieten und Dividenden) zusammen. Bei den Arbeitnehmerhaushalten, also ohne die Rentnerhaushalte, machten die empfangenen Sozialleistungen schätzungsweise 14 % und die Vermögenseinkommen 12 % aus.[1]

[1] Nur Schätzung möglich wegen unbekannter Rückwirkung auf Einkommensbesteuerung. Vgl. Stat. Bundesamt, Volkswirtschaftliche Gesamtrechnungen, Einkommen nach Haushaltsgruppen und Einkommensarten, 2006.

Tabelle 40: Preisbereinigte Entwicklung der Endnachfrage

	Bruttoinlandsprodukt	Privater Konsum	nachrichtlich: Nettolohnsumme	Staatsverbrauch[1)]	Investitionen[2)]	Exporte
1992	100,0	100,0	100,0	100,0	100,0	100,0
1993	99,2	100,8	98,5	100,1	95,7	95,1
1994	101,8	102,8	95,6	102,8	99,8	102,7
1995	103,8	105,0	94,7	104,7	99,6	109,3
1996	104,8	106,4	92,9	106,9	99,1	115,9
1997	106,7	107,3	89,7	107,5	100,1	129,4
1998	108,8	108,9	90,9	109,4	103,4	139,7
1999	111,0	112,1	93,3	110,6	109,0	148,0
2000	114,6	114,8	95,3	112,2	112,2	168,1
2001	116,0	116,9	96,3	112,8	108,1	178,9
2002	116,0	116,0	95,4	114,4	101,6	186,6
2003	115,8	115,9	93,8	114,9	100,8	191,0
2004	117,2	116,0	94,6	113,5	100,4	209,4
2005	118,3	116,1	92,5	114,2	101,2	223,8
2006	121,2	116,8	91,3	116,1	106,5	251,6
	durchschnittliche jährliche Wachstumsrate 2006/1992					
	1,4%	1,1%	-0,6%	1,1%	0,5%	6,8%

1) Laufende Käufe und Personalausgaben einschließlich der Sachausgaben der Sozialversicherung z.B. der Krankenkassen und Pflegeversicherung). Ohne Transferzahlungen, wie Kinder-, Arbeitslosen- oder Krankengeld. 2) Einschließlich staatlicher Investitionen.
Nach Angaben des Statistischen Bundesamtes

Schaubild zu Tabelle 40

Reale Entwicklung von Bruttoinlandsprodukt, privatem Konsum und Kaufkraft der Löhne – Deutschland

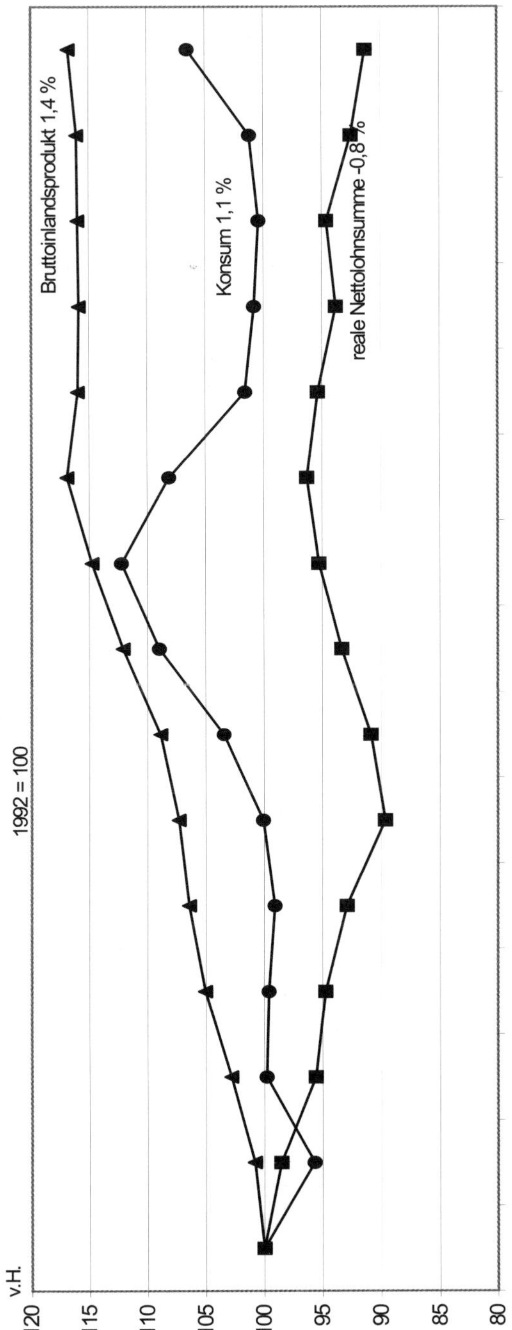

Nach Angaben des Statistischen Bundesamtes

Wegen der Koppelung der Rentenhöhe an die Entwicklung der Nettolohnsumme je Versicherten wird der Einfluss der Nettolohnsumme auf den privaten Konsum verstärkt. Daran ändert auch nichts der Abschlag auf den Rentenzuwachs, der wegen der erheblichen Zunahme der Zahl der Rentner aufgrund der Alterspyramide der Bevölkerung eingeführt wurde. Zwar nimmt dadurch die Rentenhöhe nicht mehr mit der gleichen Rate wie die Nettolohnsumme je Versichertem zu, die Bindung bleibt jedoch erhalten. Ein geringerer Zuwachs der Nettolohnsumme zieht eine geringere Rentensteigerung nach sich. Diesen Effekt eingeschlossen bestimmt die Nettolohnsumme rd. die Hälfte der Konsumausgaben aller privaten Haushalte.

Hinzu tritt noch der Einfluss der Konsumentwicklung auf die privaten Investitionen. Der Kapazitätsausbau der Unternehmen wird nämlich unter anderem von der tatsächlichen und erwarteten Gesamtnachfrage bestimmt, und dazu gehören die staatlichen Käufe, die Exporte, die Investitionen selbst[2] und vor allem die tatsächliche und die erwartete Konsumentwicklung.

Selbstverständlich hängt die Investitionstätigkeit auch noch von anderen Faktoren ab, wie den tatsächlichen und den erwarteten Gewinnen, der technologischen Entwicklung, die oft Investitionen unabhängig von anderen Faktoren zwingend erforderlich macht, vom Realzinssatz, der insbesondere die Bauinvestitionen beeinflusst, sowie von der oft verkannten Zielsetzung einer Umsatzmaximierung.

Die rückläufige reale Nettolohnsumme bremste – für sich genommen – somit nicht nur den privaten Verbrauch, sondern indirekt auch die Investitionstätigkeit, einen wichtigen Teil der Binnennachfrage.

Bei der glänzenden Gewinnlage hätte es hilfreich sein können, wenn die Lohnpolitik den prognostizierten Verteilungsspielraum voll ausgeschöpft hätte. Nun ist der vorausgeschätzte Verteilungsspielraum keine feste Größe, sondern er hängt von dem sich tatsächlich ergebenden Wirtschaftswachstum ab. So hätte sich sogar eine zunächst über die Produktivität hinausschießende Lohnpolitik via höherem Konsum und folglich höherem Wirtschaftswachstum und entsprechend größerer

[2] So führen z.B erhöhte Bauinvestitionen zu vermehrter Investitionstätigkeit in der Baumaschinenindustrie.

Produktivität im Nachhinein gerechtfertigt. Sicher wäre eine solche Entwicklung indes keineswegs gewesen. Denn derartige über die Produktivität hinausgehende Lohnerhöhungen hätten eben so gut gegen die Gummiwand der Preissetzungsmacht der Unternehmen laufen können. Die Preise wären zusätzlich angehoben worden. Real hätte sich nichts getan. Auch verteilungspolitisch wäre nichts gewonnen worden.

Und hier wird das schon lange währende Dilemma offenkundig. Die wirtschaftliche Entwicklung bleibt im engen Netz trüber Wirtschaftsaussichten gefangen. Erwarten alle Wirtschaftsteilnehmer, gestützt auf Prognosen oder regierungsamtliche Zielprojektionen, ein schwaches Wirtschaftswachstum und richten sich Tarifpolitiker, Investoren und Finanzpolitiker danach, dann erfüllen sie durch ihr eigenes Handeln die schlechte Prognose selbst. Hier liegt der markante Unterschied zu früheren Zeiten hohen Wachstums und guter Beschäftigungslage. Von 1960 bis 1973 wuchs die Wirtschaft um jahresdurchschnittlich 4,4 % und auch in den vier Jahren 1976 bis 1979, also unmittelbar nach der ersten Ölpreiskrise, schritt die Wirtschaft jährlich um jahresdurchschnittlich 3,9 % voran. Mit Ausnahme der Jahre 1974 und 1975 sagten die Prognosen stets ein Wirtschaftswachstum von über 3 % voraus. Die Wirtschaftssubjekte stellten ihr Handeln darauf ein, und die Prognose erfüllte sich auf steilem Wirtschaftspfad sozusagen von selbst. Selbst im Jahre 1979, in dem die zweite Ölpreiskrise auf dem Vormarsch war und die Preise für Rohöl bereits um 50 % und für Mineralölerzeugnisse sogar um 95 % hochgeschraubt worden waren, sagte der Sachverständigenrat für 1980 noch ein Wirtschaftswachstum von 2,5 bis 3 % voraus. Und das alles, obwohl die angebotspolitischen Rahmenbedingungen in der zweiten Hälfte der 70er Jahre eindeutig schlechter waren als die heutigen, von denen der Sachverständigenrat damals hätte nur träumen können.

Seit 1993 hat sich dies alles grundlegend geändert. Der Exporteinbruch brachte die Wirtschaft auf einen flachen Weg, und seitdem wandeln und handeln die Wirtschaftsteilnehmer auf ihm mit kleinmütigen Perspektiven.

Die neoklassische Wirtschaftstheorie wird eine derartige Erklärung ablehnen. Nach ihr werden gute Angebotsbedingungen genügend Produktion und Investition rentabel machen. Mit deren Ausdehnung werden gleichzeitig Einkommen geschaffen, die bei der Unendlichkeit der Bedürfnisse zu entsprechender Mehrnachfrage gelenkt werden.

Der Sachverständigenrat und andere Angebotstheoretiker haben bisher dazu noch nie eine mittel- oder gar langfristige Projektion vorgelegt, mit welchem Wirtschaftswachstum und welcher Beschäftigtenentwicklung bei Erfüllung ihrer Forderungen zu rechnen wäre. Erstaunlicherweise sind sie dazu auch noch nie aufgefordert worden. Diese Anforderung muss jedoch gestellt werden. Denn dann müssten sie quantifizierte Angebotsbedingungen und ihre konkreten Auswirkungen vorlegen. Sie müssten die unterstellten Kreislaufzusammenhänge und die Annahmen über das erwartete Verhalten der Wirtschaftsteilnehmer (Verhaltensparameter) offenlegen und z.B. mit nationalen und internationalen Erfahrungen begründen. Mit diesem Rechenwerk könnten sie an der Realität gemessen werden. Ihre Kritiker könnten dann die Annahmen überprüfen, mögliche Schwachstellen aufdecken und mit auf konkrete, nachprüfbare Erfahrungen gestützten Gegenbeispielen aufwarten. Die Angebotstheoretiker werden ein solches nachprüfbares und an der tatsächlichen Entwicklung zu messendes Rechenwerkes vermutlich nicht vorlegen wollen und höchstwahrscheinlich auch nicht vorlegen können. Sie werden weiterhin ihre unverbindlichen, nicht quantifizierten und daher auf ihre Wirksamkeit nicht nachprüfbaren Vorschläge, z.B. ihren ewigen Ratschlag für ein Zurückbleiben der Löhne hinter der Produktivität, aufrechterhalten und sich nicht festlegen lassen. Ihnen fehlte in all den Jahren eine mittelfristige Perspektive. Sie präsentierten keine durchgreifenden Vorschläge, wie Vollbeschäftigung in absehbarer Zeit wiederhergestellt werden kann und fanden sich mit dem Andauern der hohen Arbeitslosigkeit ab. Da sie sich nicht festlegten, gewannen sie ausreichenden Raum für Ausweichmanöver und konnten, sich gegen Fakten selbstimmunisierend, immer wieder behaupten, wenn ihre Medizin bisher nicht gewirkt habe, müsse sie dennoch weiterhin verabreicht oder gar stärker dosiert werden. Wissenschaftlich und fair ist das nicht. Fast ebenso wie der religiöse Glaube durch wissenschaftliche Erkenntnisse nicht erschüttert werden kann, ist auch dem Credo des Sachverständigenrats durch Fakten nicht beizukommen, „dass das Lohnniveau, das zu einem hohen Beschäftigungsstand passt, nicht mit wissenschaftlichen Methoden ermittelt, sondern nur am Markt herausgefunden werden kann."[1] An anderer Stelle äußerte er sich im selben Sinne, dass er zwar nicht wisse, wie hoch der Reallohn sein müsse, aber die hohe Arbeitslosigkeit zeige, dass er zu hoch sei. „Ein mehr als nur zeitweiliges Überangebot am Arbeitsmarkt (sprich Arbeitslosigkeit, der Verfasser) muss also mit einem zu hohen Lohn zu tun haben."[2] Dass die Arbeitslosigkeit jedoch viele, oft sich im Zeitablauf verändernde Ursachen haben kann, wird völlig übersehen oder übergangen.

Kehren wir zurück zum langen Wandern auf flachem Wachstumspfad. Offenbar ist es ungemein schwierig, die Wirtschaftsteilnehmer von ihrem eingefahrenen Trott in steileres Terrain zu bringen. Dazu fehlten in den letzten Jahren die Wachstumsimpulse. Allerdings verhalf im Jahr 2006 der trotz Exportpreissteigerung und Aufwertung des Euro exorbitante Exportboom (real 13 %) zu einem kräftigen Wirtschaftswachstum von 2,7 %, das auch im Jahr 2007 etwas abgeschwächt anhalten wird. Die enorme Ausdehnung der Produktion von Exportgütern zog verstärkte Investitionen zur Kapazitätserweiterung nach sich, die Gewinne schnellten auch in der Gesamtwirtschaft in die Höhe und gemeinsam mit den aufgehellten Wirtschaftsaussichten veranlassten sie zu mehr Modernisierungsinvestitionen. Im Zuge der deutlich wachsenden Produktion nahmen Einkommen und Beschäftigung und damit auch der private Konsum zu. Die außergewöhnlich hohe Drehzahl des Exportmotors brachte somit auch die Binnennachfrage zum Laufen. Erstmals nach vielen Jahren sprangen die glühendheißen Funken der Auslandsnachfrage auf die Binnennachfrage über. Wenn nunmehr die Gunst der Stunde einer zumindest kurzfristig aufgehellten Wirtschaftsperspektive von allen Wirtschaftsteilnehmern und wirtschaftspolitischen Akteuren richtig genutzt wird, wenn die Gewerkschaften konsequent ihre Tarifpolitik an den deutlich verbesserten Wachstumsaussichten ausrichten, wenn der Staat sich keine dämpfende Schrumpfkur verordnet und den Aufschwung kaputtspart und wenn die Geldpolitik nicht in unberechtigter vorauseilender Angst vor Preissteigerungen die

[1] Sachverständigengutachten 1979/80, Textziffer 337

[2] Sachverständigengutachten 1977/78, Textziffer 297

Bremen anzieht, könnte zumindest für einige Zeit ein höherer Wachstumspfad erreicht werden.

Halten wir fest: Die Wirtschaftsteilnehmer benötigen für ein wachstumsträchtiges Handeln eine Ausrichtung auf höhere Wachstumsraten.

Die neoklassische Wirtschaftstheorie und die bisherige Wirtschaftspolitik setzen nach wie vor auf eine weitere Verbesserung der Angebotsbedingungen und hoffen, dass bald und endlich ein sich selbsttragender Aufschwung und in seinem Gefolge ein lang anhaltendes, Beschäftigung schaffendes, angemessen hohes Wirtschaftswachstum einsetzen.

Für viele Verfechter einer alternativen Wirtschaftspolitik ist dies ein Warten auf Godot. Allerdings setzen auch sie auf einen sich letztlich selbsttragenden dynamischen Wachstumsprozess. Der feine Unterschied zu den Angebotstheoretikern und der bisherigen Wirtschaftspolitik besteht darin, dass sie eine anhaltende Wachstumsdynamik mit mittelfristigen, öffentlichen Investitionsprogrammen auslösen und mittelfristig stützen wollen.

3. Mittelfristige öffentliche Investitionsprogramme: der nie beheizte Dauerbrenner

3.1 Seit über 30 Jahren immer wieder Investitionsprogramme gefordert

Um auf einen Beschäftigung schaffenden hohen Wachstumspfad zu gelangen, sind seit Mitte der 70er Jahre vor allem von den Gewerkschaften und der Arbeitsgruppe Alternative Wirtschaftspolitik immer wieder – als wirtschaftpolitischer Dauerbrenner – mittelfristige öffentliche Investitionsprogramme gefordert worden. Die Gewerkschaften schlugen stets ein erheblich geringeres Volumen als die Arbeitsgruppe Alternative Wirtschaftspolitik vor, da sie stärker auf die politische Durchsetzungsfähigkeit, die finanzpolitischen Vorbehalte in der Öffentlichkeit und die Akzeptanz bei ihren Mitgliedern achten mussten. Außerdem hatten sie ständig die bittere Erfahrung gemacht, dass ihr Vorschlag selbst in geringerem Umfang nicht aufgegriffen wurde, was auf Dauer für eine große Organisation nicht förderlich ist. Die Programme sollten mit Krediten und/oder mit Steuern finanziert werden.

Zuletzt forderte der DGB-Bundeskongress im Jahre 2006 ein auf mittlere Sicht angelegtes Zukunftsinvestitionsprogramm.[1] Der Anteil der öffentlichen Investitionen am Bruttoinlandsprodukt müsse mindestens auf das europäische Durchschnittsniveau von 2,5 % angehoben werden. Nicht genannt, aber leicht zu errechnen ist die dahinterstehende Größenordnung. Sie bedeutet auf der Basis des Jahres 2005 genau eine Verdopplung der öffentlichen Investitionen mit einem Volumen von 28 Mrd. EUR. Zur Finanzierung sollen Bund und Länder die Kommunen wieder handlungsfähig machen. Konjunkturbedingte Mindereinnahmen und Mehrausgaben der öffentlichen Haushalte dürften nicht mit verstärkten Ausgabekürzungen beantwortet werden, was auf eine Kreditfinanzierung hinausläuft. Grundlage für die Finanzierung des Zukunftsinvestitionsprogramms sei ein solidarisches Konzept. Die Steuerpolitik müsse sich grundsätzlich an der Leistungsfähigkeit der Steuerzahler orientieren. Hohe Einkommen, Unternehmensgewinne, hohe Vermögen und Spekulationsgewinne müssten wesentlich höher besteuert werden, um einen angemessenen Finanzierungsbeitrag zur Modernisierung der gesellschaftlichen und sozialen Infrastruktur zu leisten.

Ein wachstumspolitisch ehrgeizigeres Ziel hat die Arbeitsgruppe Alternative Wirtschaftspolitik vor Augen. Sie riet im Jahr 2001 zu einem 150 Mrd. DM (= 77 Mrd. EUR) Investitionsprogramm, das zusätzlich zum bestehenden Haushalt gefahren und auf Bund, Länder und Gemeinden verteilt werden solle. Um nicht an Kapazitätsgrenzen zu stoßen, solle es in drei Schritten von 50, 100 und schließlich 150 Mrd. DM realisiert werden.[1] Um die Realisierungschancen zu verbessern, unterbreitete sie ein Finanzierungskonzept.[2] Es beinhaltet die Einführung von Kapitalverkehrsteuern, einer Börsenumsatzsteuer und internationaler Kapitalverkehrsteuern, eine unbefristete Besteuerung von

[1] DGB-Bundeskongress 2006, Mehr Beschäftigung durch qualitatives Wachstum, angenommener Antrag D 001

[1] Memorandum 2001, Arbeitsgruppe Alternative Wirtschaftspolitik, S.234

[2] Memorandum 2000, Arbeitsgruppe Alternative Wirtschaftspolitik, S.239 ff.

Spekulationsgewinnen, eine Reform der kommunalen Steuern, eine Wiedereinführung der Vermögensbesteuerung, eine Abschaffung des Ehegattensplittings und eine konsequente Bekämpfung von Wirtschaftskriminalität und Steuerhinterziehung. Damit ließen sich Mehreinnahmen von 230 Mrd. DM erzielen.

Einzig unumstritten an allen bisher vorgeschlagenen Investitionsprogrammen waren die vorgeschlagenen Bedarfsfelder. Sie reichten vom weiteren Ausbau der Infrastruktur Ostdeutschlands über die Verbesserung der Umwelt- und Verkehrsverhältnisse bis hin zu mehr und besserer Bildung. Die Bedarfsfelder machen offenkundig, dass die Investitionsprogramme keineswegs nur den Zweck einer Nachfragesteigerung erfüllen sollen, sie sollen kein Pyramidenbau sein. Vielmehr enthalten sie eine stark angebotsverbessernde Komponente. Effizientere Energieerzeugung und -verwendung, die Förderung der beruflichen Ausbildung und der praxisorientierten Forschung und Technologie, Sanierung der Wasserver- und -entsorgung, Verbesserung der Umwelt- und Verkehrsbedingungen und vieles andere kommen unmittelbar oder mittelfristig, direkt oder indirekt nicht zuletzt auch der Produktionsseite zugute. Sie führen oft zu betriebswirtschaftlichen und volkswirtschaftlichen Kostensenkungen und bilden mitunter erst die Voraussetzungen für eine störungsfreie Produktionsausdehnung. Sie sind zukunftsträchtig und oft geradezu Garanten für ein reibungsloseres, qualitatives Wirtschaftswachstum.

Ein forciertes Wirtschaftswachstum wird sich in höheren Gewinnen niederschlagen und damit einer zentralen Angebotsbedingung zugute kommen.

3.2 Sind die Programme wirkungslos, nur Strohfeuer und preistreibend?

Es hätte eigentlich die Befürworter der Investitionsprogramme sehr beunruhigen und schon lange nachdenklich stimmen müssen, warum ihre Vorschläge nie aufgegriffen wurden. Ihr wirtschaftpolitischer Dauerbrenner wurde nie beheizt. Es genügt bei weitem nicht, solch großdimensionierte Forderungen in den öffentlichen Raum zu stellen und sie ihrem voraussehbaren Schicksal der Ablehnung kampflos zu überlassen. Die Ablehnungsgründe müssen ernst genommen und entkräftet und die Vorschläge mit zusätzlichen Argumenten und Fakten flankiert werden. Als Gegenargumente werden genannt:

a) Investitionsprogramme seien wirkungslos gewesen.

b) Sie entfachten nur ein Strohfeuer.

c) Sie führten zu Preissteigerungen, insbesondere in der Bauwirtschaft.

Auf das schwerste Kaliber der Ablehnungsgründe, die Investitionsprogramme hinterließen letztlich nur zusätzliche Schulden, wird im nächsten Abschnitt gesondert eingegangen.

Die Arbeitgeberverbände, mit Ausnahme der Bauwirtschaft, bedienen sich dieser Gegenargumente, obwohl sie wissen, dass solche Programme zusätzliche Aufträge bringen und gleichzeitig angebotsfördernde Wirkungen auslösen. Sie setzen stattdessen auf Gewinnsteuersenkungen, die – im Gegensatz zu Investitionsprogrammen – allen Unternehmen gleichmäßig zugute kommen, auf Lohnzurückhaltung und auf weitere Deregulierung des Arbeitsmarktes. Sie befürchten, die Finanzierung der Investitionsprogramme raube ihnen die Chancen auf Gewinnsteuersenkungen oder habe gar Gewinn-, veranlagte Einkommensteuer- und Vermögensteuererhöhungen im Schlepptau.

Setzen wir uns nunmehr in Ansätzen mit diesen Anwürfen auseinander.

Zu a) Es muss offensiv hinterfragt werden, womit die angebliche Wirkungslosigkeit belegt ist. Denn es hat überhaupt noch keine Investitionsprogramme in der Art und in der Dimension der Befürworter gegeben. Es gab bestenfalls zahlreiche Programmhäppchen von wenigen Mrd. EUR, die meistens noch mit steuerlichen Entlastungsmaßnahmen, wie Abschreibungserleichterungen, kombiniert waren. Diese Häppchen bestanden oft aus Kreditverbilligungsprogrammen für Unternehmen, öffentliche Gebietskörperschaften (z.B. Gemeinden) und private Haushalte (z.B. Sanierungszuschüsse) oder in Investitionszuschüssen für Gemeinden. Alle diese kleineren Maßnahmen haben jedenfalls den seit Ende der 70er Jahre deutlichen Trend eines fallenden Anteils staatlicher Investitionen am Bruttoinlandsprodukt nicht aufhalten können.

Der Umfang der Maßnahmen war so gering, dass ihr Einfluss auf die Wirtschaftsentwicklung überhaupt nicht isoliert und analysiert werden kann. Es ist deshalb ratsam, die Kritiker von Investitionsprogramm sofort mit der Aufforderung, vergleichbare Investitionsprogramm zu benennen und ihre angebliche Wirkungslosigkeit nachzuweisen, in die Zwickmühle zu bringen. Dieselbe Argumentation empfiehlt sich auch gegen die Behauptung, Investitionsprogramme hinterließen nur Schulden.

Eine Ausnahme ist eventuell – obwohl bei weitem nicht so umfangreich wie die aktuellen Vorschläge – das „Programm für Zukunftsinvestitionen" des Jahres 1977, mit dem in den Jahren 1977 bis 1980 insgesamt 24 Mrd. DM an öffentlichen Investitionen und Fördermittel für private Investitionen bestritten wurde. Es betraf öffentliche Investitionen von Bund, Ländern und Gemeinden insbesondere für die Energieversorgung, die Wasserwirtschaft, das Verkehrswesen und die Verbesserung der Wohnumwelt. Es führte zwar nicht zu einer Erhöhung der staatlichen Investitionsquote, aber es hielt sie letztmalig auf einer Höhe von über 3 %. Es verstetigte die staatliche Investitionstätigkeit auf hohem Niveau und trug zu einem letztmalig hohen mittelfristigen Wirtschaftswachstum in der zweiten Hälfte der 70er Jahre von rd. 3,5 % bei. Die Beschäftigung dehnte sich rapide aus, und am Ende der 70er Jahre war trotz expansiver Staatsausgabentätigkeit die Verschuldungsrate, d.h. der Anteil der Neuverschuldung am Bruttoinlandsprodukt, geringer als Mitte des Jahrzehnts.

Zu b) Wer behauptet, die Investitionsprogramme entfachten nur ein Strohfeuer, verkennt gründlich ihren Charakter. Sie sind mittelfristig angelegt und bewirken eine verlässliche Verstetigung der staatlichen Investitionen. Sie setzen mittelfristige Wachstumsstützen in Form von Multiplikator- und Akzelerationsprozessen. Mit der zusätzlichen Produktion entstehen zusätzliche Einkommen bei Arbeitnehmern und Unternehmern und zusätzliche Einnahmen beim Staat. Diese Einkommen werden bis auf die Teile, die daraus gespart werden, wieder ausgegeben. Ein solcher Multiplikatorprozess pflanzt sich über die Perioden – allerdings wegen der stets neu anfallenden Ersparnisse mit kleiner werdenden Beträgen – fort. Gleichzeitig werden durch die Produktionsausdehnung zusätzliche Investitionen zur unmittelbar benötigten und/

oder erwarteten Kapazitätsausweitung induziert (Akzelerationsprozess). Die zusätzlichen Investitionen beflügeln ihrerseits die Nachfrage, und der Wachstumsprozess bleibt in Gang. Im Idealfall, wenn Einkommens- und Kapazitätsausdehnung im Einklang stehen und das steigende Sparvolumen in zunehmende Investitionen umgesetzt wird, kann es in der Tat zu einem anhaltenden gleichgewichtigen Wirtschaftswachstum auf hohem Pfad kommen, angekurbelt und gestützt von mittelfristigen öffentlich Investitionsprogrammen. Und hier sind Angebots- und Nachfragetheoretiker einig im Glauben an einen sich selbsttragenden Wachstumsprozess auf ausreichend hohem Niveau.

Zu c) Selbstverständliche können Investitionsprogramme durch vermehrte Aufträge Preissteigerungen auslösen, insbesondere wenn sie in eine Phase starken Wirtschaftswachstums fallen und an Kapazitätsgrenzen stoßen. In diese Preisfalle lief das „Programm für Zukunftsinvestitionen“ im Jahre 1979, als der private Wohnungsbau und die gewerblichen Bauten, die insgesamt das dreifache Volumen der damaligen staatlichen Investitionen ausmachten, mit einer nominalen Zuwachsrate von 15% geradezu explodierten, mit dem Resultat, dass 9 % als Preissteigerung verpuffte. Jedoch blieb immerhin noch eine stattliche reale Expansion von 6 % zurück. In dieser heißen Preisphase mit voll ausgelasteten Baukapazitäten hätte das Zukunftsinvestitionsprogramm zeitlich gestreckt oder angehalten werden müssen, um die Baupreise zu dämpfen. Es geschah nicht, und von der nominalen Steigerung der staatlichen Investitionen um rd. 11 % blieben rd. 9 % als Preisauftrieb auf der Strecke. Für eine volumenmäßig und zeitlich flexible Handhabung der Investitionsprogramme müssen rechtzeitig Vorkehrungen getroffen werden. Darüber, wie sie zu bewerkstelligen wären, sollten sich die Befürworter Gedanken machen, damit die Attraktivität und Akzeptanz von Investitionsprogrammen erhöht wird.

Die Zeit Ende der 70er Jahre wird sich kaum wiederholen und kann als Ausnahmefall gewertet werden. Normalerweise würden Investitionsprogramme in Zeiten schwachen Wirtschaftswachstums bei unterausgelasteten Kapazitäten aufgelegt. Bei Vollzug der Programme würden die Produktionskapazitäten besser ausgelastet, was durchaus stückkostensenkend und damit preisstabilisierend wirken kann, und Zug um Zug ausgeweitet.

3.3 Hinterlassen Investitionsprogramme letztlich nur zusätzliche Schulden?

Das schwerste Geschütz der Gegenargumentation, Investitionsprogramm hinterließen letztlich nur zusätzliche Schulden, hat seine Wirkung selbst auf die Verfechter von Investitionsprogrammen nicht verfehlt. So ist die Arbeitsgruppe Alternative Wirtschaftspolitik dazu übergegangen, eine Finanzierung, wie bereits beschrieben, über Steuererhöhungen, Einführung neuer Steuern, Abschaffung von Steuervergünstigungen und intensivere Bekämpfung von Steuerhinterziehung und Wirtschaftskriminalität vorzuschlagen. Damit erhofft sie sich eine Verbesserung der Realisierungschancen für ihr Investitionsprogramm. Ob dies wirklich so ist, erscheint nicht sicher. Denn mit diesen Steuervorschlägen, die sicherlich einen Eigenwert haben und einen Beitrag zu einem sozial gerechteren Steuersystem und zu einer besseren Absicherung vor internationalen Währungsstörungen liefern können, wird eine zusätzliche finanzpolitische Kampfarena eröffnet. Wer solche Steuervorschläge unterbreitet, muss einen Tiger reiten können. Nach allen Erfahrungen mit der bisherigen Finanz- und Steuerpolitik ist auf absehbare Zeit in der Parteienlandschaft kaum eine Verwirklichung solcher Vorschläge zu erwarten, mit Sicherheit nicht mit solch hohem Aufkommen.

Aber darauf kommt es mir hier gar nicht so sehr an. Der kritischen Punkt ist ein anderer: Werden Investitionsprogramme durch Steuern finanziert, wird ihre Wirkung zum großen Teil aufgehoben. Zunächst einmal kann es sein, dass ein Teil der zusätzlichen Steuerbelastung auf die Preise überwälzt wird. Dadurch wird bei privaten Haushalten, Investoren und Staatsausgaben Kaufkraft abgeschöpft. Ein zweiter kreislaufanalytischer Zusammenhang wiegt wahrscheinlich schwerer. Bei Steuerfinanzierung vermindert sich die durch Investitionsprogramme ausgelöste zusätzliche Nachfrage. Um dies an einem Beispiel zu verdeutlichen: Unterstellt sei ein durch Abschaffung des Ehegattensplittings um 5 Mrd. EUR erhöhtes Aufkommen an Lohn- und veranlagter Einkommensteuer, mit dem ein Investitionsprogramm in gleicher Höhe finanziert wird. Der Rückgang der Nettoeinkommen der Steuerpflichtigen um 5 Mrd. EUR wird nicht in voller Höhe ihren Konsum einschränken, da ein Teil davon gespart worden wäre. Bei einer unterstellten Grenzsparquote von 20 % wäre 1 Mrd. EUR gespart worden. Dem Investitionsprogramm von 5 Mrd. EUR steht dann eine Verminderung des privaten Konsums um 4 Mrd. EUR gegenüber. Der unmittelbare kreislaufmäßige Nettoeffekt schmilzt also auf 1 Mrd. EUR. Ein Investitionsprogramm von 1 Mrd. EUR, das allein mit Krediten finanziert wird und dadurch in voller Höhe unmittelbar zusätzliche Nachfrage schöpft, hätte also dieselbe Wirkung erzielt. Kreditfinanzierte Programme können also erheblich geringer dimensioniert sein als steuerfinanzierte, um denselben Wachstumseffekt zu erzielen. Selbstverständlich lassen sich Investitionen nicht voll mit wegfallendem Konsum gegenrechnen und vergleichen, weil Investitionen im Gegensatz zum Konsum eine zusätzliche angebotsverbessernde Wirkung haben, auf die bereits hingewiesen wurde.

Halten wir fest: Ein kreditfinanziertes Investitionsprogramm

- ist nicht belastet mit einer kaum zu gewinnenden Schlacht an der Steuerfront,
- gefährdet nicht durch Steuerüberwälzung das Preisniveau und
- kann bei gleichem Wachstumseffekt erheblich niedriger dimensioniert sei als ein steuerfinanziertes.

Dennoch schrecken zur Zeit die Befürworter von Investitionsprogrammen vor einem Vorschlag zur Kreditfinanzierung zurück. Sie nehmen Rücksicht auf die in der Bevölkerung tief verwurzelte Ablehnung von zusätzlicher staatlicher Verschuldung. Erschwerend kamen insbesondere in den letzten Jahren verfassungs- und europarechtliche Verschuldungsgrenzen hinzu. Die angeschwollene Staatsverschuldung resultiert allerdings nicht aus irgendwelchen Investitionsprogrammen, die es gar nicht gab, und auch nicht aus zu stark ausufernden öffentlichen Investitionen. Im Gegenteil, die staatlichen Investitionen sackten sogar preisbereinigt rapide ab; die staatliche Investitionsquote am Bruttoinlandsprodukt halbierte sich von 1992 bis 2005. Der Grund für die Finanzmisere lag vielmehr in der sehr schwachen Steuerentwicklung aufgrund des lahmenden Wirtschaftswachstums und in den hohen Kosten der Arbeitslosigkeit. Hinzu kam noch, dass ausgerechnet in dieser Finanzklemme noch Steuerentlastungen, insbesondere für Unternehmen, gewährt wurden.

Die Befürworter der Investitionsprogramme wissen allerdings, dass aus rein ökonomischen Gründen ihre Rücksichtnahme nicht nötig ist. Denn kreditfinanzierte Programme finanzieren sich im Vollzug zum überwiegenden Teil selbst. Zusätzliche Investitionen bringen via Mehrproduktion und -beschäftigung einerseits mehr Steuereinahmen (z.B. Mehrwertsteuer, Lohn-, Einkommen-, Körperschaft- und Gewerbesteuer) und mehr Sozialversicherungseinnahmen und reduzieren andererseits die Ausgaben für Arbeitslosigkeit (z.B. Arbeitslosengeld, Sozialhilfe, arbeitmarktpolitische Maßnahmen und Lohnzuschüsse).

Dieser Selbstfinanzierungseffekt als solcher ist nicht umstritten. Umstritten ist seine Höhe, und es ist schwierig, sie genau zu beziffern. Dazu müssen ökonometrische Kreislauf-Simulationen herangezogen werden. Sie basieren auf der wohl größten Errungenschaft der Volkswirtschaftslehre des vorigen Jahrhunderts, nämlich der detaillierten Kreislaufanalyse. Die ökonometrische Kreislauf-Simulation versucht anhand

- von Definitionsgleichungen der Volkswirtschaftlichen Gesamtrechnung, einem Glückskind der Kreislaufanalyse,
- von sog. Verhaltensgleichungen, d.h. von Bestimmungsgründen für das wirtschaftlich Verhalten der Wirtschaftsteilnehmer (z.B. Konsum- und Investitionsverhalten) und
- von eher technischen Relationen (z.B. Steueraufkommenselastizität, Einfluss des technischen Fortschritts auf die Produktivität, Importabhängigkeit)

die einzelnen Komponenten des Bruttoinlandsprodukts zu bestimmen und in ein gesamtwirtschaftliches Kreislaufsystem einzuspielen. Dabei werden die einzelnen Parameter und Einflussfaktoren aus den Daten der Vergangenheit nach der Wahrscheinlichkeitstheorie (zentraler Grenzwertsatz) ökonometrisch ermittelt. So wird versucht, die Bestimmungsgründe für den privaten Konsum (z.B. verfügbares Einkommen, Vermögensbestand, Zinssatz, Preiserwartungen) oder für die Investitionstätigkeit (z.B. tatsächliche und erwartete Nachfrageentwicklung, tatsächliche und erwartete Gewinnentwicklung, Kapitalmarktzinsen, Auslastung der Kapazitäten, Einfluss der technologischen Fortschritts) zu berechnen. Dabei ergeben sich verständlicherweise eine ganze Reihe von Schwierigkeiten, da das Verhalten der Wirtschaftssubjekte von sehr vielen Faktoren, z.B. auch von psychologischen und politischen, bestimmt wird, die sich im Zeitablauf und in der jeweiligen wirtschaftlichen Situation wandeln können und sich gegenseitig beeinflussen. Das bunte Wirtschaftsleben lässt sich dabei nie voll erfassen und in Zahlen gießen. Diese Modelle werden deshalb fortlaufend bei Vorliegen neuer Daten angepasst. Je nachdem, welche Daten und Parameter ökonometrisch herausgefiltert und für signifikant gehalten werden, kommen die Wirtschaftsforschungsinstitute oder Institutionen (z.B. Bundesbank, Institut für Arbeitsmarkt- und Berufsforschung der Bundesagentur für Arbeit), die solche gesamtwirtschaftlichen Simulationen durchspielen, zu unterschiedlichen Ergebnissen. Manche Faktoren werden erst gar nicht getestet und erleiden dasselbe Schicksal wie manche Daten in der wirtschaftpolitischen Debatte, die oft nur nach ideologischer Grundüberzeugung ausgewählt werden. Mittlerweile ist die Dominanz der neoklassischen Wirtschaftstheorie selbst in die offenbar nur scheinbar wertfreien Rechenwerke der ökonometrischen Analyse eingedrungen, und teilweise werden statt Daten nach der Wahrscheinlichkeitsrechnung einfach neoklassische Ansätze eingespeist.

Trotz all dieser Schwierigkeiten kommen alle Simulationsrechnungen zu dem Ergebnis, das sich kreditfinanzierte Investitionsprogramme zum großen Teil selbst finanzieren. Bartsch kam zu einen Selbstfinanzierungsanteil von 80 %.[1] Selbst die Bundesbank, die sicherlich kein Freund der Nachfragetheoretiker ist, bezifferte den Anteil der Selbstfinanzierung auf „etwa zur Hälfte“.[2] Der Verfasser erhielt auf seine Anfrage, was unter „etwa“ genauer zu verstehen sei, die Antwort: 74 %. Dieser markante Unterschied wird hier nicht kommentiert. Nach Befragung anderer Ökonometriker schätzt der Verfasser den Anteil der Selbstfinanzierung auf mindestens 70 %.

[1] K. Bartsch, A. Heise und H. Tofaute: Grundzüge eines Modernisierungs- und Beschäftigungsprogrammes, in: WSI-Mitteilungen 6/1994, S.387

[2] Deutsche Bundesbank, Monatsbericht August 1982, S.40

3.4 Es ist noch viel zu tun

Wie dem auch sei, für die Verfechter von Investitionsprogrammen ist es ratsam, eigene ökonometrische Berechnungen des Anteils des Selbstfinanzierungseffektes vorzulegen und sie offensiv in Wissenschaft und Politik zu vertreten. Dazu müssten sie wahrscheinlich ihre eigenen ökonometrischen Kräfte bündeln und gegebenenfalls verstärken. Der hohe Anteil der Selbstfinanzierung der Investitionsprogramme muss zum Thema erhoben werden. Dann müssten alle Institute aus ihrer Deckung kommen und den von ihnen ermittelten Selbstfinanzierungseffekt offen legen und begründen.

Die angebotsorientierte Wirtschaftspolitik und die Arbeitgeberseite haben daran kein Interesse und drängen kreislaufmäßiges Denken und Rechnen in den Hintergrund.

Unterstellt sei nun ein Selbstfinanzierungseffekt von 70 %. Ein Investitionsprogramm von 10 Mrd. EUR hinterließe dann letztlich 3 Mrd. EUR Schulden. Abgesehen vom wachstums- und beschäftigungsmäßigen Nutzen des Programms steht dann den Schulden von 3 Mrd. EUR ein durch die Investitionen geschaffenes, dauerhaftes Vermögen von 10 Mrd. EUR gegenüber (z.B. Brücken, sanierte Kanalisation, erweitertes Schienennetz), also ein Vermögen für die Zukunft. Die Schulden dürfen also nicht nur für sich genommen, sondern müssen in Beziehung zum entstandenen Vermögen gesetzt werden. Eine solche Betrachtung, die im Privatleben gang und gäbe ist, wird erstaunlicherweise in der Debatte über Staatsverschuldung kaum angestellt. Jeder Privatmann freut sich, wenn er z.B. ein Haus im Werte von 300.000 EUR erbt, auch wenn darauf noch eine Hypothek von 100.000 liegt. In der öffentlichen Schuldendebatte würde hingegen nur die Hypothek gesehen und beklagt.

Nunmehr soll auf einen bisher kaum beachteten Punkt der Verschuldung aufmerksam gemacht werden, der jedoch die Akzeptanz eines Investitionsprogramms in der Politik zu einem ganz beträchtlichen Teil blockiert. Es wird nämlich bei weitem nicht genügen, nur den gesamtwirtschaftlichen Selbstfinanzierungseffekt nachzuweisen. Er muss vielmehr noch auf die einzelnen staatlichen Ebenen abgeleitet werden. Von den 7 Mrd. EUR an Mehreinnahmen bzw. Minderausgaben, die ein 10 Mrd. EUR-Investitionsprogramm zur Folge hat, profitieren die einzelnen staatlichen Ebenen (Bund, Länder, Gemeinden, Sozialversicherung) in sehr unterschiedlichem Maße. Um ein Beispiel zu nennen: Würde eine Großstadt aufgefordert, sich mit kreditfinanzierten Investitionen in Höhe von 100 Mio. EUR zu beteiligen, dann bliebe sie am Ende auf fast 100 Mio. EUR Schulden sitzen. Die Mehreinnahmen flössen zum weit überwiegenden Teil in die Kassen von Bund, Ländern und Sozialversicherungen. Indirekt wäre die Großstadt nur mit einem 15 %-igen Gemeindeanteil am Lohn- und Einkommensteueraufkommen beteiligt. Von einer erhöhten Gewerbesteuer profitiert sie nur, wenn die Auftragnehmer Sitz oder Betriebsstätten in der Gemeinde haben. Auch die Verringerung der Kosten der Arbeitslosigkeit wird bei ihr nicht zu Buche schlagen, es sei denn, die Zahl der Sozialhilfeempfänger in ihrer Gemeinde würde sich vermindern. Allein aus diesem Grunde müssten Bund und Länder die Investitionsprojekte der Gemeinde bezuschussen. Selbst wenn Länder eigene Projekte im Rahmen einer Investitionsoffensive in Angriff nehmen, müssten sie dafür ebenfalls Bundeszuschüsse erhalten. Stille finanzielle Genießer wären die verschiedenen Sparten der Sozialversicherungen. Von ihnen wird die Arbeitslosenversicherung der größte Nutznießer sein, da ihr sowohl Mehreinnahmen bei den Beiträgen als auch schwerpunktmäßig sinkende Ausgaben wegen der rückläufigen Arbeitslosigkeit finanziell zugute kommen. Auch die Rentenversicherung wird höhere Einnahmen erzielen. Damit die Selbstfinanzierungsrechnung zum Tragen kommt und sie die Öffentlichkeit überzeugt, muss diese finanzielle Besserstellung bei Arbeitslosen- und Rentenversicherung mit ihren vom Bund erhaltenen Zuschüssen verrechnet werden, da der Bund als Mitfinanzier der Investitionsprojekte immer mit von der Partie ist. Selbst bei den Krankenkassen wäre eine Abführung von geschätzten Mehreinnahmen notwendig, damit nicht die Versicherten zu Lasten einer Finanzierungslücke beim Staat vom öffentlichen Investitionsprogramm profitieren.

Der Verfasser hält die Bildung eines Fonds, in den alle Ebenen gemäß ihrer geschätzten Mehreinnahmen/Minderausgaben einzahlen müssten, für noch besser. Wegen des gesamtwirtschaftlichen Selbstfinanzierungseffektes von z.B. 70 % müsste in den Fonds von den finanziellen Nutznießern insgesamt 7 Mrd. EUR eingezahlt werden, und jede Investition des Programms könnte mit 70 % bezuschusst werden.

Ohne eine solche Bezuschussung von anderen Ebenen oder aus dem Fonds träte der Fall ein, den nicht nur die Haushaltspolitiker wie den Teufel fürchten: Der Hannemann, der mit kreditfinanzierten Investitionsprojekten voran geht, wäre finanziell der Dumme. Ihm helfen dann die schönsten gesamtwirtschaftlichen Berechnungen eines hohen Selbstfinanzierungsanteils nicht viel. Er bleibt zum weit überwiegenden Teil auf seinen neu aufgenommenen Schulden sitzen, während andere staatliche Ebenen womöglich die Mehreinnahmen in ihre laufenden Haushalte einspeisen oder aufgrund der Verringerung der Kosten der Arbeitslosigkeit ihre Etats reduzieren.

Höchstwahrscheinlich werden über die Höhe der Bezuschussung politisches Gerangel und Streitigkeiten entstehen. Wahrscheinlich wird es auch Auseinandersetzungen über die Art der Projekte und nicht immer faire Wettläufe um die hochdotierten Investitionen geben. Dem vorzubeugen, empfiehlt es sich, vorrangig nur Projekte von überlokaler oder gar überregionaler Bedeutung auszuwählen.

Eines scheint sicher,

- ohne eine überzeugende Berechnung des gesamtwirtschaftlichen Selbstfinanzierungsanteils,
- ohne seine Zurechnung auf die einzelnen staatlichen Ebenen,
- ohne einvernehmliche Verrechnungs- bzw. Bezuschussungsregeln und
- ohne Auswahlkriterien für Projekte von überlokaler oder überregionaler Bedeutung

wird der politische Widerstand gegen kreditfinanzierte Investitionsprogramme nicht zu brechen sein. Werden jedoch der Bevölkerung erst einmal die Verschuldungsängste genommen, dann sprechen die Investitionsprogramme mit ihren sinnvollen Bedarfsfeldern für sich. Sie sind der Bevölkerung wachstumspolitisch und von der dringenden Notwendigkeit der Bedarfsdeckung her gesehen eigentlich leicht verständlich und plausibel zu machen.

Zum Abschluss seien noch zwei weitere Erfordernisse erwähnt.

Die Investitionsprojekte müssen das Kriterium der Zusätzlichkeit erfüllen. Sie dürfen nicht bereits im Etat enthalten sein. Selbst das Vorziehen von Projekten aus den obligatorischen mittelfristigen Finanzplanungen der Gebietskörperschaften ist problematisch, weil es dadurch später zu einem Nachlassen der Investitionstätigkeit kommen kann. Durch strenge Kriterien der Zusätzlichkeit müssen sonst mögliche Mitnahmeeffekte rigoros ausgeschaltet werden. Denn wenn die Investitionsprogramme nicht den Charakter der Zusätzlichkeit haben, geht ihr Wachstumseffekt verloren.

Schließlich müssen solche Projekte vergabereif gemacht werden für die Stunde X ihres Einsatzes. Denn Planung und Genehmigung benötigen oft viel Zeit. Für die Befürworter der Investitionsprogramme besteht dieser Einsatzzeitpunkt wegen der anhaltend hohen Arbeitslosigkeit schon seit langem, für die Politik und die Öffentlichkeit nicht. Das kann sich schnell ändern. Wegen der hohen Exportlastigkeit der deutschen Wirtschaft könnte ein Exporteinbruch die Wirtschaft in eine Rezession treiben, wie im Jahre 1993 geschehen. Nach gegenwärtigem Stand wären Politik und Bevölkerung dann sowohl mental als auch rein handwerklich-instrumentell und gesetzgeberisch nicht auf diese Stunde X der Investitionsprogramme vorbereitet.

Je eher es gelingt, die Bedenken, insbesondere die finanziellen, von Politik und Öffentlichkeit gegen Investitionsprogramme auszuräumen, desto besser werden die Chancen für ihre Realisierung.

Für die Befürworter bleibt also noch viel zu tun.

Teil B
Modellrechnungen zur produktivitätsorientierten Lohnpolitik und andere methodische Erklärungen

Einleitung

Teil B befasst sich mit methodischen Grundlagen und wirtschaftlichen Zusammenhängen, deren Kenntnis unerlässlich ist zum Verständnis und zur richtigen Beurteilung der Lohn- und Wirtschaftspolitik. Sie werden in der wirtschafts- und insbesondere in der lohnpolitischen Auseinandersetzung oft verwendet, ohne dass die meisten Leute sich genau darüber im Klaren sind, welchen Aussagewert diese Größen und Zusammenhänge überhaupt haben. Sehr oft wird ihre Kenntnis vorausgesetzt und viele Diskutanten tun so, als ob ihnen die Größen und Zusammenhänge geläufig seien.

Dieses Wissen fehlt oft sowohl bei vielen Politikern und Journalisten aller Medien als auch erst recht bei der breiten Bevölkerung, die über Lohnpolitik redet und von ihr betroffen ist. Dies gilt selbst für viele Studenten der Wirtschaftswissenschaften.

Der Hauptgrund liegt darin, dass in allen Lehrbüchern eine umfassende, systematische Aufbereitung, eine allgemeinverständliche mathematische Erläuterung und eine kritische Analyse der methodischen Grundlagen und ihres Aussagewertes fehlen. Wahrscheinlich wird ihre Bedeutung für die lohnpolitische Diskussion von Professoren und anderen Autoren unterschätzt und eine genaue Erläuterung für zu banal gehalten.

Das ist ein fataler Fehler. Er führt dazu, dass bis hin zu den Gutachten des Sachverständigenrats manche Implikationen, z.B. des Lohnstückkosten-Niveaus oder der produktivitätsorientierten Lohnpolitik, übersehen werden.

Deshalb wird nachfolgend eine allgemeinverständliche und umfassende Darstellung vorgelegt und die oft versteckten Tücken und begrenzten Aussagewerte aufgedeckt. Dazu wurden einfache Modellrechnungen konstruiert und mit elementaren algebraischen Grundkenntnissen nachvollziehbare Umformungen durchgeführt.

Die Arbeitgeberverbände und ihre Hilfstruppen in Politik und Medien wissen um die Unkenntnis der breiten Öffentlichkeit und nutzen sie aus. Eine der Hauptsäulen ihrer Übermacht in der öffentlichen Meinungsbildung gründet sich geradezu auf dieser Unkenntnis der breiten Bevölkerung. Mit ihren oft einseitigen Darstellungen haben sie dadurch mit Halbwahrheiten und mitunter mit Irreführungen der Öffentlichkeit leichtes Spiel.

Die wesentlichen Ergebnisse von Teil B sind selbstverständlich auf Hauptteil A übertragen, damit ihr Nutzen in Teil A zum Tragen kommt, und zwar in vielen Ergebnissen und Feststellungen, zu deren Beweisführung und näherer Erläuterung auf die jeweilige Fundstelle in Teil B verwiesen wird.

Zu einer fundierten Beurteilung der Lohnpolitik gehören die Kenntnis von und der sichere rechnerische Umgang mit den Auswirkungen von Lohnerhöhungen und Arbeitszeitverkürzungen bei ständig steigender Arbeitsproduktivität. Deshalb werden im ersten Kapitel anhand von Modellrechnungen einzelne Fälle der Zusammenhänge von Löhnen, Preisen, Gewinnen und Produktivität durchgespielt. Mit den daraus gewonnenen Erkenntnissen können bereits einige landläufige Stammtischparolen aus den Angeln gehoben werden.

Ebenso zählt dazu ein gründliches Wissen über den Aussagewert von wichtigen wirtschaftlichen Größen, wie Lohnquote, Produktivität und Lohnstückkosten. Im zweiten Kapitel werden sie über das bereits in Teil A Geschriebene hinaus erläutert und kommentiert. Notwendig für eine fundierte Debatte ist ihre Kenntnis allemal. Diese Art und Geschlossenheit der Darstellung der rechnerisch zusammengesetzten Größen gibt es in der Literatur bisher nicht. Einige Aspekte sind neu.

I. Auswirkungen von Lohnerhöhungen und Arbeitszeitverkürzungen bei steigender Produktivität

Nachfolgend werden durch Variationen eines Ausgangsmodells die Auswirkungen von Lohnerhöhungen und Arbeitszeitverkürzungen bei zunehmender Produktivität dargestellt.

1. Lohnerhöhungen bei steigender Produktivität

1.1 Ausgangslage

Es gilt folgende Ausgangslage:

1000 Arbeitnehmer (AN) produzieren in 2000 Jahresstunden je Arbeitnehmer zu 20 Euro je Stunde mit 100 Maschinen zu 1 Mio. EUR je Maschine 25.000 Güter zu 3000 EUR je Gut. Zur Produktion tragen auch 100 Selbständige[1] bei mit einer durchschnittlich geleisteten Jahresarbeitszeit von 2200 Stunden je Selbständigen. Insgesamt fallen 2,22 Mio. Jahresarbeitsstunden aller Erwerbstätigen an. Auf die Selbständigen entfällt als Einkommen der Gewinn.

Die Lohnkosten (Arbeitnehmerentgelt[2]) je Stunde sind mit 20 Euro angesetzt. Im Arbeitnehmerentgelt enthalten sind neben den Brutto-Stundenlöhnen[3] auch – pro Stunde umgerechnet – alle in Rahmentarif-

[1] Der Anteil der Selbständigen an den gesamten Erwerbstätigen ist in der Modellrechnung so groß wie in Deutschland. Würde man eine Rechnung nur für Aktiengesellschaften aufstellen, entfiele die Berücksichtigung von Selbständigen.

[2] In der bis 1998 geltenden Volkswirtschaftlichen Gesamtrechnung, die seitdem vom Europäischen System der Volkswirtschaftlichen Gesamtrechnung (ESVG) abgelöst worden ist, wurde es als Bruttoeinkommen aus unselbständiger Arbeit bezeichnet.

[3] Umgerechnet pro Stunde sind darunter auch Monatsgehälter und Monatslöhne.

verträgen vereinbarten Lohnbestandteile, wie Urlaubs- und Weihnachtsgeld, vermögenswirksame Leistungen, Lohnfortzahlung bei Krankheit u.ä. sowie alle Lohnnebenkosten der Arbeitgeber, wie Arbeitgeberbeiträge zur Sozialversicherung, Lohnfortzahlung bei Krankheit, freiwillige Sozialleistungen, wie Essenszuschüsse und ähnliches. Nach der Volkswirtschaftlichen Gesamtrechnung zählen z.B. auch die Vorstandsmitglieder von Aktiengesellschaften zu den Arbeitnehmern, da sie vom Aufsichtsrat angestellt sind. Entsprechend fallen ihre Bezüge ebenfalls unter die Lohnkosten.

$$\text{Lohnkosten} = 1000\ \text{AN} \cdot 2000\ \text{Std.} \cdot 20\ \text{EUR} = 40\ \text{Mio. EUR}$$

Der Kapitalaufwand soll 10 % der Anschaffungskosten der Maschinen betragen.

$$\text{Kapitalkosten} = 100\ \text{Maschinen} \cdot 1\ \text{Mio. EUR} \cdot 0{,}1 = 10\ \text{Mio. EUR}$$

Alle übrigen Betriebskosten, wie Materialeinsatz, Energiekosten, Zinskosten, Gebäudekosten, laufende Geschäftskosten u.v.a., sollen 20 Mio. EUR ausmachen.

Der Umsatz beläuft sich auf 25.000 Güter · 3000 EUR = 75 Mio. EUR.

Dann verbleibt ein Bruttogewinn von 5 Mio. EUR.

Ausgangslage

Lohnkosten =	40 Mio. EUR
Kapitalkosten =	10 Mio. EUR
übrige Betriebskosten =	20 Mio. EUR
Summe der Kosten =	70 Mio. EUR
Umsatz =	75 Mio. EUR
Bruttogewinn =	5 Mio. EUR

Von besonderem Interesse ist das Verhältnis von Lohnkosten zur Produktivität. Das sind die Lohnstückkosten. Die Lohnkosten und Produktivität sind sowohl je Arbeitnehmer bzw. je Erwerbstätigen als auch je Arbeitnehmerstunde bzw. Erwerbstätigenstunde für alle durchgespielten Fälle aufgeführt. Beide Relationen kommen bei den nachfolgenden Variationen zu fast dem gleichen Ergebnis[1]. Die Berechnungen auf Stundenbasis[2] haben den Vorteil, dass sie unmittelbar auf Stundenlohnerhöhungen anwendbar sind. Die Lohnkosten je Arbeitnehmer bzw. je Arbeitnehmerstunde betragen 40.000 EUR bzw. 20 EUR. Die Produktivität je Erwerbstätigen bzw. je Erwerbstätigenstunde beläuft sich auf 22,73 Stück (25.000/1.100) bzw. 0,01126 Stück (25.000/2,22 Mio.) je Stunde. Daraus lassen sich die Lohnstückkosten mit 1.760 EUR bzw. 1.776 je Stück errechnen. Das Stück wurde zum Preis von 3.000 verkauft. Daraus ergeben sich Lohnstückkosten von 0,587 bzw. 0,592. Der übliche Weg zur Berechnung der wertmäßigen Lohnstückkosten verläuft so: Die Lohnkosten je Arbeitnehmer (40.000) werden auf den Produktionswert je Erwerbstätigen in Höhe von 68.182 (75 Mio./1100) bezogen, und es ergeben sich Lohnstückkosten von 0,587 je Produktionswert-Einheit. Auf Stundenbasis sind es 0,592 (20/33,78).

Streng genommen müssen die Lohnkosten auf die Nettoproduktion (Bruttoproduktion minus Vorleistungen) bezogen werden. Zur rechnerischen Vereinfachung und zum besseren betriebwirtschaftlichen Verständnis werden sie in den Modellrechnungen auf die Bruttoproduktion bezogen, da ein proportionaler Verlauf von Produktion und Vorleistungen unterstellt wird. Somit macht es keinen Unterschied, ob die Lohnkosten zur Netto- oder Bruttoproduktion ins Verhältnis gesetzt werden. Die Entwicklung von Lohnstückkosten und Gewinnen bleibt davon unberührt.

Die Stückgewinne, das ist der Gewinn je Produktionseinheit, betragen 200 EUR je Stück.

[1] Die sehr geringfügige Differenz zwischen den Lohnstückkosten auf Personen- und auf Stundenbasis resultiert aus der längeren Arbeitszeit der Selbständigen. Keine Abweichungen treten bei den Veränderungsraten auf (siehe B II. 4.2).

[2] In der Praxis ist die geleistete Gesamtstundenzahl in einem Unternehmen allerdings schwieriger zu ermitteln als die Zahl der Beschäftigten.

Die Lohnkosten am Umsatz machen 53,33 %, der Gewinn am Umsatz (Umsatzrendite) 6,67 % und die Kapitalrendite (Gewinn zu Kapitalbestand) 5 % aus.

Die Kapitalintensität, das ist der Kapitalbestand (Anschaffungswert in konstanten Preisen bis zum Ausscheiden der Maschinen aus dem Produktionsprozess) im Verhältnis zur Zahl der Erwerbstätigen, beträgt 100. 000 EUR je Arbeitnehmer.

Nachfolgend wird die Ausgangslage für 6 Fälle abgewandelt. (Im Anhang des Buches sind in der Tabelle „Modellrechnungen zu B I.“ alle Modelle zusammengefasst.)

1.2 Löhne steigen wie die Arbeitsproduktivität (Fall 1)

Es werden drei zusätzliche Maschinen eingesetzt. Damit vermehrt sich der Maschinenpark um 3 %.

Bei unverändertem Arbeitsvolumen (2,22 Mio. Erwerbstätigenstunden) soll sich die Produktion ebenfalls um 3 % ausdehnen, und zwar von 25.000 um 750 auf 25.750 Güter.

Die Stundenproduktivität beläuft sich dann auf: 0,0116 Güter (25.750 Güter geteilt durch 2,22 Mio. Std.). Dies ist ebenfalls ein Zuwachs von 3%.

Nun wird ein Anstieg der Lohnkosten je Stunde in Höhe der Zunahme der Stundenproduktivität – also um 3% – angenommen (Stundenlohnerhöhung von 20 EUR auf 20,60 EUR).

Wegen des um 3 % vermehrten Maschineneinsatzes nehmen die Kapitalkosten um 3 % zu. Wegen der ausgeweiteten Produktion wird angenommen, dass auch die übrigen Kosten (z.B. Materialeinsatz, Energiekosten, Umsatzsteuern u.v.a.) ebenfalls um 3 % zunehmen.

Der Güterpreis wird als stabil angenommen. Dann ergibt sich folgende Bilanz:

Lohnkosten = 1000 · 2.000 · 20,60 = 41,2 Mio. EUR

Kapitalkosten = 103 · 1 Mio. EUR · 0,1 = 10,3 Mio. EUR

übrige Betriebskosten = Anstieg um 3% = 20,6 Mio. EUR

Summe der Kosten = 72,1 Mio. EUR

Umsatz = 25.750 · 3000 EUR = 77,25 Mio. EUR

Bruttogewinn = 5,15 Mio. EUR

Der Bruttogewinn wächst auf 5,15 Mio. EUR, also ebenfalls um 3 % und somit genau in dem gleichen Maße wie die Stundenlöhne.

Obwohl die Lohnkosten um 3 % zugenommen haben, bleiben die Lohnstückkosten mit 1776 EUR je Produktionseinheit unverändert (20,60 EUR Lohnkosten je Arbeitnehmerstunde zur Produktivität von 0,0116 Güter je Erwerbstätigenstunde). Diese Konstanz der Lohnstückkosten stellt sich auch bei der wertmäßigen Produktivität mit 0,592 ein, die sich aus dem Quotienten von 20,60 zu 34,80 (= 0,0116 · 3000) ergibt. Auch die Stückgewinne (5,15 Mio. EUR: 25.750 = 200 EUR) bleiben konstant. Die Lohnanteil am Umsatz und der Gewinnanteil am Umsatz (Umsatzrendite) verändern sich ebenfalls nicht.

Die Kapitalintensität klettert auf 103.000 EUR je Arbeitsplatz (103 Mio. EUR Kapitalbestand zu 1000 Arbeitnehmer) um ebenfalls 3 %. Obwohl die Kapitalintensität und zwar im Maße der Produktivität – angestiegen ist, nehmen die Gewinne proportional zu den Löhnen zu. Ein Anstieg der Kapitalintensität rechtfertigt also keinen überproportionalen Gewinnanstieg, wie die Unternehmerverbände in der Öffentlichkeit oft vorgeben. Es sei denn, die Kapitalintensität nähme stärker zu als die Produktivität.

Als wichtigstes Ergebnis von Fall 1 sei festgehalten:

Nehmen die Löhne im Ausmaß der Produktivität zu, dann bleiben die Lohnstückkosten konstant. Dies ist die oft beschworene Kostenneutralität einer produktivitätsorientierten Lohnpolitik. Von der Lohnkostenseite geht somit kein Druck auf die Preise aus.

Die Gewinne steigen im selben Maße wie die Löhne. Damit ist die produktivitätsorientierte Lohnpolitik bei Preisstabilität auch gleichzeitig verteilungsneutral. Die Verteilungsneutralität hängt allerdings vom Verlauf der anderen Kostenarten ab. Wäre z.B. die Produktivitätssteigerung nicht durch vergrößerten Kapitaleinsatz, sondern allein durch betriebliche Umorganisation und/oder verschärften Arbeitsdruck erfolgt, dann wären die Gewinne entsprechend stärker als die Löhne angestiegen. In unserem Beispiel wäre dann der Kapitalkostenanstieg von 0,3 Mio. EUR entfallen und die Gewinne wären auf 5,45 Mio. EUR (+ 9 %) geklettert. Andererseits könnte eine über die Produktivitätssteigerung hinausgehende Zunahme der übrigen Betriebskosten, z.B. durch Explodieren der Energiepreise, einen geringeren Zuwachs der Gewinne als der Löhne bewirken.

Nochmals sei darauf aufmerksam gemacht, dass in den Lohnkosten (Arbeitnehmerentgelte) auch alle Lohnnebenkosten enthalten sind. Steigen die Bruttolöhne im Maße der Produktivität, die Lohnnebenkosten jedoch stärker (schwächer), dann nimmt der Gewinn unterdurchschnittlich (überdurchschnittlich) zu.

1.3 Löhne steigen wie Arbeitsproduktivität plus erwartetem Preisanstieg (Fall 2)

Zusätzlich zu Fall 1 wird hier angenommen, dass die Preise um 2 % erhöht werden (Fall 2). Der nominale Wert der Produktion klettert dann um 5,06 %[1]. Der Zuwachs der Stundenproduktivität bleibt mengenmäßig unverändert bei 3 %. Wertmäßig nimmt sie um 5,06 % zu. Die Lohnkosten je Stunde werden nunmehr im Ausmaß der Produktivitätssteigerung (3 %) und des Preisanstiegs (2 %), also um 5,06 %, auf 21,01 EUR heraufgesetzt. Die Lohnstückkosten erhöhen sich dann von 1776 EUR auf 1812 EUR je Stück um 2 %, also in dem Ausmaß, wie die Lohnerhöhung die mengenmäßige Produktivität überschießt.

Die Kapitalkosten wachsen um 5,06 % (3 % Zunahme des Maschinenparks plus unterstelltem Anstieg der Maschinenpreise von 2 % (Abschreibungen zu Wiederbeschaffungspreisen). Im gleichen Ausmaß expandieren die übrigen Betriebskosten und der Umsatz (3 % Mehrproduktion plus 2 % Anstieg des Absatzpreises). Daraus ergibt sich folgende Bilanz:

[1] Der Wert ergibt sich analog der in Teil B I. 1.4 dargestellten multiplikativen Methode (hier: $1{,}03 \cdot 1{,}02 = 1{,}0506$)

Lohnkosten = 1000 · 2.000 · 20 · 1,0506 = 42,024 Mio. EUR

Kapitalkosten = 103 · 1 Mio. EUR · 1,02 · 0,1 = 10,506 Mio. EUR

übrige Betriebskosten = 20 Mio. EUR · 1,03 · 1,02 = 21,012 Mio. EUR

Summe der Kosten = 73,542 Mio. EUR

Umsatz = 25.750 · 3000 EUR · 1,02 = 78,795 Mio. EUR

Bruttogewinn = 5,253 Mio. EUR

Der Gewinn nimmt also ebenfalls um 5,06 % zu.

Als wichtigstes Ergebnis von Fall 2 halten wir fest:

Erhöhen sich die Löhne im Maße der Produktivität und des Preisanstiegs, dann steigen normalerweise (d.h. bei prozentual gleicher Veränderung der Kapitalkosten und der übrigen Kosten) die Gewinne in derselben Rate wie die Löhne.

Die Lohnpolitik ist dann verteilungsneutral. Diese Verteilungsneutralität kommt auch in der Konstanz der sogenannten realen Lohnstückkosten, das sind die nominalen Lohnkosten (+5,06 %) bezogen auf die wertmäßige Produktivität (+5,06 %), zum Ausdruck.

Fall 2 wird oft als sog. Meinold-Formel[1] bezeichnet.

Die Lohnpolitik ist allerdings nicht kostenneutral. Die nominalen Lohnstückkosten klettern entsprechend der Preissteigerungsrate um 2 %. Auch die Stückgewinne verhalten sich nicht preisneutral; sie erhöhen sich ebenfalls um 2 %. Die Kapital- und die Umsatzrendite bleiben konstant.

1.4 Löhne steigen stärker als Produktivität plus Preise (Fall 3)

Mit Ausnahme der Löhne sollen für alle Größen dieselben Voraussetzungen gelten wie im Fall 2. Demgegenüber sollen die Löhne mit 5,5 % stärker ansteigen als Produktivität (3 %) und Preise (2 %) zusammen (5,06 %). (Fall 3).

[1] Genannt nach Prof. Meinold, einem ehemaligen Vorsitzenden des Sozialbeirats der Bundesregierung.

Die Bilanz ist dann:

Lohnkosten = 1000 · 2.000 · 20 EUR · 1,055 = 42,200 Mio. EUR

Kapitalkosten = 103 · 1 Mio. EUR · 1,02 · 0,1 = 10,506 Mio. EUR

übrige Betriebskosten = 20 · 1,03 · 1,02 = 21,012 Mio. EUR

Summe der Kosten = 73,718 Mio. EUR

Umsatz = 25.750 · 3000 EUR · 1,02 = 78,795 Mio. EUR

Bruttogewinn = 5,077 Mio. EUR

Der Gewinn steigt zwar noch absolut gegenüber der Ausgangslage von 5 Mio. EUR auf 5,077 Mio. EUR, wenn auch mit 1,5 % unterproportional zu den Löhnen. Die Lohnstückkosten klettern um 2,43 % auf 1803 EUR. Die Stückgewinne sinken auf 197 EUR und die Umsatzrendite fällt auf 6,44 %. Wie jeder selbst leicht errechnen könnte, hätte jedoch ein Lohnanstieg von z.B. 6 % – ohne Kostenüberwälzung auf die Preise – einen Gewinnrückgang von 2,5 % zur Folge.

Wollen die Unternehmer ihre Verteilungsposition halten und ebenfalls Einkommenssteigerungen von 5,5 % erzielen, müssen sie die Preise auf allen Stufen im selben Maße wie die Lohnstückkosten, also um 2,43 %, anheben. Dann ergibt sich folgende Bilanz:

Lohnkosten = 1000 · 2.000 · 20 EUR · 1,055 = 42,200 Mio. EUR

Kapitalkosten = 103 · 1 Mio. EUR · 1,0243 · 0,1 = 10,550 Mio. EUR

übrige Betriebskosten = 20 Mio. EUR · 1,03 · 1,043% = 21,101 Mio. EUR

Summe der Kosten = 73,851 Mio. EUR

Umsatz = 25.750 · 3000 EUR · 1,0243 = 78,795 Mio. EUR

Bruttogewinn = 5,276 Mio. EUR

Bezogen auf den Bruttogewinn in der Ausgangslage von 5 Mio. EUR nehmen dann die Gewinne um ebenfalls 5,5 % zu.

Schließlich soll als Untervariante der Fall durchgespielt werden, dass die erwartete Preissteigerung von 2 % allein auf eine Mehrwertsteuererhöhung um 2 %[1] zurückzuführen ist. Die Mehreinnahmen von 1,545 Mio. EUR (77,25 · 0,02) verbleiben dann nicht in den Kassen der Unternehmer, sondern müssen an den Staat abgeliefert werden.

Lohnkosten = 1000 · 2.000 · 20 EUR · 1,0506 = 42,024 Mio. EUR

Kapitalkosten = 103 · 1 Mio. EUR · 1,02 · 0,1 = 10,506 Mio. EUR

übrige Betriebskosten = 20 Mio. EUR · 1,03 · 1,02 = 21,012 Mio. EUR

Summe der Kosten = 73,542 Mio. EUR

Umsatz = 25.750 · 3000 EUR · 1,02 = 78,795 Mio. EUR

davon als zusätzliche Mehrwertsteuern abzuführen = 1,545 Mio. EUR = 77,25 Mio. EUR

Bruttogewinn = 3,708 Mio. EUR

Der Bruttogewinn geht in dieser Variante deutlich zurück.

Ähnliches gilt auch, wenn andere Kostenerhöhungen auf die Preise überwälzt werden und diese preislichen Mehreinnahmen nicht im Unternehmenssektor verbleiben, sondern ins Ausland (z.B. Ölpreiserhöhungen) oder in die Kassen der öffentlichen Hand (z.B. Gebührenanhebungen, Energiesteuererhöhungen). Davon wären auch die Ergebnisse in den Fällen 1 und 2 gewinnmindernd betroffen.

Halten wir das wichtigste Ergebnis von Fall 3 fest:

Lohnsteigerungen, die über den Produktivitäts- und erwarteten Preisanstieg hinausgehen, können zu zusätzlichen Preissteigerungen führen. Sie brauchen es aber nicht, wenn sie zu Lasten der Gewinnentwicklung gehen. Trotz sinkender Stückgewinne und rückläufiger Rendite ist es durchaus möglich, dass die Gewinne dann noch absolut zunehmen – wenn auch nur unterdurchschnittlich.

[1] In der Realität hätte in Deutschland eine Mehrwertsteuererhöhung von 2 % rein rechnerisch nur eine Teuerungsrate von rd. 1,2% zur Folge, da ein Teil der Güter und Dienstleistungen mit dem halben Steuersatz belastet (z.B. viele Nahrungsmittel) oder frei von Mehrwertsteuer ist (z.B. viele Güter und Dienstleistungen im Gesundheitswesen).

Grundsätzlich könnte man auch einen Fall konstruieren (z.B. Abwandlung des Falles 1), in dem Lohnerhöhungen, die über die Produktivitätsentwicklung hinausgehen, durchaus mit Preisstabilität zu vereinbaren sind, wenn sie zu Lasten einer unterdurchschnittlichen Gewinnentwicklung gehen.

In manchen Zeiten der Vergangenheit haben die Gewerkschaften versucht, den Fall 3 (Umverteilungskomponente) anzustreben, d.h. die Löhne sollten stärker als die Gewinne zunehmen). Sie waren der Ansicht, dass derartige Lohnerhöhungen durchaus nicht zu zusätzlichen Preissteigerungen führen müssen, wenn sie zu Lasten einer verminderten Gewinnentwicklung gingen. Diese Umverteilungskomponente forderten die Gewerkschaften in Zeiten, denen Gewinnbooms vorausgegangen waren. Die preisstabile Durchsetzung dieser Umverteilungsstrategie ist möglich, wenn wirtschaftspolitisch eine Konjunkturüberhitzung verhindert und damit eine Kostenüberwälzung auf die Preise erschwert wird und/oder die Unternehmen durch eine verschärfte Wettbewerbs- und Verbraucherpolitik und eine offenere Außenhandelspolitik zu mehr Preiskonkurrenz veranlasst werden.

2. Variationen von Arbeitszeitverkürzungen bei gleichzeitiger Lohnerhöhung und steigender Produktivität

Im Nachfolgenden werden unter Zugrundelegung von Fall 1 Arbeitszeitverkürzungen mit vollem, teilweisem und ohne unmittelbarem Beschäftigungseffekt dargestellt. (Man kann die Varianten der Arbeitszeitverkürzung auch am Fall 2 – verteilungsneutrale Lohnpolitik – demonstrieren; am Ergebnis ändert sich dann nichts.)

Im Fall 1, auf den sich alle nachfolgenden Arbeitszeit-Varianten beziehen, nahmen Lohnkosten und Umsatz um 3 % zu. Die Produktions- und die Produktivitätssteigerung betrugen 3 %. Die Preise blieben konstant.

2.1 Die Arbeitszeitverkürzung schlägt sich voll in Mehrbeschäftigung nieder (Fall 4)

Die Arbeitszeit wird um 2 % auf 1960 Std. verkürzt. Es wird unterstellt, dass sich die Verminderung der Arbeitszeit voll in Mehrbeschäftigung niederschlägt. Um die 2 Mio. Arbeitnehmerstunden aufrechtzuerhalten, kann die Zahl der Beschäftigten um etwas mehr als 2 %, nämlich um 2,04 %[1], aufgestockt werden. Dies bedeutet eine Neueinstellung von 20,4 Arbeitnehmern (also z.B. 20 Vollzeitkräfte und eine Teilzeitkraft).

Ebenso wie in Fall 1 erhöht sich die Stundenproduktivität um 3 %. Denn die Zahl der gesamten Erwerbstätigenstunden ist mit 2,22 Mio. gleich geblieben und die Produktion wurde um 3 % ausgedehnt. Zwar ist die Arbeitszeit des einzelnen Arbeitnehmers um 2 % gesunken, gleichzeitig wurde die Zahl der Arbeitnehmer um 2,04 % ausgeweitet.

Entsprechend der Zunahme der Stundenproduktivität von 3 % wird nunmehr eine Stundenlohnerhöhung von 3 % vereinbart. Die Lohnstückkosten und die Stückgewinne bleiben dann konstant.

Die Gewinne klettern um ebenfalls 3 %, wie die Bilanz zeigt:

Lohnkosten = 1020,4 · 1960 · 20,60 = 41,2 Mio. EUR

Kapitalkosten = 103 · 1 Mio. EUR · 0,1 = 10,3 Mio. EUR

übrige Betriebskosten = Anstieg um 3 % = 20,6 Mio. EUR

Summe der Kosten = 72,1 Mio. EUR

Umsatz = 25.750 · 3000 EUR = 77,25 Mio. EUR

Bruttogewinn = 5,15 Mio. EUR

Für den einzelnen Arbeitnehmer ergibt sich allerdings nur eine Lohnsteigerung von 1 %, da der Erhöhung des Stundenlohnes um 3 % eine Verringerung der Arbeitszeit um 2 % entgegenwirkt. Die Arbeitnehmer

[1] Dies liegt am Unterschied im Rechnen vom-Hundert und in-Hundert. Ein Beispiel: Wenn man von 100 10% abzieht, erhält man 90. Um wieder auf 100 zu kommen, muss man 90 um 11,11 % erhöhen.

lassen sich also die Arbeitszeitverkürzung von 2 % voll anrechnen, da eine Beschäftigungsausweitung von ebenfalls 2 % zugesagt wurde und auch eintritt. Dennoch handelt es sich hier im gewerkschaftlichen Sinne um Lohnausgleich (siehe dazu A II. 5.3.2). Denn die ausgezahlten Wochen- oder Monatslöhne und Monatsgehälter haben trotz Arbeitszeitverkürzung noch um 1 % zugenommen. Lohnausgleich im gewerkschaftlichen Sinne liegt immer dann vor, wenn trotz Arbeitszeitverkürzung die Lohnsumme noch zunimmt oder mindestens ihr Niveau hält (siehe weitere Erläuterungen A II. 5.3.2).

Festzuhalten für Fall 4 der Arbeitszeitverkürzung bei vollem Beschäftigungseffekt ist: Die Stundenlohnerhöhung kann sich auch bei Arbeitszeitverkürzung mit vollem Beschäftigungseffekt nach dem Anstieg der Stundenproduktivität (3 %) ausrichten. Wegen des Rückgangs der Arbeitszeit kommt es für den einzelnen Arbeitnehmer allerdings zu einer geringeren Einkommenssteigerung (1 %) als ohne Arbeitszeitverkürzung. Für das Unternehmen bleiben trotz Mehrbeschäftigung die Lohnstückkosten konstant. Trotz Arbeitszeitverkürzung handelt es sich also um eine kostenneutrale Lohnpolitik.

2.2 Arbeitszeitverkürzung schlägt sich nur teilweise in Mehrbeschäftigung nieder (Fall 5)

Wie im Fall 4 wird die Arbeitszeit um 2 % verkürzt. Es kommt jedoch nur zu einer Mehrbeschäftigung von 1% (10,2 Arbeitnehmer).

Trotzdem wird die Produktion um 3 % ausgeweitet. Dann wächst die Stundenproduktivität um 4 %. Es entsteht im Vergleich zu Fall 4 eine Zusatzproduktivität von 1%. Trotzdem soll nun zunächst davon ausgegangen werden, dass es nur zu einer Stundenlohnerhöhung von 3 % (Fall 5a) – also in Höhe der anfangs erwarteten Produktivitätssteigerung – kommt. Die Lohnstückkosten sinken um 1%.

Lohnkosten = 1010,2 · 1960 · 20,60 = 40,79 Mio. EUR

Kapitalkosten = 103 · 1 Mio. EUR · 0,1 = 10,3 Mio. EUR

übrige Betriebskosten = Anstieg um 3 % = 20,6 Mio. EUR

Summe der Kosten = 72,1 Mio. EUR

Umsatz = 25.750 · 3000 EUR = 77,25 Mio. EUR

Bruttogewinn = 5,56 Mio. EUR

Der Bruttogewinn wächst auf 5,56 Mio. EUR, er steigt um 11 % und damit merklich stärker als die Lohnsumme (2 %). Die Stückgewinne expandieren um 8 %. Es ist also festzuhalten: Nimmt die Produktivität durch Arbeitszeitverkürzung zusätzlich zu und geht diese Zusatzproduktivität nicht in die Lohnerhöhung ein, entstehen Zusatzgewinne.

Als Fall 5b wird eine Stundenlohnerhöhung von 4 % – also in Höhe der normalen plus zusätzlichen Stundenproduktivität – vereinbart.

Als Ergebnis bleibt es dann für das Unternehmen wie in den Fällen 4 und 1 bei einer kostenneutralen Lohnsummensteigerung von 3 % (4 % Stundenlohn minus 1 % Verringerung der Gesamtstundenzahl). Die Lohnstückkosten bleiben konstant. Lohnsumme und Gewinne entwickeln sich in derselben Rate (3 %).

Der einzelne Arbeitnehmer erzielt eine Einkommenssteigerung von 2 % (4 % je Stunde minus 2 % geleistete Stunden). Wie im Fall 4 haben sich die Arbeitnehmer die Mehrbeschäftigung (1%) voll anrechnen lassen.

Auch im Fall 5 b gilt wiederum: Eine Orientierung der Lohnpolitik an der Stundenproduktivität führt trotz Arbeitszeitverkürzungen zu einer Anrechnung der Lohnkosten, die den Unternehmen durch die Mehrbeschäftigung entstehen. Sie ist also kostenneutral.

2.3 Arbeitszeitverkürzung ohne unmittelbaren Beschäftigungseffekt (Fall 6)

Die Arbeitszeit wird wiederum um 2 % verkürzt. Es werden keine Neueinstellungen vorgenommen. Die Zahl der Arbeitnehmer bleibt wie im Fall 1 mit 1000 unverändert.

Die Produktion wird trotz der Herabsetzung der betrieblichen Gesamtstundenzahl auf 2,18 Mio. Stunden um 3 % gesteigert, d.h. die

Stundenproduktivität nimmt um 5 % zu. Es entsteht also eine Zusatzproduktivität von 2 %.

Auch der Fall 6 wird in die Fälle 6a und 6b aufgeteilt.

Im Fall 6a wird angenommen, dass es zu einer Stundenlohnerhöhung in Höhe der ursprünglich erwarteten Produktivitätssteigerung von 3 % kommt. Als Folge schnellen die Gewinne auf 5,82 Mio. EUR (16 %) hoch.

In Fall 6 b wird eine Stundenlohnerhöhung von 5 %, also einschließlich der entstandenen Zusatzproduktivität, vereinbart. Die Lohnstückkosten bleiben konstant. Lohnsumme und Gewinne entwickeln sich parallel.

Für den einzelnen Arbeitnehmer resultiert daraus eine kostenneutrale Lohnsummensteigerung von 3 % (5 % Stundenlohnerhöhung minus 2% weniger geleistete Stunden). Die Arbeitnehmer brauchten sich die Arbeitszeitverkürzung somit nicht anrechnen zu lassen, da dem Unternehmen wegen fehlender Neueinstellungen keine Mehrkosten an Lohnsumme[1] entstehen.

Wir haben diesen Fall 6 „Arbeitszeitverkürzung ohne unmittelbaren Beschäftigungseffekt“ genannt. Dennoch kann er arbeitsmarktpolitisch eine günstige Wirkung haben. Denn es ist durchaus möglich, dass ohne Arbeitszeitverkürzung Entlassungen vorgenommen worden wären. Fall 6 schafft zwar keine zusätzlichen Arbeitsplätze, er verhindert jedoch Entlassungen und zusätzliche Arbeitslosigkeit.

Zum Abschluss sei darauf hingewiesen, dass die Fälle 4-6 selbstverständlich auch mit den Fällen 2 und 3 kombiniert werden können. Eine Lohnpolitik, die sich bei Arbeitszeitverkürzung an der Stundenproduktivität plus Preissteigerungen ausrichtet, wäre dann verteilungsneutral.

Fazit: Eine Lohnpolitik, die sich trotz Arbeitszeitverkürzung an der Entwicklung der Stundenproduktivität bzw. und an der Preissteigerung

[1] Von Arbeitgeberseite wird oft eingewandt, bei Arbeitszeitverkürzung komme es zu zusätzlichen Kosten wegen geringerer Nutzungszeiten von Maschinen und anderen Sachkapitalien. So viel sei demgegenüber festgestellt: Arbeitszeitverkürzung hat die Produktion flexibler gestaltet, und seit den 80er Jahren hat sich trotz Arbeitszeitverkürzung die Maschinenlaufzeit verlängert.

ausrichtet, ist kosten- bzw. verteilungsneutral. Sie führt allerdings genau in dem Maße, wie sie Mehrbeschäftigung schafft, zu Einkommensminderungen für den einzelnen Arbeitnehmer gegenüber dem Fall ohne Arbeitszeitverkürzung. In diesen Fällen finanzieren die bereits beschäftigten Arbeitnehmer mittels Arbeitszeitverkürzung die Neueinstellungen.

II. Erläuterungen und Kommentierung von ökonomisch wichtigen, rechnerisch zusammengesetzten Größen

1. Zur bereinigten Lohn- und Arbeitseinkommensquote

1.1 Bereinigte Lohnquote

Trotz Bereinigung von unterschiedlichen Arbeitnehmerquoten bleibt die Erklärungskraft der Lohnquote begrenzt. Sie lässt für sich genommen keinen Rückschluss auf die absolute Entwicklung der Löhne je Arbeitnehmer zu, sondern nur auf ihre Relation zur Entwicklung der Einkommen aller Erwerbstätigen. In folgender Modellrechnung (B II. 1.1) wird nachgewiesen, dass sich die bereinigte Lohnquote auch dann erhöhen kann, wenn der Lohn je Arbeitnehmer konstant bleibt.

Bei steigender Arbeitnehmerzahl und gleichzeitig unveränderter Selbständigenzahl (zunehmende Arbeitnehmerquote) nimmt im Modellbeispiel die tatsächliche Lohnquote von 66,7 % auf 71,4 % erwartungsgemäß zu, obwohl der Lohn je Arbeitnehmer konstant geblieben ist.

Wegen der Konstanz des Lohnes ist nun zu erwarten, dass die bereinigte Lohnquote, die ja die Erhöhung der Arbeitnehmerquote ausschaltet, konstant bleibt im Vergleich zur Ausgangslage, in der tatsächliche und bereinigte Lohnquote mit 66,7 % gleich groß sind.

Dies ergibt sich aus der Formel allerdings nicht. Zunächst sehr überraschend, stellt sich ihr Wert auf 68,6 %. Auf diesen zunächst erstaunlichen Effekt wurde bisher nirgendwo aufmerksam gemacht.

Und dies ist die Lösung: Die bereinigte Lohnquote steigt (sinkt) immer dann, wenn sich der Lohn je Arbeitnehmer besser (schlechter) entwickelt als das Volkseinkommen je Erwerbstätigen. Dies ist in der Modellrechnung der Fall. Denn der Lohn je Arbeitnehmer bleibt zwar konstant, aber das Volkseinkommen je Erwerbstätigen geht von 1,20 EUR auf 1,17[2] EUR zurück.

Dieser Effekt kommt zustande, weil die Arbeitnehmer, die insgesamt ein unterdurchschnittliches Einkommen haben, anteilmäßig zunehmen.

Die Relation von Lohn je Arbeitnehmer zu Volkseinkommen je Erwerbstätigen steigt von $1/1{,}20 = 0{,}8\overline{3}$ auf $1/1{,}1\overline{6} = 0{,}857$, das ist ein Zuwachs von 2,84 %. Genau um diesen Prozentsatz (nicht Prozent-Punkte) nimmt die bereinigte Lohnquote von 66,7 % auf 68,6 % zu.

Aus der Veränderung der bereinigten Lohnquote lässt sich somit unmittelbar ablesen, wie sich der Lohn je Arbeitnehmer zum Volkseinkommen je Erwerbstätigen entwickelt hat. Dies zeigt die Umformung von Gleichung in A II. 6.2 in:

$$LQ_t^{ber} = \frac{\frac{L_t}{AN_t}}{\frac{VE_t}{E_t}} \cdot 100 \cdot \frac{AN_B}{E_B} \qquad (1a)$$

Verbessert (verschlechtert) sich beim ersten Faktor das Verhältnis von Zähler zu Nenner, dann steigt (sinkt) die Lohnquote. Der dritte Faktor, die Arbeitnehmerquote des Basisjahres (AN_B/E_B), hat als Konstante keinen Einfluss auf die Veränderungsrate, wohl aber auf das Niveau der bereinigten Lohnquote.

Wie noch gezeigt wird (siehe B II. 4), ist diese Gleichung weitgehend identisch mit den Lohnstückkosten, bei denen der Lohn je Arbeitnehmer zum Bruttoinlandsprodukt je Erwerbstätigen gesetzt wird, also nicht wie in obiger Gleichung zum Volkseinkommen. Volkseinkommen und Bruttoinlandsprodukt verlaufen jedoch weitgehend parallel.

Es ist noch auf einen weiteren Effekt hinzuweisen. Die absolute Höhe der bereinigten Lohnquote ist von der Wahl des Basisjahres für die Arbeitnehmerquote abhängig. Würde man im Modellbeispiel als Basisjahr für die Arbeitnehmerquote das Jahr 2 wählen, dann würden

[2] Der nicht gerundete Wert beträgt $1{,}1\overline{6}$

Modellrechnung zur bereinigten Lohnquote (B II. 1.1)

	Jahr 1	Jahr 2
Arbeitnehmer	80	100
Lohn je Arbeitnehmer	1,-- EUR	1,-- EUR
Lohnsumme	80	100
Einkommen aus Unt. und Vermögen	40	40
Volkseinkommen	120	140
tatsächliche Lohnquote	66,67%	71,43%
Selbständige	20	20
Erwerbstätige	100	120
Arbeitnehmerquote	80%	83,33%
Volkseinkommen je Erwerbstätigen	1,20 EUR	1,17 EUR
bereinigte Lohnquote (Basis Jahr 1)	66,67%	68,57%
bereinigte Lohnquote (Basis Jahr 2)	69,44	71,43

Im Jahr 2 erhöht sich die Zahl der Arbeitnehmer auf 100.
Der Lohn je Arbeitnehmer soll bei 1,-- EUR konstant bleiben.

Ergebnis: Obwohl sich der Lohn je Arbeitnehmer nicht erhöht hat, ist die bereinigte Lohnquote angestiegen.

die bereinigten Lohnquoten für das Jahr 1 69,4 % und für das Jahr 2 71,4 % (im Basisjahr sind tatsächliche und bereinigte Lohnquote identisch) betragen. Das absolute Niveau der bereinigten Lohnquote würde also steigen.

Der Zuwachs von 69,4 % auf 71,4 % ist allerdings genau gleich dem Anstieg von 66,7 % auf 68,6 % (wenn man mit nicht gerundeten Zahlen rechnet), wie er sich im Fall eines Basisjahres 1 ergibt.

Bei einem internationalen Vergleich des Niveaus von bereinigten Lohnquoten ist also stets darauf zu achten, ob dasselbe Basisjahr gewählt wurde, ansonsten ist auf ein gemeinsames Basisjahr umzubasieren.

1.2 Arbeitseinkommensquote

Die Arbeitseinkommensquote im jeweiligen Jahr t wird definiert:

$$\text{Arbeitseinkommensquote} = \frac{\frac{L_t}{AN_t} \cdot AN_t + \frac{L_t}{AN_t} \cdot S_t}{VE_t} \cdot 100 \qquad (2)$$

$$= \frac{\frac{L_t}{AN_t}(AN_t + S_t)}{VE_t} \cdot 100$$

$$= \frac{\frac{L_t}{AN_t} \cdot E_t}{VE_t} \cdot 100$$

wobei S die Zahl der Selbständigen einschließlich der mithelfenden Familienangehörigen, soweit sie nicht als Arbeitnehmer geführt werden, bedeutet.

Bis hierhin besagt die Arbeitseinkommensquote nichts anderes, als dass die Arbeitseinkommen als Produkt aus Lohn je Arbeitnehmer mal der Zahl aller Erwerbstätigen ins Verhältnis zum Volkseinkommen gesetzt werden.

Durch eine einfache Umformung geht Gleichung (2) über in

$$\text{(2a) Arbeitseinkommensquote} = \frac{\frac{L_t}{AN_t}}{\frac{VE_t}{E_t}} \cdot 100$$

und macht auf einen wichtigen Aspekt aufmerksam. Denn dieser Ausdruck ist dem Leser als Hauptbestandteil der Formel für die bereinigte Lohnquote (1a) bekannt.

$$LQ_t^{ber} = \frac{\dfrac{L_t}{AN_t}}{\dfrac{VE_t}{E_t}} \cdot 100 \cdot \frac{AN_B}{E_B} \qquad (1a)$$

das bedeutet, die bereinigte Lohnquote lässt sich formulieren als

$$LQ_t^{ber} = \text{Arbeitseinkommensquote} \cdot \frac{AN_B}{E_B}$$

$$\text{Arbeitseinkommensquote} = LQ_t^{ber} \cdot \frac{E_B}{AN_B}$$

Die Arbeitseinkommensquote ist also nichts anderes als die bereinigte Lohnquote multipliziert mit der konstanten Relation $\frac{E_B}{AN_B}$, d.h. sie ist stets um das Verhältnis von Erwerbstätigen zu Arbeitnehmern im Basisjahr höher. Dies ist auch einleuchtend, da in den Arbeitseinkommen nicht nur der Lohn der Arbeitnehmer, sondern auch der „kalkulatorische" Lohn der Selbständigen enthalten ist. Da der Faktor $\frac{E_B}{AN_B}$ konstant ist, hat er keinen Einfluss auf die Veränderungsraten, d.h. die bereinigte Lohnquote und Arbeitseinkommensquote entwickeln sich in genau derselben Rate. Der Leser mag sich davon überzeugen, indem er die Veränderungsraten (also nicht die Veränderung in v.H-Punkten) der bereinigten Lohnquote in der Tabelle 20 zu A II. 6.2 mit denen der Arbeitseinkommensquote in der Tabelle 21 zu A II. 6.3. ermittelt. Beide Quoten schalten somit die Veränderung der Arbeitnehmerquote aus.

Sinkt z.B. die Arbeitseinkommensquote, so müssen sich die Arbeitseinkommen je Arbeitnehmer schlechter entwickelt haben als die Gesamteinkommen je Erwerbstätigen, d.h. die Einkommen aus Unternehmertätigkeit und Vermögen je Erwerbstätigen müssen sich besser entwickelt haben als die Arbeitseinkommen.

1.3 Aufspaltung der Arbeitseinkommensquote in Faktoren

Der Sachverständigenrat[1] wandelt die Arbeitseinkommensquote

$$\frac{\frac{\frac{ANE}{AN} \cdot E}{AN}}{VE} \cdot 100 = \frac{\frac{BLG + AGB}{AN}}{\frac{VE}{E}} \cdot 100 \qquad (1)$$

ohne jegliche rechnerische Erläuterung in eine faktorielle Schreibweise um:

$$\frac{\frac{\frac{ANE}{AN} \cdot E}{AN}}{VE} \cdot 100 = \frac{\frac{BLG}{AN} * (1 + \frac{AGB}{BLG})}{\frac{BNE^r}{E} \cdot \frac{RNE}{BNE^r} \cdot p^{lv} \cdot (1 - \frac{AS}{BNE}) \cdot (1 - \frac{T}{BNE - AS})} \cdot 100 \qquad (2)$$

Dadurch versucht er, einzelne Bestandteile einer inhaltlichen Interpretation zugänglich zu machen. Diese rechnerische Umformulierung kann sicherlich von vielen Lesern nicht nachvollzogen werden. Deshalb weist der Verfasser wegen der nicht zu unterschätzenden Bedeutung der Arbeitseinkommensquote in der lohnpolitischen Debatte den Rechenweg von (1) nach (2) nach:

$$\text{Zähler:} \frac{BLG + AGB}{AN} =$$

$$\frac{BLG}{AN} + \frac{AGB}{AN} = \frac{BLG}{AN} + \frac{AGB \cdot BLG}{AN \cdot BLG} = \frac{BLG}{AN}\left(1 + \frac{AGB}{BLG}\right)$$

$$\text{Nenner:} \ \frac{VE}{E} = \frac{BNE \cdot VE}{E \cdot BNE}$$

[1] Vgl. Sachverständigenrat: Jahresgutachten 2002/3, S.362

Das Volkseinkommen leitet sich aus dem Bruttonationaleinkomen (BNE) abzüglich der Abschreibungen und des Saldos aus Produktions- und Importabgaben und Produktionssubventionen (T) ab:

$$\frac{VE}{E} = \frac{BNE \cdot (BNE - AS - T)}{E \cdot BNE}$$

Desweiteren kann man das Bruttonationaleinkomen darstellen als Realwert des Nationaleinkommens multipliziert mit dem Deflator der inländischen Verwendung:

$$BNE = RNE \cdot p^{lv}$$

Dann ergibt sich nach Erweiterung des Bruches mit BNE^{r}:

$$= \frac{BNE^{r} \cdot RNE \cdot p^{LV}}{E \cdot BNE^{r}} \left(1 - \frac{AS}{BNE} - \frac{T}{BNE}\right)$$

Soweit die bisherige Umformung des Nenners. Beim Vergleich mit der endgültigen Version des Nenners von Gleichung (2) muss gelten:

$$1 - \frac{AS}{BNE} - \frac{T}{BNE} = \left(1 - \frac{AS}{BNE}\right) \cdot \left(1 - \frac{T}{BNE - AS}\right)$$

$$1 - \frac{AS}{BNE} - \frac{T}{BNE} = 1 - \frac{AS}{BNE} - \frac{T}{BNE - AS} + \frac{AS \cdot T}{BNE(BNE - AS)}$$

$$-\frac{T}{BNE} = -\frac{T}{BNE - AS} + \frac{AS \cdot T}{BNE(BNE - AS)}$$

$$\frac{T}{BNE} = \frac{T \cdot BNE}{(BNE - AS) \cdot BNE} - \frac{AS \cdot T}{BNE(BNE - AS)}$$

$$\frac{T}{BNE} = \frac{T \cdot (BNE - AS)}{BNE \cdot (BNE - AS)}$$

$$\frac{T}{BNE} = \frac{T}{BNE} \; !$$

Gleichung (2) leitet sich also aus Gleichung (1) ab.

BNE = Bruttonationaleinkommen in jeweiligen Preisen

BLG = Bruttolöhne und -gehälter

AN = Arbeitnehmer

E = Erwerbstätige

ANE = Arbeitnehmerentgelt

AGB = Arbeitgeberbeiträge zur Sozialversicherung

VE = Volkseinkommen

AS = Abschreibungen

T = Produktions- und Importabgaben abzgl. Subventionen

BNE^r = Bruttonationaleinkommen in Preisen von 1995

RNE = Realwert des Nationaleinkommens

p^{lv} = Deflator der inländischen Verwendung

In Gleichung (2) ist die Arbeitseinkommensquote in sieben Faktoren zerlegt, zwei im Zähler und fünf im Nenner. Gleichung (2) gilt auch für die Veränderungsrate der Faktoren. Dabei werden die Faktoren multiplikativ verknüpft (siehe Anhang I. 1. und 4.). Zur Annäherung können die Veränderungsraten im Zähler addiert und die im Nenner subtrahiert werden

Für eine abgelaufene Periode lässt sich somit Einfluss der sieben Faktoren auf das Zustandekommen der Arbeitseinkommensquote darstellen. Dies sei für das Jahr 2004 demonstriert.

Die sieben Faktoren sind: Veränderungsrate 2004

Im Zähler:

$\frac{BLG}{AN}$ Lohnfaktor 0,6 %

$$1+\frac{AGB}{BLG} \text{ Sozialbeitragsfaktor } -0{,}2\ \%$$

Im Nenner:

$$\frac{BNE^r}{E} \text{ Produktivitätsfaktor } 1{,}6\ \%$$

$$\frac{RNE}{BNE^r} \text{ Terms-of-Trade-Faktor } -0{,}1\ \%$$

$$p\,lv \text{ Preisfaktor } 1{,}0\ \%$$

$$1-\frac{AS}{BNE} \text{ Abschreibungsfaktor } 0{,}3\ \%$$

$$1-\frac{T}{BNE-AS} \text{ Nettoproduktionsabgabefaktor } -0{,}1\ \%$$

Als Veränderungsrate der Arbeitseinkommensquote von 2003 auf 2004 ergibt sich dann

$$\frac{1{,}006\cdot 0{,}998}{1{,}016\cdot 0{,}999\cdot 1{,}01\cdot 1{,}003\cdot 1{,}001} = 0{,}976 = -2{,}4\ \%.$$ [1]

In der Tat liegt die Arbeitseinkommensquote des Jahres 2004 mit 77,3 % um 2,4 % (1,9- Prozent-Punkte) niedriger als 2003 mit 79,2 % (siehe Tabelle 21 in A II. 6.3).

Die Aufspaltung der Arbeitseinkommensquote darf nicht überschätzt werden. Die Faktoren haben zwar für jede abgelaufene Periode die Veränderung der Arbeitseinkommensquote bewirkt, also nachträglich (ex post) ist Gleichung (2) immer erfüllt. Aber sie ist tautologisch, denn sie stellt nichts anderes als eine zerlegte Definitionsgleichung dar und lässt auf keine Wirkungsmechanismen schließen. Sie bildet kein geeignetes Instrument zu einer vorausschauenden Lohnpolitik. Für eine künftige Periode können zwar für einzelne Faktoren spezielle Annah-

[1] Wegen der kleinen Veränderungsraten führt hier die Additions- und Subtraktionsmethode zu dem gleichen Ergebnis.

men getroffen werden. In welche Richtung und in welchem Ausmaß sie die Arbeitseinkommensquote beeinflussen, bleibt jedoch offen. Denn die Faktoren sind nicht von einander unabhängig (siehe A II. 3.3).

2. Zur Problematik der Berechnung der Produktivität

2.1 Produktion ist Nettoproduktion

Die Produktivität wird definiert als Produktion je Produktionsfaktor.

Mit Produktion ist die Nettoproduktion gemeint, also die Bruttoproduktion abzüglich der Vorleistungen (z.B. Waren- und Materialeinsatz, Energiekosten). Denn nähme man die Bruttoproduktion, dann gäbe es eklatante Verzerrungen. So sind z.B. die Vorleistungen (z.B. Wareneinkauf) beim Großhandel, gemessen an der Bruttoproduktion (Umsatz) erheblich größer als bei vielen Dienstleistungen (z.B. ambulante Pflegedienste).

Auch das bei der Berechnung der gesamtwirtschaftlichen Lohnstückkosten verwendete Bruttoinlandsprodukt ist eine Nettogröße und keineswegs die Summe der Bruttoproduktionswerte aller Unternehmen. Das Bruttoinlandsprodukt ist nämlich nur die Summe aller sogenannten Bruttowertschöpfungen in der Volkswirtschaft und wird am Ende der Produktionsketten bei der sog. letzten Verwendung (Konsum, Investitionen, Staatsverbrauch, Export) erfasst. Somit werden alle vorgelagerten Produktionen nicht mitgezählt. Man kann dies vereinfacht wie folgt erläutern: ein Landwirt verkauft den Liter Milch für 25 Cent an den Großhändler, der ihn für 35 Cent an den Einzelhändler weiterverkauft. Im Einzelhandel kostet der Liter dann 55 Cent. Nur diese 55 Cent (25 beim Landwirt, 10 Cent beim Großhändler, 20 Cent beim Einzelhandel) sind der Beitrag zum Bruttoinlandsprodukt, und keineswegs die Summe der Umsätze von Landwirt, Großhändler und Einzelhändler (25 plus 35 plus 55 = 115). Denn das Bruttoinlandsprodukt ist nur die Summe aller einzelnen Wertschöpfungen (25 plus 10 plus 20 = 55). Dasselbe gilt bei der Berechnung der Produktion der Branchen. Auch hier gilt als Produktion die Bruttowertschöpfung.

2.2 Unterschiedliche Entwicklung von Produktivität je Erwerbstätigen und je Erwerbstätigenstunde

Verläuft die Zahl der Erwerbstätigen anders als die Zahl der Erwerbstätigenstunden, so entwickeln sich Produktivität je Erwerbstätigen und Stundenproduktivität unterschiedlich. Dies sei an folgenden typischen Verlauf veranschaulicht:

Im Jahre 2000 wuchs das Bruttoinlandsprodukt um 3,2 %. Da gleichzeitig die Zahl der Erwerbstätigen um 1,9 % zunahm, stieg die Produktivität je Erwerbstätigen um 1,3 %. Die Zahl der geleisteten Erwerbstätigenstunden vermehrte sich hingegen nur um 0,6 %. Die Produktivität je Erwerbstätigenstunde erhöhte sich daher deutlich stärker, und zwar um 2,6 %.

Im Allgemeinen entwickelt sich seit den 60er Jahren in Deutschland die Zahl der Erwerbstätigen besser (stieg stärker bzw. fiel weniger) als die Zahl der Erwerbstätigenstunden (Arbeitsvolumen). Das liegt an der insgesamt sinkenden Arbeitszeit der Arbeitnehmer, sei es durch die Verkürzung der Wochenarbeitszeit, die Verlängerung des Urlaubs und insbesondere durch die Zunahme der Teilzeitarbeit, darunter der Arbeit mit geringfügiger Arbeitszeit. Auch die Arbeitszeit der Selbständigen einschließlich der mithelfenden Familienangehörigen ist rückläufig. So schätzt das Institut für Arbeitsmarkt- und Berufsforschung von 1991 auf 2006 einen Rückgang von immerhin 7,6 %.

Als Folge war die Stundenproduktivität fast immer und oft deutlich größer als die Produktivität je Erwerbstätigen.

Bei lohnpolitischen Überlegungen muss also die Stundenproduktivität im Blickfeld gehalten werden, denn Lohnerhöhungen werden meistens für Stundenlöhne abgeschlossen und auf Monatslöhne und -gehälter umgerechnet. Bei der im Teil A erörterten produktivitätsorientierten Lohnpolitik sollte somit die Entwicklung der Stundenproduktivität angesetzt werden.

2.3 Arbeitsproduktivität ist keine Produktivität des Produktionsfaktors Arbeit

Sowohl die Arbeitsproduktivität als auch die Kapitalproduktivität geben keineswegs den Einzelbeitrag des Produktionsfaktors Arbeit bzw. Kapital zur Erstellung der Produktion an. Es wird also nicht ersichtlich, welchen Beitrag – jeder Faktor für sich genommen – zum Produktionsergebnis beigesteuert hat. Es handelt sich also nicht um die Produktivität eines einzelnen Faktors.[1] Vielmehr wird nach der üblichen Definition die Produktion entweder auf den Arbeitseinsatz oder auf den Kapitaleinsatz bezogen. Bei der Berechnung der Arbeits- oder Kapitalproduktivität wird also so getan, als ob die Erstellung des Bruttoinlandsprodukts allein dem Arbeits- oder dem Kapitaleinsatz zu verdanken sei. In Wirklichkeit haben jedoch beide Produktionsfaktoren gleichzeitig dazu beigetragen. Hinzu tritt sogar noch der technische Fortschritt als eigenständiger Faktor, mitunter wird auch noch das Effizienzniveau eingefügt, das sich z.B. aus der Infrastruktur der Volkswirtschaft oder der Ausbildungsqualität der Beschäftigten ergibt.

Dazu ein Modell-Beispiel: 1 Arbeitnehmer produziert mit 1 Maschine 100 Güter. Die Arbeitsproduktivität je Arbeitnehmer beträgt 100. Im nächsten Jahr wird eine größere, teuere, auch nur von 1 Arbeitnehmer zu bedienende Maschine installiert, die 200 Güter fertigt. Die Arbeitsproduktivität je Arbeitnehmer hat sich nach der Definition auf 200 verdoppelt, obwohl die Verdopplung der Produktion durch den erhöhten Kapitaleinsatz bewirkt wurde.

Die Unterschiede in der Arbeitsproduktivität sind umso größer, je stärker die Kapitalintensität differiert. So ist z.B. die Arbeitsproduktivität in einer hoch automatisierten Fabrik oder in einer Raffinerie selbstverständlich erheblich größer als bei Händlern auf dem Markt oder bei Friseuren. Oder verallgemeinernd: In der Industrie höher als bei vielen Dienstleistungen, und zwar völlig unabhängig vom Fleiß und den technischen Fertigkeiten der Arbeitnehmer.

[1] In der neoklassischen Wachstumstheorie wird mit den Produktivitäten einzelner Produktionsfaktoren (z.B. Arbeit) argumentiert, ohne sie empirisch überzeugend ermittelt zu können.

Umgekehrt verhält es sich bei der Kapitalproduktivität. Je arbeitsintensiver die Produktion, desto größer ist die Kapitalproduktivität. So ist z.B. die Kapitalproduktivität von Handelsvertretern deutlich größer als die in der Petrochemie.

Es sei angemerkt, dass unterschiedliche Arbeitsproduktivitäten nichts über die Gewinne aussagen. So kann eine arbeitsintensive Produktion mehr Gewinne erzielen als eine kapitalintensive. Denn bei einer kapitalintensiven Produktion sind die Lohnkosten zwar geringer, aber die Kapitalkosten höher.

Im eben angeführten Beispiel wäre eine produktivitätsorientierte Lohnpolitik – also eine Verdopplung des Lohnsatzes – trotz verdoppeltem Kapitaleinsatz und verdoppelter Kapitalintensität kosten- und verteilungsneutral, da sich die Produktion ebenfalls verdoppelt hatte.

2.4 Zur angeblichen Entlassungsproduktivität

Die Fragwürdigkeit einer Entlassungsproduktivität wird – zusätzlich zu den Ausführungen in A IV. 3.2 – in der Modellrechnung 2 zu B II. 2.4 aufgezeigt:

Im Jahr 2 wurde in zwei Unternehmen eine alte Maschine durch eine technisch bessere ersetzt, die die Zahl der benötigten Arbeitnehmer je Maschine um die Hälfte reduzierte. Im Unternehmen A blieb die Produktion unverändert, und wegen der neuen Maschine wurde die Hälfte der Arbeitnehmer (5) entlassen. In Unternehmen B wurde die Produktion mit drei neuen Maschinen auf 300 gesteigert, und es mussten 5 Arbeitnehmer neu eingestellt werden. In beiden Unternehmen verdoppelte sich die Arbeitsproduktivität. Von einer erhöhten Entlassungsproduktivität in Unternehmen A findet sich keine Spur.

Es wäre absurd, die Verdopplung der Produktivität im Unternehmen A in Zweifel zu ziehen und eine angebliche „Entlassungsproduktivität“ abzuziehen, nur weil die technische Entwicklung zu Entlassungen führte.

Für beide Unternehmen kann deshalb selbstverständlich die gleiche Produktivitätssteigerung von 100 % als einer der Bestimmungsgründe der Lohnpolitik ins Kalkül gezogen werden. Sie wäre in beiden Unternehmen in gleicher Weise zu verkraften, da sie in beiden Unternehmen kostenneutral (siehe B I. 1.2) ist.

In Modellrechnung 1 zu B II. 2.4 wurde im Jahr 2 die Produktion von 6.400 auf 6.000 reduziert, indem die 10 Arbeitnehmer mit der geringeren Produktivität (40) entlassen wurden. Wenn man unterstellt, dass diese 10 Arbeitnehmer auch eine entsprechend niedrigere Entlohnung (20) erhalten haben, ändern die Entlassungen an den Lohnstückkosten des Unternehmens nichts.

Modellrechnung 1 zu A III 3.2 und B II 2.4 " Entlassungsproduktivität"

	Arbeit-nehmer	Produktion	Produktivität	Arbeitskosten je Arbeitnehmer	Arbeitskosten	Lohnstück-kosten
Jahr 1	100	6000	60	30	3000	0,5
	10	400	40	20	200	0,5
	110	6400	58,18	29,09	3200	0,5
Jahr 2	100	6000	60	30	3000	0,5

Modellrechnung 2 zu A III. 3.2 und B II. 2.4 „Entlassungsproduktivität“

	Unternehmen 1				Unternehmen 2			
Jahr	Produktion	Arbeitnehmer	Maschinen- Typ A	Arbeits- produktivität	Produktion	Arbeitnehmer	Maschinen- Typ A	Arbeits- produktivität
1	100	10	1	10	100	10	1	10
			Maschinen- Typ B				Maschinen- Typ B	
2	100	5	1	20	300	15	3	20

Im Jahr 2 wurde eine Maschine vom Typ B eingesetzt, die die Zahl der benötigten Arbeitnehmer halbierte. Obwohl es im Unternehmen 1 zu Entlassungen kam, stieg die Produktivität dort nicht schneller als im Unternehmen 2, in dem sich die Beschäftigung sogar erhöhte. In beiden Unternehmen verdoppelte sich die Produktivität. Von „Entlassungsproduktivität“ keine Spur. In beiden Unternehmen können kostenneutral dieselben Lohnsteigerungen gewährt werden.

2.5 Mengen- und Wertproduktivität

Das eigentliche Ziel der Produktivitätsmessung ist die Mengenproduktivität. Sie soll Auskunft darüber geben, wie viel Mengen je Erwerbstätigen oder je Erwerbstätigenstunde produziert werden. Nun lässt sich aber die absolute Höhe der Mengen und damit der Mengenproduktivität bereits nicht für ein einzelnes Unternehmen, und erst recht nicht für ganze Branchen oder eine gesamte Volkswirtschaft, ermitteln.

Würden z.B. in zwei Unternehmen A und B ein einfaches Gut 1 tonnenweise und ein erheblich wertvolleres und viel teueres Gut 2 kiloweise hergestellt, so hat eine Addition der Produktion in kg keinen Sinn.

Dies wird sofort ersichtlich, wenn die Zusammensetzung der Güterpalette in den beiden Unternehmen unterschiedlich ist. Würde z.B. im Unternehmen A die Zahl der in kg gemessenen Güter 2 um z.B. 600 kg größer sein als in Unternehmen B und die Zahl der in Tonnen gemessenen Güter 1 um 1 t niedriger, so würde im Unternehmen A die in kg gemessene Gesamtmenge kleiner sein. Die in kg oder t gemessene Arbeitsproduktivität wäre dann entsprechend in Unternehmen A geringer als in Unternehmen B, obwohl in Unternehmen A die Produktion deutlich mehr wert wäre.

Oder ein anderes Beispiel: Es gibt keine gemeinsame Mengeneinheit von Stahlproduktion und Friseurarbeiten.

2.6 Produktivität auf betrieblicher Ebene kaum zu ermitteln

Wegen all dieser Schwierigkeiten wird es den Arbeitnehmern nicht gelingen, auf betrieblicher Ebene alle Daten (z.B. Nettoproduktion) und andere schwierige Berechnungsmodalitäten zu erhalten, um die jährliche Produktivitätsentwicklung zu ermitteln. Die Unternehmensleitung wird sich nicht den komplizierten Berechnungsverfahren unterziehen, sondern ihr Augenmerk auf Umsatz, Kostenverlauf und Gewinnerzielung und -ermittlung richten.

Mangels Unterlagen zur Produktivität könnten die Arbeitnehmer und ihre Betriebsräte ihre Lohnüberlegungen hilfsweise an Umsatz- und

Gewinnentwicklung anlehnen. Der Aussagewert der jährlichen Veränderung des Umsatzes ist jedoch durch möglicherweise aufgetretene Sortiments-, Preis-, Kosten- und Vorleistungsveränderungen begrenzt und kein zuverlässiger Indikator für die Produktions- und/oder die Gewinnentwicklung. Die Arbeitnehmer sind somit auf den bilanzmäßigen Gewinn angewiesen, der allerdings nur von publizitätspflichtigen Unternehmen (Aktiengesellschaft und GmbH) veröffentlicht wird und der wegen zahlreicher handels- und steuerrechtlicher Gewinnermittlungs- und Bilanzierungsverfahren nicht besonders aussagekräftig ist. Bei den nicht publizitätspflichtigen Unternehmen müssten die Arbeitnehmer und die von ihnen beauftragten Fachleute einen genauen und detaillierten Einblick in die Gewinnermittlung erhalten, um sich ein Bild über Höhe und Entwicklung der Gewinne machen zu können. Dieser Einblick wird ihnen höchstwahrscheinlich nicht oder nur verschleiert gewährt werden.

3. Kapitalkoeffizient, Kapitalintensität und Kapitalrentabilität

3.1 Kapitalkoeffizient

Der Kapitalkoeffizient wird definiert als das Verhältnis von Kapitalbestand zur Produktion. Er gibt Auskunft, mit wie viel Kapital eine bestimmte Produktion erzeugt wird.

$$\text{Kapitalkoeffizient} = \frac{\text{Kapital}}{\text{Produktion}}$$

Nimmt der Kapitalbestand stärker zu als die Produktion, wie in den 60er und 70er Jahren in Westdeutschland, dann steigt der Kapitalkoeffizient.

Dies hat verteilungspolitische Konsequenzen: vom gesamtwirtschaftlichen Einkommenszuwachs kann ein zusätzlicher Teil erforderlich werden, der die überproportional vermehrten Kapitalkosten an der wachsenden Produktion decken soll. Dies ist allerdings nicht ökonomisch zwingend, wenn bereits vorher genügend Gewinne zur Verfügung stehen.

Vor allem darf der Kapitalkoeffizient keinesfalls mit der ständig steigenden Kapitalintensität, die das Verhältnis von Kapitalbestand zur Zahl der Erwerbstätigen misst, verwechselt werden. Der Kapitalkoeffizient nimmt nämlich nur zu, wie weiter unten gezeigt wird, wenn die Kapitalintensität stärker zunimmt als die Arbeitsproduktivität.

In Westdeutschland hat der Kapitalkoeffizient in den 80er Jahren nicht mehr zugenommen und er ist auch in Gesamtdeutschland seit 1994 trotz der starken Neukapitalisierung in Ostdeutschland nicht mehr angestiegen.

Der Kapitalkoeffizient lässt sich auch in anderer Form schreiben, indem man Zähler und Nenner durch die Zahl der Erwerbstätigen (E) dividiert. Dann stellt er sich als Verhältnis von Kapitalintensität zur Arbeitsproduktivität dar.

$$\text{Kapitalkoeffizient} = \frac{\text{Kapitalintensität}}{\text{Arbeitsproduktivität}}$$

$$\frac{K}{P} = \frac{\frac{K}{E}}{\frac{P}{E}} \tag{1}$$

Der Kapitalkoeffizient bleibt also konstant, wenn sich die Kapitalintensität im selben Maße verändert wie die Arbeitsproduktivität. Aus dem ständigen Anwachsen der Kapitalintensität (siehe nachfolgenden Abschnitt 3.2) lässt sich für die Unternehmer so lange kein einkommensverteilungspolitischer Sonderanspruch ableiten, wie der Kapitalkoeffizient konstant bleibt.

Die hier dargestellte und allgemein gebräuchliche Form des Kapitalkoeffizienten ist nach Ansicht des Verfassers ökonomisch nicht ganz korrekt ist. Es kommt nämlich nicht so sehr auf das Verhältnis von Kapitalbestand (Bestandsgröße) zur Produktion (Strömungsgröße[1]) an

[1] Als Strömungsgröße wird bezeichnet, was laufend entsteht und sich z.B. jährlich erneuert.

als vielmehr auf das Verhältnis des jährlichen Kapitalverzehrs (d.h. Abschreibungen als Strömungsgröße) zur jährlichen Produktion.

Reihen wir dazu wieder ein Beispiel an: Ein Kraftwerk mit langer Nutzungszeit möge einen doppelt so großen Kapitalkoeffizienten haben wie eine Maschinenbaufirma mit hoch technisierten und empfindlichen Spezialmaschinen, die aufgrund der schnellen technologischen Entwicklung und der technischer Anfälligkeit eine kürzere technische Lebensdauer haben und sich auch schneller abnutzen als die Anlagen des Kraftwerks. Die Abschreibungen als Maß des Kapitalverzehrs sind also möglicherweise in der Maschinenbaufirma im Verhältnis zum Kapitalbestand doppelt so hoch wie im Kraftwerk. Würde man das Verhältnis von Kapitaleinsatz in Form von Abschreibungen zur Produktion als den eigentlichen Kapitalkoeffizienten heranziehen, so wäre er in beiden Unternehmen gleich groß.

Setzt man statt des Kapitalbestandes die Abschreibungen ins Verhältnis zur Produktion (bzw. zur Bruttowertschöpfung), dann ergibt sich für die Unternehmen ohne Wohnungsvermietung für Deutschland von 1994 bis 2004 ebenfalls eine Konstanz dieses Abschreibungskoeffizienten.

3.2 Kapitalintensität

Als Kapitalintensität wird üblicher Weise das Verhältnis von Kapitalbestand zur Zahl der Erwerbstätigen bezeichnet.

$$\text{Kapitalintensität} = \frac{\text{Kapital}}{\text{Erwerbstätige}}$$

Für Deutschland wird die Kapitalintensität im Jahr 2004[1] für die Gesamtwirtschaft auf 283.000 EUR je Erwerbstätigen beziffert. Eine Kapitalintensität für die Gesamtwirtschaft erscheint jedoch wenig sinnvoll oder gar irreführend, weil darin auch der gesamte Wohnungsbestand und der staatliche Kapitalbestand (z.B. Staatgebäude, Straßen,

[1] Zurzeit letzte verfügbare Angabe

Kanalisation) enthalten sind. Aussagekräftiger ist hingegen die Kapitalintensität einzelner Wirtschaftsbereiche. So betrug die Kapitalintensität im Verarbeitenden Gewerbe 128.000 EUR, im Handel 49.000 EUR und im Baugewerbe 36.000 je Erwerbstätigen. Die Kapitalintensität nimmt ständig zu, wenn auch in den letzten Jahren immer schwächer. Je Erwerbstätigen wird immer mehr Kapital benötigt. Das bedeutet allerdings nicht zwangsläufig, wie bereits in B I. 1.2 nachgewiesen wurde, dass sich das Verhältnis von Gewinnen zu Löhnen ständig erhöhen muss, um den steigenden Kapitalbedarf der Unternehmen zu finanzieren. Denn der zunehmende Kapitaleinsatz muss auf die vermehrte Produktion – und nicht auf den Arbeitseinsatz – bezogen werden (Kapitalkoeffizient). So lange sich Kapitalintensität und Arbeitsproduktivität im gleichen Ausmaß entwickeln, bleibt der Kapitalkoeffizient gleich, vgl. Gleichung (1) in Abschnitt 3.1.

In B I. 1.2 wurde vorgerechnet, wie bei einem Gleichschritt von Kapitalintensität und Arbeitsproduktivität eine produktivitätsorientierte Lohnpolitik Gewinne und Löhne im gleichen Ausmaß zunehmen lässt. Höhere Kapitalkosten je Arbeitsplatz sind also mit einer produktivitätsorientierten Lohnpolitik durchaus vereinbar.

Die Kapitalintensität kann auch gemessen werden als Relation von Kapitalbestand zu Erwerbstätigenstunden. Normalerweise ist die Zuwachsrate der Kapitalintensität je Erwerbstätigenstunde höher als die der Kapitalintensität je Erwerbstätigen, da sich die Zahl der Erwerbstätigenstunden (im Nenner) schlechter entwickelt (weniger steigt bzw. stärker fällt) als die Zahl der Erwerbstätigen, die einen zunehmenden Anteil von Teilzeitbeschäftigten und Arbeitnehmern mit geringfügigen Arbeitszeiten enthält. Um ein Beispiel zu nennen: Wird eine Vollzeitstelle in zwei Teilzeitstellen aufgeteilt, dann bleiben die geleisteten Arbeitstunden unverändert, aber die Zahl der Erwerbstätigen nimmt zu. Die Kapitalintensität je Erwerbstätigenstunde bliebe konstant, die Kapitalintensität je Erwerbstätigen würde zurückgehen.

Abschließend soll auch hier auf den Unterschied von Kapitalbestand und Kapitaleinsatz im Sinne des Kapitalverzehrs (Abschreibungen) aufmerksam gemacht werden. In dem weiter oben geschilderten Beispiel des Kraftwerkes und der Maschinenbaufirma kann es durchaus sein, dass die Maschinenbaufirma zwar nur eine halb so große Kapitalintensität, gemessen am Kapitalbestand, hat wie das Kraftwerk. Wegen des prozentual am Kapitalbestand gemessen doppelt so hohen Kapitalverzehrs (Abschreibungen) sind jedoch in beiden Unternehmen die Relationen von Kapitalverzehr zu Arbeitseinsatz – also die Kapitalintensität – gleich groß.

3.3 Kapitalrentabilität

Um die Rentabilität des Kapitaleinsatzes in Prozent zu ermitteln, setzt man den Gewinn ins Verhältnis zum Kapitalbestand:

$$\text{Rentabilität in \%} = \frac{\text{Gewinn}}{\text{Kapital}} \cdot 100$$

Es ist üblich die Rentabilität in % als Rendite zu bezeichnen.

Bei der Kapitalrentabilität gibt es eine Reihe von Varianten.

3.3.1 Gesamtkapitalrentabilität

Die Gesamtkapitalrentabilität ist die weiteste Fassung. Bei ihr werden die Bruttogewinne und die gezahlten Zinsen, Mieten und Pachten, die ebenfalls als Kapitalentlohnung angesehen werden können, ins Verhältnis zum Sachanlagenvermögen gesetzt, wahlweise einschließlich des Vorratsvermögens, weil es ebenfalls Finanzkapital bindet. Die Gesamtkapitalrentabilität zeigt somit, welchen Ertrag das eingesetzte Kapital erwirtschaftet hat, unabhängig davon, ob es mit Fremd- oder Eigenkapital finanziert wurde. Dadurch wird der Einfluss unterschiedlicher Eigenkapital- und Fremdkapitalquoten ausgeschaltet. Denn bei der Gesamtrentabilität kommt es nicht darauf an, ob sie durch Gewinne oder Zinserträge erwirtschaftet wird.

3.3.2 Eigenkapitalrendite

Betriebswirtschaftlich oft gebräuchlich ist die Eigenkapitalrendite. Hier wird der Gewinn ins Verhältnis nur zu dem Teil des Anlagevermögens gesetzt, der nicht mit Krediten finanziert wurde. Oft wird im Rahmen des shareholder value eine Eigenkapitalrendite von 15 % gefordert. Wieso es ausgerechnet 15% sein sollen, bleibt ohne Erläuterung und Kommentar. Es ist eine der wirtschaftlich nicht zu begründenden Zauberformeln der Finanzinvestoren. Ihre Beschwörung, nämlich die rücksichtslose Verfolgung einer möglichst kurzfristigen Gewinnmaximierung zugunsten einer möglichst hohen Dividendenausschüttung und Aktienkurssteigerung, ist für die Arbeitnehmer sowohl auf betrieblicher als auch auf volkswirtschaftlicher Ebene von Schaden. Denn die raubbauartige Jagd nach möglichst kurzfristiger Gewinnmaximierung und Gewinnausschüttung kann langfristige Investitionsstrategien, fundierte Entwicklungspläne für die anzuwendende Technologie, Produktverbesserungen, Aus- und Fortbildung der Arbeitnehmer, sich erst langfristig lohnende, umweltschonende Produktionsverfahren u.v.a. beeinträchtigen. Leider kann hier dieses ernste Problem nicht weiter verfolgt werden.

3.3.3 Brutto- und Netto-Kapitalrendite

Bei der Brutto-Kapitalrendite werden die Bruttogewinne (also vor Abzug der Gewinnsteuern) ins Verhältnis zum Sachanlagenvermögen gesetzt. Sie ist für die Unternehmen ein wichtiger Indikator, der ihnen sagt, welche Ertragskraft das Unternehmenskapital hat, und zwar unabhängig von der nachfolgenden Gewinnbesteuerung.

Ökonomisch aussagefähiger und strategisch geeigneter für das Investitionsverhalten der Unternehmen ist die Netto-Kapitalrendite, also die Rendite nach Abzug aller Ertrags- und Einkommensteuern. Bei internationalen Vergleichen ist wegen fehlender Steuerstatistiken nur eine Bruttobetrachtung darstellbar.

In Teil A wurden Brutto- und Netto-Rendite aufgeführt. Denn es ist von Interesse, wie sich das Gewinn-Kapital-Verhältnis vor und nach

Abzug von Steuern entwickelt hat. Die Kapitalrendite ist für die Beurteilung, ob die Löhne zu hoch sind, von zentraler Bedeutung. Denn wenn die Lohnentwicklung im Zeitablauf zu aggressiv gewesen wäre, müsste sich dies in einer rückläufigen Kapitalrendite widerspiegeln oder in einem Rendite-Niveau, das niedriger ist als in Zeiten eines hohen Beschäftigungsstandes oder gar Vollbeschäftigung und kräftiger Investitionstätigkeit.

Die Brutto- und die Netto-Rendite sind nur zwei von anderen wichtigen Bestimmungsgrößen für das Investitionsverhalten der Unternehmer. So können die Unternehmer z.B. die Unternehmens-Sachkapitalrendite mit der Rendite vergleichen, die sie via Zinserträgen bei Finanzanlagen erzielen könnten. Dieser Gesichtspunkt wird oft von den Arbeitgeberverbänden zur Rechtfertigung hoher Unternehmensgewinne vorgebracht. In der Realität hat dieser Aspekt jedoch nur eine untergeordnete Bedeutung. Er gilt sicherlich für Finanzinvestoren bei Kapitalerhöhungen durch Ausgabe neuer Aktien, wobei allerdings für den Aktienkauf auch andere Beweggründe, wie erwartete Kursentwicklung, Erwerb von Stimmrechten und Einfluss auf die Unternehmensführung, zum Tragen kommen. Manchmal parken die Unternehmen selbst ihre einbehaltenen Gewinne zeitweilig in Finanzanlagen, etwa bei Überkapazitäten, Konjunkturabkühlung, beim Abwarten der wirtschaftlichen Entwicklung oder in der Hoffnung auf bald fallende Zinsen für eine günstigere Teilfinanzierung der geplanten Investitionen.

4. Methodische Erläuterungen zu den Lohnstückkosten

4.1 Zu den Lohnstückkosten auf Erwerbstätigenbasis

Die Lohnstückkosten (Lstk) werden definiert als das Verhältnis von Arbeitnehmerentgelt (L) je Arbeitnehmer (AN) zur Produktion[1] (P) je Erwerbstätigen (E):

[1] Je nach Analysezweck werden das Arbeitnehmerentgelt und die Produktion nominal oder real bewertet, wie in den nachfolgenden Abschnitten noch dargestellt wird.

$$\text{Lohnstückkosten} = \frac{\frac{L}{AN}}{\frac{P}{E}} \qquad (1)$$

Die Lohnstückkosten sind also nicht die Lohnquote an der Produktion (L/P), sondern sie sind um das Verhältnis Erwerbstätigen zu Arbeitnehmer (E/AN) größer, wie eine Umformung von Gleichung (1) zeigt:

$$\text{Lohnstückkosten} = \frac{L}{P} \cdot \frac{E}{AN} \qquad (1a)$$

Nur bei konstanter Arbeitnehmerquote (AN/E) – in Formel (1a) ist E/AN nämlich ihr Kehrwert – haben Lohnquote und Lohnstückkosten denselben Verlauf. Allerdings ist die Abweichung für Deutschland nicht erheblich, da sich die Arbeitnehmerquote in den letzten Jahrzehnten nicht wesentlich verändert hat.

4.2 Zu den Lohnstückkosten auf Stundenbasis

Die Lohnstückkosten werden auch definiert als das Verhältnis von Arbeitnehmerentgelt je Stunde zur Produktion je Erwerbstätigenstunde (Lohnstückkosten auf Stundenbasis):

$$\text{Lohnstückkosten} = \frac{\frac{\text{Summe der Arbeitnehmerentgelte}}{\text{Zahl aller Arbeitnehmerstunden}}}{\frac{\text{Pr oduktion}}{\text{Zahl aller Erwerbstätigenstunden}}} \qquad (2)$$

Die Arbeitnehmerstunden sind die Summe der von allen Arbeitnehmern tatsächlich geleisteten Arbeitsstunden. Sie können auch geschrieben werden als Zahl der Arbeitnehmer mal der durchschnittlichen Arbeitszeit je Arbeitnehmer (AZ_{AN}) und die Erwerbstätigenstunden als die Zahl der Erwerbstätigen mal der durchschnittlichen Arbeitszeit der Erwerbstätigen (AZ_E). Dann lässt sich (2) schreiben als:

$$\text{Lohnstückkosten} = \frac{\dfrac{L}{AN \cdot AZ_{AN}}}{\dfrac{P}{E \cdot AZ_E}}$$

Nach Umformulierung ergibt sich daraus (2a):

$$\frac{\dfrac{L}{AN}}{\dfrac{P}{E}} \cdot \frac{AZ_E}{AZ_{AN}} \tag{2a}$$

Ein Vergleich von (1) und (2a) zeigt, dass die Lohnstückkosten auf Stundenbasis um den Faktor

$$\frac{\text{durchschnittliche Abeitszeit der Erwerbstätigen}}{\text{durchschnittliche Arbeitszeit der Arbeitnehmer}}$$

größer[1] sind als die Lohnstückkosten auf Erwerbstätigenbasis (siehe dazu auch Teil B I. 1.1).

Aus Gleichung (2a) lässt sich allerdings nicht ableiten, dass eine Verkürzung der Arbeitszeit der Arbeitnehmer die Lohnstückkosten erhöhen würde. Denn die tarifliche Praxis hat gezeigt, dass Arbeitszeitverkürzung zu Lasten von sonst möglichen größeren Lohnanhebungen gehen.

Auch für den Verlauf der Lohnstückkosten ergeben sich aus Gleichung (2a) Unterschiede zu Gleichung (1), wenn auch nur sehr geringe. Die Entwicklung der Lohnstückkosten auf Erwerbstätigenbasis und auf Erwerbstätigenstundenbasis ist nämlich nur dann gleich, wenn sich die Arbeitszeit der Arbeitnehmer und die Arbeitszeit aller Erwerbstätigen (also einschl. der Selbständigen) in genau demselben Maße verändern. In der Realität hat sich die Arbeitszeit der Selbständigen weniger verkürzt als die der Arbeitnehmer, insbesondere weil in die Arbeitszeit der Arbeitnehmer das Vordringen der Teilzeitarbeit eingeht. So hat sich z.B. für den Zeitraum 1992 bis 2006 die Arbeitszeit im Durchschnitt

[1] Im Jahre 2005 war für Deutschland der Faktor 1,06.

aller Arbeitnehmer um 9,4 % (zunehmende Teilzeitarbeit) vermindert und die aller Erwerbstätigen, also einschließlich der Selbständigen, um 8,3 %. Das führt in dem gesamten Zeitraum nur zu einem um 1,2 % größeren Anstieg der Lohnstückkosten auf Stundenbasis als auf Erwerbstätigenbasis.

4.3 Zur Ausschaltung unterschiedlicher Arbeitnehmerquoten

Die Ausschaltung unterschiedlicher Arbeitnehmerquoten kann auch noch auf einem anderen Weg als in A III. 1 veranschaulicht werden. Die folgende Umformung von Gleichung (1a) zeigt, dass in den Lohnstückkosten nicht nur die Löhne der Arbeitnehmer, sondern auch ein sogenannter kalkulatorischer Unternehmerlohn (UL) der Selbständigen (S) enthalten ist. Dabei wird für den Unternehmerlohn die Höhe des Arbeitsentgeltes je Arbeitnehmer angesetzt. Diese Unterstellung ist eine Annäherung bzw. Vereinfachung.

Da die Zahl der Erwerbstätigen die Summe der Arbeitnehmer und Selbständigen ist, wird aus (1a)

$$\mathrm{Lstk} = \frac{\frac{L}{AN} \cdot (AN + S)}{P} \qquad (1a)$$

$$\mathrm{Lstk} = \frac{\frac{L}{AN} \cdot AN + \frac{L}{AN} \cdot S}{P}$$

$$\mathrm{Lstk} = \frac{L + UL}{P} \qquad (1c)$$

Die Summe der Arbeitsentgelte (L) und die Summe der kalkulatorischen Unternehmerlöhne (UL) aller Selbständigen (S) bilden die gesamten Arbeitskosten.

Die Lohnstückkosten sind also die Arbeitskosten aller Erwerbstätigen an der Produktion. Da die Arbeitskosten von Arbeitnehmern und Selbständigen pro Kopf gleich gesetzt sind, spielt es daher keine Rolle mehr, wie groß die Arbeitnehmerquote ist.

Modellrechnung für Lohnstückkosten bei unterschiedlichen Arbeitnehmerquoten (zu B II. 4.3)

	BIP in Euro	Lohnsumme in Euro	Lohnsumme am BIP	AN-Quote	AN	S	E	Lohn je AN in Euro	BIP je E in Euro	Lohnstückkosten
Land A	100	60	60%	80%	8	2	10	7,5	10	0,75
Land B	120	81	67,50%	90%	9	1	10	9	12	0,75
Land C	120	81	67,50%	81,89%	9	2	11	9	10,91	0,825

Es besteht eine sehr große Ähnlichkeit zwischen der in Kapitel 1.3 behandelten Arbeitseinkommensquote und den gesamtwirtschaftlichen Lohnstückkosten. Bei der Arbeitseinkommensquote sind die Arbeitskosten aller Erwerbstätigen auf das Volkseinkommen bezogen, bei den gesamtwirtschaftlichen Lohnstückkosten auf das Bruttoinlandsprodukt.

Die Nützlichkeit der Definition der Lohnstückkosten sei an folgender Modellrechnung (B II. 4.3) veranschaulicht. In allen 3 Ländern (das Beispiel kann auch gelten auch für ein Land zu 3 verschiedenen Zeitpunkten) sind das BIP 100 EUR und die Lohnhöhe[1] je Arbeitnehmer mit 7,5 EUR gleich.

Verglichen wird zunächst Land A mit Land B. Im Land B ist der Anteil der Lohnsumme am Bruttoinlandsprodukt mit 67,5 % höher als im Land A mit 60 %. Trotzdem sind die Lohnstückkosten gleich. Der höhere Lohnanteil am Bruttoinlandsprodukt im Land B ist allein die Folge der höheren Arbeitnehmerquote (90 %). Für die Lohnstückkosten wird dieser Effekt jedoch ausgeglichen durch den geringeren Anteil an Selbständigen, die mit ihrem kalkulatorischen Unternehmerlohn ebenfalls in die Lohnstückkosten eingehen. Die Arbeitskosten an der Produktion sind gleich groß $8 \cdot 7{,}5 + 2 \cdot 7{,}5 = 9 \cdot 7{,}5 + 1 \cdot 7{,}5 = 75$. Bezogen auf die Produktion betragen die Arbeitskosten 75 %.

Die Berechnung der Lohnstückkosten schaltet also die unterschiedliche Arbeitnehmerquote aus.

Verglichen wird nunmehr Land C mit Land B. Obwohl die Lohnhöhe (7,5 EUR) und der Anteil der Lohnsumme am Bruttoinlandsprodukt (67,5 %) in beiden Ländern gleich sind, sind die Lohnstückkosten im Land C höher. Denn hinter dem gleichen Lohnanteil steht im Land C eine geringere Arbeitnehmerquote. Oder anders gewendet: Bei gleicher Produktionshöhe ist die Zahl der Selbständigen und damit die Zahl der Erwerbstätigen insgesamt im Land C höher. Die Produktivität je Erwerbstätigen ist deshalb niedriger und somit das Verhältnis Lohn je Arbeitnehmer zur Produktivität je Erwerbstätigen größer. Das bedeutet, Lohnstückkosten sind im Land C höher.

[1] Als Lohn wird das Arbeitnehmerentgelt, also Bruttolöhne und -gehälter plus aller Lohnnebenkosten, angesetzt. Es sind somit alle Arbeitskosten der Arbeitnehmer erfasst.

4.4 Zu den Verzerrungen durch Preise bzw. Produktionswerte

Wären die Unterschiede im Preisniveau gegenüber einzelnen Ländern bekannt, so könnte man neben der bisher üblichen Lohnstückkosten-Berechnung auf wertmäßiger Grundlage den methodisch richtigen Weg, nämlich auf mengenmäßiger Basis, einschlagen. Dabei benötigte man nicht die absolute Höhe des Preisniveaus, das zudem methodisch auch gar nicht darstellbar ist, sondern die Preisniveau-Relationen zu anderen Ländern. Aber selbst diese sind nur sehr ungenau zu ermitteln.

Vom Europäischen Amt für Statistik (Eurostat) werden sogenannte Kaufkraftparitäten für die Bruttoinlandsprodukte einzelner Staaten erstellt. Dabei wird ein Warenkorb aus BIP-Komponenten (privater Verbrauch, Investitionen, Staatsausgaben, Außenhandelsgütern) zusammengestellt und so normiert, dass eine Warenkorb-Einheit im Durchschnitt der Europäischen Union (EU 25) 1 EUR kostet. Dann werden seine Kosten in den einzelnen Ländern in der jeweiligen Landeswährung ermittelt. Aus den von Land zu Land differierenden Kosten für den Warenkorb ergeben sich dann die Kaufkraftparitäten, die mitunter erheblich von den amtlichen Wechselkursen abweichen. In den Kaufkraftparitäten spiegeln sich die Preisunterschiede.

Mittels der Kaufkraftparitäten können die in jeweiliger nationaler Währung berechneten Bruttoinlandsprodukte in vergleichbare Volumen umgewandelt werden. Um ein Beispiel zu nennen: Das Bruttoinlandsprodukt des Jahres 2006 betrug in Japan 507.810 Mrd. Yen und in Deutschland 2.307 Mrd. EUR. Diese Zahlen geben keine Auskunft über das Mengenverhältnis, da sie in unterschiedlichen Währungen berechnet wurden. Auch eine Umrechnung in eine einheitliche Währung (z.B. EUR) hilft nicht weiter, da sie willkürlich vom aktuellen Wechselkurs abhängt. Rechnet man das japanische Bruttoinlandsprodukt zum Wechselkurs des Jahres 2006 1 EUR = 146,15 Yen, dann stellt es sich auf 3.478 Mrd. EUR. Diese besagen allerdings nichts über das Mengenverhältnis zu dem deutschen Bruttoinlandsprodukt von 2.307. Bei einem Wechselkurs von z.B. 1 EUR = 130 Yen hätte das japanische Bruttoinlandsprodukt 3.906 Mrd. EUR betragen. Um also die Volumina vergleichen zu können, muss man versuchen, an das echte Preisverhältnis heranzukommen. Und da helfen als ganz grober Maßstab die Kaufkraftparitäten von Eurostat weiter. Für eine Warenkorb-Einheit mussten in Japan in 2006 149,1 Yen und in Deutschland 1,036 EUR bezahlt werden. Aus den 507.810 Mrd. Yen Bruttoinlandsprodukt werden dann 3.406 Mrd. Warenkorbeinheiten und in Deutschland aus den 2.307 Mrd. EUR 2.227 Mrd. Warenkorbeinheiten (Tabelle 28). Nunmehr lassen sich die Volumina vergleichen.

Die Umrechnung der wertmäßigen Lohnstückkosten in mengenmäßige hat jedoch einen schlimmen Haken für Länder, zu denen ein Wechselkurs besteht. Zwar lassen sich die Produktionswerte in Mengen umwandeln. Doch bei den Lohnstückkosten macht diese Umrechnung in Kaufkraftparitäten keinen wirklichen Sinn. Würde man nämlich den Kaufkraftparitäten-Faktor hier ebenfalls anwenden, blieben die Lohnstückkosten unverändert, weil sich dann Zähler (Arbeitskosten) und Nenner (Produktivität) im gleichen Maße verändern. Rechnet man Arbeitskosten mit dem Wechselkurs und die Produktion in Kaufkraftparitäten um, dann werden die Lohnstückkosten von den Wechselkursänderungen beeinflusst. Beträgt z.B. wie in 2006 der Wechselkurs 1 EUR = 146,15 Yen, dann beläuft sich das japanische Arbeitnehmerentgelt je Arbeitnehmer auf 32.577 EUR. Bezogen auf die Produktivität je Erwerbstätigen in vergleichbaren 53.050 Warenkorb-Einheiten ergeben sich mengenmäßige Lohnstückkosten von 0,614 (Tabelle 28). Hätte allerdings in 2006 noch der Wechselkurs des Jahres 2005 1 EUR = 136,85 Yen gegolten, dann hätte sich das Arbeitnehmerentgelt je Arbeitnehmer auf 34.752 gestellt und die Lohnstückkosten wären mit 0,655 um 6,7 % – genau in Höhe der Abwertung des Yen gegenüber dem EUR (146/136,85) – höher ausgewiesen worden. Bei Ländern mit Wechselkursen können zwar die Produktionswerte in vergleichbare, wechselkursunabhängige Mengeneinheiten umgerechnet werden, die Arbeitnehmerentgelte bleiben dagegen vom Wechselkurs abhängig. Bei Ländern in einem einheitlichen Währungsraum entfällt hingegen das Problem der Umrechnung der Arbeitskosten, so dass die Umwandlung der wertmäßigen in mengenmäßige Lohnstückkosten mittels Kaufkraftparitäten in grobem Maße gelingt.

Die Kaufkraftparitäten sind nämlich nur eine ungenaue Waage. Die Zusammensetzung der jeweiligen Bruttoinlandsprodukte variiert zwischen einzelnen Ländern mitunter recht erheblich und weicht oftmals von der normierten Gewichtung des Warenkorbes ab. Außerdem lässt die millionenfache Zahl der Güter und Dienstleistungen eines Bruttoinlandsprodukts, die oft nicht ausreichend repräsentativ im Warenkorb enthalten sind, die Schwierigkeiten bei der Ermittlung von Kaufkraftparitäten erahnen; ganz abgesehen von der differierenden Qualität und methodischen Abgrenzungen des statistischen Zahlenmaterials für die einzelnen Länder. Es verwundert nicht, wenn mitunter erhebliche Korrekturen, wie zuletzt für Griechenland um 25 %, vorgenommen werden.

Ein weiterer erheblicher Nachteil der Kaufkraftparitäten liegt darin, dass sie auf den Endverbrauchspreisen des Bruttoinlandsprodukts (Bruttoinlandsprodukt zu Marktpreisen) und nicht auf Erzeugerpreisen beruhen. Die inländischen Endverbrauchspreise enthalten nämlich auch die von Land zu Land unterschiedlichen indirekten Steuern und differierenden Handelsspannen. Außerdem werden die Bruttoinlandsprodukt-Preise von den Importgütern beeinflusst, die von Land zu Land unterschiedliche Preise haben können. Ganz wenige Autoren haben versucht, die Preiseffekte dieser drei Faktoren für einige Güter in einzelnen Ländern auszuschalten (sog. korrigierte Kaufkraftparitäten). Sie kommen zu dem Ergebnis, dass diese korrigierten Kaufkraftparitäten beträchtlich von den ursprünglichen Kaufkraftparitäten abweichen.

Am Rande sei vermerkt, dass man vielleicht versucht sein könnte, die Kaufkraftparität für den richtigen Wechselkurs zu halten. In der Realität wird der Wechselkurs jedoch von einer Vielzahl von Faktoren bestimmt. Neben der genannten Preisrelation für das gesamte Bruttoinlandsprodukt spielt die Preisrelation der im Außenhandel gehandelten Güter und Dienstleistungen eine wichtigere Rolle. Wechselkursbeeinflussend sind auch der Außenhandelsstatus (Überschüsse oder Defizite) und die Kapitalströme, die durch internationale Zinsunterschiede, Währungsspekulation oder durch Unterschiede in der nationalen Wirtschafts- und Gewinnsituation ausgelöst werden.

4.5 Für Zeitreihen ist die Mengenentwicklung darstellbar

Demgegenüber lässt sich auch ohne Kenntnis der absoluten Höhe der Mengen die zeitliche Veränderung der Mengen ermitteln, und zwar mittels eines Produktionsindexes. Bei ihm werden die Mengen an Gütern und Dienstleistungen mit ihren jeweiligen Preisen gewichtet, wobei die Preise eines gewählten Basisjahres über die nachfolgenden Jahre konstant gehalten werden, also unabhängig von ihrer tatsächlichen Entwicklung.

Zur Erläuterung der Funktionsweise eines Produktionsindexes ein einfaches Beispiel: Die Produktion von Schuhen nimmt von 100 auf 110 Paare um 10 % zu. Das Paar kostet im Basisjahr 75 EUR. Gleichzeitig geht die Zahl von Tapezierarbeiten von 50 auf 45 um 10 % zurück. Eine Tapezierarbeit kostet im Basisjahr 300 EUR. Obwohl man Schuhe und Tapezierarbeiten nicht in einer einheitlichen Mengeneinheit zusammenfassen kann, lässt sich dennoch die Veränderung der Mengen errechnen. Einem Zuwachs von 10 % an Schuhen steht ein Rückgang von ebenfalls 10 % an Tapezierarbeiten gegenüber. Dennoch kommt es nicht zu einem Ausgleich, die Menge an Gesamtproduktion bleibt nicht konstant. Denn da eine Tapezierarbeit viermal teurer ist als ein Paar Schuhe und damit mehr Menge hinter ihr steht als hinter einem Paar Schuhe, zeigt der Produktionsindex einen Mengenrückgang von nur 3,3 % an.

Der Produktionsindex wird gebildet in der Form:

$$\frac{110 \cdot 75 + 45 \cdot 300}{100 \cdot 75 + 50 \cdot 300} = \frac{21750}{22500} = 0{,}967 = -3{,}3\%$$

In den Index können beliebig viele Güter und Dienstleistungen eingestellt und die Mengenentwicklung für eine Zeitreihe berechnet werden. Dabei dienen die konstant gehaltenen Preise eines Basisjahres als Gewichte. Da sich allerdings in einem längeren Zeitraum (z.B. 10 Jahre) die einzelnen Preise unterschiedlich verändern, verschieben sich in der Realität die Preisrelationen und damit die Gewichte der einzelnen Gütern und Dienstleistungen. Das hat dann Rückwirkungen auf das

Mengengerüst. Deshalb werden ungefähr alle zehn Jahre zeitnähere Preise als konstante Gewichte eingeführt.

Eine weitere Unschärfe für die Mengenentwicklung ergibt sich dadurch, dass z.B. für die Veränderung des Bruttoinlandsprodukts nicht alle Preise der unzähligen Güter und Dienstleistungen in die Berechnung aufgenommen werden können, sondern nur ein repräsentativer Querschnitt.

Nicht zuletzt verleihen Qualitätsverbesserungen von Produkten, die sich oft in Preissteigerungen niederschlagen, bei einer Aktualisierung der Preisgewichtung der ihr zugeordneten Menge ein größeres Gewicht, obwohl in Wirklichkeit keine Mengensteigerung dahinter steht.

Bei der Lohnstückkosten-Berechnung können all diese Ungenauigkeiten – zumindest für einen kurz- und mittelfristigen Zeitraum – vernachlässigt werden.

Da somit für Zeitreihen die Entwicklung der mengenmäßigen Produktion – und damit der Produktivität – angegeben werden kann, erfüllt die Berechnung der zeitlichen Veränderung der nominalen Lohnstückkosten ihren eigentlichen Zweck: Die wertmäßigen Arbeitskosten werden ins Verhältnis zur mengenmäßigen Produktion bzw. Produktivität gesetzt. Damit kann der Einfluss der Löhne als einer der Bestimmungsgründe für die Produktpreise isoliert dargestellt werden.

4.6 Zur Beeinflussung der Lohnstückkosten durch Kapitalintensität

Vergleicht man das Lohnstückkosten-Niveau von Ländern und Regionen, so führen allein Unterschiede in der Kapitalintensität (Verhältnis von Kapitalstock zu Erwerbstätigen) zu Differenzen in der Höhe der Lohnstückkosten – und zwar völlig unabhängig von der Lohnhöhe.

Dieser Sachverhalt ist z.B. bei einer Gegenüberstellung des Niveaus der Lohnstückkosten Ostdeutschlands mit denen Westdeutschlands von Bedeutung. Er wird bei den Ost-West-Vergleichen des Sachverständigenrats[1] und der Arbeitsgemeinschaft der Wirtschaftsforschungsinsti-

[1] Vgl. z. B Jahresgutachten 2002/3, Textziffer 291.

tute[2] übersehen. In Ostdeutschland erreichte nämlich im Jahr 2004 die Kapitalintensität der Gesamtwirtschaft nur 80 %[3] des westdeutschen Niveaus. Allein aus diesem Grund musste ein Unterschied im Lohnstückkostenniveau beider Regionen entstehen.

Der Verfasser hat diesen Kapitalintensitäts-Effekt herausgefiltert. Dazu verwendete er die in der neoklassischen Wachstumstheorie übliche linear-homogene Cobb-Douglas- Produktionsfunktion in der Form:

$$P = A^{\alpha} \cdot K^{\beta}$$

Die Produktion (P) ist darin das Ergebnis der Multiplikation von Arbeitseinsatz (A) und Kapitaleinsatz (K), wobei die Potenzzahlen α und β die Produktionselastizitäten der Arbeit und des Kapitals darstellen. Wegen der unterstellten linearen Homogenität gilt:

$$\beta = 1 - \alpha$$

Nach einigen Umformungen von Gleichung (1):

$$\frac{P}{A} = \frac{A^{\alpha}}{A} \cdot K^{\beta} = A^{\alpha-1} \cdot K^{\beta} = \frac{K^{\beta}}{A^{-(\alpha-1)}} = \frac{K^{\beta}}{A^{1-\alpha}} = \frac{K^{\beta}}{A^{\beta}} = \left(\frac{K}{A}\right)^{\beta} \quad (2)$$

lässt sich darstellen, dass die Arbeitsproduktivität von der Kapitalintensität, potenziert mit β, der Produktionselastizität des Kapitals, beeinflusst wird.

Um diese Formel für die angegebene Zielsetzung anwenden zu können, muss noch ein Zahlenwert für β eingesetzt werden. Da bisher keine (überzeugenden) Ergebnisse einer empirischen Ermittlung von β vorliegen, nahm der Verfasser eine eigene Abschätzung vor. Rein modelltheoretisch ist bei der hier unterstellten Cobb-Douglas-Produktionsfunktion die Produktionselastizität der Arbeit, α, gleich der Lohnquote

[2] Vgl. z.B. Die Lage der Weltwirtschaft und der deutschen Wirtschaft im Herbst 2001, in DIW-Wochenbericht 43/2001, S.692.

[3] Volkswirtschaftliche Gesamtrechnung der Länder, Reihe 1, Band 4, Anlagevermögen in den Ländern und Ost- West-Großraumregionen 1991 bis 2005

– allerdings nur unter der unrealistischen Voraussetzung einer Entlohnung nach dem Grenzprodukt der Arbeit.[1]

Für die gesuchte Produktionselastizität gilt dann:

$$\beta = 1 - \alpha$$

$$\beta = 1 - \text{Lohnquote}$$

Die Lohnquote betrug im Jahre 2004 in Deutschland 68,9 % = 0,689.

$$\beta = 0{,}311$$

0,311 ist die erste grobe Schätzung für β.

Hiermit ist eine erste Größenordnung für den Einfluss der unterschiedlichen Kapitalintensität in Ost- und Westdeutschland isoliert ermittelt – und zwar unbeschadet davon, dass die Arbeitsproduktivitäten auch aus anderen Gründen (z.B. wegen des im vorherigen Abschnitt dargestellten Unterschiedes im Preisniveau) differieren. Man braucht nämlich nur zu berechnen, welche Unterschiede sich für die Arbeitsproduktivitäten ergeben, wenn man in Gleichung (2) zunächst eine Kapitalintensität von 100 % = 1 für Westdeutschland und dann eine Kapitalintensität von 80 % = 0,8 für Ostdeutschland einsetzt:

Für Westdeutschland: $\frac{P}{A} = 1^{0{,}311} = 1$

Für Ostdeutschland: $\frac{P}{A} = 0{,}8^{0{,}311} = 0{,}93$

Allein wegen der niedrigeren Kapitalintensität erreicht die Arbeitsproduktivität in Ostdeutschland nur 93 % des westdeutschen Niveaus, sie ist also deswegen um 7 % geringer.[2] Oder anders bezogen: Hätte Ost-

[1] Vgl. K. Rose: Grundlagen der Wachstumstheorie, 6. Auflage 1991, S.73.

[2] Dieses Ergebnis stellt sich bei jedem Wert der Kapitalintensität Westdeutschlands ein, solange für Ostdeutschland 80 % des Wertes angesetzt wird

deutschland dieselbe Kapitalintensität wie Westdeutschland, dann wäre seine Arbeitsproduktivität um 1/0,93 = 7,5 % höher.

Welche Rückwirkungen hat nun dieser Effekt auf die Lohnstückkosten?

Die Arbeitsproduktivität bildet den Nenner des Quotienten bei der Berechnung der Lohnstückkosten. Eine Vergrößerung des Nenners um 7,5 % senkt den Wert des Quotienten – also die Lohnstückkosten – um 1/1,075 = 0,93 = – 7 %.

Bestände also in Ostdeutschland dieselbe Kapitalintensität wie in Westdeutschland, dann wäre seine Arbeitsproduktivität um 7,5 % höher und seine Lohnstückkosten um 7 % niedriger.

Aus vielen Gründen kann allerdings keineswegs davon ausgegangen werden, dass sich die tatsächliche Lohnquote, die als Größe für die Produktionselastizität der Arbeit angesetzt wird, nur aus einer Entlohnung nach dem Grenzprodukt der Arbeit ergibt. Neben konjunkturellen Schwankungen haben auch andere Faktoren, wie zunehmende Markt- und Verhandlungsmacht der Unternehmer, eine zurückhaltende Lohnpolitik der Gewerkschaften, die Entwicklung der terms of trade, die Veränderung der Belastung durch Arbeitgeberbeiträge u.a. Einfluss auf die Höhe der Lohnquote.[1] Ganz abgesehen davon, dass in der Realität die Produktion ganz bestimmt nicht nach einer Cobb-Douglas-Produktionsfunktion abläuft, sondern nach viel komplexeren und sich verändernden Mustern.

Somit wird α von der tatsächlichen Lohnquote abweichen. Das verändert dann auch entsprechend den Wert β.

Die Produktionselastizität β wird also mit Sicherheit nicht genau den Wert 0,311 haben. Aber selbst wenn der Wert in einer unterstellten großen Bandbreite von 0,2 bis 0,4 läge, würde sich am Ergebnis in der Tendenz nichts Wesentliches ändern. Wäre β = 0,2 bzw. 0,4, dann wären die Lohnstückkosten in Ostdeutschland – falls dieselbe Kapitalintensität wie in Westdeutschland vorläge – um 4,5 % bzw. 8,5 % niedriger, als sie tatsächlich sind. Irgendwo in dieser Bandbreite wird der tatsächliche Effekt einer niedrigeren Kapitalintensität auf die Lohn-

[1] Vgl. H. Görgens: Berechnet der Sachverständigenrat die Grenzproduktivität der Arbeit falsch? In: Wirtschaftsdienst, Zeitschrift für Wirtschaftspolitik, 5/1999.

stückkosten liegen. Der Verfasser setzt 6 % an, wenngleich ein genauer Nachweis nicht möglich ist.

5. Zum Zusammenhang von Lohnsumme je Arbeitnehmer und je Stunde

5.1 Bei allgemeiner Arbeitszeitverkürzung

Die Entwicklung des gesamtwirtschaftlichen Durchschnittslohns je Arbeitnehmer ist wegen der ständig rückläufigen durchschnittlichen Arbeitszeit schwächer als die Entwicklung des Lohnes je geleisteter Arbeitnehmerstunde. Der Rückgang der Arbeitszeit im Durchschnitt aller Arbeitnehmer hat vor allem zwei Ursachen: die allgemeine Arbeitszeitverkürzung und die zunehmende Teilzeitarbeit.

Die Veränderung der Arbeitszeit ist das Bindeglied zwischen Lohn je Arbeitnehmer und Lohn je Stunde. In der Modellrechnung B II. 5.1 ist der Zusammenhang rechnerisch dargelegt.

Die Lohnsumme der Jahre 1–3 errechnet sich aus der Multiplikation des Lohnes je Stunde mal der Jahresstunden je Arbeitnehmer mal der Zahl der Arbeitnehmer. Von Jahr 1 auf 2 wird der Stundenlohn von 12 EUR auf 12,24 EUR um 2 % erhöht. Gleichzeitig wird eine Verringerung der geleisteten Jahresarbeitsstunden je Arbeitnehmer um ebenfalls 2 % sowie eine Zunahme der Zahl der Arbeitnehmer von 10 auf 11 unterstellt.

Als Ergebnis bleibt der Jahreslohn (Wochenlohn) je Arbeitnehmer bei verkürzter Arbeitszeit unverändert. Bei Gehaltsbeziehern bleibt das Monatsgehalt bei ebenfalls verringerter Arbeitszeit konstant.

Der mathematische Zusammenhang lässt sich schreiben (beachte die multiplikative Verknüpfung):

$$\frac{\text{Lohnsumme}}{\text{Zahl der Arbeitnehmerstunden}} \cdot \frac{\text{Zahl der Arbeitnehmerstunden}}{\text{Zahl der Arbeitnehmer}} = \frac{\text{Lohnsumme}}{\text{Zahl der Arbeitnehmer}}$$

Modellrechnung zu B II. 5.1

Jahr	Lohn je Stunde in EUR	Lohn je Stunde Veränd. in %	Jahresstunden je Arbeitnehmer	Jahresstunden Veränd. in %	Arbeitnehmer	Lohnsumme in EUR	Jahreslohn je Arbeitnehmer in EUR	Jahreslohn Veränd. in %
1	12		1500		10	180.000	18.000	
2	12,24	2,0	1470	-2,0	11	198.000	18.000	0,0
3	12,61	3,0	1455	-1,0	12	220.255	18.355	2,0

Modellrechnung zu B II. 5.2

Jahr	Arbeitnehmer insgesamt	Arbeitnehmer mit Vollzeit 1500 Jahresstd.	Arbeitnehmer mit halber Arbeitszeit 750 Jahresstd.	geleistete Stunden insgesamt	durchschnittl. Arbeitsstunden je Arbeitnehmer	Veränd. in %	Lohn je Stunde in EUR	Lohn je Stunde Veränd. in %	Lohnsumme	Jahreslohn je Arbeitnehmer	Veränd. in %
1	10	10	0	15.000	1500		12,00		180.000	18.000	
2	11	10	1	15.750	1432	-4,5	12,36	3,0	194.670	17.697	-1,7
3	11	9	2	15.000	1364	-4,8	12,73	3,0	190.962	17.360	-1,9

Die Gleichung gilt auch für die Veränderungen:

Veränd. Stundenlohn · Veränd. Arbeitszeit = Veränd. Lohn je Arbeitnehmer

$1{,}02 \cdot 0{,}98 = 1{,}000$[1]

Bei diesen kleinen Veränderungen kann man auch die Addition anwenden:

$2\ \% + -2\ \% = 0\ \%$

Von Jahr 2 auf 3 erhöht sich der Lohn je Stunde um 3 %. Gleichzeitig vermindern sich die geleisteten Jahresarbeitsstunden je Arbeitnehmer um 1%:

$1{,}03 \cdot 0{,}99 = 1{,}0197 = 1{,}97\ \%$

oder : $3\ \% + -1\ \% = 2{,}0\ \%$

5.2 Bei zunehmender Teilzeitarbeit

Der Zusammenhang gilt auch, wenn sich die durchschnittlich geleisteten Jahresarbeitsstunden im Durchschnitt aller Arbeitnehmer durch eine zunehmende Zahl von Arbeitnehmern mit Teilzeitarbeit oder mit geringfügiger Arbeitszeit verringert oder wenn Überstunden abgebaut werden (B II. 5.2). Von Jahr 1 auf Jahr 2 kommt ein Teilzeitbeschäftigter mit 50 % der Normalarbeitszeit hinzu. Die Arbeitszeit im Durchschnitt aller Arbeitnehmer sinkt dann um 4,53 % auf 1432 Jahresarbeitsstunden. Der Stundenlohn wird für alle Arbeitnehmer um 3 % erhöht, dennoch geht im Gesamtdurchschnitt der Lohn je Arbeitnehmer um 1,7 % zurück:

$1{,}03 \times 0{,}9547 = 0{,}983 \rightarrow$ also $-1{,}7\ \%$

[1] Die Stellen hinter dem Komma sind die Prozentzahlen

(Bereits bei diesen etwas vergrößerten Veränderungsraten würde die Additionsmethode einen kleinen Fehler verursachen: 3 % + – 4,53 % = –1,57 %).

Im dritten Jahr wird eine Vollzeitstelle in eine Teilzeitstelle umgewandelt. Für alle Vollzeit- und Teilzeitkräfte wird der Stundenlohn um 3 % erhöht. Dennoch sinkt der Lohn je Arbeitnehmer um 1,9 %

Dieses Beispiel der zunehmenden Teilzeitarbeit veranschaulicht, dass die gesamtwirtschaftliche Betrachtung der Lohnsumme je Arbeitnehmer zu Missverständnissen führen kann, falls man die Veränderung der durchschnittlich geleisteten Arbeitsstunden je Arbeitnehmer außer Acht lässt. Denn in unserer Modellrechnung B II. 5.2 steigt zwar der Stundenlohn für jeden einzelnen Arbeitnehmer um 3 %. Dennoch wird im Durchschnitt aller Arbeitnehmer wegen des zunehmenden Anteils der Teilzeitarbeitnehmer der Lohn je Arbeitnehmer um 1,7 % bzw. 1,9 % herunter geschleust.

Fazit: Gesamtwirtschaftliche oder branchenmäßige Daten über die Entwicklung der Lohn- und -gehaltssumme je Arbeitnehmer haben ohne Umrechnung auf den Stundenlohn keinen ausreichenden Aussagewert über den Verlauf der Arbeitskosten.

6. Zu prognostizierten und unvermeidlichen Preissteigerungen

Bei den Lohnforderungen spielt die Einbeziehung prognostizierter und unvermeidlicher Preissteigerungen eine bedeutsame, wenn auch schwierige und umstrittene Rolle.

6.1 Prognostizierte Preissteigerungen

Bei Beginn einer Lohnrunde sind meistens Preisprognosen des Sachverständigenrats und der Wirtschaftsforschungsinstitute bekannt.

Grundsätzlich werden die Preise autonom von den Unternehmern gesetzt. Dabei gibt es keine Zwangsläufigkeiten. Das Preissetzungsverhalten der Unternehmer wird beeinflusst von

– der Marktmacht und der Wettbewerbsintensität

- der Konjunkturlage (Nachfrage)
- der Preiselastizität der Nachfrage
- der Kostenentwicklung, darunter Löhne, Umsatzsteuern und öffentliche Produktionsabgaben
- den Importpreisen

Die Preisprognosen dienen den Tarifkommissionen der Gewerkschaften als Orientierungspunkte. Die Preisprognosen beruhen zu einem Teil auf den Lohnprognosen für den kommenden Zeitraum. Somit wird ein Dilemma bzw. eine ambivalente Situation heraufbeschworen: Einerseits richten sich die Lohnforderungen an den erwarteten Preissteigerungen aus, um den Verteilungsspielraum auszuschöpfen, andererseits bilden die erwarteten Lohnforderungen einen Baustein der Preisprognose.

Die Arbeitnehmer haben oft die bittere Erfahrung gemacht, dass Preisprognosen oft zu optimistisch waren und sie dadurch verteilungspolitische Einbußen erlitten.

6.2 Unvermeidliche Preissteigerungen

Zur Entschärfung der Dilemmas wurde den Gewerkschaften mitunter zugebilligt, nur sogenannte unvermeidliche Preissteigerungen in ihre Lohnforderungen einzubeziehen, mit deren Eintreten auch dann gerechnet werden muss, wenn die Lohnpolitik gesamtwirtschaftlich kostenneutral – also rein produktivitätsorientiert – ist. Hilfestellung bei der Einschätzung des möglichen Ausmaßes solcher unvermeidlicher Preissteigerungen wurde allerdings nie gegeben.

Die unvermeidlichen Preissteigerungen können durch erwartete Importverteuerungen oder Erhöhungen der Umsatz- und Produktionssteuern verursacht sein. Da deren Überwälzung die Gewinnlage der Unternehmen nicht verbessert, ist vorgeschlagen worden, derartige Preiseffekte aus dem Verteilungsspielraum auszuklammern.

Daneben spielt als Elemente unvermeidlicher Preiseffekte der sogenannte Preisüberhang und die asymmetrische Preisflexibilität eine Rolle.

a) Der Preisüberhang

Ein Teil der durchschnittlichen Preissteigerungsrate des kommenden Jahres gegenüber dem laufenden Jahr resultiert aus dem sogenannten Preisüberhang. Als Preisüberhang am Jahresende bezeichnet man die Vorbelastung für die durchschnittliche jährliche Verteuerungsrate des nächsten Jahres, die entsteht, wenn am Jahresende die Preise bereits höher sind als der Durchschnitt des abgelaufenen Jahres.

In der lohnpolitischen Auseinandersetzung spielt oft die erwartete jahresdurchschnittliche Preissteigerungsrate des nächsten Jahres, die sich aus einem Vergleich der Jahresdurchschnitte des kommenden und des laufenden Jahres ergibt, eine nicht unwesentliche Rolle. Und hier kann der Preisüberhang ins Spiel gebracht werden.

Nach Tabelle B II. 6.2 lagen die Preise für die Lebenshaltung aller privaten Haushalte im Jahresdurchschnitt 2001 um 2,5 % über dem Jahresdurchschnitt 2000.

Betrachtet man demgegenüber den monatlichen Verlauf, so waren die Preise im Dezember 2000 (Index 108,2) bereits 1,2 % höher als der Jahresdurchschnitt 2000 (Index 106,9). Diese 1,2 % sind der Preisüberhang am Jahresende. Selbst wenn im Jahresverlauf 2001 die Preise nicht mehr angehoben worden wären – was in Tabelle zu B II. 6.2 und im Schaubild als Modellannahme gesetzt wurde –, wäre der Jahresdurchschnitt 2001 um 1,2 % höher gewesen als 2000. Der Jahresdurchschnitt 2001 war also mit 1,2 % unvermeidlich vorbelastet. Schon allein wegen dieses statistischen Reflexes hätten die Gewerkschaften von unvermeidlichen Preissteigerungen in Höhe von 1,2 % für den Jahresdurchschnitt des kommenden Jahres ausgehen können.

b) Asymmetrische Preisflexibilität

Die Tarifabschlüsse weisen eine beachtliche Differenzierung nach Branchen (Branchentarife), Regionen (Bezirkstarife) oder manchen Konzernen (Firmentarife) auf. Sie können sich aber oft nicht an der Produktivitätsentwicklung orientieren, weil diese häufig unbekannt oder nicht berechenbar ist (vgl. B II. 2.7). In Branchen oder Unternehmen, in denen die Tarifpolitik die Produktivität unterschreitet, könnte es deshalb zu Preissenkungen kommen. In Branchen oder Unternehmen, in denen die Tarifpolitik über die Produktivität hinausschießt, sind Preissteigerungen zu erwarten.

Nun zeigt jedoch die Erfahrung, dass die Preise nach unten weniger flexibel sind als nach oben. Unternehmen, deren Stückkostenrückgang Preissenkungen möglich machen würde, sind dazu weniger geneigt als Unternehmen mit Kostensteigerungen zu Preiserhöhungen.

Das Preisverhalten der Unternehmer ist also oft asymmetrisch. Vielfach geben Unternehmen Kostensenkungen nicht in den Preisen weiter, um bei mangelndem Wettbewerb eine angeblich notwendige Verbesserung der Rentabilität zu erzielen.

Wegen dieser asymmetrischen Preisflexibilität muss damit gerechnet werden, dass per saldo – d.h. im gesamtwirtschaftlichen Durchschnitt – das Preisniveau unvermeidlich steigt, selbst wenn die Lohnpolitik im gesamtwirtschaftlichen Durchschnitt kostenneutral ist. Das Ausmaß einer solchen unvermeidlichen Zunahme des Preisniveaus ist bisher nicht quantifiziert worden. Es wird umso größer sein, je besser die Konjunkturlage, je schwächer der Wettbewerb und je geringer die Preiselastizität der Nachfrage ist.

Modellrechnung zu B II. 6.2 Berechnung des Preisüberhangs

		Preisindex[1)]	Jahres-durchschnitt	Preisüberhang[2)]	Modellannahme: Preisindex ab Dez.2000 unverändert	Jahres-durchschnitt	Preisüberhang[2)]
1999	Dezember	105,9			105,9		
2000	Januar	105,9			105,9		
	Februar	106,0			106,0		
	März	106,3			106,3		
	April	106,3			106,3		
	Mai	106,1			106,1		
	Juni	106,7			106,7		
	Juli	107,0	106,9		107,0	106,9	
	August	107,1			107,1		
	September	107,7			107,7		
	Oktober	107,8			107,8		
	November	108,1			108,1		
	Dezember	108,2		1,2%	108,2		1,2%
2001	Januar	108,4			108,2		
	Februar	108,8			108,2		
	März	109,0			108,2		
	April	109,4			108,2		

Mai	109,8		108,2	
Juni	110,0		108,2	
Juli	109,8	109,6	108,2	108,2
August	109,9		108,2	
September	110,0		108,2	
Oktober	110,0		108,2	
November	109,9		108,2	
Dezember	110,0		108,2	
Veränderung in %				
		Veränderung:		Veränderung:
Jahresdurchschnitt 2001/2000		2,5%		1,2%
Jahresverlauf				
Dez. zu Dez.				
2000	2,2%			2,2
2001	1,7%			0,0

1) Für die Lebenshaltung aller privaten Haushalte; mtl. saisonbereinigt
2) Dezember zu Jahresdurchschnitten
Nach Angaben des Statistischen Bundesamtes

Schaubild zu B II. 6.2: Preisüberhang am Ende des Jahres 2000 – Monatlicher Index der Verbraucherpreise von Dezember 1999 bis Dezember 2001 – Deutschland

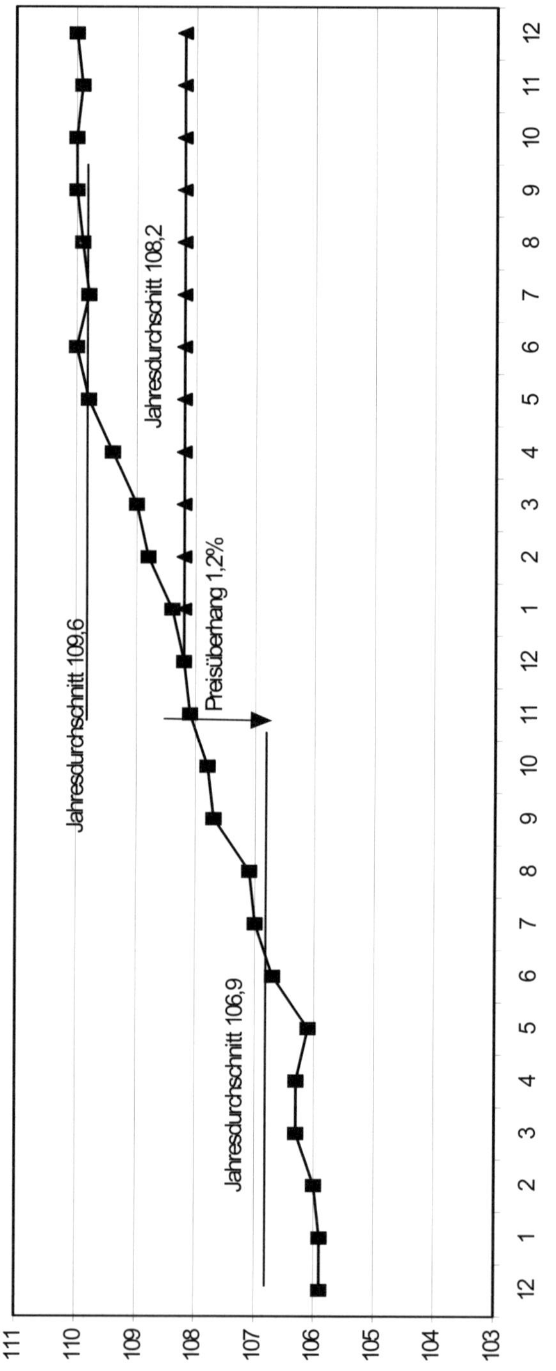

Eigene Berechnungen nach Angaben des Statistischen Bundesamtes

Anhang

Kleine Rechenlehre für den Umgang mit Daten

Als Handwerkszeug für den rechnerischen Umgang mit wirtschaftlichen Daten werden einige häufig vorkommende Rechenregeln dargestellt.

Vielen Lesern werden sie – zumindest teilweise – bekannt und geläufig sein. Allerdings weiß der Verfasser aus vielen wirtschaftspolitischen Schulungsveranstaltungen, die er an gewerkschaftlichen und anderen Bildungsstätten abgehalten hat, dass manche Teilnehmer, die in ihrer beruflichen Tätigkeit nicht oder kaum mit diesen Rechenoperationen befasst sind, dankbar für eine Anleitung sind. Darüber hinaus werden einige Tipps gegeben, wie man die Rechnungen auf dem PC durchführen kann. Die kleine Rechenlehre beschränkt sich auf folgende Berechnungen:

1) Veränderungsraten in % (positive und negative Wachstumsraten),
2) durchschnittliche jährliche Wachstumsraten, wenn für einen längeren Zeitraum Anfangs- und Endwert bekannt sind,
3) Umwandlung nominaler Werte in reale, d.h. preisbereinigte, Werte,
4) Umwandlung von Datenreihen oder deren Veränderungsraten in Indexzahlen,
5) Vereinfachung einiger Berechnungen auf dem PC .

1. Veränderungsraten in %
(positive und negative Wachstumsraten)

Die Veränderungsraten (w) in Prozent (= in v.H.), das sind die positiven oder negativen Wachstumsraten, werden ermittelt, indem der Differenzbetrag zwischen Endwert (E) und Anfangswert (A) ins Verhältnis zum Anfangswert (A) gesetzt und dieses Ergebnis mit 100 multipliziert wird.

$$w = \left(\frac{E - A}{A} \right) \cdot 100 \qquad (1)$$

Die durchschnittlichen monatlichen Nettolöhne und -gehälter je Arbeitnehmer nahmen in Deutschland von 1.419 EUR (A) in 2003 auf 1.454 EUR (E) in 2004 zu. Also:

$$w = \left(\frac{1454 - 1419}{1419} \right) \cdot 100 = 0{,}0247 \cdot 100 = 2{,}47\,\%$$

Durch eine einfache Umformung von Gleichung (1) in (1a) wird die sofortige Ablesbarkeit auf dem Taschenrechner möglich:

$$w = \left(\frac{E - A}{A} \right) \cdot 100 = \left(\frac{E}{A} - \frac{A}{A} \right) \cdot 100 = \left(\frac{E}{A} - 1 \right) \cdot 100 \qquad (1a)$$

$$w = \left(\frac{1454}{1419} - 1 \right) \cdot 100 = (1{,}0247 - 1) \cdot 100 = 2{,}47\,\%$$

Bei Wachstumsraten unter 100 % ist das Ergebnis sofort ablesbar, wenn man Endwert durch Anfangswert dividiert (hier: 1,0247. Die Prozentzahl ergibt sich aus den Zahlen hinter dem Komma, wobei die erste Stelle die Zehnerprozente, die zweite Stelle die Einerprozente, die dritte Stelle die Zehntelprozente usw. bilden. Aufgepasst werden muss, wenn das Ergebnis der Division mehr als eine 1 vor dem Komma hat. Ist das Ergebnis der Division z.B. 2,3743, dann bedeutet dies eine Wachstumsrate von 137,43 % (siehe Formel).

Umgekehrt lässt sich von einem Ausgangswert und einer Wachstumsrate der Endwert ermitteln. Aus Formel (1a) wird durch Umformung (1b):

$$(1b)\quad E = A \cdot \left(1 + \frac{w}{100}\right)$$

Beispiel: Der Anfangswert von 50 soll um 200 % zunehmen.

$$E = 50 \cdot \left(1 + \frac{200}{100}\right)$$

$$E = 150$$

Ein Zuwachs von 200 % ist also eine Verdreifachung des Ausgangswertes.

Aufpassen muss man bei größeren Wachstumsraten.

Beispiel: Die nominalen, d.h. nicht preisbereinigten, Bruttomonatslöhne und -gehälter je Arbeitnehmer nahmen in Westdeutschland von 243 DM in 1950 auf 4.245 DM in 2000 zu.

$$w = \left(\frac{4.245}{243} - 1\right) \cdot 100 = (17{,}47 - 1) \cdot 100 = 16{,}47 \cdot 100 = 1647\,\%$$

Diese Lohnsteigerungsrate von 1647 % in 50 Jahren erscheint riesig. Pro Jahr waren es durchschnittlich 5,9 % (Zur Berechnung von Jahresdurchschnitten aus Zeiträumen siehe unter 2.). Man muss allerdings berücksichtigen, dass in diesen 50 Jahren die Verbraucherpreise um insgesamt 312 % (das sind jahresdurchschnittlich 2,9 %) angestiegen sind. (Zur Berechnung von Preisbereinigungen siehe unter 3.)

Preisbereinigt, d.h. real, nahmen die Bruttolöhne und -gehälter je Arbeitnehmer damit nur um 324 % zu; jahresdurchschnittlich waren es 2,9 %.

Im selben Zeitraum 1950 – 2000 wuchs in Westdeutschland das reale, d.h. preisbereinigte, Bruttoinlandsprodukt je Erwerbstätigen (Arbeitsproduktivität) um insgesamt 344 %; jahresdurchschnittlich waren dies 3,0 % .

Reallohn und Arbeitsproduktivität haben sich also mit 2,9 % bzw. 3,0 % in dem 50-Jahreszeitraum fast haargenau im gleichen Maße entwickelt!

Die Berechnung der negativen Wachstumsrate erfolgt nach derselben Formel (1a).

Beispiel: Das Arbeitsvolumen der Arbeitnehmer (Zahl der geleisteten Arbeitsstunden aller Arbeitnehmer pro Jahr) ist in Deutschland von 1991 bis 2006 von 51,9 (A) Mrd. Stunden auf 47,0 (E) Mrd. Stunden um 9,4 % zurückgegangen:

$$w = \left(\frac{E}{A} - 1\right) \cdot 100 = \left(\frac{47{,}0}{51{,}9} - 1\right) \cdot 100 = (0{,}906 - 1) \cdot 100 = -0{,}094 \cdot 100 = -9{,}4\,\%$$

Im selben Zeitraum verminderte sich die Zahl der Arbeitnehmer von 35,1 Mio. auf 34,6 Mio. um 1,4 %. Aufgrund von Arbeitszeitverkürzungen, Überstundenabbau, vermehrter Teilzeitarbeit und zunehmender Arbeit mit geringfügiger Arbeitszeit hat die Zahl der Erwerbstätigen also erheblich weniger abgenommen als die Zahl der geleisteten Jahresarbeitsstunden.

Abschließend soll noch auf den Unterschied von Wachstumsrate in Prozenten und Veränderung in Prozent-Punkten aufmerksam gemacht werden, wie er bei Berechnungen von Quoten auftritt.

$$\text{Steigt z.B. die Lohnquote} = \frac{\text{Arbeitnehmerentgelt}}{\text{Volkseinkommen}} \cdot 100$$

von 60 % auf 66 %, dann ist ihre Wachstumsrate 10 %. Man kann dies jedoch auch als einen Zuwachs um 6 Prozent-Punkte beschreiben.

2. Jahresdurchschnittliche Wachstumsrate für einen längeren Zeitraum

Erstes Beispiel: Ein Anfangswert von z.B. 100 (A) wächst in 3 Jahren auf einen Endwert von 133,1(E). Dies ist eine Wachstumsrate von 33,1%. Die jahresdurchschnittliche Wachstumsrate beträgt nicht:

33,1% dividiert durch 3 (Jahre) = 11,03 %, sondern 10 %, wie die nachfolgende Rechnung zeigt:

$$100 \cdot 1{,}1 = 110$$

$$110 \cdot 1{,}1 = 121$$

$$121 \cdot 1{,}1 = 133{,}1$$

Die jahresdurchschnittliche Wachstumsrate ergibt sich (als geometrischer Mittelwert) nach folgender Formel[1])

$$A \cdot \left(1 + \frac{w}{100}\right)^n = E$$

nach w aufgelöst (s. die Umformung in Einzelschritten in Abschnitt 3.) ergibt sich:

$$w = \left(\sqrt[n]{\frac{E}{A}} - 1\right) \cdot 100$$

wobei w die Wachstumsrate und n die Zahl der Jahre bedeuten.

Für unser Beispiel ergibt sich:

$$w = \left(\sqrt[3]{\frac{133{,}1}{100}} - 1\right) \cdot 100$$

$$= (1{,}1 - 1) \cdot 100$$

$$w = 10\ \%$$

Zweites Beispiel (vgl. Abschnitt 1 dieses Kapitels):

Die nominalen, d.h. nicht preisbereinigten, Bruttomonatslöhne und -gehälter je beschäftigten Arbeitnehmer haben sich von 243 DM in 1950 auf 4245 DM in 2000 erhöht. Der Anstieg betrug 1647 %. Würde

[1] Sie entspricht der Zinseszinsformel bei jeweiliger Verzinsung am Jahresende

man ihn durch 50 teilen, erhielte man eine (falsche) jährliche Wachstumsrate von 32,9 %. Richtig ergibt sich:

$$w = \left(\sqrt[50]{\frac{4225}{243}} - 1 \right) \cdot 100$$

$$w = \left[\sqrt[50]{17{,}47} \right] - 1] \cdot 100]$$

$$w = (1{,}059 - 1) \cdot 100$$

$$w = 5{,}9\,\%$$

Anmerkungen:

1. Lägen die tatsächlichen einzelnen jährlichen Wachstumsraten der 50 Jahre vor und würde man daraus den arithmetischen Mittelwert bilden, dann werde sich leichte Unterschiede zur hier errechneten, richtigen (geometrischen) jahresdurchschnittlichen Wachstumsrate ergeben.

2. In Abschnitt 6 dieses Kapitels wird dargestellt, wie man anhand des PC potenziert und Wurzeln zieht.

3. Einfache Algebra – Lösen von Gleichungen

Mitunter werden in diesem Buch algebraische Umformulierungen vorgenommen. Im Umgang mit Daten und bei Anwendung statistischer Methoden sind solche Lösungswege oft notwendig. Deshalb sei die einfache Algebra kurz dargestellt. Sie fußt auf folgender Logik:

Eine Gleichung bleibt erhalten, wenn auf ihren beiden Seiten dieselbe Rechenoperation durchgeführt wird.

Man kann sich eine Gleichung konkret als eine Waage im Gleichgewicht vorstellen. Auf einer Waagschale halten 6 gleiche Holzstücke das Gleichgewicht zur anderen Waagschale mit 2 gleichen Eisenkugeln. Halbiert man die Zahl der Holzstücke und der Eisenkugeln auf beiden Seiten oder verdreifacht man sie oder fügt man beiden Seiten ein gleiches kg-Gewicht hinzu, dann bleibt die Waage im Gleichgewicht. Algebraisch zum Ausdruck gebracht heißt das, die Gleichung bleibt erhalten.

Beispiel: Im Jahre 2002 wurde ein Wechselkurs notiert von

(1) 1 EUR = 0,9456 USD (US-Dollar)

Wie viele EUR ist dann 1 USD wert? Zur Lösung gelangt man, indem man beide Seiten der Gleichung (1) durch 0,9456 dividiert:

$$\frac{1 \text{ EUR}}{0{,}9456} = \frac{0{,}9456 \text{ USD}}{0{,}9456}$$

$$1{,}0575 \text{ EUR} = 1 \text{ USD} \qquad (1)$$

Mit dieser einfachen Algebra lassen sich auch leicht Gleichungen mit einer Unbekannten (x) lösen.

Beispiel (sogenannte in-Hundert-Rechnung): Eine Ware kostet einschließlich 19 % Mehrwertsteuer 100 EUR. Die 19 % Mehrwertsteuer wird nicht vom Endpreis berechnet, sie ist zwar in ihm enthalten, sie wird jedoch von dem zunächst unbekannten, vorgeschalteten Preis (x) berechnet. Wie hoch ist dieser Preis?

$$100 \text{ EUR} = 1{,}19 \cdot x$$

Beide Seiten der Gleichung werden durch 1,19 dividiert und man erhält

$$\frac{100 \text{ EUR}}{1{,}19} = \frac{1{,}19}{1{,}19} \cdot x \qquad (2)$$

$$84{,}03 \text{ EUR} = x \qquad (2)$$

Zur Vereinfachung der Schreibweise braucht man nicht auf jeder der beiden Seiten der Gleichung dieselbe Rechenoperation hinzuschreiben. Denn eine Rechenoperation hebt sich auf, wenn man sie auf die andere Seite der Gleichung als umgekehrte Rechenart holt (aus Addition wird Subtraktion, aus Multiplikation Division, aus Potenzieren wird Wurzeln ziehen und umgekehrt). Wie ein Blick auf den Rechengang für die

Gleichungen (1) und (2) zeigt, werden die Multipikatoren 0,9456 bzw. 1,19 der rechten Seite zu Divisoren auf der linken Seite.

Der Unterschied zwischen ausführlicher und vereinfachter Schreibweise sei an einer Gleichung (3) veranschaulicht:

$$0{,}8752 = 0{,}99 - x \qquad (3)$$

a) Ausführliches Verfahren: Um zu einem positiven x zu kommen, wird beiden Seiten x zugefügt:

$$0{,}8752 + x = 0{,}99 - x + x$$

$$0{,}8752 + x = 0{,}99$$

Nun wird auf beiden Seiten 0,8752 abgezogen:

$$0{,}8752 + x - 0{,}8752 = 0{,}99 - 0{,}8752$$

$$x = 0{,}1148$$

b) Vereinfachtes Verfahren: $0{,}8752 = 0{,}99 - x$ (3)

Der Subtrahend –x der rechten Seite wird als Summand x auf die linke Seite gebracht: $0{,}8752 + x = 0{,}99$

Dann wird der Summand 0,8752 als Subtrahenden auf die andere Seite geholt:

$$x = 0{,}99 - 0{,}8752$$

$$x = 0{,}1148$$

Zum Abschluss wird die algebraische Umformung der Wachstumsformel, die in Abschnitt 2. nur im Endergebnis dargestellt wurde, in Einzelschritten erläutert. Dabei ist auch veranschaulicht, wie Algebra das Rechnen mit Buchstaben ermöglicht, für die nachträglich Zahlen eingesetzt werden können.

$$A \cdot \left(1 + \frac{w}{100}\right)^n = E$$

Der Multiplikator A auf der linken Seite wird als Divisor auf die rechte Seite geholt:

$$\left(1+\frac{w}{100}\right)^n = \frac{E}{A}$$

Die n-te Potenz wird aufgelöst, stattdessen wird auf der rechten Seite aus dem gesamten Betrag die n-te Wurzel gezogen:

$$1+\frac{w}{100} = \sqrt[n]{\frac{E}{A}}$$

Der Summand 1 wird als Subtrahend – 1 auf die andere Seite gebracht:

$$\frac{w}{100} = \sqrt[n]{\frac{E}{A}} \quad -1$$

Der Divisor 100 wird auf der rechten Seite zum Multiplikator des gesamten Ausdrucks:

$$w = \left(\sqrt[n]{\frac{E}{A}} - 1\right) \cdot 100$$

Damit ist die Gleichung in allgemeiner Buchstabenrechnung nach der Wachstumsrate (w) aufgelöst worden.

Nunmehr können alternative Zahlen für die Buchstaben (A = Anfangsbetrag, E = Endbetrag, n = Zahl der Jahre) eingesetzt werden (s. Abschnitt 2.).

4. Preisbereinigung als Umwandlung von Nominalwerten in Realwerte

Ein Nominalwert (N), z.B. Umsatz, ergibt sich aus der Multiplikation eines Realwertes (R), z.B. Menge in kg, mit dem Preis (P), z.B. EUR je kg:

$$R \cdot P = N$$

$$R = \frac{N}{P}$$

Der Realwert ergibt sich somit aus der Division von Nominalwert und Preis.

Beispiel: 200 (kg) · 2,-- EUR (je kg) = 400,-- EUR (Umsatz)

Für die nächste Zeitperiode sei angenommen, dass sich der Umsatz um 40,-- EUR, das sind 10 %, und der Preis um 0,10 EUR, das sind 5 %, erhöht haben. Um wie viel hat sich dann die abgesetzte Menge (Realwert) verändert?

$$R = \frac{N}{P}$$

$$R = \frac{440}{2{,}10} = 209{,}52$$

Der Realwert hat also von 200 (kg) auf 209,52 (kg), das sind 4,76 %, zugenommen.[1] Hätte man die Preissteigerungsrate von 5 % von der Zuwachsrate des Umsatzes von 10 % abgezogen, dann wäre man zu dem falschen Ergebnis einer Mengenzunahme von 5 % gekommen.

Liegen nur die Veränderungsraten von Nominalwerten und Preisen (z.B. Preisindex) vor, dann darf man, um zu den Realwerten zu kommen, keineswegs einfach die Veränderungsraten dividieren, sondern dann gilt eine modifizierte Formel (1):

$$(1)\quad \frac{\Delta R}{R} \cdot 100 = \left(\frac{100 + \frac{\Delta N}{N} \cdot 100}{100 + \frac{\Delta P}{P} \cdot 100} - 1 \right) \cdot 100$$

[1] Bei kleinen Veränderungsraten führt das (falsche) Subtraktionsverfahren allerdings zu Werten, die fast identisch sind mit denen des (richtigen) Divisionsverfahrens. Steigen z.B. die Löhne um 3 % und die Preise um 1%, so führt die Subtraktion zu einem Reallohnanstieg von 2,0 %, das Divisionsverfahren zu dem richtigen Wert 1,98 %. Bei größeren Wachstumsraten treten erhebliche Abweichungen auf.

wobei Δ die absolute Veränderung und deshalb $\frac{\Delta R}{R} \cdot 100$, $\frac{\Delta N}{N} * 100$ und $\frac{\Delta P}{P} \cdot 100$ die prozentualen Veränderungen (positive oder negative Wachstumsraten) in % (vgl. Abschnitt 1) bedeuten. Für unser Zahlenbeispiel folgt daraus:

$$4{,}76 = \left(\frac{100 + 10}{100 + 5} - 1 \right) \cdot 100$$

Die Formel sei wie folgt nachgewiesen:

Da (2) R · P = N ist, muss auch gelten:

$$(R + \Delta R) \cdot (P + \Delta P) = (N + \Delta N) \qquad (3)$$

Dividiert man Gleichung (3) durch Gleichung (2), dann ergibt sich:

$$\frac{R + \Delta R}{R} \cdot \frac{P + \Delta P}{P} = \frac{N + \Delta N}{N}$$

$$1 + \frac{\Delta R}{R} = \frac{1 + \frac{\Delta N}{N}}{1 + \frac{\Delta P}{P}}$$

Erweitert man den Bruch auf der rechten Seite der Gleichung mit 100, d.h. multipliziert man Zähler und Nenner mit 100, dann bleibt der Wert des Bruches unverändert und man erhält:

$$1 + \frac{\Delta R}{R} = \frac{\left(1 + \frac{\Delta N}{N}\right) \cdot 100}{\left(1 + \frac{\Delta P}{P}\right) \cdot 100}$$

$$\frac{\Delta R}{R} = \frac{100 + \frac{\Delta N}{N} \cdot 100}{100 + \frac{\Delta P}{P} \cdot 100} - 1$$

Nun multipliziert man beide Seiten der Gleichung mit 100 und erhält Formel (1):

$$\frac{\Delta R}{R} \cdot 100 = \left(\frac{100 + \frac{\Delta N}{N} \cdot 100}{100 + \frac{\Delta P}{P} \cdot 100} - 1 \right) \cdot 100 \qquad (1)$$

Die Größen $(\Delta R/R) \cdot 100$, $(\Delta P/P) \cdot 100$, $(\Delta N/N) \cdot 100$ sind die Veränderungsraten (positive und negative Wachstumsraten in %) des Realwertes, der Preise und der Nominalwerte (s. Abschnitt 1).

Bei großen Wachstumsraten ergeben sich ganz erhebliche Unterschiede zwischen dem falschen Subtraktionsverfahren und dem richtigen, unserer Formel zugrunde liegenden Divisionsverfahren. Dies soll an dem in Abschnitt 1 aufgeführten Beispiel demonstriert werden. Von 1950 bis 2000 war der durchschnittliche nominale Bruttolohn je Arbeitnehmer um 1647 % angestiegen. Die Verbraucherpreise (Lebenshaltungskosten) hatten um 312 % zugenommen. Nach dem Subtraktionsverfahren würde sich für den Reallohnanstieg der völlig falsche Wert von 1335 % ergeben. In Wirklichkeit beträgt der Reallohnanstieg nur 324 %.

$$324 = \left(\frac{100 + 1647}{100 + 312} - 1 \right) \cdot 100$$

Der Bruttolohn des Jahres 2000 hat somit preisbereinigt um 324 % (das ist das 4,24-fache des Jahres 1950) zugenommen. Jahresdurchschnittlich ist er in den 50 Jahren um 2,9 % gestiegen. ($\sqrt[50]{4{,}24} = 1{,}0293$)

Allerdings ergibt sich die Kaufkraft der Arbeitnehmer erst durch den realen Nettolohn – also nach Abzug aller Sozialversicherungsbeiträge und der Lohnsteuer. Der reale Nettolohn hat von 1950 bis 2000 weniger stark zugenommen, nämlich nur um 210 %, d.h. jahresdurchschnittlich um 2,3 %.

Die oben angegebene Formel für die prozentuale Veränderung gilt selbstverständlich für die Berechnung von allen Größen, die in einem Divisionsverhältnis stehen.

Markante Beispiele für Divisionsverhältnisse sind die Arbeitsproduktivität (a) und die Lohnstückkosten (b);

zu a) Die Arbeitsproduktivität misst das Verhältnis von Produktion (z.B. Bruttoinlandsprodukt) zum Arbeitseinsatz (z.B. Zahl der Erwerbstätigen). Für die Veränderungsrate der Arbeitsproduktivität ergibt bei entsprechender Anwendung der Formel:

$$\left(\frac{100 + \text{Veränderungsrate der Produktion}}{100 + \text{Veränderungsrate des Arbeitseinsatzes}} - 1\right) \cdot 100$$

Dabei kann der Arbeitseinsatz die Zahl der Erwerbstätigen oder die Zahl der geleisteten Stunden sein. Dann handelt es sich um die Erwerbstätigenproduktivität oder um die Produktivität je Stunde.

zu b) Die Lohnstückkosten sind definiert als das Verhältnis von Arbeitskosten je Arbeitnehmer(stunde) zur Produktion je Erwerbstätigen(stunde) (Arbeitsproduktivität). Damit gilt für die Veränderungsrate der Lohnstückkosten:

$$\left(\frac{100 + \text{Veränderungsrate der Arbeitskosten}}{100 + \text{Veränderngsrate der Arbeitsproduktivität}} - 1\right) \cdot 100$$

5. Umwandlung von Datenreihen oder deren Veränderungsraten in Indexzahlen

Jede Datenreihe lässt sich leicht in eine Indexreihe umwandeln. Als Beispiel diene die Entwicklung der geleisteten Arbeitnehmerstunden (Arbeitsvolumen der Arbeitnehmer) von 2000 bis 2003 in Deutschland.

a) Umwandlung von absoluten Zahlen in einen Index.

Arbeitsvolumen in Mrd. DM	Stunden	Index 2000 = 100
2000	48,866	100,0
2001	48,590	99,4
2002	47,916	98,1
2003	47,129	96,4

Die Zahl für das Jahr 2000 (Basisjahr) wird gleich 100 gesetzt. Die Indexwerte für die anderen Jahre werden ermittelt, indem das Bruttoinlandsprodukt des jeweiligen Jahres (J_t) dividiert wird durch den Wert des Basisjahres (J_B) (hier: 2000) und das Ergebnis mit 100 multipliziert wird, also:

$$\text{Indexwert } 2001 = \frac{48{,}590}{48{,}866} \cdot 100 = 99{,}4$$

Generell kann auch jedes beliebige Jahr als Basisjahr genommen und gleich 100 gesetzt werden. Es gilt die Formel:

$$\frac{J_t \text{ (Wert des Jahres t)}}{J_B \text{ (Wert eines beliebigen Basisjahres)}} = \frac{\text{Indexwert des Jahres t}}{100}$$

$$\text{Indexwert des Jahres t} = \frac{J_t \text{ (Wert des Jahres t)}}{J_B \text{ (Wert eines beliebigen Basisjahres)}} \cdot 100$$

Würde man 2003 als Basisjahr nehmen, d.h. auf 2003 umbasieren, so würde sich folgende Indexreihe ergeben:

2000	103,7
2001	103,1
2002	101,7
2003	100,0

b) Berechnung eines Indexes aus Veränderungsraten

Sind nur die Veränderungsraten (w) bekannt, so lässt sich daraus leicht ein Index erstellen. Für das Jahr, das dem Jahr mit der erste Wachstumsrate vorausgeht, wird der Indexwert gleich 100 (Ausgangswert) gesetzt. Für das folgende Jahr wird dann 100 mit dem Faktor $(1 + w_t/100)$ multipliziert, wobei w_t die jeweilige Wachstumsrate des betreffenden Jahres ist. Für das nächste Jahr wird dieses Ergebnis mit dem neuen Faktor, der die das Jahr betreffende Wachstumsrate enthält, multipliziert usw.

Beispiel:

Es seien folgende Wachstumsraten in zeitlicher Reihenfolge bekannt:

1,7 %   3,8 %   –2,4 %   –0,5 % .

Daraus ergibt sich folgende Indexreihe:

100   101,7   105,6   103,0   102,5 .

Man kann aber auch jedes andere Jahr als 100 setzen. Man muss dann von diesem Wert die Wachstumsratenformel ansetzen.

Das klassische Beispiel für einen Index aus Veränderungsraten ist der Preisindex. Denn die absolute Höhe des Preisniveaus einer Volkswirtschaft ist nicht darstellbar, sondern nur die Preisveränderungen. Ein Preisindex aus Veränderungsraten hat den Vorteil, dass mit einer einzigen Rechenoperation der Anstieg des Preisniveaus für einen beliebigen Zeitraum (z.B. Indexwert 2005 dividiert durch Indexwert 1991) ermittelt werden kann, ohne die einzelnen jährlichen Veränderungsraten des betreffenden Zeitraums miteinander multiplizieren zu müssen oder zu kennen.

c) Verknüpfung von Indizes

Indizes verschiedener Datenreihen können in Beziehung gesetzt und daraus neue Indizes berechnet werden. Die Indizes brauchen dabei nicht auf dasselbe Basisjahr bezogen zu sein. Beispiel: Gegeben sei für die Jahre 2000 bis 2003 eine Indexreihe des realen Bruttoinlandsproduktes (BIP) und eine Indexreihe für die Zahl der Erwerbstätigen (E) in Deutschland.

	Index BIP 2000 = 100	Index Erwerbstätige 2003 = 100	Produktivität Index BIP/ Index E	Index Produktivität 2000 =100
2000	100,0	101,1	0,989	100,0
2001	101,2	101,5	0,997	100,8
2002	101,2	101,0	1,002	101,3
2003	101,1	100,0	1,011	102,2

Da die Produktivität als Quotient von Produktion durch Erwerbstätige (oder Erwerbstätigenstunden) definiert ist, muss auch gelten:

$$\text{Veränderung der Produktivität} = \frac{\text{Veränderung der Produktion}}{\text{Veränderung der Erwerbstätigen}}$$

Die Veränderung der Produktivität bzw. ihr Index lässt sich auf zwei Wegen ermitteln, z.B. für 2001/2000

Verfahren 1 Verfahren 2

$$(1)\ \frac{BIP_2}{BIP_1} / \frac{E_2}{E_1} \qquad (2)\ \frac{BIP_2}{E_2} / \frac{BIP_1}{E_1}$$

$$\frac{101{,}2}{100} / \frac{101{,}5}{101{,}1} \qquad \frac{101{,}2}{101{,}5} / \frac{100{,}0}{101{,}1}$$

1,012 / 1,004 0,997/0,987

1,008 = 0,8 % 1,008 = 0,8 %

Die Ergebnisse müssen identisch sein, denn (2) lässt sich aus (1) durch einfache Bruchrechenregeln ableiten.

Im Verfahren 1 werden aus den Indexreihen von BIP und Erwerbstätigen jeweils die jährlichen Veränderungsraten ermittelt, und dann daraus die Veränderungsraten der Produktivität errechnen. Aus den Veränderungsraten lässt sich dann der Index bilden.

Im etwas einfacheren Verfahren 2 wird für jedes Jahr der Quotient (q) aus dem Index von BIP und Erwerbstätigen gebildet. Aus diesem Quotienten lassen sich dann die Veränderungsraten und der Index der Produktivität errechnen.

6. Vereinfachung von Berechnungen auf dem PC

6.1 Einrichtung von short cuts

Zur Vereinfachung von oft angewendeten Berechnungsformeln kann man sich sogenannter short cuts durch Makro-Aufzeichnungen bedienen. Der Zweck ist, bestimmte Formeln einmal in den Computer einzugeben und sie bei Gebrauch durch zwei Tastengriffe wieder aufzurufen. Dies soll am Beispiel der Division zweier Veränderungsraten demonstriert werden. Diese Fälle treten z.B. auf bei der Berechnung der Veränderungsrate der Produktivität (Veränderungsrate der Produktion durch Veränderungsrate der Erwerbstätigen), der Lohnstückkosten (Veränderungsrate des Arbeitnehmerentgelts je Arbeitnehmer durch Veränderungsrate der Produktivität je Erwerbstätigen) und bei der Umwandlung von Nominalwerten in Realwerte (Veränderungsrate der Nominalwerte durch Veränderungsrate der Preise). Am letzteren Beispiel, dem klassischen Fall der Realwertberechnung, soll nunmehr die Vereinfachung mittels short cuts aufgezeigt werden (in excel):

Nehmen wir an, der nominale Stundenlohn (N) habe um 5,5 % zugenommen und die Preissteigerung sei 2,9 % gewesen, dann ergibt sich ein Anstieg des Reallohns von 2,5 %. Die Berechnungsformel für den Realwert des Lohnes ist:

$$= ((100 + \text{Veränderungsrate N})/(100 + \text{Veränderungsrate P}) - 1) \cdot 100$$

$$2{,}527 = ((100 + 5{,}5)/(100 + 2{,}9) - 1) \cdot 100$$

Vor der Makro-Aufzeichnung schreibt man die Veränderungsrate des Nominallohnes (wL) z.B. in das Feld A1, die Preissteigerungsrate (wP) in das Feld B1, das leere Feld C1 wird markiert. Nun werden folgende Zeichen angeklickt:

→Extras (in der Menue-Leiste)→Makro→Makro aufzeichnen →Makro einen Namen geben (z.B. Makro Realwert)→in das kleine Kästchen neben strg + einen Kleinbuchstaben (short cut) eingeben(z.B. r)→ok

Dann wird ins markierte Feld C1 folgende Formel eingegeben:

$$= ((100+wL)/(100+wP) - 1) \times 100$$

Gleichheitszeichen→zwei Klammern→100→Pluszeichen→Feld A1 anklicken→ Klammer zu→Divisionszeichen→Klammer auf→100 →Pluszeichen→ Feld B1 anklicken→Klammer zu→Minuszeichen→ 1→Klammer zu→ Multiplikationszeichen→100→Eingabetaste (enter) (dann Makro-Aufzeichnung beenden mit):

→Extras→Makro→Makro beenden

Zum Schluss speichert man die Datei mit Namen (z.B. Realwert) in einen Ordner (z.B. „Makros“) ab.

Zur Anwendung des short cuts ruft man die Datei (Realwert) auf und drückt die Taste „Makros aktivieren“.

Bei geöffneter Datei „Makro Realwert“ kann man nunmehr in jeder beliebigen anderen Datei die Veränderungsraten-Division in vereinfachter Form durchführen.

Man gibt in ein beliebiges Feld (z.B. F12) eine Veränderungsrate (z.B. Nominallohnsteigerung) ein, in das Feld daneben (G12) die Preissteigerungsrate.

Dann markiert man das daneben liegende Feld (H12) und drückt gleichzeitig die Tasten strg und r (short cut). Es erscheint schlagartig die Veränderungsrate des Realwertes. Hinweis: Die Spalten Veränderungsraten 1 und 2 sowie die Ergebnis-Spalte müssen immer – wie bei der Makroaufzeichnung – nebeneinander liegen.

Nützlich ist auch ein short cut für die häufig verwendete Veränderungsrate von absoluten Zahlen. Zur Erstellung des short cuts für Veränderungsraten trägt man z.B. in das Feld A1 die Zahl x_1 und in Feld A2 die Zahl x_2 ein. Die Formel zur Bildung eines short cuts (z.B. w) für die Veränderungsrate im Feld B2 ist:

$$w = \frac{(A2 - A1)}{A1} \cdot 100$$

Dann erfolgt die Makroaufzeichnung für das short cut (z.B. w) und man speichert sie z.B. unter dem Namen „Veränderungsrate" im Ordner „Makros" ab.

Nach Aktivierung des Makros-Ordners kann in jeder beliebigen anderen Datei mittels short cut: strg + w im Feld rechts neben der Zahlenreihe die Veränderungsrate berechnet werden.

Grundsätzlich gilt: Die short cuts können nur in der Anordnung wie bei der Makro-Aufzeichnung zu den Zahlen gesetzt werden.

6.2 Potenzieren und Wurzel ziehen

6.2.1 Potenzieren

Ein Anfangswert (A) steigt bei einer jährlichen Wachstumsrate (w) in n (n = 1,2,3...) Jahren auf den Endwert (E):

$$E = A \cdot (1 + \frac{wr}{100})^n$$

Beispiel: Eine Rente von 1300 Euro steigt jährlich preisbereinigt (d.h. real) um 1 %. Nach 20 Jahren hat die Rente folgenden Realwert:

$$E = 1300 \cdot (1 + \frac{1}{100})^{20}$$

$$E = 1300 \cdot (1{,}01)^{20}$$

$$E = 1586$$

1,01 wird als Grundzahl und 20 als Hochzahl (Exponent) bezeichnet.

Das excel-Programm ermöglicht (neben dem wissenschaftlichen Rechner) mittels der Taste ^ die Berechnung von Potenzen und Wurzeln. In unserem Beispiel wird der Wert $(1{,}01)^{20}$ gesucht. Er wird wie folgt ermittelt:

In ein beliebiges Feld wird der Wert 1,01 eingegeben. In einem leeren Feld werden dann folgende Schritte durchgeführt:

Gleichheitszeichen→Feld der Grundzahl (1,01) anklicken→Taste ^ drücken→Leertaste→20→enter

Es erscheint der Wert 1,22019... Multipliziert mit dem Anfangswert 1300 ergibt als Endwert von 1586 Euro.

Merke: nach der Taste ^ muss immer die Leertaste gedrückt werden.

Wurzel ziehen

Wie in Abschnitt 2. dargestellt, wird für die Ermittlung der jahresdurchschnittlichen Wachstumsrate über einen längeren Zeitraum die Berechnung von Wurzeln benötigt.

Wurzeln lassen sich als Hochzahlen schreiben. Die n.-Wurzel von x lässt sich darstellen: x ist die Grundzahl. Die Hochzahl wird gebildet, indem die Zahl 1 durch die Wurzelzahl (Wurzelexponenten) n (n = 1,2,3...) geteilt wird. (Die Hochzahl ist also immer der Kehrwert des Wurzelexponenten). Also:

$$\sqrt[n]{x} = x^{\frac{1}{n}}$$

z.B. 10. Wurzel aus 700: $\sqrt[10]{700} = 700^{\frac{1}{10}} = 1{,}94$

In Abschnitt 2. wurde die jahresdurchschnittliche Wachstumsrate (w) des Anstiegs der nominalen Bruttolöhne und -gehälter je Beschäftigten von 243 DM in 1950 auf 4245 DM in 2000 errechnet.

Dafür gilt die Formel:

$$wr = \left(\sqrt[50]{\frac{4245}{243}} - 1 \right) \cdot 100$$

$$wr = \left(\left(\frac{4245}{243}\right)^{\frac{1}{50}} - 1 \right) \cdot 100$$

Zunächst ermittelt man (z.B. in Feld F1):

$$wr = \frac{4245}{243} = 17{,}47$$

Dann verläuft die Rechnung in folgenden Schritten:

In ein leeres Feld: Gleichheitszeichen→Feld F1(17,47) anklicken→Taste ^ → Leertaste→ Klammer auf →1 → Divisionszeichen →50 →Klammer zu →enter

Man erhält den Wert 1,0589....

$$w = (1{,}0589 - 1) \cdot 100 = 5{,}9\ \%$$